Bedrohte Ordnungen

Herausgegeben von

Renate Dürr, Ewald Frie und Mischa Meier

9

Matthias Becker

Die Bedrohung der Polis

Hesiods *Werke und Tage* als Zeugnis literarischer Bedrohungskommunikation

Mohr Siebeck

Matthias Becker, geboren 1982; Studium der Ev. Theologie und Klassischen Philologie in Heidelberg und Tübingen; 2011 Promotion in Griechischer Philologie; 2011–2015 Wissenschaftlicher Mitarbeiter am Sonderforschungsbereich 923 „Bedrohte Ordnungen" (Universität Tübingen); seit 2015 Wissenschaftlicher Mitarbeiter am Sonderforschungsbereich 1136 „Bildung und Religion" (Universität Göttingen); 2017 Promotion in Ev. Theologie.
orcid.org/0000-0001-6988-5781

Gedruckt mit Unterstützung der Alexander von Humboldt-Stiftung.

ISBN 978-3-16-156508-3 / eISBN 978-3-16-156509-0
DOI 10.1628/978-3-16-156509-0
ISSN 2197-5477 / eISSN 2568-4035 (Bedrohte Ordnungen)

Die Deutsche Nationalbibliothek verzeichnet diese Publikation in der Deutschen Nationalbibliographie; detaillierte bibliographische Daten sind im Internet über *http://dnb.dnb.de* abrufbar.

Das Buch wurde von Martin Fischer in Tübingen aus der Minion gesetzt, von Hubert & Co. in Göttingen auf alterungsbeständiges Werkdruckpapier gedruckt und gebunden. Den Umschlag entwarf Uli Gleis in Tübingen. Umschlagabbildung: Ausschnitt aus dem Monnus-Mosaik, © GDKE/Rheinisches Landesmuseum Trier (Photo: Th. Zühmer).

Vorwort zur Reihe „Bedrohte Ordnungen"

Was geschieht in Gesellschaften, wenn Handlungsoptionen unsicher werden, Verhaltenserwartungen und Routinen in Frage stehen, wenn Akteure das Gefühl gewinnen, sich jetzt oder in naher Zukunft wahrscheinlich nicht mehr aufeinander verlassen zu können, wenn sie von Bedrohung reden, Gründe dafür suchen und sie meistens auch finden? Zeit ist ein knappes Gut. Emotionen treten stärker in den Vordergrund und verändern sich. Grenzen sozialer Gruppen werden fraglich. „Bedrohte Ordnungen" tragen ein hohes Potential für schnellen sozialen Wandel in sich, das aber nicht immer wirksam werden muss.

„Bedrohte Ordnungen" können aus Katastrophen hervorgehen. Sie können die Folge plötzlicher gesellschaftsinterner Konflikte sein. Sie können aus latenten Spannungen hervorbrechen oder die Folge einer Konkurrenz von Ordnungen sein. Verschiedene Forschungstraditionen fließen damit in Untersuchungen ein, die nicht von klassifikatorischen Begriffen wie „Aufruhr", „Revolution" oder „Naturkatastrophe" ausgehen, sondern dynamische gesellschaftliche Prozesse ins Zentrum stellen, die mit der Wahrnehmung und Behauptung von Bedrohung und dem Rekurs auf Ordnung zusammenhängen.

„Bedrohte Ordnungen" gibt es in allen Epochen der Historie und in allen Kulturen der Welt. Wirken über Zeiten und Räume hinweg ähnliche Mechanismen? Lassen sich Unterschiede typologisieren? Die Reihe „Bedrohte Ordnungen" lädt Geschichts-, Kultur- und Sozialwissenschaftler ein, zu diesen Fragen Beiträge zu liefern. Sie ist dem DFG-geförderten Sonderforschungsbereich 923 „Bedrohte Ordnungen" verbunden, möchte aber auch über ihn hinaus Forschungen anstoßen und dokumentieren.

Die Reihenherausgeber

Vorwort

Die vorliegende Monographie entstand großenteils während eines Forschungsaufenthalts, den ich von März bis August 2016 zusammen mit meiner Familie am University College der Universität Oxford als Feodor-Lynen-Stipendiat der Alexander von Humboldt-Stiftung (AvH) absolvierte. Die Konzeption des Projekts reicht indes in den Herbst des Jahres 2014 zurück. Damals war ich als Postdoktorand in dem von der Deutschen Forschungsgemeinschaft (DFG) finanzierten und an der Eberhard Karls-Universität Tübingen angesiedelten Sonderforschungsbereich (SFB) 923 *Bedrohte Ordnungen* tätig.[1] Substantielle Teile des Manuskripts wurden überwiegend im Lower Reading Room der Bodleian Library, in der Bibliothek des University College sowie in unserer Wohnung in der Divinity Road und (später) der Banbury Road geschrieben. Im Herbst 2017 konnte das Buch in Göttingen abgeschlossen werden, wo ich seit August 2015 als Postdoktorand arbeite, und zwar in dem von der DFG finanzierten und an der Georg-August-Universität angesiedelten SFB 1136 *Bildung und Religion in Kulturen des Mittelmeerraums und seiner Umwelt von der Antike bis zum Mittelalter und zum Klassischen Islam*.[2] Der AvH sei aufrichtig für die Verleihung des großzügigen Feodor-Lynen-Forschungsstipendiums für Postdoktoranden gedankt, das nicht nur Muße und Ressourcen für das wissenschaftliche Arbeiten verschaffte, sondern mir, meiner Frau Anna und unseren Kindern Joel und Kilian auch einen unvergesslichen, von vielen wertvollen persönlichen Begegnungen geprägten Lebensabschnitt in England bescherte. Die Gewährung einer Druckkostenbeihilfe der AvH ermöglichte überdies den Druck dieser Publikation.

Denjenigen, die Anfang 2015 die erforderlichen Gutachten zu meiner Bewerbung beisteuerten, sei mein herzlichster Dank für ihre bereitwillige Unterstützung und Förderung ausgesprochen: meinem akademischen Gast-

[1] Teilprojekt D01 (2011–2015): *Platonismus und Christentum. Philosophische und literarische Bedrohungskonstellationen in der Spätantike* (Leitung: Irmgard Männlein-Robert).

[2] Teilprojekt D02 (seit 2015): *Religion im Diskurs der Gebildeten: Der Evangelist Lukas und der Redner Dion von Prusa* (Leitung: Reinhard Feldmeier). Am 13. Mai 2016 erhielt ich die Möglichkeit, dieses Lukas-Projekt im *New Testament Seminar* der *Faculty of Theology and Religion* der Universität Oxford am Keble College vorzustellen. Dafür möchte ich an dieser Stelle Markus Bockmuehl noch einmal sehr herzlich Dank sagen.

geber William Allan (University College Oxford), meiner Doktormutter Irmgard Männlein-Robert (Tübingen), Gyburg Uhlmann (FU Berlin), Mischa Meier (Tübingen) sowie den mir unbekannten externen Gutachtern, die von der AvH seinerzeit hinzugezogen wurden. Besonderer Dank gilt hierbei Bill Allan für seine engagierte Gastfreundschaft, für seinen schottischen Humor sowie für seine vielfältige Hilfsbereitschaft in wissenschaftlichen und alltäglichen Belangen. Carl Hildebrand stand uns vor und während unseres Aufenthalts mit Rat und großer Anteilnahme zur Seite, woran ich ebenso dankbar zurückdenke wie an die vielen anregenden Gespräche, die ich in Oxford über die frühgriechische Dichtung sowie das Neue Testament und frühe Christentum führen konnte, u.a. mit Markus Bockmuehl, Mark Edwards, Adrian Kelly, Teresa Morgan, Christopher Pelling, Nathan Eubank, Andrew Gregory, Jane L. Lightfoot, Benjamin Wilkinson, Michael Dormandy, Kylie Crabbe und J. LaRae Ferguson. Ferner durfte ich während der Arbeit am Manuskript verschiedentlich von Hinweisen und Literaturempfehlungen profitieren, die auf unterschiedliche Weise in den Text eingeflossen sind; dafür danke ich insbesondere Heinz-Günther Nesselrath (Göttingen), Jürgen Paul Schwindt (Heidelberg), Xenja Herren (Tübingen), Lilah Grace Canevaro (Edinburgh) und Irene Salvo (Göttingen). Reinhard Feldmeier sowie meinem Doktorvater Peter Gemeinhardt, der zugleich der Sprecher des SFB 1136 ist, möchte ich meinen allerherzlichsten Dank sagen, sowohl für ihre engagierte und vielfältige Unterstützung als auch dafür, dass sie mir, als ich gerade von Tübingen nach Göttingen gewechselt war, den nötigen Freiraum gaben, um dieses Projekt verwirklichen zu können. Christoph Begass (Mannheim) hat sich – wieder einmal – große Verdienste bei der kritischen Lektüre des gesamten Manuskripts erworben; für alle Hinweise und Anregungen bin ich ihm von Herzen dankbar. Den Herausgebern der Reihe *Bedrohte Ordnungen* möchte ich ebenso wie den Gutachtern des wissenschaftlichen Beirats danken, dass die Monographie in dieser Reihe erscheinen kann. Klaus Hermannstädter hat den Publikationsprozess verlagsseitig mit großem Engagement betreut; ihm und allen weiteren Mitarbeitern von Mohr Siebeck, die am Satz und der Drucklegung beteiligt waren, gilt ebenfalls mein Dank.

Gewidmet ist dieses Buch Tobias, unserem dritten Sohn, der den Forschungsaufenthalt im Mutterleib miterlebte, einige Monate nach unserer Rückkehr zur Welt kam und uns seitdem oft zurückdenken lässt an unser Familienabenteuer im Vereinigten Königreich. *Benedictus sit Deus in donis suis.*[3]

Göttingen, im Juni 2018 Matthias Becker

[3] Aus dem Tischgebet des University College Oxford; siehe *Reginald H. Adams*, The College Graces of Oxford and Cambridge, Oxford 1992, 20.

Inhalt

Von Argwohn und Ängsten befallen,
Mit gequältem Verstand und entsetztem Blick
Bemühen wir uns, einen Ausweg zu finden,
Um der unaufhaltsamen Gefahr zu entkommen,
Die uns so schrecklich bedroht.
Und doch irren wir uns. Sie lag nicht auf unserem Weg.
Die Botschaften waren falsch
(Oder wir haben sie nicht gehört oder schlecht verstanden).
Eine andere Katastrophe, von der wir nichts ahnten,
Kommt vernichtend auf uns zu,
Und unvorbereitet – es bleibt keine Zeit mehr – reißt sie uns fort.

Konstantinos Kavafis, Endgültigkeiten

I. Das Unterfangen

Hesiods wohl im frühen siebten Jahrhundert v. Chr. entstandenes Hexametergedicht *Werke und Tage* ist seit jeher für seine überbordende, interpretatorisch nur schwer durchdringliche Themenfülle und bunte Komplexität berühmt-berüchtigt.[1] Während unter den Interpreten ein allgemeiner Konsens darüber besteht, dass dieser Text als eine belehrende Mahnrede an den eigenen Bruder Perses stilisiert ist,[2] scheinen die Ἔργα καὶ Ἡμέραι bewusst jegliche thematische Einseitigkeit zugunsten einer beachtlichen und letztlich eigenwilligen Vielfalt der Inhalte aufzugeben: Hier die mythologischen Partien, darunter so wirkmächtige Texte wie der Pandora-, Prometheus- oder ‚Weltaltermythos', dort der Bauernkalender mit seinen konkreten landwirtschaftlichen Exkursen und aufgelisteten Arbeitsanweisungen; einerseits die weisheitlich anmutenden Sprüche über Aspekte des dörflichen Zusammenlebens sowie über Ehe, Familie und Geschlechtlichkeit, andererseits die in

[1] *Ulrich von Wilamowitz-Moellendorff*, Hesiodos Erga, Berlin 1928, 1; *Nicholas F. Jones*, Perses, Work „in Season," and the Purpose of Hesiod's *Works and Days*, in: The Classical Journal 79, 1984, 307–323, hier 307; *Albin Lesky*, Geschichte der griechischen Literatur, 3., neue bearbeitete und erweiterte Aufl. München 1999, 123, 126–127; *Korbinian Golla*, Hesiods *Erga*. Aspekte ihrer geistigen Physiognomie, (Beiträge zur Altertumskunde 351), Berlin/Boston 2016, 3–4. Zur allgemein angenommenen Datierung der *Opera et Dies* ins frühe siebte Jahrhundert v. Chr. siehe z. B. *Andrea Ercolani/Luigi Enrico Rossi*, Hesiod, in: Bernhard Zimmermann (Hrsg.), Die Literatur der archaischen und klassischen Zeit, (Handbuch der Altertumswissenschaft, Abt. 7: Handbuch der griechischen Literatur der Antike, Bd. 1), München 2011, 78–100, hier 81. Der Text Hesiods wird im Folgenden zitiert nach der Edition von *Friedrich Solmsen* (Hrsg.), Hesiodi Theogonia, Opera et Dies, Scutum. Fragmenta selecta ed. Reinhold Merkelbach et Martin L. West, 3. Aufl. Oxford 1990. Alle Übersetzungen griechischer und lateinischer Texte, die in der vorliegenden Monographie geboten werden, stammen von mir.

[2] *Erik Wolf*, Griechisches Rechtsdenken. Bd. I: Vorsokratiker und frühe Dichter, Frankfurt am Main 1950, 120; *Hans Diller*, Die dichterische Form von Hesiods *Erga*, (Akademie der Wissenschaften und der Literatur in Mainz. Abhandlungen der geistes- und sozialwissenschaftlichen Klasse Jahrgang 1962, Nr. 2), Mainz/Wiesbaden 1962, 44–45; *Michael Erler*, Das Recht (ΔΙΚΗ) als Segensbringerin für die Polis. Die Wandlung eines Motivs von Hesiod zu Kallimachos, in: Studi Italiani di Filologia Classica 80, 1987, 5–36, hier 7. Zur Zuordnung der *Erga* zur Gattung der Lehrdichtung siehe *Peter Walcot*, Hesiod and the Near East, Cardiff 1966, 80–103; *Lilah Grace Canevaro*, Genre and Authority in Hesiod's *Works and Days*, in: Christian Werner/Breno B. Sebastiani/Antonio O. Dourado-Lopes (Hrsg.), Gêneros poéticos na Grécia Antiga: Confluências e fronteiras, São Paulo 2014, 23–48, hier 26–33; weitere Literaturangaben bei *Golla*, Hesiods *Erga*, 20–21 Anm. 32.

ihrer intellektuellen Spannbreite und Tiefsinnigkeit mithin beachtlichen Ausführungen zur *conditio humana*, zu Gerechtigkeit und zur wesenhaften Bedeutung menschlicher Arbeit; hier die Auseinandersetzungen mit dem Verhältnis zwischen Menschen und Göttern, dort die Betrachtungen zur Seefahrt und die scheinbar autobiographisch geprägten Einsprengsel zu Hesiods Familie; auf der einen Seite die Vision der gerechten Polis, auf der anderen die abergläubisch anmutenden Hinweise zur Wahl der richtigen Tage für bestimmte Handlungen. In der vorliegenden Studie wird der Versuch unternommen, eine bislang lediglich angedeutete, weder methodisch reflektiert noch detailliert untersuchte Facette des thematischen Reichtums der *Opera et Dies* näher zu beleuchten, die Facette nämlich einer im Gedicht kommunizierten Bedrohung.

Den Anknüpfungspunkt bilden all jene altertumswissenschaftlichen Forschungen zu Hesiods Oeuvre und zur frühgriechischen Dichtung insgesamt, die zwar ohne weitere Begründung, ohne jegliche theoriebewusste Reflexion und vielfach nur *en passant*, aber dennoch vollkommen zu Recht davon sprechen, dass in zahlreichen Texten der Archaik und im Besonderen auch in Hesiods *Werken und Tagen* soziopolitische Bedrohungen zur Sprache gebracht werden.[3] Die folgende knappe Auswahl sieben verstreuter Beispiele aus der älteren und jüngeren Hesiod-Forschung mögen das zeitübergreifende Interesse von Philologen und Althistorikern an diesem Thema belegen: Bereits Werner Jaeger thematisiert im ersten Band seines 1933 in Erstauflage erschienenen Magnum Opus *Paideia* die „unmittelbare Bedrohung des Bestandes der altehrwürdigen Ständegemeinschaft durch Hader und Ungerechtigkeit, wie Hesiod sie vor sich sieht".[4] Laut Peter Spahn zeugt das *Erga*-Gedicht hinsichtlich des Erbstreits mit dem Bruder sowie der „Übergriffe von seiten des herrschenden

[3] Vgl. z. B. *Stefan von der Lahr*, Dichter und Tyrannen im archaischen Griechenland. Das *Corpus Theognideum* als zeitgenössische Quelle politischer Wertvorstellungen archaisch-griechischer Aristokraten, (Quellen und Forschungen zur antiken Welt 12), München 1992, 156 („Der Tyrann als existenzielle Bedrohung des Adels" im *Corpus Theognideum*); *Uwe Walter*, An der Polis teilhaben. Bürgerstaat und Zugehörigkeit im Archaischen Griechenland, (Historia-Einzelschriften 82), Stuttgart 1993, 108 Anm. 68 („Bedrohung der Gesamtgemeinde", bezogen auf die in den Theognis-Gedichten erwähnte Polis); *Mischa Meier*, Aristokraten und Damoden. Untersuchungen zur inneren Entwicklung Spartas im 7. Jahrhundert v. Chr. und zur politischen Funktion der Dichtung des Tyrtaios, Stuttgart 1998, 310 („drohende[...] Gefahr" als Thema bei Kallinos), 323 (Zweiter Messenischer Krieg sowie innergesellschaftliche Konflikte in Sparta als „eine existenzielle Bedrohung für das Gemeinwesen" bei Tyrtaios); *Tanja Itgenshorst*, Denker und Gemeinschaft. Polis und politisches Denken im archaischen Griechenland, Paderborn 2014, 72; ähnlich *Martin Hose*, Kleine griechische Literaturgeschichte. Von Homer bis zum Ende der Antike, (Beck'sche Reihe 1326), München 1999, 66 („Gefährdung der traditionellen Ordnung" als Gegenstand der Dichtungen des Theognis und Solons).

[4] *Werner Jaeger*, Paideia. Die Formung des griechischen Menschen. Erster Band, 4. Aufl. Berlin 1959, 111.

Adels" von einer „bedrohlichen Situation".[5] Carl. W. Querbach geht auf „the present threat of hybristic behaviour on the part of Perses and the judges" ein.[6] Nach Kurt Raaflaub „sieht" Hesiod „das Wohlergehen der ganzen Gemeinde durch das ungerechte und unverantwortliche Handeln einzelner Adliger bedroht".[7] Renaud Gagné zufolge stellt Hesiod das Bedrohungspotential gewaltsamen Verhaltens, das sich in der Auslöschung ganzer Generationen auswirken könne, seinem Publikum klar vor Augen.[8] Gemäß Peter W. Rose bezeugt Hesiods Text „the insecurity of the life of an independent farmer, his vulnerability to the threat of starvation" sowie „the threat of poverty and the vulnerabilities it entailed".[9] Und erst kürzlich sprach Lilah Grace Canevaro von einer dargestellten „Bedrohung" („threat") der Gerechtigkeit, die aus Hesiods Vorstellung von den göttlichen Wächtern erschließbar sei.[10]

Um dieses von der Forschung erkannte, grob umrissene Thema einer sprachlich mitgeteilten und überwiegend auf den Bereich des Politisch-Sozialen bezogenen Bedrohung in Hesiods Hexametergedicht überhaupt methodisch geleitet untersuchen zu können, wird auf den Seiten dieses Buches ein eigenes Modell von „Bedrohungskommunikation" (Werner Schirmer) eingeführt. Dies geschieht in kritischer Aufarbeitung der bislang erzielten Resultate aktueller Theoriedebatten in den Sozial-, Politik- und Geisteswissenschaften,

---

[5] *Peter Spahn*, Oikos und Polis. Beobachtungen zum Prozess der Polisbildung bei Hesiod, Solon und Aischylos, in: Historische Zeitschrift 231, 1980, 529–564, hier 538; vgl. auch ebd. 541: „ständige Bedrohung der bäuerlichen Existenz". Ähnlich argumentieren sowohl *Jens-Uwe Schmidt*, Adressat und Paraineseform. Zur Intention von Hesiods ‚Werken und Tagen', (Hypomnemata 86), Göttingen 1986, 21, der bezüglich des Prozesses auf „die konkrete Situation mit ihren Bedrohungen, um derentwillen er [sc. Hesiod] seine Mahnungen und Warnungen ausspricht", hinweist, als auch *Mihai I. Spariosu*, God of Many Names. Play, Poetry, and Power in Hellenic Thought from Homer to Aristotle, Durham/London 1991, 45 („real or imagined threat of a legal hearing").

[6] *Carl W. Querbach*, Hesiod's Myth of the Four Races, in: The Classical Journal 81, 1985, 1–12, hier 7.

[7] *Kurt Raaflaub*, Die Anfänge des politischen Denkens bei den Griechen, in: Historische Zeitschrift 248, 1989, 1–32, hier 19–20.

[8] *Renaud Gagné*, Invisible Kin: *Works and Days* 280–285, in: Hermes 138, 2010, 1–21, hier 6: „[...] βίη is a threat to the entire γένος"; ebd. 7: „As a result of βίη, our γένος is threatened with common destruction in times ahead."

[9] *Peter Wires Rose*, Class in Archaic Greece, Cambridge 2012, 192–193. Lilah Grace Canevaro, geb. Fraser, weist mit Blick auf die Bedrohung der wirtschaftlichen Situation des Oikos auf die Rolle der Pandora und (des Typus) der schlechten Ehefrau hin, die laut Hesiod die Existenz arbeitender Männer durch verschwenderisches Verhalten bedrohten, siehe *Lilah Grace Fraser*, A Woman of Consequence: Pandora in Hesiod's *Works and Days*, in: The Cambridge Classical Journal 57, 2011, 9–28, hier 16; *Lilah Grace Canevaro*, The Clash of the Sexes in Hesiod's *Works and Days*, in: Greece and Rome 60, 2013, 185–202, hier 185, 187, 190, 192, 194, 201–202.

[10] *Lilah Grace Canevaro*, Hesiod's *Works and Days*: How to Teach Self-Sufficiency, Oxford 2015, 163.

aufbauend auf eigenen Vorarbeiten sowie in Auseinandersetzung mit den *Werken und Tagen* selbst. Dadurch werden Interpretationsansätze, wie sie soeben skizzenhaft vorgestellt wurden, nicht nur bestätigt, sondern sie sollen v. a. auf eine neue, begrifflich-reflektierte Grundlage gestellt werden.[11] Es ist somit ein doppeltes Unterfangen, dem sich diese Monographie widmet: Einerseits geht es darum, die konkrete Ausprägung der von Hesiod in den Ἔργα καὶ Ἡμέραι verhandelten Bedrohung besser nachzuvollziehen (Empirie), andererseits darum, die Operationalisierbarkeit des hier entwickelten Modells für das Arbeitsfeld der Altertumswissenschaften zu erproben (Theorie). Dies geschieht in der Hoffnung, dass dadurch weiterführende Impulse geliefert werden können für die Erforschung eines bislang weitgehend unerforschten Themas der antiken europäischen Literatur. Die Geburt des Terminus „Bedrohungskommunikation" aus dem Geist der modernen Soziologie und Politikwissenschaft, die weiter unten im Forschungsüberblick nachgezeichnet werden wird, lässt erahnen, weshalb sich Hesiods Text in besonderer Weise für dieses philologische Experiment eignet. Denn in der Geschichte des politischen Denkens der Griechen nimmt er zweifellos eine besondere Stellung ein. Der Grund hierfür ist v. a. in der ersten Hälfte seines Gedichts zu suchen, wo er eine intensive und im Rahmen der Antike wirkmächtige Beschäftigung mit Grundsatzfragen bietet, welche die Möglichkeiten und Bedrohungen gesellschaftlichen Zusammenlebens betreffen sowie die Verwirklichung des göttlich eingesetzten Rechts im menschlichen Sozialgefüge. Folglich hat die moderne Forschung, die sich in ihren Wahrnehmungen teils dem Urteil antiker Quellen anschloss, Hesiod zwar nicht als (politischen) Philosophen im strengen Sinne gewürdigt,[12] wohl aber – und dies wird sich in diesem Buch bestätigen –

[11] Am Beispiel der Porphyrios-Forschung habe ich zu zeigen versucht, dass ein Modell von Bedrohungskommunikation dazu beitragen kann, Forschungsurteile, die dafür plädieren, dass sich bestimmte antike Autoren mit Bedrohungen auseinandersetzen, entweder zu bestätigen oder in ihrer Angemessenheit zu überprüfen. Auch in diesem Forschungsfeld gibt es zahlreiche Publikationen, in denen mit Recht vertreten wird, dass Porphyrios im Christentum seiner Zeit eine Bedrohung gesehen habe, ohne dass theoretisch-fundiert begründet wird, wie man diese Thematisierung von Bedrohung methodisch fassen kann. Das heuristische Potential eines Modells von Bedrohungskommunikation hat sich auch in diesem Fall zur Bestätigung von Forschungstendenzen bewährt; siehe dazu die unten (Anm. 14) zitierten Arbeiten.

[12] Bereits in der Antike wurde Hesiod verschiedentlich als Philosoph bzw. als Weiser rezipiert; zu Hesiod als Philosoph siehe *Hugo H. Koning*, Hesiod: The Other Poet. Ancient Reception of a Cultural Icon, (Mnemosyne Supplementa 325), Leiden/Boston 2010, 106–109; Plut. *Pyth. orac.* 402e; Diog. Laert. *Vit. phil.* 9,22; zu Hesiod als Weiser siehe *Koning*, Hesiod, 161–165; Plat. *Leg.* 718e; Dio Chrys. *Orat.* 7,110; 14,21; 77/78,1; Max. Tyr. *Diss.* 4,2. In der Forschungsliteratur wird er teilweise auch mit Blick auf die *Erga* als Philosoph betrachtet, siehe z. B. *Edward K. Rand*, Horatian Urbanity in Hesiod's *Works and Days*, in: The American Journal of Philology 32, 1911, 131–165, hier 137, 162; *Thomas A. Sinclair*, Review of P. Mazon (Hrsg.), Hésiode: Théogonie. Les Travaux et les Jours. Le Bouclier, Paris 1928, in: Gnomon 5, 1929, 619–628, hier 625; *Ders.*, Hesiod: *Works and Days*, London 1932, xxvi, xxxi; *Gerald Nuss-*

als einen wegweisenden Denker, dessen Werk vielfach protophilosophische Züge trägt.[13] Auch wenn die konkreten historischen sowie soziokulturellen Bedingungen und Voraussetzungen der politischen Bezüge damals und heute verschieden sind, wird sich zeigen, dass ein im 21. Jahrhundert entwickeltes

---

baum, Labour and Status in the *Works and Days*, in: The Classical Quarterly 10, 1960, 213–220, hier 217 („Hesiod's philosophy of work"); *Douglas J. Stewart*, Hesiod and the Birth of Reason, in: The Antioch Review 26, 1966, 213–231, hier 221; *Golla*, Hesiods *Erga*, 19 („philosophisches Potential"), 129. Sein Rang als Vorläufer der Vorsokratiker bzw. als erster Philosoph der europäischen Geistesgeschichte gründet sich jedoch im Wesentlichen auf die *Theogonie*; siehe *Olof Gigon*, Der Ursprung der griechischen Philosophie von Hesiod bis Parmenides, Basel 1945, 13–40; *Geoffrey S. Kirk/John E. Raven*, The Presocratic Philosophers. A Critical History with a Selection of Texts, Cambridge 1957, 8, 24–37. Zur Diskussion siehe auch *Thomas G. Rosenmeyer*, Hesiod and Historiography, in: Hermes 85, 1957, 257–285, hier 261–262; *Henning Ottmann*, Geschichte des politischen Denkens. Von den Anfängen bei den Griechen bis auf unsere Zeit. Band 1: Die Griechen. Teilband 1: Von Homer bis Sokrates, Stuttgart/Weimar 2001, 40–42; *Dieter Bremer*, Der Ursprung der Philosophie bei den Griechen, in: Hellmut Flashar/Dieter Bremer/Georg Rechenauer (Hrsg.), Die Philosophie der Antike Bd. 1,1: Frühgriechische Philosophie, (Grundriss der Geschichte der Philosophie begr. von Friedrich Ueberweg), Basel 2013, 61–96, hier 74–78. *Stewart*, Hesiod and the Birth of Reason, arbeitet das intellektuelle Gepräge Hesiods in Abgrenzung zu Homer heraus. Zur Wirkung Hesiods auf Vorsokratiker wie Parmenides, Heraklit und Empedokles siehe *Paul Friedländer*, ΥΠΟΘΗΚΑΙ, in: Hermes 48, 1913, 558–616, hier 562; *Hans Diller*, Hesiod und die Anfänge der griechischen Philosophie, in: Antike und Abendland 2, 1946, 140–151; *Edwin F. Dolin Jr.*, Parmenides and Hesiod, in: Harvard Studies in Classical Philology 66, 1962, 93–98; *Jürgen Blusch*, Formen und Inhalt von Hesiods individuellem Denken, (Abhandlungen zur Kunst-, Musik- und Literaturwissenschaft 98), Bonn 1970, 14–16; *Jackson P. Hershbell*, Hesiod and Empedocles, in: The Classical Journal 65, 1970, 145–161; *Svein Østerud*, The Individuality of Hesiod, in: Hermes 104, 1976, 13–29, hier 28–29.

[13] *Hartmut Erbse*, Die Funktion des Rechtsgedankens in Hesiods ‚Erga', in: Hermes 121, 1993, 12–28, hier 27–28; *Itgenshorst*, Denker und Gemeinschaft, 167. Hesiod wird in zahlreichen Publikationen zu den *Werken und Tagen* als „Denker" bzw. „thinker" anerkannt, siehe z. B. *Friedländer*, ΥΠΟΘΗΚΑΙ, 561; *Wilamowitz-Moellendorff*, Hesiodos, 154; *Sinclair*, Hesiod, xxviii; *Jula Kerschensteiner*, Zu Aufbau und Gedankenführung von Hesiods *Erga*, in: Hermes 79, 1944, 149–191, hier 191; *Karl Deichgräber*, „Etymologisches" zu Ζεύς, Διός, Δία, Δίκη. (Hesiod Erga 248–266), in: Zeitschrift für vergleichende Sprachforschung auf dem Gebiete der Indogermanischen Sprachen 70, 1951, 19–28, hier 21, 28; *Dieter Kaufmann-Bühler*, Hesiod und die Tisis in der *Odyssee*, in: Hermes 84, 1956, 267–295, hier 267, 295; *Jaeger*, Paideia, 94; *Blusch*, Formen und Inhalt, passim, bes. 17–23; *Charles R. Beye*, The Rhythm of Hesiod's *Works and Days*, in: Harvard Studies in Classical Philology 76, 1972, 23–43, hier 23, 43; *Wolf-Lüder Liebermann*, Die Hälfte mehr als das Ganze. Zu Hesiods Rechtfertigung der ‚Werte', in: Hermes 109, 1981, 385–409, hier 388; *Spariosu*, God of Many Names, 37; *Erbse*, Rechtsgedanke, 27; *Peter Spahn*, Individualisierung und politisches Bewusstsein im archaischen Griechenland, in: Kurt Raaflaub (Hrsg.), Anfänge politischen Denkens in der Antike. Die nahöstlichen Kulturen und die Griechen. Unter Mitarbeit von Elisabeth Müller-Luckner, (Schriften des Historischen Kollegs / Kolloquien 24), München 1993, 343–363, hier 354; *Athanassios Vergados*, Defining ΔΙΚΗ in Hesiod's *Works and Days*, in: Menelaos Christopoulos/Machi Païzi-Apostolopoulou (Hrsg.), Crime and Punishment in Homeric and Archaic Epic, Ithaka 2014, 367–378, hier 368. Als Rechtsdenker, dessen Vorstellungen zur δίκη übrigens in der Archaik engagiert rezipiert wurden (*Koning*, Hesiod, 172–177), erscheint Hesiod z. B. bei *Wolf*, Griechisches Rechtsdenken, 120–151 oder bei *David B. Claus*, Defining Moral Terms in *Works and Days*, in: Transactions of the American Philological Association 107, 1977, 73–84, hier 75.

Modell von Bedrohungskommunikation heuristisch von Nutzen sein kann, Bedrohungskommunikation in all ihren Schattierungen in einem altgriechischen Text zu analysieren.

Wie bereits angeklungen, ist das hier entfaltete Modell, welches einerseits der Identifikation und Deskription, andererseits der Analyse und Interpretation literarischer Bedrohungskommunikation in soziopolitischer Hinsicht dient, aus der Inbezugsetzung theoretischer Ansätze mit dem hesiodeischen Gedicht erwachsen. Der sich aufgrund dieser Konstellation von Text und Theorie nahelegende Gedanke, dass das hier entwickelte Modell aufgrund des konkreten Untersuchungsgegenstands der hesiodeischen Sachepik allein auf Hesiods Text anwendbar bliebe, trifft allerdings keineswegs zu. Vielmehr handelt es sich, da die kommunikative Vermittlung von Bedrohung(en) nicht an bestimmte dichterische oder prosaische Textformen gebunden ist, um ein prinzipiell gattungs- und epochenübergreifend anwendbares Modell.[14] Als ein literaturwissenschaftliches Verfahren zur Sichtbarmachung kommunizierter Bedrohung kann es folglich zur Beantwortung der Frage herangezogen werden, ob bzw. unter welchen Voraussetzungen es gerechtfertigt ist davon zu sprechen, dass in antiken Texten soziopolitische Bedrohung(en) thematisiert werden. Dies ist deswegen methodisch reflektiert zu klären, weil die altgriechische Literatur, zumal die der archaischen Epoche, kein eigenes abstraktes Wort zur Beschreibung dessen hat, was heute gemeinhin in dem oft inhaltlich vage und diffus bleibenden deutschen Wort „Bedrohung" zusammengefasst ist. Die seit Homer bezeugten, auf Menschen und Götter bezogenen Vokabeln „Drohung" (ἀπειλή) und „drohen" (ἀπειλεῖν) sind in ihrem Begriffsspektrum nicht annähernd so breit, dass sie die hier in Rede stehende soziopolitische Bedrohung eines ganzen Poliskollektivs samt der damit einhergehenden existentiellen Betroffenheit seitens der Bedrohten angemessen zum Ausdruck

[14] In der frühgriechischen Dichtung selbst bieten sich z. B. Texte eines Tyrtaios, Kallinos, Solon oder auch des *Corpus Theognideum* (siehe dazu unten Kap. III.3.3) für eine Analyse von Bedrohungskommunikation an. In anderen Arbeiten habe ich zu zeigen versucht, dass sich Aspekte von Bedrohungskommunikation auch an philosophischen Prosatexten der Spätantike nachweisen lassen; siehe *Matthias Becker*, Bedrohungskommunikation und der Faktor Zeit. Überlegungen zu den christenfeindlichen Äusserungen des Porphyrios, in: Museum Helveticum 72, 2015, 55–75; *Ders.*, Porphyrios: *Contra Christianos*. Neue Sammlung der Fragmente, Testimonien und Dubia mit Einleitung, Übersetzung und Anmerkungen, (Texte und Kommentare 52), Berlin/Boston 2016, 32–85; *Ders.*, Polemik, Bedrohungskommunikation, Emotion. Porphyrios und sein Umgang mit der christlichen Bedrohung in *Contra Christianos*, in: Irmgard Männlein-Robert (Hrsg.), Die Christen als Bedrohung? Text, Kontext und Wirkung von Porphyrios' *Contra Christianos*, (Roma Aeterna. Beiträge zu Spätantike und Frühmittelalter 5), Stuttgart 2017, 111–135; *Ders.*, Communication of Threat and the Construction of Meaning. Framing the Christians as Sophists in Porphyry's *Contra Christianos*, in: Ewald Frie/Mischa Meier/Thomas Kohl (Hrsg.), Dynamics of Social Change and Perceptions of Threat, (Bedrohte Ordnungen), Tübingen [erscheint voraussichtlich 2019/2020].

bringen könnten.[15] Ein denkbarer Ansatz, der vom Wortfeld „(Be-)Drohung“ ausginge, scheidet damit von Anfang an aus, zumal die explizite Semantik des Drohens in den *Erga* nicht belegt ist.[16] Dieser Umstand gebietet eine andere Herangehensweise, die aus Gründen einer reflektierten Interpretation gar nicht umhinkommt, auf Ansätze einschlägiger Theorien zu rekurrieren.

Die vorgestellten Voten der Forschungsgeschichte von Werner Jaeger bis Lilah Grace Canevaro, welche sich über einen Zeitraum mehrerer Jahrzehnte verteilen und darin übereinstimmen, dass Bedrohung ein wichtiges Thema der *Werke und Tage* ist, werden nicht ohne Absicht gleich zu Beginn dieser Studie erwähnt. Es handelt sich bei dieser interpretatorischen Verortung der Arbeit in einem ganz bestimmten Strang der Hesiod-Deutung gewissermaßen um eine Absicherungs- und Vorsichtsmaßnahme im Sinne wissenschaftlicher Selbstüberprüfung und Selbstvergewisserung. Denn im sogenannten Post-9/11-Zeitalter, in dem Bedrohungsszenarien verschiedenster Art den gegenwärtigen medialen Diskurs zum internationalen Terrorismus, zur globalen Finanz- und Wirtschaftskrise, zur Eurokrise sowie zur Globalisierung beherrschen,[17] sieht sich der Geisteswissenschaftler, der mit Bedrohungskommunikation in alten Texten umzugehen beabsichtigt, der naheliegenden Gefahr ausgesetzt, in seinen wissenschaftlichen Gegenstand etwas hineinzulesen, das diesem

[15] Die Wortgruppe ἀπειλή / ἀπειλεῖν tritt in den homerischen Epen zur Beschreibung einer Vielzahl von Konstellationen auf, wobei die Mehrheit der Belege verbal angedrohte Kampf-, Gewalt- oder Rachehandlungen im Kontext von Krieg, Schlacht und Zweikampf zum Thema hat. Folgende Differenzierungen können vorgenommen werden: 1) Kollektive verbale Drohungen von Kriegsparteien, wie z. B. die der Achaier gegen die Troer (Hom. *Il.* 13,219–220) oder die der Myrmidonen gegen die Troer (Hom. *Il.* 16,200–201); 2) Individuelle verbale Drohungen gegen Kriegsgegner, wie z. B. die des Äneas gegen Achilles (Hom. *Il.* 20,83–85), diejenige Hektors gegen die Griechen (Hom. *Il.* 9,244–246) oder diejenige des Ajax gegen Hektor (Hom. *Il.* 7,225); 3) Nicht kriegsbezogene Drohungen von Individuen gegen Individuen, wie z. B. diejenige des Agamemnon gegen Achilles, ihm Briseis wegzunehmen (Hom. *Il.* 1,161; 1,181–187); 4) Drohungen von Individuen gegen Gruppen, wie z. B. die des Telemachos gegen die Freier (Hom. *Od.* 20,272); 5) Drohungen halbgöttlicher Wesen gegen Götter, wie z. B. diejenige des Brüderpaars Otos und Ephialtes, der Söhne Poseidons und der Iphimedeia, die Götter im Olymp zu bekriegen (Hom. *Od.* 11,313–314). 6) Göttliche Androhung von Strafen gegen menschliche Individuen, wie diejenige Poseidons gegen Odysseus (Hom. *Od.* 13,126–127). Ferner werden die „mit Pfeilen kämpfenden Argiver“ als „an Drohungen unersättlich“ bezeichnet (Hom. *Il.* 14,479).

[16] In dem nicht sicher zuweisbaren Fragment Hes. *frg.* 83* Merkelbach/West ist in Vers 11 die Buchstabenfolge απειλ zu lesen, was im Falle hesiodeischer Autorschaft zumindest beweisen könnte, dass Hesiod die Wortgruppe ἀπειλή / ἀπειλεῖν kannte.

[17] Zu den genannten vier Themen, die „Signalereignissen“ gleichkommen und zu einem erhöhten Unsicherheitsempfinden sowie zu „soziale[r] Desintegration in der Gesellschaft“ geführt haben, siehe *Michaela Wendekamm*, Die Wahrnehmung von Migration als Bedrohung. Zur Verzahnung der Politikfelder Innere Sicherheit und Migrationspolitik, Wiesbaden 2015, hier 36–45 (Zitate 36). Wendekamms Monographie erschien vor der 2015 ausgebrochenen sogenannten Flüchtlingskrise in Europa, die sicherlich ein ähnliches Signalereignis im Hinblick auf ein medial mitgeprägtes Gefühl kollektiver Bedrohung darstellt.

nicht entspricht, ihm etwas zu oktroyieren, wofür er selbst womöglich keine stichhaltigen Indizien bietet. Die Gefahr, dass es am Ende, um hier Goethes *Faust* in leicht abgewandelter Form zu Wort kommen zu lassen, „der Herren eigner Geist" ist, „in dem die Texte sich bespiegeln", wird umso größer, wenn die herangezogenen Theorieansätze von einem Zeitgeist durchdrungen sind, der durch eine Sensibilisierung für das Phänomen der Bedrohung gekennzeichnet ist.[18] Dieser Gefahr ist sich die vorliegende Untersuchung voll und ganz bewusst. Das dezidierte Anknüpfen an jahrzehntealte Forschungsstränge, durch die Bedrohung als ein ernstzunehmendes Thema der *Erga* in den wissenschaftlichen Diskurs eingeführt wurde, sowie deren methodisch reflektierte und am empirischen Befund des wissenschaftlichen Gegenstands orientierte Fortführung machen allerdings deutlich, dass sich die Auseinandersetzung mit Bedrohungskommunikation bei Hesiod nicht (nur) dem gegenwärtigen Zeitgeist verdankt. Die aktuellen Diskussionen zur Theoriebildung liefern dabei durch ihre fortschreitende Sensibilisierung und ihre gesteigerte Aufmerksamkeit für die Erforschung des kommunikativen Umgangs mit Bedrohungen von Gemeinwesen entscheidende Impulse, die sich nach meinem Dafürhalten auf gewinnbringende Weise für die Auslegung von alten Texten operationalisieren lassen. So können Facetten von Textinhalten klarer gesehen werden, die bislang insgesamt undeutlich blieben oder nicht gebührend analysiert wurden. Dass soziopolitische Bedrohungen samt deren kommunikativen Niederschlägen jedenfalls kein spezifisches Charakteristikum der Moderne sind, sondern menschliche Konvivenz dafür immer anfällig war, ist und bleiben wird, und zwar unabhängig von modernen Epochenkonstruktionen, liegt auf der Hand.

1. Was ist Bedrohungskommunikation? Schlaglichter der Forschung

Die theoretische Fundierung und Konzipierung von Bedrohungskommunikation erfährt in den Sozial-, Politik- und Geisteswissenschaften erst seit

[18] Das Goethe-Zitat aus Faust I, Verse 575–579, lautet: „Mein Freund, die Zeiten der Vergangenheit / Sind uns ein Buch mit sieben Siegeln. / Was ihr den Geist der Zeiten heißt, / Das ist im Grund der Herren eigner Geist, / In dem die Zeiten sich bespiegeln" (zitiert nach *Erich Trunz* [Hrsg.], Goethes Werke. Hamburger Ausgabe Bd. III: Dramatische Dichtungen I. Textkritisch durchgesehen und kommentiert, München 1998, 26). Seiffert illustriert dasselbe Problem unter Bezug auf dasselbe Goethe-Zitat am Beispiel des Historismus und macht insofern auf ein wissenschaftstheoretisches Grundproblem all jener Geisteswissenschaften aufmerksam, die historisches Arbeiten zu ihrem Tätigkeitsfeld rechnen; siehe *Helmut Seiffert*, Einführung in die Wissenschaftstheorie. Zweiter Band. Geisteswissenschaftliche Methoden: Phänomenologie – Hermeneutik und historische Methode – Dialektik, (Beck'sche Reihe 61), 11. Aufl. München 2006, 138.

der ersten Dekade des 21. Jahrhunderts gebührende wissenschaftliche Aufmerksamkeit. Bislang liegen einige wenige einschlägige Publikationen vor, die unterschiedlichen akademischen Disziplinen angehören. In den folgenden Forschungsüberblick fließen nur solche Arbeiten ein, die einen theoriebildenden Anspruch erkennen lassen.[19]

1.1 Die Monographie Werner Schirmers

Die 2008 publizierte Studie des Soziologen Werner Schirmer stellt die erste und bislang einzige Monographie dar, in welcher Bedrohungskommunikation theoretisch-begrifflich entwickelt wird. Darin wird „Bedrohungskommunikation" als Begriff geprägt und unter Rückgriff auf die Systemtheorie Niklas Luhmanns[20] sowie auf den von Luhmann vertretenen operativen Konstruktivismus als ein „eigenständige[r] Kommunikationstyp"[21] innerhalb einer Gesellschaft etabliert. Den konkreten Untersuchungsgegenstand bildet die politische Kommunikation in Gestalt der Rhetorik, obgleich Schirmer darauf aufmerksam macht, dass „Bedrohungen [...] überall in der Gesellschaft und in allen Kontexten beobachtet werden"[22] könnten und dass Bedrohungskommunikation folglich nicht auf den politischen Bereich beschränkt sei. Aussagekräftige Beispiele, die den Charakter der zugrunde gelegten Daten illustrieren, bilden etwa eine Rede, die der damalige hessische Umweltminister Joschka Fischer zur Atomkraft in Deutschland kurz nach dem Atomunfall von Tschernobyl 1986 im Deutschen Bundestag gehalten hat, oder auch die State of the Union Address vom 29. Januar 2002, in welcher der damalige US-Präsident George W. Bush nach den Terroranschlägen vom 11. September 2001 die Vorstellung einer „axis of evil" entwickelte.[23] Weiteres Quellenmaterial Schirmers stammt aus Reden Erich Honeckers aus dem Jahre 1971 (zum Imperialismus), Ronald Reagans aus dem Jahre 1988 (zum Iranischen Regime) und George H.W. Bushs aus dem Jahre 1989 (zum Drogenproblem in den USA).[24] Diese Exempel verdeutlichen, dass es Schirmer im Wesentlichen an der Analyse

---

[19] Zur Darstellung einiger im Folgenden dargestellter Forschungsansätze siehe auch *Becker*, Bedrohungskommunikation und der Faktor Zeit, 56–57; *Ders.*, Porphyrios: *Contra Christianos*, 32–41; *Ders.*, Polemik, 125–126; *Ders.*, Communication of Threat.

[20] *Niklas Luhmann*, Soziale Systeme. Grundriss einer allgemeinen Theorie, Frankfurt am Main 1984.

[21] *Werner Schirmer*, Bedrohungskommunikation. Eine gesellschaftstheoretische Studie zu Sicherheit und Unsicherheit, (VS Research), Wiesbaden 2008, 20; vgl. auch ebd. 61, 83.

[22] *Schirmer*, Bedrohungskommunikation, 17.

[23] *Schirmer*, Bedrohungskommunikation, 117–121.

[24] *Schirmer*, Bedrohungskommunikation, 71–77.

„schriftliche[r] Kommunikation" gelegen ist,[25] wobei die Beispiele freilich zeigen, dass die mündliche Darbietung des schriftlichen Materials in öffentlichen Sprechkontexten selbstverständlich nicht ausgeblendet wird. Dabei basiert das von Schirmer vorgestellte Modell auf Grundannahmen des bereits erwähnten operativen bzw. „erkenntnistheoretischen Konstruktivismus", demzufolge es keinen beobachterunabhängigen Zugang zur Wirklichkeit gibt.[26] Um Luhmann selbst zu Wort kommen zu lassen:

> Der operative Konstruktivismus bezweifelt keineswegs, dass es eine Umwelt gibt. [...] Die These des operativen Konstruktivismus führt also nicht zu einem ‚Weltverlust', sie bestreitet nicht, dass es Realität gibt. Aber sie setzt Welt nicht als Gegenstand, sondern im Sinne der Phänomenologie als Horizont voraus. Also als unerreichbar. Und deshalb bleibt keine andere Möglichkeit als: Realität zu konstruieren und eventuell: Beobachter zu beobachten, wie sie die Realität konstruieren.[27]

Als „Beobachter" kommen nun bei Schirmer v.a. jene beiden Systeme in Betracht, die laut Luhmann erstens autopoietisch sind, d.h. die sich selbst erzeugen, und die zweitens sinnverarbeitend[28] operieren. Diese Systeme sind „menschliche Bewusstseinssysteme" bzw. „psychische Systeme" einerseits und „soziale Systeme" andererseits.[29] „Psychische Systeme" stellen sich aus Gedanken selbst her und bilden damit die Voraussetzung von Kommunikation, wohingegen sich „soziale Systeme" aus Kommunikationen reproduzieren.[30] Im Zusammenhang einer allgemeinen Diskussion des Beobachterbegriffs räumt Schirmer an anderer Stelle ein, dass der „Beobachter [...] nicht notwendigerweise ein Mensch sein" müsse: „Als Beobachter kann vielmehr *jedes* selbstreferenziell geschlossenes [sic!] System in Frage kommen, und das schließt [...] neben psychischen Systemen, neuronalen Systemen, organischen Zellen, kybernetischen Maschinen vor allem auch soziale Systeme mit ein".[31] Für die Beobachtung von Bedrohung und Sicherheit in gesellschaftlichen Kontexten, wie Schirmer sie in seiner Studie in den Blick nimmt, sind es jedoch ausschließlich menschliche Beobachter, die von Interesse sind.

Doch was genau tut ein Beobachter? Das Beobachten hat eine Schlüsselfunktion im systemtheoretischen Ansatz Schirmers und bezeichnet im Anschluss an Luhmann die „Einheit der Differenz von Unterscheidung und Bezeichnung" bzw. „die Handhabung einer Unterscheidung, eine unterscheidende und das

[25] *Schirmer*, Bedrohungskommunikation, 95.
[26] *Schirmer*, Bedrohungskommunikation, 17.
[27] *Niklas Luhmann*, Die Realität der Massenmedien. 2., erweiterte Aufl. Opladen 1996, 17–19, hier 18–19.
[28] Zum Sinnbegriff Luhmanns siehe *Luhmann*, Soziale Systeme, 92–147.
[29] *Schirmer*, Bedrohungskommunikation, 17, 101.
[30] *Schirmer*, Bedrohungskommunikation, 90–92.
[31] *Schirmer*, Bedrohungskommunikation, 65 (kursiv im Orig.).

Unterschiedene zugleich bezeichnende Operation eines Beobachters."[32] Es ist also, laut Schirmer, „die Operation eines Systems gemeint, das zugleich eine Unterscheidung anwendet und eine Seite dieser Unterscheidung bezeichnet."[33] Im konkreten Fall von Bedrohungskommunikation vollzieht sich das Beobachten eines Beobachters binär codiert,[34] insofern er mit der „Leitunterscheidung bedroht/sicher bzw. Bedrohtheit/Sicherheit beobachtet"[35] und bei der Kommunikation seiner Beobachtung den Aspekt der Bedrohung stark macht. Da laut dem operativen Konstruktivismus ein vom Beobachter unabhängiger Zugang zur Wirklichkeit unmöglich ist, folgt daraus, dass sowohl die Sicherheit als auch die Bedrohtheit einer Gesellschaft als Beobachterkonstrukte anzusehen sind, die durch Kommunikation mit einem Realitätsgehalt ausgestattet werden.[36] Ob dieses Konstrukt jeweils in einem objektiven Sinne zutreffend ist, d. h. ob die Beobachtung jeweils zutrifft und ob eine beobachtete Bedrohung jeweils real oder bloß fiktiv ist – das sind Fragen, die erstens für die Definition einer konstruktivistisch fundierten Bedrohungskommunikation nicht relevant sind und die zweitens, wenn überhaupt, empirisch erst nach der Äußerung von Bedrohungskommunikation geklärt werden können.[37] Ausschlaggebend für den „Erfolg" von Bedrohungskommunikation, der danach bemessen werden kann, ob die Adressaten der Kommunikation sie annehmen, hält Schirmer im Wesentlichen ihre „Glaubwürdigkeit",[38] und d. h. konkret, dass sie im jeweiligen Moment ihrer Äußerung glaubwürdig sein muss.

Entscheidend für die Beobachtung einer Bedrohung und damit auch für ihre begriffliche Spezifität ist nun, dass ein Beobachter Zusammenhänge zwischen einer von ihm konstruierten Bedrohungsquelle und einem beliebigen Objekt herstellt: „Die Bedrohung lässt sich dann als *die Beziehung zwischen ihrer Quelle und dem bedrohten Objekt* definieren."[39] Eine Bedrohung „besteht" also „aus drei Einzeloperationen", die zeitlich versetzt auftreten, nämlich aus dem „Unterscheiden und Bezeichnen des ersten Objekts, des zweiten Objekts und der Beziehung zwischen beiden als Bedrohung. Erst diese dreistellige Beobachtungsoperation schließt die Bedrohung zu einer Einheit zusammen."[40] Eine Konsequenz, die sich aus der Signifikanz der Beobachterperspektive

[32] *Detlef Krause*, Luhmann-Lexikon. Eine Einführung in das Gesamtwerk von Niklas Luhmann, 3., neu bearbeitete und erweiterte Aufl. Stuttgart 2001, 111 s. v. Beobachtung; siehe dazu *Schirmer*, Bedrohungskommunikation, 62–66.

[33] *Schirmer*, Bedrohungskommunikation, 16.

[34] *Schirmer*, Bedrohungskommunikation, 23.

[35] *Schirmer*, Bedrohungskommunikation, 18; vgl. dazu auch ebd. 22, 69, 100.

[36] *Schirmer*, Bedrohungskommunikation, 69–70, 85–86.

[37] *Schirmer*, Bedrohungskommunikation, 19.

[38] *Schirmer*, Bedrohungskommunikation, 19.

[39] *Schirmer*, Bedrohungskommunikation, 78 (kursiv im Orig.).

[40] *Schirmer*, Bedrohungskommunikation, 80.

ergibt, besteht darin, dass dieses „Konstitutionsverhältnis", das Bedrohung ausmacht, der Kontingenz unterworfen ist.[41] Denn es besteht die Möglichkeit, dass ein anderer Beobachter dieselben Objekte, die von jemandem als Bedrohungsquelle und Bedrohtes beobachtet werden, nicht in ein „Bedrohungsverhältnis" setzt.[42] So kann in Bezug auf ein und dieselbe Objektkonstellation im einen Fall Bedrohungskommunikation vorliegen und im anderen nicht. Dies ist auch der Grund, weshalb Schirmer wiederholt unterstreicht, bei einer beobachteten Bedrohung müsse zunächst der Beobachter selbst betroffen sein.[43] Als „betroffen" gilt der Beobachter bei Schirmer dann, wenn „der Verlust oder die Beschädigung des Referenzobjekts" für ihn „negative Konsequenzen hat."[44] Aus dieser persönlichen Betroffenheit resultiert Bedrohungskommunikation, von der folglich „nur dann die Rede" sein kann, „wenn der Beobachter sich selbst oder etwas, womit er sich definiert bzw. identifiziert, als bedroht beobachtet", und das kann *„alles [sein], was für den Beobachter hohen Wert hat* (und das kann letztendlich alles sein)."[45] Als konkrete und mithin banale Beispiele führt Schirmer zu Illustrationszwecken etwa die „physische oder mentale Integrität" des Beobachters an, „seine Wohlfahrt, seine kollektive Identität, seine Familie, sein Hund oder seine Briefmarkensammlung"[46] oder auch seine „Unversehrtheit"[47]. Da es sich bei Bedrohungskommunikation allerdings nicht um die Mitteilung einer rein subjektiven Bedrohtheit zum Zwecke der Information handelt, tritt zur persönlichen Betroffenheit des Beobachters die von ihm implizierte bzw. unterstellte Betroffenheit des- oder derjenigen, an den oder die sich die Bedrohungskommunikation richtet: Sie wird so geäußert, dass dem Adressaten klar wird oder klar werden soll, dass er selbst auch betroffen ist, ja dass sowohl die „Sicherheit" des Beobachters als auch seine eigene „Sicherheit auf dem Spiel steht."[48] Dem „Adressaten" wird also

> ein Interesse an der Unversehrtheit des Referenzobjekts unterstellt. Auf diese Art und Weise wird eine kommunikative Einheit zwischen Sprecher und Adressaten erzeugt, die eine Differenzlinie zur Quelle der Bedrohung zieht. Die Bedrohung kommt von außen und bedroht etwas, das sich auf der Innenseite befindet. Durch den Verweis auf eine externe Bedrohung wird so ein Kollektiv auf der Innenseite geschaffen.[49]

---

[41] *Schirmer*, Bedrohungskommunikation, 78; vgl. dazu ebd. 103: „Eine Bedrohung ist die (kontingente) Beziehung zwischen einem Objekt, das als bedroht *beobachtet* wird (= Referenzobjekt) und einem Objekt, das als Quelle der Bedrohung ausgemacht wird." (kursiv im Orig.)

[42] *Schirmer*, Bedrohungskommunikation, 78.

[43] *Schirmer*, Bedrohungskommunikation, 79, 105–106, 108–109.

[44] *Schirmer*, Bedrohungskommunikation, 108.

[45] *Schirmer*, Bedrohungskommunikation, 106 (kursiv im Orig.); vgl. dazu auch ebd. 108.

[46] *Schirmer*, Bedrohungskommunikation, 106.

[47] *Schirmer*, Bedrohungskommunikation, 215.

[48] *Schirmer*, Bedrohungskommunikation, 106; vgl. dazu ebd. 110, 114–115.

[49] *Schirmer*, Bedrohungskommunikation, 215; vgl. dazu ebd. 116.

Im kommunikativen Akt ist der Beobachter einer Bedrohung der Sender (Alter), der einem Adressaten (Ego) sein Bedrohungskonstrukt kommuniziert.[50] Unter Rückgriff auf Luhmanns Begriff der Sinndimensionen unterscheidet Schirmer sodann zwischen drei Sinndimensionen von Bedrohungskommunikation, nämlich der Sach-, Zeit- und Sozialdimension: „In der Sachdimension geht es um Themen (Unterscheidung dies/das), in der Zeitdimension um Zeithorizonte (Unterscheidung vorher/nachher) und in der Sozialdimension um die beteiligten Personen/Gruppen und Kollektive (ego/alter)."[51] Bei der Sachdimension geht es also darum, dass der Beobachter seinem Adressaten mitteilt, was genau bedroht ist, was die Bedrohungsquelle ist und welche Maßnahmen gegen die Bedrohung ergriffen werden sollten.[52] Da der Beobachter immer vom Standpunkt der Gegenwart aus eine „gegenwärtige oder zukünftige" Bedrohung kommuniziert, „die sich in der Zukunft auswirkt", kreiert er in seiner Kommunikation ein Vorher-Nachher-Szenario, das die Zeitdimension von Bedrohungskommunikation ausmacht: Durch die Kontrastierung einer dem Adressaten bekannten Vergangenheit und einer ihm „unbekannte[n] Zukunft", in die mögliche Auswirkungen der beobachteten Bedrohung hineinprojiziert werden, komme dem Adressaten erst zu Bewusstsein, dass die gegenwärtige Bedrohung Konsequenzen in der Zukunft haben werde.[53] Die Sozialdimension von Bedrohungskommunikation zeigt sich schließlich darin, dass der Beobachter seinem Adressaten verdeutlicht, nicht nur er selbst, sondern auch der Adressat sei von der beobachteten Bedrohung betroffen.[54] Damit wird letztlich auf die Schaffung einer Solidargemeinschaft abgezielt, die durch die entweder faktisch vorhandene, implizierte oder unterstellte gemeinsame Wertschätzung eines als bedroht erachteten „Referenzobjekts" zusammengehalten wird,[55] weil aus Sicht des Beobachters „sowohl Ego als auch Alter ein Interesse an der Integrität des bedrohten Objektes haben."[56] Unabhängig davon, wie der Beobachter seinen Adressaten als mitinvolviert in die Bedrohung denkt, ist die Kommunikation von Handlungserwartungen an den Adressaten ein Bestandteil von Bedrohungskommunikation, damit gemeinsame Anstrengungen zum Erhalt oder zum Schutz des Referenzobjekts ergriffen werden können.[57]

---

[50] *Schirmer*, Bedrohungskommunikation, 101–102.
[51] *Schirmer*, Bedrohungskommunikation, 103.
[52] *Schirmer*, Bedrohungskommunikation, 103–104.
[53] *Schirmer*, Bedrohungskommunikation, 104–105, hier 105 (alle Zitate).
[54] *Schirmer*, Bedrohungskommunikation, 105–107.
[55] *Schirmer*, Bedrohungskommunikation, 110.
[56] *Schirmer*, Bedrohungskommunikation, 114.
[57] *Schirmer*, Bedrohungskommunikation, 109–116.

1.2 Weitere einschlägige Arbeiten

Neben Werner Schirmers Monographie, die bislang v.a. in der Soziologie und den Geschichtswissenschaften zur Kenntnis genommen wurde,[58] ist vor allem auf den von Ewald Frie und Mischa Meier herausgegebenen und 2014 erschienenen Sammelband *Aufruhr – Katastrophe – Konkurrenz – Zerfall. Bedrohte Ordnungen als Thema der Kulturwissenschaften* hinzuweisen, der aus der Arbeit des an der Universität Tübingen angesiedelten Sonderforschungsbereichs (SFB) 923 „Bedrohte Ordnungen" hervorgegangen ist. Die hier relevanten Beiträge nutzen v.a. geschichtswissenschaftliche, aber auch kommunikationswissenschaftliche und soziologische Zugänge und gehen allesamt von der Voraussetzung aus, dass Bedrohungskommunikation der „Indikator für bedrohte Ordnungen"[59] sei. Der Begriff „Ordnung(en)" meint dabei in Weiterentwicklung einer von Regine Kather vorgeschlagenen philosophischen Ordnungsdefinition „„ein Gefüge von Elementen, die in einem bestimmten Verhältnis zueinander stehen und soziale Gruppen oder ganze Gesellschaften strukturieren.""[60] Als Grundannahme fungiert dabei, dass eine Ordnung nicht einfach a-priori gegeben ist, sondern jeweils „im

[58] Siehe z.B. *Daniela Giebel*, Integrierte Sicherheitskommunikation. Zur Herausbildung von Unsicherheitsbewältigungskompetenzen durch und in Sicherheitskommunikation, (Zivile Sicherheit. Schriften zum Fachdialog Sicherheitsforschung 5), Berlin/Münster 2012, 122–123; *Fabian Fechner/Tanja Granzow/Jacek Klimek* u.a., „We are gambling with our survival." Bedrohungskommunikation als Indikator für bedrohte Ordnungen, in: Ewald Frie/Mischa Meier (Hrsg.), Aufruhr – Katastrophe – Konkurrenz – Zerfall. Bedrohte Ordnungen als Thema der Kulturwissenschaften, (Bedrohte Ordnungen 1), Tübingen 2014, 141–173, hier 151–152; *Philip Steiner*, Die Landstände in Steiermark, Kärnten und Krain und die josephinischen Reformen. Bedrohungskommunikation angesichts konkurrierender Ordnungsvorstellungen (1789–1792), Münster 2017, 39–48.

[59] *Fechner/Granzow/Klimek*, Bedrohungskommunikation, 141. Für die konzeptuelle Ausformung von Bedrohungskommunikation im Sonderforschungsbereich 923 sind insgesamt folgende Beiträge aufgrund ihres theoretischen Anspruchs besonders relevant: *Ewald Frie/Mischa Meier*, Bedrohte Ordnungen. Gesellschaften unter Stress im Vergleich, in: Ewald Frie/Mischa Meier (Hrsg.), Aufruhr – Katastrophe – Konkurrenz – Zerfall. Bedrohte Ordnungen als Thema der Kulturwissenschaften, (Bedrohte Ordnungen 1), Tübingen 2014, 1–27, hier 20–25; *Fechner/Granzow/Klimek*, Bedrohungskommunikation, passim; *Steffen Patzold*, Bedrohte Ordnungen, mediävistische Konfliktforschung, Kommunikation. Überlegungen zu Chancen und Perspektiven eines neuen Forschungskonzepts, in: Ewald Frie/Mischa Meier (Hrsg.), Aufruhr – Katastrophe – Konkurrenz – Zerfall. Bedrohte Ordnungen als Thema der Kulturwissenschaften, (Bedrohte Ordnungen 1), Tübingen 2014, 31–60, hier 49–60.

[60] Es handelt sich hierbei um eine Arbeitsdefinition des genannten Sonderforschungsbereichs, die bei *Frie/Meier*, Bedrohte Ordnungen, 2 und bei *Fechner/Granzow/Klimek*, Bedrohungskommunikation, 158 mit Anm. 94 zitiert wird. Bei *Regine Kather*, Art. Ordnung, I. Philosophisch, in: Religion in Geschichte und Gegenwart 6, ^{4}2003, 632–633, hier 632, wird „Ordnung" als „ein Gefüge von Elementen" bestimmt, „die in einem bestimmten Verhältnis zueinander stehen und einen größeren Bereich strukturieren."

Handeln hervorgebracht, bestätigt und/oder modifiziert" wird.[61] Trotz des notwendigerweise nur temporären Bestehens einer so verstandenen Ordnung „kanalisiert" sie während ihrer Dauer „Handlungsoptionen, stabilisiert Verhaltenserwartungen und etabliert Routinen. Eine Ordnung führt zu Grenzen von sozialen Gruppen und Gesellschaften. Sie entsteht auf dem Boden einer bereits bestehenden Ordnung und wird entweder laufend modifiziert oder durch eine andere Ordnung abgelöst. Eine voraussetzungslose Ordnung gibt es nicht."[62] Bedroht sind Ordnungen gemäß dem Forschungsansatz des Sonderforschungsbereichs immer dann, wenn Bedrohungskommunikation mittels verschiedener Medien stattfindet.[63] Dabei kommt dem Medium der Sprache eine herausragende Bedeutung zu,[64] wie dies auch schon im Ansatz Werner Schirmers der Fall war, der nicht ohne Grund politische Reden als seinen Hauptuntersuchungsgegenstand gewählt hat.[65] Schriftliche Texte und mündliche Äußerungen stellen nach Ansicht des Sonderforschungsbereichs freilich nicht das einzige Medium für Bedrohungskommunikation dar, da z. B. auch „bildliche Darstellungen" sowie „Interviews und Filme" als „Quellen" in Betracht kommen.[66] Ferner ist zu bedenken, dass die Materialität von Kommunikation insgesamt einem historischen Wandel unterliegt: Die Medien von Bedrohungskommunikation können je nach den soziokulturell veränderlichen Gegebenheiten in der Lebenswirklichkeit der historischen Akteure sowie nach Maßgabe des technischen Fortschritts einer Gesellschaft variieren.[67]

---

[61] *Frie/Meier*, Bedrohte Ordnungen, 2.

[62] *Frie/Meier*, Bedrohte Ordnungen, 2.

[63] *Frie/Meier*, Bedrohte Ordnungen, 23. Zur Angewiesenheit jedweder Kommunikation auf Medien verschiedenster Art siehe den Überblick bei *Mathias Blanz*, Definitorische und deskriptive Aspekte von Kommunikation, in: Mathias Blanz/Arnd Florack/Ursula Piontkowski (Hrsg.), Kommunikation. Eine interdisziplinäre Einführung, Stuttgart 2014, 13–37, hier 34–35.

[64] In der Kommunikationswissenschaft wird die Sprache in nicht-verschriftlichter und verschriftlichter Form als ein Medium, d. h. als eine Vermittlungsinstanz von Information und Bedeutung, angesehen (*Blanz*, Kommunikation, 23–25, 34).

[65] Die Bedeutung des Faktors Sprache ist auch in der neueren Krisenforschung evident. So arbeitet Heidrun Kämper bei ihrer Analyse der sprachlichen Repräsentation gesellschaftlicher Krisen heraus, wie bestimmte „Zeitphänomene" mittels der Sprache als „Krisenphänomene" konstituiert werden. Eine entscheidende Rolle hierbei spielt der Sprachwandel, der gewissermaßen als Indikator einer Krisensituation fungiert: Kämper kann anhand ausgewählter historischer Krisen zeigen, dass sich bei gesellschaftlichen Umbrüchen nicht die Sprache an sich ändert, wohl aber der Sprachgebrauch des von einer Krise betroffenen Kollektivs. Dies lasse sich etwa an einem veränderten Wortschatz, den Akteure prägen, studieren; siehe *Heidrun Kämper*, Krise und Sprache. Theoretische Anmerkungen, in: Thomas Mergel (Hrsg.), Krisen verstehen. Historische und kulturwissenschaftliche Annäherungen, (Eigene und fremde Welten 21), Frankfurt am Main 2012, 241–255.

[66] *Fechner/Granzow/Klimek*, Bedrohungskommunikation, 160.

[67] *Frie/Meier*, Bedrohte Ordnungen, 23–24; *Patzold*, Bedrohte Ordnungen, 49–52.

Obgleich in verschiedenen Publikationen und Einzeluntersuchungen des Sonderforschungsbereichs unterschiedliche Aspekte von Bedrohungskommunikation hervorgehoben und problematisiert werden,[68] können doch folgende fünf Gesichtspunkte eine grobe Vorstellung davon vermitteln, was unter Bedrohungskommunikation in einem allgemeinen Sinne verstanden werden kann. Ordnungen sind demnach dann bedroht, wenn Akteure erstens kommunizieren, dass und wodurch bzw. von wem sie bedroht seien, wenn sie zweitens in ihrer Kommunikation eine affektive Affiziertheit durch die als negativ erachteten Gesellschaftsentwicklungen erkennen lassen, wenn sie drittens den „Faktor Zeit" stark machen, indem sie auf die hohe „Wahrscheinlichkeit" oder auf das unmittelbar bevorstehende Real-Werden der Bedrohung eingehen, wenn sie viertens „einen oder mehrere Urheber" des bedrohlichen Zustands benennen, und wenn fünftens die Bedrohungskommunikation dadurch bedeutsam wird, dass sie „mindestens zeitweise" andere Kommunikationsthemen einer sozialen Gruppe dominiert.[69] Bei der so verstandenen Bedrohungskommunikation handelt es sich freilich nicht zwangsläufig um die Kommunikation objektiv nachvollziehbarer Fakten, sondern um das Resultat von Akteurswahrnehmungen und -deutungen, die sich im Interpretationsmedium der Sprache Ausdruck verschaffen. Deswegen wird in Publikationen des Sonderforschungsbereichs einerseits die Historizität einer bedrohten Ordnung als Auslöser von Bedrohungskommunikation nicht ausgeblendet: „Das Forschungskonzept des SFB 923 geht davon aus, dass bedrohte Ordnungen eine Sachdimension haben, die jenseits aller Wahrnehmungen, Deutungen und sprachlichen Verarbeitungen durch Menschen besteht und bedeutsam ist."[70] Andererseits wird betont, dass der „Realitätsstatus der in der Kommunikation benannten Ereignisse", die „Evidenz der Deutungen" und insgesamt die „historische Faktizität der benannten Ereignisse nicht im Vordergrund" des wissenschaftlichen Interesses stehen.[71] Ausgehend von letzterem Ansatz, der die mögliche Historizität einer Bedrohung im außertextlichen bzw. außersprachlichen Sinne zwar nicht negiert, aber auch nicht zur *conditio sine qua non* für den Erfolg von Bedrohungskommunikation erhebt, wurde von einer Autorengruppe des SFB ein Kriterienmodell entwickelt, um Bedrohungskommunikation in Kommunikationszeugnissen historischer Akteure dingfest und analysierbar zu machen.[72]

---

[68] Vgl. hierzu bes. *Frie/Meier*, Bedrohte Ordnungen, 20–25; *Patzold*, Bedrohte Ordnungen, 49–59.

[69] *Patzold*, Bedrohte Ordnungen, 54.

[70] *Patzold*, Bedrohte Ordnungen, 52.

[71] *Fechner/Granzow/Klimek*, Bedrohungskommunikation, 141.

[72] *Fechner/Granzow/Klimek*, Bedrohungskommunikation, passim.

Dieses umfasst drei Inhalts- und drei Etablierungskriterien. Da die Kriterien dieses analytischen Modells auf jedwede systemtheoretischen Ansätze verzichten und stattdessen wesentlich von soziologischen Forschungen zu Mobilisierungsstrategien in sozialen Bewegungen beeinflusst sind, die mit dem sogenannten *framing*-Ansatz erklärt werden,[73] ist zunächst kurz auf den *framing*-Ansatz einzugehen. Dessen primäres Anliegen innerhalb der Soziologie besteht darin zu untersuchen, wie Akteure innerhalb sozialer Gruppen bestimmte Wirklichkeitsdeutungen mittels strategischer Kommunikation dazu einsetzen, ihre Adressaten zu bestimmten Handlungen zu mobilisieren, die sozialen Wandel initiieren oder abwenden sollen. Der englische Begriff „framing", der im vorliegenden Zusammenhang allgemein die Einordnung von Erfahrenem in kognitive „[Deutungs-]Rahmen" bzw. „Deutungsmuster" bezeichnet und mittlerweile auch ein eigenes medien- und kommunikationswissenschaftliches Forschungsfeld markiert,[74] geht auf den Soziologen Erving Goffman zurück. Goffman definiert „frames" als „schemata of interpretation", wodurch Individuen und Kollektive eine bestimmte Perspektivität auf ihre Alltagserfahrungen erlangen, die es ihnen ermögliche „to locate, perceive, identify, and label a seemingly infinite number of concrete occurrences defined in its terms."[75] *Framing* spielt demnach bei der sinnstiftenden Strukturierung von Wirklichkeit eine signifikante Rolle, weil es aus einer Menge zunächst disparater Erfahrungselemente Kohärenz kreiert.[76] Besonders bedeutsam im Hinblick auf die wissenschaftliche Erforschung sozialer Gruppenmobilisierung sind sogenannte „collective action frames", die politische und andere Akteure erschaffen oder beeinflussen, um Sympathisanten für ihre jeweilige Sache zu gewinnen. Der Pluralität von möglichen Deutungsschemata („frames") im Angesicht sozialen Wandels ist es geschuldet, dass es in einer Gruppe oder Gesellschaft zu einer Konkurrenz um die Deutungshoheit kommen kann, weshalb die Handelnden nicht von Persuasionsarbeit entbunden sind. Daher liegt das Augenmerk des Wissenschaftlers darauf zu eruieren, wie und weshalb Akteure sich vor dem Hintergrund einer anzunehmenden Multiperspektivität aus politischen oder weltanschaulichen Gründen spezifischer „schemata of

---

[73] *Fechner/Granzow/Klimek*, Bedrohungskommunikation, 153–155.

[74] Zur Geschichte des *framing*-Ansatzes siehe z. B. *John A. Noakes/Hank Johnston*, Frames of Protest: A Road Map to a Perspective, in: Hank Johnston/John A. Noakes (Hrsg.), Frames of Protest. Social Movements and the Framing Perspective, Lanham 2005, 1–29, hier 3–5; *Jörg Matthes*, Framing, Baden-Baden 2014, 24–35.

[75] *Erving Goffman*, Frame Analysis. An Essay on the Organization of Experience, New York u. a. 1974, 21.

[76] *Robert D. Benford/David A. Snow*, Framing Processes and Social Movements: An Overview and Assessment, in: Annual Review of Sociology 26, 2000, 611–639, hier 614; *Matthes*, Framing, 21.

interpretation" zu jenem Zweck bedienen, um Andere einerseits davon zu überzeugen, dass allein ihre Sicht auf die Ereignisse und die soziopolitische Lage die richtige sei,[77] und andererseits davon, dass nun in bestimmter Weise gehandelt werden müsse. Nach Robert D. Benford und David A. Snow umfassen „collective action frames" drei *framing*-Komponenten: Erstens stellen Akteure eine Diagnose über den als besorgniserregend wahrgenommenen gegenwärtigen sozialen Zustand, in dem sie und ihre Adressaten sich befinden (*diagnostic framing*). Zweitens bieten Akteure Lösungen der diagnostizierten Probleme an und stellen damit eine bessere Zukunft in Aussicht (*prognostic framing*). Drittens rufen Akteure motivierend zum Handeln auf, um auf die Verbesserung der Situation hinzuwirken (*motivational framing*).[78]

Das Kriterienmodell der oben erwähnten Autorengruppe knüpft nun an diese Komponenten der „collective action frames" an, durch welche die Deutungen, Prognosen und Handlungsempfehlungen von Akteuren sowie deren Wirkung auf die Adressaten innerhalb eines durch Kommunikation etablierten Kollektivs miteinander in Bezug gesetzt werden. Laut diesem „diagnostische[n] Instrument"[79] liegt Bedrohungskommunikation dann vor, wenn sich aus dem Inhalt der Kommunikation von Akteuren drei Komponenten feststellen lassen: Erstens die Verständigung über den Status quo, bei der Akteure eine Zeitdiagnose hinsichtlich ihrer jeweiligen Gegenwart stellen und dabei bereits bestimmte Phänomene als problematisch oder negativ deuten;[80] zweitens die Beschreibung eines Zukunftsszenarios, das mögliche Auswirkungen

---

[77] Ein aktuelles Beispiel, das zu diesem Gedankenkomplex gehört, ist die ‚geframte' Berichterstattung der Massenmedien über Mobilisierungsversuche politischer Akteure, die Auswirkungen auf die Herausbildung der öffentlichen Meinung hat; siehe dazu *Michael Schenk*, Medienwirkungsforschung, 3., vollständig überarbeitete Aufl. Tübingen 2007, 314–333, bes. 323; *Dennis Chong/James N. Druckman*, Identifying Frames in Political News, in: Erik P. Bucy/R. Lance Holbert (Hrsg.), The Sourcebook for Political Communication Research: Methods, Measures, and Analytical Techniques, (Routledge Communication Series), New York/London 2011, 238–267.

[78] *Benford/Snow*, Framing Processes, 615–618; *Noakes/Johnston*, Frames of Protest, 5–11; *Fechner/Granzow/Klimek*, Bedrohungskommunikation, 153. Ein anderes dreigliedriges Modell der „collective action frames", das in der Publikation von *Fechner/Granzow/Klimek* keine Rolle spielt, hat William A. Gamson vorgelegt. Danach bestehen „collective action frames" aus einem „injustice frame" einem „agency frame" und einem „identity frame": Der „injustice frame" deutet eine Situation im moralischen Sinne als ungerecht, der „agency frame" vermittelt die Vorstellung, dass die ungerechte Situation durch gemeinsames Handeln verändert werden könne, und im „identity frame" wird durch die Evokation eines Wir-Gefühls eine Kollektividentität geschaffen, die von den Verursachern der ungerechten Situation konkret und scharf abgegrenzt wird; siehe *William A. Gamson*, Talking Politics, Cambridge 1992, 6–8, 31–109.

[79] *Frie/Meier*, Bedrohte Ordnungen, 21.

[80] *Fechner/Granzow/Klimek*, Bedrohungskommunikation, 163–164.

des wahrgenommenen sozialen Wandels präsentiert;[81] und drittens die Vermittlung von Handlungsoptionen und Handlungsempfehlungen, die darauf abzielen, eine bestehende Ordnung zu erhalten, zu modifizieren oder abzuschaffen.[82] Neben diesen drei Inhaltskriterien benennt die Forschergruppe drei Etablierungskriterien, nach denen das Gelingen von Bedrohungskommunikation beurteilt werden kann:

> Den Etablierungskriterien wird genügt, wenn erstens eine hinreichend große, in die Ordnung essenziell eingebundene Akteursgruppe kommuniziert; wenn sich zweitens aus den Quellen ein hinreichender Konsens über bestimmte Kommunikationsinhalte beobachten lässt; wenn die Akteure drittens auf Handlungsempfehlungen reagieren und die mit der Inhaltsvermittlung verbundene Intention das Handeln der Akteure beeinflusst.[83]

2. *Skizze des hier entwickelten Modells von Bedrohungskommunikation*

Obwohl die beiden knapp skizzierten Modelle Werner Schirmers und der Tübinger Autorengruppe um Fabian Fechner nicht am Beispiel antiker Kommunikationszeugnisse entwickelt wurden, bieten sie dennoch zahlreiche fruchtbare Impulse zur Erforschung antiker Literatur, die ich verschiedentlich bereits vor Beginn der Arbeit an dieser Monographie in anderen Zusammenhängen aufgegriffen habe.[84] Erst durch die Beschäftigung mit Hesiods *Werken und Tagen* kristallisierte sich allerdings jenes sechsdimensionale Modell heraus, das sich von den hier referierten Ansätzen unterscheidet und das im Folgenden zunächst in Grundzügen vorgestellt werden soll.

Das hier entwickelte Modell beschreibt Bedrohungskommunikation als die Interdependenz sechs zwar separat analysierbarer, aber stets aufeinander bezogener und verwobener Sinndimensionen von Kommunikation, die in ihrer Gesamtheit das Thema der Bedrohungskommunikation in einem antiken Text konstituieren. Immer also, wenn diese sechs Sinndimensionen in einem Text zusammenkommen bzw. sichtbar gemacht werden können, ist es von der Warte des Interpreten aus gerechtfertigt davon zu sprechen, dass Bedrohung(en) kommuniziert werden (sollen). Während es sich in politik- und kulturwissenschaftlichen Zusammenhängen bei Bedrohung(en) *im Allgemeinen* um potentiell in naher Zukunft eintretende Handlungen oder Widerfahr-

81 *Fechner/Granzow/Klimek*, Bedrohungskommunikation, 165–166.
82 *Fechner/Granzow/Klimek*, Bedrohungskommunikation, 168–169.
83 *Fechner/Granzow/Klimek*, Bedrohungskommunikation, 161.
84 *Becker*, Bedrohungskommunikation und der Faktor Zeit, 56–57, 65–66, 73–75; *Ders.* Porphyrios: *Contra Christianos*, 32–41; *Ders.*, Polemik, 125–135; *Ders.*, Communication of Threat.

nisse handelt, mit denen negative Konsequenzen, Schäden oder Nachteile für Individuen oder Gruppen assoziiert werden,[85] geht nach dem hier vertretenen Modell erst aus der Zusammenschau aller sechs Sinndimensionen einer jeweiligen Bedrohungskommunikation hervor, was in einem *spezifischen* Sinne als Bedrohung zu verstehen ist. Die Sinndimensionen umfassen erstens die sachliche, zweitens die soziale, drittens die zeitliche, viertens die emotionale, fünftens die religiöse und sechstens die paränetische Sinndimension. Diese sechs Sinndimensionen, die im Hauptteil des Buches jeweils theoretisch eingeführt und dann anhand des Textbefunds verifiziert werden, stellen ein durch die moderne Theoriebildung geprägtes Analyseraster dar, in welchem die Ergebnisse der empirischen Quellenarbeit geordnet werden. Vereinfacht gesagt wird in den sechs Sinndimensionen verhandelt, was und wer bedroht ist (sachliche und soziale Sinndimension), welche Rolle die Zeitreflexion bei der Vermittlung einer Bedrohung spielt (zeitliche Sinndimension), welche Bedeutung der literarischen Repräsentation und rhetorischen Evozierung von Emotionen bei der Kommunikation einer Bedrohung zukommt (emotionale Sinndimension), wie eine Bedrohung religiös gedeutet bzw. mit Götterwirken in Bezug gesetzt wird (religiöse Sinndimension) und welche Handlungsanweisungen vom Bedrohungskommunikator zur Bewältigung der Bedrohung gegeben werden (paränetische Sinndimension).

Wie bereits aus dem obigen Forschungsüberblick deutlich geworden sein dürfte, orientiert sich der Begriff „Sinndimension" an Werner Schirmers Modell von Bedrohungskommunikation. „Sinn" bezeichnet bei Schirmer in Anlehnung an Niklas Luhmann

> einen Verweisungszusammenhang als Einheit von *Aktualität und Potenzialität* [...]. Es geht darum, welcher Gedanke/welche Kommunikation gerade im Moment aktuell ist, und auf welche möglichen (aber noch nicht aktualisierten) Anschlüsse der aktuelle Gedanke/die aktuelle Kommunikation verweist. [...] Jede Aktualisierung von Sinn erscheint als (notwendige) Selektion aus einem Horizont von Möglichkeiten, und jede Selektion ist kontingent, hätte also auch anders ausfallen können.[86]

Im Anschluss an Luhmanns Terminologie und Sinndefinition unterscheidet Schirmer drei Sinndimensionen von Bedrohungskommunikation, nämlich die Sach-, Zeit- und Sozialdimension:

---

[85] Vgl. dazu *David Rousseau/Rocio Garcia-Retamero*, Identity, Power, and Threat Perception. A Cross-National Experimental Study, in: Journal of Conflict Resolution 51, 2007, 744–771, hier 745; *Frie/Meier*, Bedrohte Ordnungen, 2–4. Zur Abgrenzung des gesamtwissenschaftlich keineswegs etablierten Begriffs „Bedrohung" von ähnlichen Begriffen wie „Gefahr", „Unsicherheit", „Risiko" und „Krise" siehe die Diskussion bei *Fechner/Granzow/Klimek*, Bedrohungskommunikation, 142–149.

[86] *Schirmer*, Bedrohungskommunikation, 92 (kursiv im Orig.).

Das Medium Sinn ist in der Analyse von Bedrohungskommunikation in zweierlei Hinsicht von Bedeutung: Zum einen ist jede Bedrohungskommunikation das Produkt von Selektionen, die Komplexität reduzieren, indem sie etwas (und nicht etwas anderes) aktualisieren und dabei gleichzeitig auf andere mögliche spätere Aktualisierungen verweisen. [...] Zum anderen lässt sich Sinn in drei Dimensionen dekomponieren: die Sachdimension, die Zeitdimension und die Sozialdimension [...] Sinn hat in den verschiedenen Dimensionen eine je eigene Verweisungsstruktur, die nicht auf eine der beiden anderen reduzierbar ist. Die drei Dimensionen widmen sich unterschiedlichen Bezugsproblemen. In der Sachdimension geht es um Themen (Unterscheidung dies/das), in der Zeitdimension um Zeithorizonte (Unterscheidung vorher/nachher) und in der Sozialdimension um die beteiligten Personen/Gruppen und Kollektive (ego/alter).[87]

Obwohl der Aspekt einer komplexitätsreduzierenden Selektion auch für das hier vertretene Verständnis von „Sinn" bedeutsam ist und obgleich die drei von Schirmer genannten Sinndimensionen im vorliegenden Modell ihrem inhaltlichen Gehalt nach in leicht modifizierter Form im Wesentlichen übernommen und um drei weitere – nämlich um die emotionale, die religiöse und die paränetische Sinndimension – ergänzt werden, wird in der vorliegenden Studie auf den spezifisch systemtheoretischen Zuschnitt des Begriffs „Sinndimension" verzichtet. Unter „Sinndimensionen" werden im Folgenden vielmehr sinnstiftende Teilkomponenten von Bedrohungskommunikation verstanden, die in ihrer Gesamtheit Bedrohungskommunikation konstituieren. Diese Teilkomponenten stellen jeweils die thematisch gebündelte und auf Selektion beruhende Kombination von realitätsbezogenen Deutungen und Bedeutungszuschreibungen dar, die sowohl untereinander innerhalb einer Teilkomponente als auch mit den übrigen Teilkomponenten einen Sinnzusammenhang bilden, der „Bedrohung" sowohl für den Bedrohungskommunikator als auch für seine Adressaten zu einer auf Deutung basierenden, sinnhaften Größe macht.[88] Allgemein gesagt werden in den Sinndimensionen nicht nur plausible Deutungen und Erklärungen dafür geboten, dass die Bedrohung aus Sicht des Bedrohungskommunikators real ist und wie sie beschaffen ist (v. a. in der zeitlichen, sachlichen und sozialen Sinndimension). Vielmehr werden auch Sinnressourcen im Angesicht der Bedrohung reflektiert oder etabliert (v. a. in der religiösen Sinndimension), welche die Propagierung eines Bewältigungshandelns in der paränetischen Sinndimension erst ermöglichen. Die in der Bedrohungskommunikation hergestellten Sinnzusammenhänge dienen damit einerseits der Verständlichmachung einer vom Bedrohungs-

[87] *Schirmer*, Bedrohungskommunikation, 103.

[88] Zur Definition von „Sinn" als das „Kombinieren von Bedeutungen" siehe *Peter Lampe*, Die Wirklichkeit als Bild. Das Neue Testament als ein Grunddokument abendländischer Kultur im Lichte konstruktivistischer Epistemologie und Wissenssoziologie, Neukirchen-Vluyn 2006, 69–70, hier 69.

kommunikator vorgenommenen „Deutung der Phänomene der Wirklichkeit *als* etwas“[89], nämlich als Bedrohung, und andererseits der Bereitstellung einer Handlungsanleitung im Angesicht dieser Bedrohung. Dabei ist die kommunizierte Bedrohung vornehmlich als ein sprachliches Konstrukt anzusehen, das jedoch – so auch im Falle Hesiods – Bezüge zur außersprachlichen Wirklichkeit haben kann und aus Gründen der Plausibilitätswahrung auch haben sollte. Gemäß der hier vertretenen, am Textbefund der *Opera et Dies* orientierten Argumentation ist Bedrohungskommunikation damit trotz ihrer Rhetorizität und Literarizität nicht als eine durch rhetorisches Blendwerk erschaffene Bedrohungsfiktion zu verstehen.[90]

Wie im Laufe der Ausführungen klarer werden wird, betreffen diejenigen Aussagen eines Textes, die vom Interpreten den Sinndimensionen von Bedrohungskommunikation zugeordnet werden können, in vielen Fällen nicht allein eine einzige, sondern mehrere Sinndimensionen zugleich. So kann es beispielsweise sein, dass Bedrohungskommunikatoren einen gegenwärtig sich vollziehenden gesellschaftlichen Wandel reflektieren und dabei eine starke Emotionalität inszenieren, woraus sich eine Verschränkung der zeitlichen und der emotionalen Sinndimension ergibt, die bei der Identifikation, Deskription, Analyse und Interpretation der Bedrohungskommunikation gesondert betrachtet werden. Ein anderes Beispiel besteht darin, dass religiöse Deutungen der Bedrohung die sachliche Grundlage für ein bestimmtes Bewältigungshandeln bilden können, mit der Konsequenz, dass die religiöse und die paränetische Sinndimension sich überlagern. Auch hier müssen zur besseren Sichtbarmachung des jeweils einschlägigen Gehalts einer Aussage im analytischen und interpretatorischen Prozess Differenzierungen nach den jeweils einschlägigen Sinndimensionen vorgenommen werden. Aufgrund dieser Gegebenheit, die sich aus der inhärenten Komplexität von Bedrohungskommunikation ergibt, ist es in der vorliegenden Studie unumgänglich, dass manche Passagen der *Werke und Tage* teilweise mehrfach vom Blickwinkel unterschiedlicher Sinndimensionen aus betrachtet werden. Leicht modifizierte Wiederholungen von Inhalten sind daher an manchen Stellen erforderlich, genauso wie einige Querverweise auf Kapitel, in denen hesiodeische Belege jeweils im Lichte unterschiedlicher Sinndimensionen beleuchtet werden. Was Hesiod als Bedrohung kommunizieren möchte und wie genau er dies in allen

[89] *Jörg Lauster*, Religion als Lebensdeutung. Theologische Hermeneutik heute, Darmstadt 2005, 11, bei dem „Verstehen“ definiert wird als ein „produktiver Prozess von Bedeutsamkeitszuschreibung und Sinnstiftung, denn Verstehen heißt, etwas mit Sinn versehen.“

[90] Dass Bedrohungskommunikation freilich in einem grundsätzlichen Sinne auch zu manipulativen Zwecken eingesetzt werden kann, ist zweifelsohne möglich, aber nicht Gegenstand dieser Studie; zum Konstruktcharakter von Bedrohungskommunikation siehe ausführlicher Kap. II.3.

Sinndimensionen ausgestaltet, wird also erst nach Lektüre des ganzen Buches deutlich sein.

Wichtig zu bedenken ist ferner: Bedrohungskommunikation ist nicht das einzige Thema in Hesiods *Werken und Tagen*, da in diesem Text, wie die Eingangszeilen dieser Monographie skizziert haben, bekanntlich eine Fülle disparat anmutender Stoffe und Themen behandelt wird. Der Gesichtspunkt, dass Bedrohungskommunikation laut der gängigen Theoriediskussion charakteristischerweise „mindestens teilweise andere Kommunikationsthemen" in einer Situation der Bedrohung „überlagert", woraus letztlich ihre „Bedeutsamkeit" erwächst,[91] kann allerdings als Erklärung dafür herangezogen werden, dass Bedrohungskommunikation v. a. den ersten Hauptteil dominiert, also die ersten 382 Verse.[92] Hier ist das Thema besonders präsent und wird mit einem Hang zur Dringlichkeit verhandelt. Freilich steht auch der zweite Hauptteil, der sogenannte Bauernkalender (Verse 383–694), in einem inneren Zusammenhang mit dem Thema der Bedrohungskommunikation. Denn durch die praktische Darlegung dessen, wie eine Lebensführung im Einklang mit Dike auszusehen habe[93] sowie durch die detaillierten Arbeitsanweisungen beinhaltet dieser Teil ebenfalls konkrete Handlungsanweisungen, die dem größeren Zweck dienen, die im ersten Teil kommunizierte soziopolitische Bedrohung einzudämmen, abzuwenden und künftig zu vermeiden. Auch im dritten Hauptteil (Verse 695–764), der Weisungen zur Wahl einer Ehefrau, zum zwischenmenschlichen Umgang sowie zu einer religiös begründeten Lebensführung umfasst, ist Vieles relevant im Hinblick auf die Bedrohungskommunikation, wie sich im Laufe der Interpretation zeigen wird.[94]

---

[91] *Frie/Meier*, Bedrohte Ordnungen, 4.

[92] Vgl. dazu *Raaflaub*, Anfänge des politischen Denkens, 20.

[93] *Korbinian Golla*, Die Erfahrung des bäuerlichen Jahreslaufs. Form und Sinn des ‚Bauernkalenders' in Hesiods *Erga*, in: Thiemo Breyer/Daniel Creutz (Hrsg.), Erfahrung und Geschichte. Historische Sinnbildung im Pränarrativen, (Narratologia 23), Berlin/New York 2010, 132–148, hier 145.

[94] Einzig der vierte und letzte Hauptteil der *Erga*, welcher der Wahl der rechten Tage gewidmet ist (Verse 765–828), spielt bei der Analyse von Bedrohungskommunikation keine nennenswerte Rolle.

II. Bedrohungskommunikation in Hesiods *Erga* – Prolegomena

Um die hesiodeische Bedrohungskommunikation in ihrer historischen Konkretheit angemessen verstehen zu können, ist es zunächst geboten, sich deren kommunikative Grundkonstellation zu vergegenwärtigen. Diese gestaltet sich so, dass ein individueller Bedrohungskommunikator (Hesiod) in einem öffentlichen Vortragskontext anhand des Mediums eines in hohem Maße rhetorisierten Textes (der *Erga*) einem Publikum (Perses, die Richterkönige und eine breitere Polisöffentlichkeit) eine Bedrohung kommuniziert. Diese betrifft das Zusammenleben in jenem Gemeinwesen, dem sowohl der Bedrohungskommunikator als auch sein Publikum angehören. Wie sich im Laufe der Ausführungen noch ergeben wird, ist das konkrete Gemeinwesen allerdings in derart allgemeinen Zügen gezeichnet, dass mit Recht der Eindruck entsteht, Hesiod habe seiner Bedrohungskommunikation eine universelle Bedeutung verleihen wollen. Dass die hesiodeische Bedrohungskommunikation ihre historisch-akute Bedingtheit bewusst transzendiert, wie übrigens auch andere Beispiele der archaischen Dichtung,[1] führt vor Augen, dass sie immer auch den Charakter eines politischen Reflektierens und Philosophierens hat, welches sich im Modus eines Bedrohungsszenarios mit grundsätzlichen Fragen des gesellschaftlichen Lebens und der dieses ermöglichenden Ordnung auseinandersetzt.[2] Welche Informationen sich über den konkreten Anlass von Hesiods Bedrohungskommunikation sowie sein Publikum, aber auch über Hesiods Selbstverständnis als Bedrohungskommunikator auf der Grundlage seines schriftlichen Kommunikationszeugnisses[3] eruieren lassen, ist Gegenstand der beiden folgenden Kapitel.

[1] Siehe dazu den Exkurs zum *Corpus Theognideum* in Kap. III.3.3.

[2] Siehe dazu ausführlicher Kap. IV.

[3] Anders als bei der komplexen Entstehungsgeschichte der homerischen Epen ist bei den *Erga* davon auszugehen, dass „bei deren Entstehung die Schriftlichkeit eine zentrale Rolle spielte" (*Itgenshorst*, Denker und Gemeinschaft, 155 mit Amn. 2); so auch *Elisabeth Stein*, Autorbewußtsein in der frühen griechischen Literatur, (ScriptOralia 17), Tübingen 1990, 51–54; *Ercolani/Rossi*, Hesiod, 79; *Golla*, Hesiods *Erga*, 39–46. Dem steht die These gegenüber, Hesiod sei ein *oral poet* gewesen bzw. die mit seinem Namen assoziierten Texte seien im Kontext eines Hesiod-Kults tradiert, rezipiert und dann auch fortgeschrieben worden; siehe dazu

1. Anlass, Adressaten und Sitz im Leben der Bedrohungskommunikation

Eine alte und in der Forschung nach wie vor weit verbreitete Antwort auf die Frage, weshalb es überhaupt zur Abfassung der *Opera et Dies* kam, lautet, dass eine rechtliche Auseinandersetzung mit dem eigenen Bruder, die im Text als noch schwelend präsentiert wird, für die Entstehung von Hesiods Gedicht ausschlaggebend gewesen sei: „Der Streit mit dem arbeitsscheuen Perses […] wurde zum unmittelbaren Anstoß für ihn, sein einzigartiges Werk zu schaffen."[4] Diese Deutung, die Hesiods literarische Aktivität in den *Erga* als ein Schreiben *ex eventu* – und nicht etwa *ex nihilo*, quasi aus dem leeren Raum des Fiktiven heraus – begreift, kann sich auf wichtige, gleich zu diskutierende Belege im Text stützen. Sie liefert zugleich den plausiblen Anlass für die Bedrohungskommunikation Hesiods, die damit in eine komplexe Konstellation aus außertextlichen Bedingtheiten und deren textuellen Verarbeitungen gerückt wird. Die Strategien der literarischen Selbsteinbindung in seinen Text, die verschiedentlich das Interesse der Gelehrten auf sich gezogen haben,[5] gelten somit auch für Hesiods Bedrohungskommunikation, in welche er sein eigenes Schicksal und damit letztlich sich selbst argumentativ einbindet. Teil dieses Schicksals ist, und hierin liegt auch der Schlüssel zum Verständnis der hesiodeischen Bedrohungskommunikation, dass der Dichter in einem Gerichtsprozess mit einem nahestehenden Verwandten etwas erlebte, das ihm nicht nur selbst schadete, sondern das seiner Einschätzung zufolge auch das Potential zur Schädigung eines gesamten Gemeinwesens barg. Be-

v. a. *Gregory Nagy*, Hesiod and the Ancient Biographical Traditions, in: Franco Montanari/Antonios Rengakos/Christos Tsagalis (Hrsg.), Brill's Companion to Hesiod, Leiden/Boston 2009, 271–311, hier 273–274; *Natasha Bershadsky*, A Picnic, a Tomb, and a Crow: Hesiod's Cult in the *Works and Days*, in: Harvard Studies in Classical Philology 106, 2011, 1–45, hier 5–6. Zur Kritik an dieser These siehe *Rose*, Class in Archaic Greece, 166–168.

[4] *Alois Rzach*, Art. Hesiodos, in: Paulys Realencyclopädie der classischen Altertumswissenschaft VIII/1, 1912, 1167–1240, hier 1171; so z. B. auch *Wolf*, Griechisches Rechtsdenken, 120; *Kaufmann-Bühler*, Hesiod, 270; *Jaeger*, Paideia, 91; *Hermann Fränkel*, Dichtung und Philosophie des frühen Griechentums. Eine Geschichte der griechischen Epik, Lyrik und Prosa bis zur Mitte des fünften Jahrhunderts, München 1962, 124; *Herwig Maehler*, Die Auffassung des Dichterberufs im frühen Griechentum bis zur Zeit Pindars, (Hypomnemata 3), Göttingen 1963, 45, 47; *Blusch*, Formen und Inhalt, 155; *Østerud*, Individuality, 17; *Martin L. West*, Hesiod, Works and Days. Edited with Prolegomena and Commentary, Oxford 1978, 41; *Erler*, Recht, 7–8; *Robert C. Bartlett*, An Introduction to Hesiod's *Works and Days*, in: The Review of Politics 68, 2006, 177–205, hier 181–182; *Gagné*, Invisible Kin, 14. Siehe dazu auch die kurze Literaturdiskussion bei *Michael Gagarin*, Hesiod's Dispute with Perses, in: Transactions of the American Philological Association 104, 1974, 103–111, hier 103–104 Anm. 1.

[5] Siehe v. a. *Mark Griffith*, Personality in Hesiod, in: Classical Antiquity 2, 1983, 37–65, bes. 37, 63, der auf die literarisch-rhetorische Funktion von Selbsterwähnungen im Mikrokontext ihrer Vorkommen hinweist; ähnlich auch *Jones*, Perses, 308–309.

vor diese signifikante Tendenz zur Verallgemeinerung des Einzelfalls auf seine Typik hin,[6] ja dieses Transferdenken, das im bedrohten Einzelschicksal die Bedrohung eines ganzen Kollektivs erkennt, näher dargestellt werden kann, ist es zunächst nötig, alle Indizien zum Wesen dieser Rechtsstreitigkeit zusammenzutragen, um die historische Grundlage der Bedrohungskommunikation Hesiods wenigstens bruchstückhaft freizulegen.

Dass es sich um ein reales und nicht um ein fiktives Ereignis handelt, in das reale Personen involviert waren, sollte trotz aller literarischen Überformungen, Brechungen und Instrumentalisierungen, derer sich Hesiod als Bedrohungskommunikator bedient, nicht ausgeblendet werden. Gegen die in der Hesiod-Forschung verschiedentlich aufgeworfene These, Perses sei eine literarische Fiktion,[7] lassen sich zwei Argumente anführen: Erstens erschließt sich die Sinnhaftigkeit der Angaben zur Familie Hesiods, die neben Perses auch seinen Vater und seinen eigenen Sohn betreffen,[8] nicht, wenn sie nur als narrative Realitätseffekte dienen sollen. Zweitens hält sich Hesiod nicht an die Gattungskonventionen der z. B. aus nahöstlichen Beispielen bekannten Weisheitsliteratur, in der meist die Mahnrede eines *fiktiven* Vaters an einen *fiktiven* Sohn bzw. eines Weisen an einen König das Medium der Unterweisung darstellt.[9] Auch der dezidierte Verzicht auf deutliche Signale, die eine Selbstfiktionalisierung implizieren könnten, spricht dafür, dass Hesiods „Ich" als eine *persona* fungiert, durch die immer auch der historische Autor sichtbar bleibt.[10] Die in gattungskonventioneller Hinsicht unübliche kommunikative Kon-

---

[6] *Rand*, Horatian Urbanity, 164; *Sinclair*, Hesiod, xxvii; *Jaeger*, Paideia, 98; *Stein*, Autorbewußtsein, 27; *Lesky*, Geschichte, 123; *Ottmann*, Geschichte, 39; ähnlich *Fränkel*, Dichtung und Philosophie, 124–125, hier 125, der von einem „Pendeln zwischen dem besonderen Beispiel und dem Allgemeinen, dem Aktuellen und dem zeitlos Gültigen" spricht.

[7] Siehe dazu die Überblicksdarstellungen bei *West*, Hesiod, Works and Days, 33–34; *Schmidt*, Adressat und Paraineseform, 19–21; *Stein*, Autorbewußtsein, 25 Anm. 85 [Lit.]; *Jenny Strauss Clay*, Works and Days: Tracing the Path to Arete, in: Franco Montanari/Antonios Rengakos/Christos Tsagalis (Hrsg.), Brill's Companion to Hesiod, Leiden/Boston 2009, 71–90, hier 74 Anm. 14 [Lit.]; *Itgenshorst*, Denker und Gemeinschaft, 156 Anm. 7 [Lit.].

[8] Zu Hesiods (und Perses') Vater siehe Hes. *Op.* 633–640, zu Hesiods Sohn Vers 271.

[9] Vgl. *Winfried Schmitz*, Griechische und nahöstliche Spruchweisheit. Die *Erga kai hemerai* Hesiods und nahöstliche Weisheitsliteratur, in: Robert Rollinger/Christoph Ulf (Hrsg.), Griechische Archaik. Interne Entwicklungen - Externe Impulse, Berlin 2004, 311–333, hier 321.

[10] Vgl. *Wilamowitz-Moellendorff*, Hesiodos, 146; *Stein*, Autorbewußtsein, 25–27; *Itgenshorst*, Denker und Gemeinschaft, 155. Seit einigen Jahrzehnten mehren sich Studien, nach denen die Dichterstimme Hesiods sowie die autobiographischen Einsprengsel in der *Theogonie* und den *Erga* als bloße Konstrukte anzusehen seien; siehe dazu die Überblicksdarstellung bei *Rose*, Class in Archaic Greece, 168–170. Zwar steht außer Frage, dass Hesiod in seinen *Werken und Tagen* als Dichter auftritt und sich damit einer *persona* bedient, vgl. *William Allan*, Divine Justice and Cosmic Order in Early Greek Epic, in: The Journal of Hellenic Studies 126, 2006, 1–35, hier 27 Anm. 127. Doch schließt dies meines Erachtens nicht die Historizität von Ichbezügen aus; siehe dazu das folgende Kapitel.

stellation zwischen zwei Brüdern[11] macht es in hohem Maße wahrscheinlich, dass auch Perses als ein historisches Gegenüber porträtiert wird.[12] Wie im weiteren Verlauf dieses Kapitels ersichtlich werden wird, schließt die Historizität des Perses (und der Könige) als Adressat(en) des Gedichts freilich nicht aus, dass Hesiod ihn (und sie) auch in die Sphäre des Typischen erhebt. Denn Perses verkörpert letztlich (wie auch die Könige) ein Handeln und Denken, das auch andere Menschen auszeichnen kann.[13] Die Transzendierung des bzw. der realen Adressaten rechtfertigt es daher, die Evokation der Prozesssituation nicht nur als einen historischen Realitätsbezug zu verstehen, sondern auch als literarisch funktionalisierte Darstellung, als „künstlerische Form […], in die er seine Ansprache kleidet, um sie wirksam zu machen."[14] Mit anderen Worten: Eine Bedrohung, die einen historisch-realen Anlass hat, kann durchaus im Rahmen der Bedrohungskommunikation mit den Mitteln literarischer Konstruktion ausgestaltet werden,[15] wobei der Anlass gewissermaßen zum „dramatic setting"[16] des Gesagten mutiert. Dies ist bei der Interpretation zu beachten, ohne allerdings außertextliche Bedingtheiten, soweit sie greifbar sind, zu ignorieren. Sie bilden wichtige Haftpunkte, die zur Plausibilität der Argumentation beitragen.

Nach der *communis opinio* war es zwischen Hesiod und Perses nach dem Tod des Vaters zu einem Streit um das väterliche Erbe gekommen. Wie wir von Hesiod selbst erfahren, stammte sein Vater aus dem äolischen Kyme an

[11] *Canevaro*, Genre and Authority, 30–32; *Dies.*, Hesiod's *Works and Days*, 89–99.

[12] *Peter Walcot*, A Note on the Biography of Hesiod, in: Classical Philology 55, 1960, 33–34, hier 34, der zudem davon ausgeht, dass Hesiod der ältere der beiden Brüder war; *West*, Hesiod, Works and Days, 34; *Erbse*, Rechtsgedanke, 22. *Stein*, Autorbewußtsein, 44–45 weist zudem auf die „ausführliche Darstellung" des Vaters hin (Hes. *Op.* 633–640), die durch „persönliche Motive" bedingt sei.

[13] Vgl. *Stefan Tilg*, „Großer Narr" und „göttlicher Sproß" (Μέγα νήπιε Πέρση V. 286, 633; Πέρση, δῖον γένος V. 299). Zur Arbeitsparänese in Hesiods „Werken und Tagen", in: Hermes 131, 2003, 129–141, hier 129.

[14] *Jaeger*, Paideia, 97.

[15] Vgl. *Beye*, Rhythm, 38–39, der im Hinblick auf die Prozesssituation dafür plädiert, dass autobiographische Fakten und literarische Traditionen ineinander geblendet werden; ähnlich *Griffith*, Personality, 58 („dramatic situation"); *Franz Dornseiff*, Hesiods *Werke und Tage* und das alte Morgenland, Philologus 89, 1934, 397–415, hier 408: „Dinge wie der Persesprozeß, die Berufungsvision in der Theogonie sind alle viel literarisierter, als es der hier heute noch herrschende naive Realismus der Erklärung wahrhaben will." Zu diesem Problemkomplex siehe Kap. II.3.

[16] *Wei Zhang*, The Poet as Educator in the *Works and Days*, in: The Classical Journal 105, 2009, 1–17, hier 2; vgl. dazu *Donald Sheehan*, Hesiod's *Works and Days*: An Introduction, in: Arion 3, 1976, 452–482, hier 478. *Manfred Erren*, Die Anredestruktur im archaischen Lehrgedicht, in: Wolfgang Kullmann/Michael Reichel (Hrsg.), Der Übergang von der Mündlichkeit zur Literatur bei den Griechen, (ScriptOralia 30), Tübingen 1990, 185–197, hier 185–188, spricht ähnlich von „poetische[r] Handlungserfindung" (S. 185), die durch einen historischen Gerichtsprozess angestoßen wurde.

der kleinasiatischen Küste und war aller Wahrscheinlichkeit nach ein Händler, der seinen Lebensunterhalt zunächst durch Seefahrt, d. h. durch Seehandel, verdiente.[17] Aufgrund wirtschaftlicher Probleme hatte sich der Vater, um der Verarmung zu entgehen, per Schiff in Richtung Böotien aufgemacht, wo er sich in dem Dorf Askra niederließ, um Landwirtschaft zu betreiben.[18] Dort wurde wahrscheinlich auch Hesiod geboren, soweit sich dies aus den einschlägigen autobiographischen Einsprengseln erschließen lässt. Für eine Geburt in Böotien (und nicht in Kyme) spricht jedenfalls, dass er laut eigenen Angaben vor seiner Reise von Aulis nach Euböa nie zur See gefahren war[19] und zum Zeitpunkt sowohl seiner Dichterberufung als auch seines Preisgewinns bei den Leichenspielen zu Ehren des Amphidamas auf Euböa am Berg Helikon lebte.[20] Hesiods Vater scheint in seinem Beruf als Landwirt reüssiert zu haben. Zumindest kam es nach seinem Tod zur Aufteilung eines Erbes, das so bedeutend gewesen sein muss, dass Hesiod übervorteilt werden konnte. Dazu kam es offensichtlich deshalb, weil Perses die lokalen Eliten bestochen hatte, denen die Rechtsprechung oblag und die im Gedicht als „Könige" bezeichnet werden.[21] Dies geht aus dem folgenden Text hervor:

> Ὦ Πέρση, σὺ δὲ ταῦτα τεῷ ἐνικάτθεο θυμῷ,
> μηδὲ σ' Ἔρις κακόχαρτος ἀπ' ἔργου θυμὸν ἐρύκοι
> νείκε' ὀπιπεύοντ' ἀγορῆς ἐπακουὸν ἐόντα.
> ὤρη γάρ τ' ὀλίγη πέλεται νεικέων τ' ἀγορέων τε
> ᾧτινι μὴ βίος ἔνδον ἐπηετανὸς κατάκειται
> ὡραῖος, τὸν γαῖα φέρει, Δημήτερος ἀκτήν.
> τοῦ κε κορεσσάμενος νείκεα καὶ δῆριν ὀφέλλοις
> κτήμασ' ἐπ' ἀλλοτρίοις. σοὶ δ' οὐκέτι δεύτερον ἔσται
> ὧδ' ἔρδειν· ἀλλ' αὖθι διακρινώμεθα νεῖκος
> ἰθείῃσι δίκῃς, αἵ τ' ἐκ Διός εἰσιν ἄρισται.
> ἤδη μὲν γὰρ κλῆρον ἐδασσάμεθ', ἄλλα τε πολλὰ
> ἁρπάζων ἐφόρεις μέγα κυδαίνων βασιλῆας
> δωροφάγους, οἳ τήνδε δίκην ἐθέλουσι δικάσσαι.

---

[17] Hes. *Op.* 633–635; vgl. *West*, Hesiod, Works and Days, 30.

[18] Hes. *Op.* 635–640; vgl. *West*, Hesiod, Works and Days, 30; *Robert. M. Cook*, Hesiod's Father, in: The Journal of Hellenic Studies 109, 1989, 170–171, hier 170. Zu Askra siehe insgesamt *Anthony T. Edwards*, Hesiod's Ascra, Berkeley u. a. 2004.

[19] Hes. *Op.* 650–651.

[20] Hes. *Th.* 23; Hes. *Op.* 658–659; vgl. *West*, Hesiod, Works and Days, 30–31 mit Anm. 5.

[21] So z. B. schon *Heinrich Wolf*, Geschichte des antiken Sozialismus und Individualismus, Gütersloh 1909, 20; gegen *Gagarin*, Hesiod's Dispute, 109–110, der nicht von Bestechung, sondern schlicht von einer Entrichtung der Prozessgebühren ausgeht. Zur Stellung der „Könige" in der von Hesiod dargestellten dörflichen Gesellschaft siehe *Winfried Schmitz*, Nachbarschaft und Dorfgemeinschaft im archaischen und klassischen Griechenland, (Klio. Beiträge zur Alten Geschichte N. F. 7), Berlin 2004, 31–32.

Perses, du aber nimm dies in dein Herz auf
Und es möge nicht Eris, die sich am Bösen freut, von der Arbeit abhalten dein Herz,
Indem du als Gaffer Streitigkeiten beiwohnst und dem Marktgerede zuhörst.
Denn wenig Zeit für Streitigkeiten und Versammlungen auf dem Markt hat der,
Der keinen reichlichen Lebensunterhalt im Inneren seines Hauses vorrätig hat,
Rechtzeitig gereiften, den die Erde hervorbringt: das Korn der Demeter.
Hast du davon genug, magst du wohl Streitigkeiten und Zank
Um fremden Besitz nachgehen. Dir aber wird es kein zweites Mal möglich sein,
So zu handeln! Lass uns vielmehr auf der Stelle den Streit entscheiden
Durch gerade Rechtsentscheide, die von Zeus her die besten sind.
Wir hatten nämlich schon das Erbe aufgeteilt und vieles andere
Hast du immer wieder raubend davongetragen, weil du die Könige gehörig umschmeichelt hast,
Die Gabenfresser, die auch diesen Rechtsstreit zu entscheiden willens sind.
(Hes. *Op.* 27–39)

Aus diesem Text, der den Anfangsversen der *Erga* entnommen ist, geht hervor, dass Perses mittels „Gaben“ bzw. „Geschenken“ (δῶρα) und damit durch Bestechung der Könige einen größeren Anteil des väterlichen Erbes erhielt, als ihm zustand. Als sicher kann auch gelten, dass Perses in der nicht näher spezifizierten, aber womöglich jüngeren Vergangenheit *wiederholtermaßen* noch mehr an sich gebracht hat, denn darauf deutet das iterativ zu verstehende Imperfekt ἐφόρεις in Vers 38.[22] Dieser Befund sowie die Aufforderung, den Streit „hier und jetzt“ (αὖθι) zu entscheiden, vermitteln den Eindruck eines in der Sprechergegenwart weiter schwelenden Konflikts, weil „der Prozeß nicht entschieden ist.“[23] Denn obwohl Hesiod sich persönlich dagegen verwahrt und in trotzender Haltung androht, so etwas werde „kein zweites Mal“ (οὐκέτι δεύτερον) eintreten, impliziert doch diese Drohung, dass Perses laut Hesiods realistischer Situationseinschätzung ein zweites Mal „so handeln“ (ὧδ’ ἔρδειν) könnte. Ferner deutet er an, dass die korrupten – „gabenfressenden“ – Könige sich wiederum gegen Geld auf die Seite des Perses schlagen würden.[24] Ein weiterer Beleg dafür, dass Hesiod eine in der Sprechergegenwart andauernde Bedrohung kommunizieren wollte, und zwar auch im Sinne eines literarischen Rahmens seiner Bedrohungskommunikation, ist die ca. 160 Verse später folgende Fabel vom Habicht und der Nachtigall. Denn diese bringt doch sehr deutlich eine tiefe Besorgnis der Nachtigall (sc. Hesiods) zum Ausdruck, in den übermächtigen Krallen der Habicht-Könige gefangen zu sein.[25] Auch vermittels des später im Text geäußerten affektiven Ausrufs, nicht länger

[22] Zum Bedeutungsspektrum dieses Imperfekts siehe *Gagarin*, Hesiod's Dispute, 108–109, der es selbst im konativen Sinne auffasst, wie etwa auch *Jones*, Perses, 315.
[23] *Wilamowitz-Moellendorff*, Hesiodos, 46.
[24] *Wilamowitz-Moellendorff*, Hesiodos, 46.
[25] Siehe dazu Kap. III.2.1

in einem Zeitalter leben zu wollen, in dem ein schlechter Mann, d. h. ein Ungerechter, mehr Recht bekomme als ein Gerechter, inszeniert Hesiod eine akut anhaltende Bedrohung.[26] Sowohl die faktische Übervorteilung in der jüngeren Vergangenheit als auch der als weiter schwelend in Szene gesetzte Rechtsstreit mit dem Bruder erklären den Ton der Dringlichkeit, der zumindest in der ersten Hälfte des *Erga*-Gedichts vorherrscht. Dennoch ist das Bild des skrupellos bestechenden, zu allem fähigen Bruders im Gesamtgedicht nicht so konsistent, wie es den Anschein haben könnte.[27] Dies zeigt ein kurzer Passus an späterer Stelle, der hier angeführt werden muss, da die literarische Repräsentation der Sprechergegenwart im fortlaufenden Text wichtig ist, um einschätzen zu können, wie akut die Bedrohung jeweils gedacht ist. Während Perses im oben zitierten Passus als prinzipiell willens dargestellt wird, die Streitigkeiten um das Erbe fortzusetzen und seine Bereitschaft zu Hybris und Gewalt an weiteren Stellen des Textes, die ihn zum Ablassen von einem solchen Verhalten aufrufen, vorausgesetzt oder impliziert wird,[28] zeichnet Hesiod zu Beginn des Bauernkalenders ein anderes Bild von ihm.[29] Dort begründet Hesiod in einer persönlichen Anrede an seinen Bruder die Notwendigkeit zum Arbeiten, Säen und Pflügen damit, „dass dir alles / rechtzeitig gedeihe und du nicht nachher aus Mangel / fremde Häuser anbettelst und nichts bekommst. / So bist du auch jetzt zu mir gekommen. Doch ich werde dir nichts dazu geben / und nichts zuteilen. Arbeite, Perses, du Narr […]!“[30]

Im Laufe des Gedichts kommt also zum Vorschein, dass Perses in der Sprechergegenwart quasi bedürftig und mittellos ist. Dies lässt darauf schließen, dass Hesiods Publikum glauben soll, er habe entweder seinen Teil des Erbes schon durchgebracht oder große Summen an die Könige verloren oder aber es sei beides der Fall. Das Kuriosum, dass Perses im ersten Hauptteil des Gedichts als hybris- und gewaltbereiter Aggressor, zu Beginn des zweiten jedoch als geradezu zahmes, gebrochenes, unterstützungsbedürftiges Familienmitglied erscheint, spricht möglicherweise für die Erklärung, dass Hesiod seinen als literarische Einheit zu begreifenden Text etappenweise ge-

---

[26] Hes. *Op*. 270–273: νῦν δὴ ἐγὼ μήτ᾽ αὐτὸς ἐν ἀνθρώποισι δίκαιος / εἴην μήτ᾽ ἐμὸς υἱός, ἐπεὶ κακὸν ἄνδρα δίκαιον / ἔμμεναι, εἰ μείζω γε δίκην ἀδικώτερος ἕξει. / ἀλλὰ τά γ᾽ οὔπω ἔολπα τελεῖν Δία μητιόεντα. Gegen *H. T. Wade-Gery*, Hesiod, in: Phoenix 3, 1949, 81–93, hier 89, müssen diese Verse nicht als Andeutung darauf verstanden werden, „that the crisis is still ahead.“ Vielmehr inszeniert Hesiod eine akute Bedrohung.

[27] *West*, Hesiod, Works and Days, 33–40. Eine Harmonisierung der Perses betreffenden Aussagen mit dem Ziel, deren Konsistenz zu erweisen, hat *Jones*, Perses, 316–321 unternommen.

[28] Hes. *Op*. 213–216, 274–275.

[29] *Erbse*, Rechtsgedanke, 24.

[30] Hes. *Op*. 393–397.

schrieben hat,[31] und zwar in einem Zeitraum, in dem die Bedrohung durch einen fortgesetzten Gerichtsprozess bald mehr, bald weniger akut war. Dass Hesiod allerdings implizieren wollte, die materielle Lage habe sich im Laufe der Sprechergegenwart geändert und Perses habe aufgrund neuerlicher materieller Einbußen von einer Fortsetzung des Prozesses absehen wollen, ist dem Textbefund nicht zu entnehmen. Vielmehr ist es wahrscheinlich, dass Hesiod den Leser glauben machen will, Perses habe sich schon zu Beginn des Gedichts in einer prekären Situation befunden, aber seine Chancen auf eine erneute Ausbeutung seines Bruders positiver eingeschätzt als zu einem späteren Zeitpunkt. Es spricht nichts gegen die Annahme, dass Hesiod den Hinweis auf die materielle Misere des Perses zunächst absichtlich für sich behält und erst in der Mitte seines Gedichts offenbart. Diese literarische Verzögerungstaktik dient der Dramatisierung seiner Bedrohungskommunikation im ersten Gedichtteil, die ab der zweiten Gedichthälfte merklich abflaut. Doch, obwohl die Verse 1 bis 382 zweifelsohne vom Geist einer akut evozierten Bedrohung durchdrungen sind, muss die Ausblendung dieser als akut kommunizierten Bedrohungslage aus dem Rest des Gedichts nicht bedeuten, dass die Bedrohung zum Zeitpunkt der Abfassung insgesamt abgeklungen war.[32] Dies kann in einem historischen Sinne ohnehin nicht eruiert werden, da die Mittel der Interpretation nicht den Zustand eines Verfassers zum Zeitpunkt der Abfassung freilegen können.

Was allerdings hinreichend deutlich wird, ist dies: Hesiod hat alle literarischen Möglichkeiten ausgeschöpft, um seinem Publikum eine Sprechergegenwart zu konstruieren, in welcher die Bedrohungslage weiterhin besteht. Die ersten Hörer und späteren Leser erfahren nämlich weder, ob Perses der Aufforderung Hesiods zur Arbeit nachkommen, noch wie er auf die Abweisung seiner Bitte um Hilfe reagieren wird. Wenn man so will, handelt es sich hierbei um informative Leerstellen, um bewusst gelieferte Nicht-Informationen, die Spannung erzeugen. Zwar wird den Rezipienten, je weiter das Gedicht voranschreitet, eine „gradual conversion"[33] des Perses suggeriert, doch diese scheint eben nur graduell, nicht jedoch bereits vollzogen zu sein: Nach allem, was Hesiods literarisches Porträt seines Bruders verrät, könnte er sich immer noch

---

[31] *Rand*, Horatian Urbanity, 163; *Wade-Gery*, Hesiod, 90; *West*, Hesiod, Works and Days, 46–47; *Ercolani/Rossi*, Hesiod, 93. Dass die *Erga* ein einheitlicher Text sind, wenn auch nicht im Sinne eines „strikten Unitarismus", darf heute als *communis opinio* gelten (*Ercolani/Rossi*, Hesiod, 90; *Golla*, Hesiods *Erga*, 21–37); so bereits *Friedländer*, ΥΠΟΘΗΚΑΙ, 558–560; *Kerschensteiner*, Aufbau, 150, 191. Zur Themenvielfalt und zum Aufbau des Gedichts, v. a. des hier im Vordergrund stehenden ersten Teils, siehe *Richard Hamilton*, The Architecture of Hesiodic Poetry, (AJP Monographs in Classical Philology 3), Baltimore/London 1989, 47–66; *Clay*, Works and Days, passim.

[32] Gegen *Wade-Gery*, Hesiod, 90: „There can thus be little doubt that when the poem as we have it was written the crisis was past and Perses had climbed down."

[33] *Clay*, Works and Days, 73.

für Hybris und Gewalt, immer noch für Raub oder Unrecht entscheiden. In der Sprechergegenwart bleibt die Bedrohung also letztlich nach Vers 382 weiterhin subliminal bestehen, weil die Gefahr weiteren Unrechts gegen Hesiod zwar aus dem Erzählfokus heraustritt, jedoch nicht definitiv gebannt ist. Signale, die auf eine grundlegende Entschärfung der Situation hindeuten könnten, hat Hesiod bewusst vermieden.[34] Dadurch aber hat er eine literarische Stimmung in der Schwebe geschaffen. In dieser Atmosphäre der Unentschiedenheit ist die individuelle Situation der Bedrohung Hesiods gewissermaßen konserviert: Während sie im Hinblick auf die historische Erstaufführung beim ursprünglichen Vortrag des Gesamtgedichts sehr wahrscheinlich noch einen direkten Realitätsbezug hatte, ist sie bei möglichen Folgedarbietungen des Textes, mit denen aufgrund der Reisetätigkeit Hesiods zu rechnen ist, als eine performativ bewirkte Evokation anzusehen, in welcher persönliche Erfahrungen nochmals durchlebt werden. Dazu jedoch unten mehr.

Zusätzlich zu dem über ihm schwebenden Damoklesschwert der individuellen Bedrohung, das eine hintergründige Stimmung der Dringlichkeit auch in jenen Passagen garantiert, die nicht direkt die Bedrohung thematisieren, steigert Hesiod die Relevanz seiner Bedrohungskommunikation dadurch, dass er deren individuellen Anlass bewusst transzendiert. Er tut dies, indem er seinen konkreten Fall zu einer Art Präzedenzfall stilisiert, der seinem Publikum suggerieren soll, dass es von der gleichen Bedrohung durch Unrecht und Zwietracht betroffen sein könnte wie er selbst.[35] Diese geweitete Perspektive, die in der Überzeugung von der überindividuellen Relevanz seines Textes wurzelt und im Übrigen gegen die These einer geistigen Engstirnigkeit als Signum der *Erga* spricht,[36] kann sowohl anhand der Frage nach den Adressaten als auch durch einen Blick auf den Sitz im Leben belegt werden, in dem Hesiods Gedicht ursprünglich zu verorten ist. Den Vokativen nach zu urteilen, ist es v. a. Perses, der im Text wiederholt adressiert wird, wobei eine leichte Häufung der Nennungen im ersten Gedichtteil bis Vers 382 verzeichnet werden kann.[37] Auch ohne weitere namentliche Erwähnungen ist hinreichend klar, dass Perses insgesamt den Primäradressaten Hesiods bildet: Für ihn ist nicht nur der Großteil der Weisungen der ersten Gedichthälfte bestimmt, sondern auch die

---

[34] Anders *Wilamowitz-Moellendorff*, Hesiodos, 133–134, 142–143; *Wade-Gery*, Hesiod, 90; *West*, Hesiod, Works and Days, 36; *Itgenshorst*, Denker und Gemeinschaft, 158.

[35] Siehe dazu ausführlich Kap. III.2.2–2.4.

[36] So *Wade-Gery*, Hesiod, 90: „Hesiod had a narrowness which often marks farmer or peasant […].“

[37] Perses wird, jeweils mit ὦ Πέρση oder Πέρση, persönlich adressiert in Hes. *Op*. 27, 213, 274, 286, 299, 397, 611, 633, 641; vgl. dazu *Erbse*, Rechtsgedanke, 21. Im Proömium wird der Name des Bruders im Dativ genannt, und zwar im Kontext eines Gebets zu Zeus, in dem Hesiod betont, er wolle „Perses Wahres erzählen“ (Hes. *Op*. 10).

Arbeitsanweisungen im Bauernkalender und die Mahnungen zur Wahl der richtigen Tage für bestimmte Aufgaben. Charakteristisch für das inszenierte Verhältnis Hesiods zu seinem Bruder als Adressat ist trotz aller Strenge die Attitüde eines grundlegenden Wohlwollens,[38] das als *captatio benevolentiae* verstanden werden kann. Explizit angesprochen werden auch die Vertreter der Aristokratie, also die Könige.[39] Die vergleichsweise geringe Anzahl einschlägiger Belege darf freilich auch hier nicht darüber hinwegtäuschen, dass die Verurteilungen von Hybris, Gewalt und Unrecht v. a. im ersten Gedichtteil insgesamt auch ihnen gelten. Kennzeichnend für die Kommunikationssituation und damit auch für die Adressatenfrage ist demnach eine gewisse „Dreieckskonstellation"[40] zwischen Hesiod, Perses und den Königen.

Es ist vor dem Hintergrund der hesiodeischen Tendenz zur Perspektivenweitung und Grundsätzlichkeit sicherlich keine Übertreibung, Perses und die Könige, wie bereits oben angedeutet, nicht nur als historische, sondern auch als typische Adressaten zu interpretieren.[41] Denn das Verhalten seines Bruders sowie dasjenige der Richter ist mitnichten als eine einmalige Ausnahmeerscheinung zu werten. Es bedarf wohl keiner weiteren Begründung, dass Hesiod grundsätzlich davon ausgehen konnte, dass auch andere Menschen in seinem Umfeld, in seiner oder in anderen Poleis, so handeln (können) wie Perses oder die von ihm dargestellte Elite. Perses und die Könige repräsentieren damit Angehörige unterschiedlicher Gesellschaftsschichten,[42]

---

[38] Hes. *Op.* 286: Σοὶ δ' ἐγὼ ἐσθλὰ νοέων ἐρέω, μέγα νήπιε Πέρση.

[39] Hes. *Op.* 248 ὦ βασιλῆς, 263: βασιλῆς; eine quasi-direkte Anrede stellt auch der Einleitungsvers zur Fabel vom Habicht und der Nachtigall dar, wo Hesiod sagt: Νῦν δ' αἶνον βασιλεῦσιν ἐρέω φρονέουσι καὶ αὐτοῖς – „Nun aber werde ich den Königen, da sie es selbst schon verstehen werden, eine Fabel erzählen" (Hes. *Op.* 202). Für die Ohren der Könige bestimmt sind sicherlich auch deren zu Perses gesprochene Charakterisierungen als „Gabenfresser" (Hes. *Op.* 39, 221, 264), vgl. *Itgenshorst*, Denker und Gemeinschaft, 157–158.

[40] *Itgenshorst*, Denker und Gemeinschaft, 156; ähnlich bereits *Erbse*, Rechtsgedanke, 27.

[41] *Dornseiff*, Hesiods *Werke und Tage*, 399; *Jenny Strauss Clay*, The Education of Perses: From „Mega Nepios" to „Dion Genos" and Back, in: Materiali e discussioni per l'analisi dei testi classici 31, 1993, 23–33, hier 26 (ohne Nennung der Könige).

[42] Ausgehend von Hes. *Op.* 214 weist Puelma darauf hin, dass Perses die δειλοί bzw. den Nicht-Adel und die Könige die ἐσθλοί bzw. den Adel repräsentieren; siehe *Mario Puelma*, Sänger und König. Zum Verständnis von Hesiods Tierfabel, in: Museum Helveticum 29, 1972, 86–109, hier 95 Anm. 41. Sie dienen damit als Repräsentanten des Sozialgefüges der gesamten Polisgemeinde; zu Perses als Vertreter des δῆμος siehe auch *Steven H. Lonsdale*, Hesiod's Hawk and Nightingale (Op. 202–12): Fable or Omen?, in: Hermes 117, 1989, 403–412, hier 404. Dass die Unterscheidung von δειλός und ἐσθλός bei Hesiod nicht nur allgemein-menschliche Zustände von Elenden und Bessergestellten beschreibt, sondern politische Konnotationen im Sinne gesellschaftlicher Stratifikation besitzt, meinen auch *Richard E. Doyle*, ΟΛΒΟΣ, ΚΟΡΟΣ, ΥΒΡΙΣ and ΑΤΗ from Hesiod to Aeschylus, in: Traditio 26, 1970, 293–303, hier 294; *Erler*, Recht, 20–21; *Klaus Seybold/Jürgen von Ungern-Sternberg*, Amos und Hesiod. Aspekte eines Vergleichs, in: Kurt Raaflaub (Hrsg.), Anfänge politischen Denkens in der Antike. Die nahöstlichen Kulturen und die Griechen. Unter Mitarbeit von Elisabeth Müller-Luckner, (Schriften

bleiben jedoch als solche immer Menschen, die der verhaltenskorrigierenden Unterweisung bedürfen. Ihre konkrete Adressierung widerspricht also nicht dem Blick auf das allgemein Menschliche, der sich in den *Werken und Tagen* an zahlreichen Stellen nachweisen lässt.[43] Wenn Hesiod immer wieder in einem recht unbestimmten Sinne von den „Sterblichen" (βροτοί)[44] oder den „Menschen" (ἄνδρες, ἄνθρωποι)[45] spricht, so meint er damit umfassenderweise die Menschheit, was die Richtung seines Denkens hin zum Grundsätzlichen und Universellen offenbart. Auch bei seiner Gegenüberstellung der gerechten und ungerechten Polis[46] nimmt Hesiod seinen Rezipienten jedwede Möglichkeit, durch Nennung des Stadtnamens oder konkreter Bewohner die Relevanz des von ihm Gesagten geographisch oder kulturell einzuengen. Es ist dieses Interesse am Menschlichen überhaupt, das über die Primäradressaten hinaus auf ein breiteres Publikum hinweist,[47] was die Intention eines möglichst weiten Rezeptionsradius nahelegt. Dies muss auch hinsichtlich der Bedrohungskommunikation Hesiods beachtet werden, die ebenfalls einen Anspruch auf Grundsätzlichkeit und universale Geltung erkennen lässt.

Die Transzendierung der Primäradressaten ist schließlich auch aus dem anzunehmenden ursprünglichen Sitz im Leben ableitbar, der am ehesten mit einer öffentlichen Vortragssituation im Umkreis von Hesiods Wohnort zu identifizieren ist. Die Signifikanz der Polis-Begrifflichkeit in den *Erga* kann als Argument dafür ins Feld geführt werden, dass der ursprüngliche Ort der Aufführung nicht das „Dorf" (κώμη) Askra war, wo Hesiods Lebensmittelpunkt

des Historischen Kollegs / Kolloquien 24), München 1993, 215–239, hier 223; *Spahn*, Individualisierung, 355.

[43] Vgl. *Wilamowitz-Moellendorff*, Hesiodos, 133.

[44] Z.B. Hes. *Op.* 3, 15, 24, 93, 214, 487; siehe dazu auch *Martin Hoffmann*, Die ethische Terminologie bei Homer, Hesiod und den alten Elegikern und Jambographen II. Hesiod, Elegiker und Jambographen, Tübingen 1914, 105 Anm. 1.

[45] ἄνθρωποι: Hes. *Op.* 42, 51, 108, 201, 223, 270, 276 u. ö.; ἄνδρες: Hes. *Op.* 3, 19, 92, 230, 318 u. ö.

[46] Hes. *Op.* 225–247.

[47] Vgl. *Wilamowitz-Moellendorff*, Hesiodos, 146; *Wolfgang Rösler*, Dichter und Gruppe. Eine Untersuchung zu den Bedingungen und zur historischen Funktion früher griechischer Lyrik am Beispiel Alkaios, (Theorie und Geschichte der Literatur und der schönen Künste 50), München 1980, 44 Anm. 44; *Griffith*, Personality, 58–59; *Malcolm Heath*, Hesiod's Didactic Poetry, in: The Classical Quarterly 35, 1985, 245–263, hier 253; *Schmidt*, Adressat und Paraineseform, 29–79; *Itgenshorst*, Denker und Gemeinschaft, 159, 161. Itgenshorst bestreitet auf Seite 170, dass Hesiod sich „explizit an eine Gemeinschaft wendet", jedoch können sowohl die Polisbegrifflichkeit der *Erga* (siehe dazu Kap. III.2.4) als auch die sogleich folgenden Erwägungen zum ursprünglichen Aufführungskontext, der von Itgenshorst nicht beleuchtet wird, als starke Argumente dafür genutzt werden, dass Hesiod jeweils zu den Mitgliedern einer Polis spricht, sei es nun zu denjenigen seiner Heimatpolis oder einer Polis, die er im Rahmen möglicher Rezitationsvorträge besuchte.

lag,[48] sondern die einige Kilometer entfernte und größere Ortschaft Thespiae.[49] Obwohl Thespiae im Gedicht nicht explizit genannt wird, bringen viele Gelehrte diesen Ort mit dem Inhalt und dem ursprünglichen Aufführungskontext der *Werke und Tage* in Verbindung, indem sie davon ausgehen, dass Askra verwaltungstechnisch zu Thespiae gehörte.[50] Unabhängig von dem nicht mit letzter Sicherheit zu identifizierenden geographischen Ort der Erstaufführung kann allerdings aufgrund des hesiodeischen Dichterberufs kein Zweifel daran bestehen, dass die *Erga* in Form eines öffentlichen Vortrags einem größeren Publikum und damit wohl einem Gutteil der Polisbevölkerung zu Ohren gebracht wurden.[51] Dass er auf der Agora, dem Inbegriff der Polisöffentlichkeit und dem Raum der öffentlichen Meinung, stattfand, ist wahrscheinlich.[52] Über den Rahmen des Vortrags allerdings lässt sich nur spekulieren, und ob es sich um ein bestimmtes Fest in der Stadt handelte, bei dem Hesiod seine Botschaft verkündete,[53] oder ob eine Rezitation „in der Öffentlichkeit des Alltags vor

---

[48] Hes. *Op.* 639–640. Zur Unterscheidung von κώμη und πόλις seit klassischer Zeit siehe *Christof Schuler*, Ländliche Siedlungen und Gemeinden im hellenistischen und römischen Kleinasien, (Vestigia. Beiträge zur Alten Geschichte 50), München 1998, 17–32. Schon aus Hesiods Text ist ersichtlich, dass der nur einmal erwähnte und auf Askra bezogene Begriff κώμη (Vers 639) primär eine ländliche bzw. landwirtschaftlich geprägte Siedlung meint, wohingegen πόλις u. a. Aspekte der Rechtsprechung, des sozialen Zusammenlebens, der gemeinsamen Verteidigung und des Handels umfasst, vgl. Hes. *Op.* 225–247.

[49] So z. B. *Wade-Gery*, Hesiod, 89–90; *Konstantinos St. Panagiotou*, Die ideale Form der Polis bei Homer und Hesiod, Bochum 1983, 132; *Mogens Herman Hansen*, Poets, in: Mogens Herman Hansen (Hrsg.), The Return of the Polis: The Use and Meanings of the Word *Polis* in Archaic and Classical Sources. Papers from the Copenhagen Polis Centre 8, (Historia-Einzelschriften 198), Stuttgart 2007, 253–259, hier 258; vgl. ferner *J. V. Luce*, The Polis in Homer and Hesiod, in: Proceedings of the Royal Irish Academy 78, 1978, 1–15, hier 3; *Edwards*, Hesiod's Ascra, 78.

[50] Siehe z. B. *Wilamowitz-Moellendorff*, Hesiodos, 134; *Robert J. Bonner/Gertrude Smith*, The Administration of Justice from Homer to Aristotle. Vol. I, Chicago 1930, 45 Anm. 1; *Sinclair*, Hesiod, xviii; *West*, Hesiod, Works and Days, 31, 313; *Panagiotou*, Polis, 135; *Walter*, An der Polis teilhaben, 51; *Edwards*, Hesiod's Ascra, 38, 73–77. *Edwards*, Hesiod's Ascra, 79 geht gar davon aus, dass Hesiod mit seinem Gedicht auf die „Unabhängigkeit" („independence") Askras von Thespiae hinwirken wollte, was freilich nicht schlüssig zu beweisen ist. Zu dem Abhängigkeitsverhältnis zwischen Dörfern und Poleis seit klassischer Zeit siehe *Schuler*, Siedlungen, 24–26.

[51] *Sinclair*, Hesiod, xxiv: „He [sc. Hesiod] knew that Perses was not his only public."; *Puelma*, Sänger und König, 92, 97; *West*, Hesiod, Works and Days, 33: „The poem is not a private communication to him [sc. Perses] but a public sermon […]", 36, 41; *André P. M. H. Lardinois*, The Wrath of Hesiod: Angry Homeric Speeches and the Structure of Hesiod's *Works and Days*, in: Arethusa 36, 2003, 1–20, hier 13.

[52] *Puelma*, Sänger und König, 92, 97; vgl. *Ruth Scodel*, Works and Days as Performance, in: Elizabeth Minchin (Hrsg.), Orality, Literacy and Performance in the Ancient World. Orality and Literacy in the Ancient World, vol. 9, (Mnemosyne Supplementa 335), Leiden/Boston 2012, 111–126, hier 122. Scodel bezweifelt allerdings, ob auch der zweite, agrarische Gedichtteil in einem öffentlichen Kontext aufgeführt wurde.

[53] Vgl. dazu *Andrea Ercolani*, Esiodo, *Opere e giorni*. Introduzione, traduzione e commento, (Classici 7), Rom 2010, 43.

Passanten"[54] vorauszusetzen ist, sei dahingestellt. Vor dem Hintergrund der Perspektivenweitung auf die gesamte Polisöffentlichkeit scheint mir jedenfalls ein privater Aufführungskontext unplausibel zu sein.[55] Da Hesiod nachweislich ein reisender Dichter war, der seine Texte auch außerhalb seines Lebensmittelpunktes rezitierte, ist eine wesentlich breitere Öffentlichkeit vorauszusetzen, als sie für einen Erstvortrag in der Umgebung seines Wohnorts angenommen werden kann.

Es ist nämlich nicht ersichtlich, dass Hesiod seinen Text „auf einen Moment, also einen einzigen Vortrag berechnet"[56] hat. Vielmehr ist aufgrund fehlender lokaler Spezifika bei der Auseinandersetzung mit der gesellschaftlichen Ordnung der Polis sowie aufgrund der überregionalen Bedeutung der Bedrohungskommunikation davon auszugehen, dass Hesiod selbst alle Voraussetzungen dafür erfüllte, sein Gedicht auch in anderen Poleis vorzutragen.[57] Dort dürfte es, unabhängig vom geographischen Ort der Aufführung, mit seiner Anprangerung von Hybris, Gewalt und Unrecht auch problemlos zu verstehen gewesen sein. Die Annahme einer derartigen wiederholten performativen Darbietung an unterschiedlichen Orten steht allerdings in keinem Zusammenhang mit der seit der Antike immer wieder vorgebrachten These, wonach Hesiod als Rhapsode tätig gewesen sei.[58] Nach allem, was aus seinen Werken ersichtlich ist, war er kein Rhapsode, sondern ein öffentlich anerkannter Aöde,[59] der zwar überwiegend, wie dies auch die *Erga* suggerieren, von der Landwirtschaft gelebt haben dürfte, der seine Dichtung jedoch durchaus in anderen Städten

[54] Formulierung nach *Herbert Eisenberger*, War Hesiod ein Rhapsode?, in: Gymnasium 89, 1982, 57–66, hier 58.

[55] Zu solchen Darbietungen in Häusern reicher Bürger siehe *Eisenberger*, Rhapsode, 58; *Ercolani*, Esiodo, 43.

[56] *Wilamowitz-Moellendorff*, Hesiodos, 134; vgl. *West*, Hesiod, Works and Days, 36.

[57] Vgl. *West*, Hesiod, Works and Days, 151; *Rose*, Class in Archaic Greece, 192.

[58] Gemäß Nikokles soll Hesiod als erster eine Rhapsodentätigkeit ausgeübt haben: ῥαψῳδῆσαι δέ φησι πρῶτον τὸν Ἡσίοδον Νικοκλῆς (*Schol. 1d in Pind. Nem.* 2,1, p. 31 Drachmann). Aus Plat. *Resp.* 600d geht hervor, dass Hesiod im klassischen Athen als Rhapsode galt; dazu *Andrew L. Ford*, Plato's Two Hesiods, in: George R. Boys-Stones/Johannes H. Haubold, (Hrsg.), Plato and Hesiod, Oxford 2010, 133–154, hier 152 Anm. 25. Die These, wonach Hesiod Rhapsode gewesen sei, vertreten z. B. *Wilamowitz-Moellendorff*, Hesiodos, 134–135; *Kerschensteiner*, Aufbau, 182; *Wolf*, Griechisches Rechtsdenken, 120–121; *Jaeger*, Paideia, 90, 93; siehe dazu ferner die Literaturangaben bei *Eisenberger*, Rhapsode, 61 Anm. 12. Die Rhapsoden-These hat Eisenberger in seiner Studie einer begründeten Kritik unterzogen, sie wird seitdem jedoch immer noch vertreten, so z. B. von *Erbse*, Rechtsgedanke, 26.

[59] *Golla*, Hesiods *Erga*, 16 mit Anm. 19; siehe auch *West*, Hesiod, Works and Days, 41 („[e]stablished as a poet in his own and the public's eyes"). Dass Hesiod schon zum Zeitpunkt der Abfassung der *Theogonie* eine öffentliche Figur in seinem Wohnort gewesen sein dürfte, zeigen v. a. die Verse im Proömium, die den rechtsprechenden Königen gewidmet sind (Hes. *Th.* 80–93).

vortrug.[60] Einen sicheren Beleg hierfür stellt die (Schiffs-)Reise Hesiods nach Chalkis dar, wo er im Rahmen der Leichenspiele für Amphidamas bei einem Agon seine Dichtung vortrug, siegte und einen Dreifuß gewann.[61] Aus diesem Befund muss kein rhapsodisches Wanderleben abgeleitet werden, wohl aber scheint es angemessen, eine Reisetätigkeit als Dichter-Sänger (ἀοιδός) nicht auszuschließen, die den Charakter eines Rhapsodentums „im Nebenberuf"[62] gehabt haben könnte. Daraus ergibt sich die sehr wahrscheinliche Konstellation wiederholter Aufführungen der *Erga* an verschiedenen Orten.[63] Eben diese anzunehmende multiple Performanz verleiht der Bedrohungskommunikation Hesiods eine sachlich größere Bedeutung. Sie erlangt dadurch gewissermaßen eine panhellenische Relevanz und Dringlichkeit, um hier eine Bezeichnung zu gebrauchen, die in den *Werken und Tagen* selbst zum ersten Mal in der griechischen Literatur belegt ist.[64]

2. Überlagerung der personae: Der Lehrdichter als Bedrohungskommunikator

Nachdem im vorangegangenen Kapitel Anlass, Adressaten sowie Sitz im Leben der Bedrohungskommunikation Hesiods im Fokus der Aufmerksamkeit standen, tritt nun die Person des Bedrohungskommunikators in den Vordergrund, genauer gesagt: seine historische Person in der Brechung ihrer literarischen Selbstaussagen. Je nach Aussagekraft des zur Verfügung stehenden Quellenmaterials ist es für die Analyse von Bedrohungskommunikation nicht unerheblich, sich eine Vorstellung vom historischen Bedrohungskommunikator sowie von seinem Selbstverständnis zu verschaffen.

[60] Vgl. *Eisenberger*, Rhapsode, 64–66. Dass Hesiod selbst als Bauer in Askra tätig gewesen sein muss, ergibt sich aus den Realien und detaillierten Arbeitsanweisungen im Bauernkalender (Hes. *Op.* 383–764); siehe *Sinclair*, Hesiod, xix–xxv; *Schmitz*, Nachbarschaft (2004), 29–30, 33–38; *Wolfram Ette*, Arbeit in Hesiods *Werken und Tagen*, in: Antike und Abendland 60, 2014, 37–50, hier 37.

[61] Hes. *Op.* 646–662. Das Gedicht, das Hesiod vortrug, war höchstwahrscheinlich die *Theogonie*, siehe dazu *Rose*, Class in Archaic Greece, 180 [mit Lit.].

[62] *Maehler*, Dichterberuf, 35; siehe auch ebd. 39–40, 42 („Hesiod ist Bauer und Rhapsode, und steht doch als ein Fremder zwischen diesen beiden Welten"); ähnlich *Fränkel*, Dichtung und Philosophie, 105; *Cook*, Hesiod's Father, 171.

[63] *Wilamowitz-Moellendorff*, Hesiodos, 134–135. Zur Deutung der *Erga* mittels neuerer Performanz-Theorien siehe insgesamt *Scodel*, Works and Days, passim.

[64] Hes. *Op.* 528: Πανελλήνεσσι φαείνει [sc. ἠέλιος]. Mein Rekurs auf die panhellenische Stoßrichtung des literarischen Schaffens Hesiods bezieht sich mit *Golla*, Hesiods *Erga*, 63–64 allein auf die intendierte „Verbreitung dieser Dichtung" (S. 63); zum abweichenden Gebrauch des Begriffs Panhellenismus bei Gregory Nagy und anderen siehe die Diskussion bei *Golla*, Hesiods *Erga*, 63 Anm. 108.

Zwei Überlegungen sind hierfür ausschlaggebend: Erstens hat Bedrohungskommunikation immer einen Urheber, über den die Quellen manchmal mehr, manchmal weniger Informationen liefern, und zweitens kann ein Bedrohungskommunikator seine Person argumentativ in den Gang seiner Argumentation einflechten, wie dies im vorangegangenen Kapitel bereits aufgezeigt worden ist. Im Folgenden wird die These vertreten, dass zur Entfaltung der Wirksamkeit von Bedrohungskommunikation beim Publikum bestimmte Bedingungen erfüllt sein müssen, die gewissermaßen die rudimentäre Typologie eines Bedrohungskommunikators betreffen. Im besonderen Fall Hesiods wird sich zeigen, dass Charakteristika eines Lehrdichters mit jenen eines Bedrohungskommunikators konvergieren, insofern die Vermittlung einer Bedrohung sich als eine Form autoritativer Wissensvermittlung versteht, die zu einem bestimmten Handeln motivieren will.

Destilliert man aus den bisherigen Forschungen zu Bedrohungskommunikation, die allesamt mehr auf deren Wesen als auf die Person des jeweiligen Kommunikators gerichtet waren, die implizit getroffenen Aussagen über die Eigenschaften von Bedrohungskommunikatoren in einem allgemeinen bzw. typologischen Sinne heraus, so wäre wohl die folgende Liste anzuführen: Persönliche Autorität, Reflexionsfähigkeit, Appellationsbereitschaft, ein Hang zu normativem Denken sowie ein Interesse an der jeweils adressierten Gemeinschaft. Bei diesen Charakteristika handelt es sich offensichtlich um Eigenschaften, die nicht auf jedes Individuum innerhalb eines Gemeinwesens zutreffen. Was letzteres Charakteristikum angeht, d.h. den wie auch immer ausgeprägten Gemeinsinn, so handelt ein Bedrohungskommunikator zwar immer auch aus einem mithin existentiellen Eigeninteresse heraus, weil die von ihm kommunizierte Bedrohung *per definitionem* auch ihn selbst betrifft.[65] Doch dieses Eigeninteresse wird transzendiert von einer Achtsamkeit für die Belange eines größeren Ganzen, was sich auch an der Wahl eines nicht rein privaten Kontextes der Bedrohungskommunikation ablesen lässt. Die übrigen genannten Eigenschaften der Autorität, Reflexionsfähigkeit, Appellationsbereitschaft und des normativen Denkens setzen neben einem gewissen Bildungsniveau ein halbwegs anerkanntes oder anerkennungswürdiges öffentliches *standing* des Bedrohungskommunikators voraus sowie einen entweder bereits gesellschaftlich akzeptierten oder subjektiv beanspruchten Expertenstatus im Hinblick auf die konkreten Inhalte der kommunizierten Bedrohung. Ein Experte zeichnet sich, vereinfacht gesagt, durch solide Sachkenntnis auf einem Gebiet aus, dadurch also, dass er über ein besonderes Wissen verfügt, das ihn vom Laien abgrenzt. Aufgrund dieses Wissens kann er den Anspruch

[65] Siehe dazu Kap. III.2.1.

auf ein „Deutungsmonopol" in einer „Problemsituation" erheben, was ihm wiederum Autorität verleiht und Möglichkeiten zum „soziale[n] Einfluss" eröffnet.[66] Das Expertentum eines Bedrohungskommunikators garantiert zwar nicht den Erfolg seiner Kommunikation, es ist jedoch im Rahmen einer strategischen Herstellung von Glaubwürdigkeit und Plausibilität sowie zum Zweck der Autoritätssteigerung von größter Wichtigkeit. Dabei ist es für seine Argumentation zunächst zweitrangig, ob der literarischen Präsentation des Expertenstatus ein faktisch vorhandenes Wissen entspricht oder ob sie (nur) suggestiv ist. Es versteht sich jedoch von selbst, dass bloß vorgeschütztes Wissen Gefahr läuft, die Glaubwürdigkeit dessen zu kompromittieren, der eine Bedrohung kommuniziert. Bewusstes Täuschen des Publikums liefe dem Wahrheitsanspruch zuwider, durch den sein Expertenwissen die nötige Autorität im Sinne des genannten Deutungsmonopols erlangt.

Die Beantwortung der Frage, wie diese allgemeinen Eigenschaften eines Bedrohungskommunikators bei Hesiod gegeben sind, muss von seiner Selbst(re)präsentation als Dichter ausgehen, d. h. von seiner *persona*. In dieser Formulierung – „Selbst(re)präsentation als Dichter" – ist eine Oszillation zwischen Referenzen auf sich selbst als historische Person (Repräsentation) einerseits und auf seine Rolle als Dichter andererseits (Präsentation) angedeutet, die ein wichtiges Signum der Ich-Referenzen in den *Erga* darstellt. Das Oszillieren erlaubt es Hesiod, die Urheberschaft der Bedrohungskommunikation sowie die literarische Selbsteinbindung in der Bedrohungskommunikation verschmelzen zu lassen. Dies zeitigt die Folge, dass Hesiods Selbstbezüge weder als rein autobiographische Einsprengsel zu verstehen sind noch deren historische Bezüglichkeit durch das Postulat einer rein fiktiven Selbstinszenierung negiert werden sollte. Während die ältere Forschung v. a. zu ersterer Option neigte, ist jüngst die Tendenz zu beobachten, den historischen Hesiod gegenüber seiner Rolle als Dichter oder Erzähler in den Hintergrund treten zu lassen.[67] In der Forschungsliteratur ist dies besonders anschaulich, wo sehr fein zwischen Hesiod und Hesiods „persona" unterschieden wird, wobei die Aufmerksam-

---

[66] *Rainer Schützeichel*, Laien, Experten, Professionen, in: Rainer Schützeichel (Hrsg.), Handbuch Wissenssoziologie und Wissensforschung, Konstanz 2007, 546–578, hier 549 (alle Zitate).

[67] Vgl. zur älteren Ansicht z. B. *Maehler*, Dichterberuf, 35, 46 („Die Erga sind das erste durchaus persönliche Gedicht.") oder *Athanasios Kambylis*, Die Dichterweihe und ihre Symbolik. Untersuchungen zu Hesiodos, Kallimachos, Properz und Ennius, (Bibliothek der klassischen Altertumswissenschaften N. F. 5), Heidelberg 1965, 53, 59, aber auch *Deirdre Dionysia von Dornum*, The Straight and the Crooked: Legal Accountability in Ancient Greece, in: Columbia Law Review 97, 1997, 1483–1518, hier 1503. Zur jüngeren Forschung siehe z. B. *Gideon Nisbet*, Hesiod, *Works and Days*: A Didaxis of Deconstruction?, in: Greece and Rome 51, 2004, 147–163, hier 154–155; *Allan*, Divine Justice, 27 Anm. 127: „Hesiod is best seen not as an actual historical figure […], but as a poet who has chosen to perform particular genres of song in a particular persona."

keit heutzutage zunehmend der *persona* gilt, wie sie im Text hervortritt.[68] Sicherlich ist es richtig zu betonen, dass Hesiod in seinen beiden Hauptwerken jeweils – neben anderen Rollen[69] – eine facettenreiche Rolle als Dichter und Lehrdichter einnimmt,[70] die in der *Theogonie* und den *Erga* zudem unterschiedlich nuanciert ist: Im Gedicht von der Entstehung der Götter ist es der von den Musen inspirierte Lehrdichter, der mit Schöpfungsmythen die göttliche Ordnung des Kosmos erklärt, im Gedicht von den *Werken und Tagen* der mehr in Eigeninitiative redende und mahnende Lehrdichter, der unter Rekurs auf die durch Zeus begründete Ordnung des menschlichen Zusammenlebens und mit einem Fokus auf das Irdische zum Ablassen von Hybris, Gewalt und Unrecht aufruft.[71]

[68] So z. B. bei *Griffith*, Personality, 57–58 Anm. 81; *Clay*, Education of Perses, 29; *Edwards*, Hesiod's Ascra, 20–21; *Nisbet*, Hesiod, 155; *Allan*, Divine Justice, 27 Anm. 127; *Jonathan L. Ready*, Homer, Hesiod, and the Epic Tradition, in: Harvey Alan Shapiro (Hrsg.), The Cambridge Companion to Archaic Greece, Cambridge 2007, 111–140, hier 130; *Adrian Kelly*, Performance and Rivalry: Homer, Odysseus, and Hesiod, in: Martin Revermann/Peter Wilson (Hrsg.), Performance, Iconography, Reception. Studies in Honour of Oliver Taplin, Oxford 2008, 177–203, hier 195–196, 198; *Zhang*, The Poet as Educator, 2; *Johannes H. Haubold*, Shepherd, Farmer, Poet, Sophist: Hesiod on his Own Reception, in: George R. Boys-Stones/Johannes H. Haubold, (Hrsg.), Plato and Hesiod, Oxford 2010, 11–30, hier 11, 19; *Fraser*, Woman of Consequence, 9 Anm. 2; *Canevaro*, Genre and Authority, 26, 29; *Dies.*, Hesiod's *Works and Days*, 102. Wegweisend für die These einer konsequenten Selbstliterarisierung Hesiods, bei der die autobiographische Intention nicht im Vordergrund stehe, ist v. a. *Griffith*, Personality, passim.

[69] Hier sind z. B. seine Rollen als Hirte sowie als Landwirt zu nennen; siehe dazu ausführlich *Haubold*, Shepherd, 15–23. *Griffith*, Personality, 60 nennt in Bezug auf die *Erga* Hesiods diverse Rollen als „poet" bzw. „wisdom-poet", als „technical expert" oder auch als „victim" im Rahmen der Auseinandersetzung mit Perses.

[70] Zu Hesiods subtiler Anspielung darauf, dass er nicht nur Lehrdichter ist, sondern auch epische Heldendichtung singen könnte, siehe die Bemerkungen von *Allan*, Divine Justice, 27 Anm. 127 zu Hes. *Op.* 650–657; *Christos C. Tsagalis*, Poetry and Poetics in the Hesiodic Corpus, in: Franco Montanari/Antonios Rengakos/Christos Tsagalis (Hrsg.), Brill's Companion to Hesiod, Leiden/Boston 2009, 131–177, hier 151. Zu Hesiods Allusionen auf das homerische Epos in sprachlicher und motivlicher Hinsicht siehe die Überblicksdiskussionen bei *Blusch*, Formen und Inhalt, 26–40; *Canevaro*, Genre and Authority, 33–42 und *Dies.*, Hesiod's *Works and Days*, 123–142, die jeweils auch aufzeigen, wie Hesiod sich bewusst vom Heldenepos abzugrenzen versucht.

[71] Vgl. *Zhang*, The Poet as Educator, passim; *Fraser*, Woman of Consequence, 11–13. Wenn in der vorliegenden Studie hinsichtlich des Verhältnisses von *Theogonie* und *Erga* immer wieder die Priorität der *Theogonie* zugrundegelegt wird, so gehe ich mit *Fraser*, Woman of Consequence, 12–14 und anderen Philologen davon aus, dass die Erzählchronologie beider Werke impliziert, dass die *Erga* so gelesen werden sollen, als seien sie nach der *Theogonie* verfasst worden. Dies belegt nicht, schließt jedoch auch nicht aus, dass die *Erga* tatsächlich nach der *Theogonie* verfasst wurden. Die teils korrigierenden, teils erweiternden Bezüge auf Themen der *Theogonie*, wie z. B. die Abschnitte zu Eris (Hes. *Op.* 11–29 / Hes. *Th.* 223–232) oder Pandora (Hes. *Op.* 42–105 / Hes. *Th.* 558–616; dazu v. a. *Fraser*, Woman of Consequence), machen es sehr wahrscheinlich, dass die *Erga* auch faktisch nach der *Theogonie* geschrieben wurden, weil sie bereits behandelte Inhalte voraussetzen, die modifiziert werden.

Unbeschadet der literaturwissenschaftlich angebrachten Unterscheidung zwischen Hesiod und seiner Dichter-*persona* wird hier dafür plädiert, dass es zumindest im Falle der *Erga* angemessen ist, die aus der antiken Theaterpraxis entlehnte Metapher der *persona* in ihrer ganzen Tragweite und Hintergründigkeit zu beachten. Denn die Fokussierung auf die *persona* zugunsten oder auch unter Ausblendung der Person, die hinter dieser Maske steht, kann je nach Textgattung mehr oder weniger gerechtfertigt sein, und eine Prüfung dieses vorgefassten Herangehens an einen Text kann je nach Einzelfall zu anderen Ergebnissen kommen – dass nämlich im einen Fall nur die Maske sichtbar ist, im anderen jedoch vielleicht auch die historische Person dahinter. Deshalb sollte die literaturwissenschaftliche Unterscheidung nicht prinzipiell dazu führen, die historische Person, so sie sich denn in gewissem Maße zu erkennen gibt, ganz und gar auszublenden, zumal sich im konkreten Fall von Hesiods *Theogonie* und *Erga*, wie bereits im vorangegangenen Kapitel erwähnt wurde, keinerlei Anzeichen dafür finden, dass Hesiod sich selbst fiktionalisieren oder fiktional kaschieren wollte. Schon in der *Theogonie* impliziert die selbstbewusste Nennung des eigenen Namens „Hesiod" im Rahmen der Dichterweihe, dass eine historische Person hinter der Dichter-Maske atmet, und darin unterscheidet sich Hesiod deutlich sowohl von Homer als auch von zeitgenössischen Rhapsoden.[72] Zwar können auktoriale Selbstnennungen in antiker Literatur, dies sei zur Differenzierung angemerkt, auch fingiert und damit fiktiv sein, jedoch finden sich dafür im Text Hesiods, wie gesagt, keine schlüssigen Anhaltspunkte oder triftigen Gründe. Besonders im Falle von Bedrohungskommunikation, die sich immer durch Bezüge zur historischen Situation und Umwelt des Bedrohungskommunikators auszeichnet, bietet sich ein Hindurchblicken durch die Maske an. Während der Grad der Konvergenz zwischen der historischen Person und ihrer Dichter-*persona* in der *Theogonie* als eher gering einzuschätzen ist, weil eine gewisse Überlagerung im Wesentlichen nur im Proömium zu erkennen ist, in welchem nur eingeschränkte Informationen über Hesiod geboten werden, zeigt sich in den *Erga* mit ihren zahlreichen Selbstbezügen ein anderes Bild.

Hier liegt eine Datenlage vor, die nicht allein Hesiod als Urheber der Bedrohungskommunikation zu erkennen gibt, sondern darüber hinaus den Schluss zulässt, dass er sich argumentativ in sein Anliegen einflicht.[73] Dies

[72] Hes. *Th.* 22; vgl. dazu *Wilamowitz-Moellendorff*, Hesiodos, 135: „... der Homeride verschwindet mit seiner Person, Hesiodos nennt sich und redet von seinen persönlichen Erfahrungen."

[73] Vgl. dazu *Sheehan*, Hesiod's *Works and Days*, 460, der mit Recht hervorhebt, dass autobiographische Bemerkungen Hesiods („autobiographical resonance") in den *Erga* eine „thematic relation to the whole of the poem" aufweisen und daraus ihre „eigentliche Kraft" („real power") ziehen.

bewerkstelligt er in seiner – im vollumfänglichen Metaphernsinn zu verstehenden – *persona* als Bedrohungskommunikator, die, wie ich hier vorschlagen möchte, als eine weitere Facette seiner Dichter-*persona* anzusehen ist. Alle Eigenschaften und Ansprüche, die Hesiod mit seiner Rolle als Dichter in den *Erga* verbindet, sind unmittelbar relevant für diese *persona* des Bedrohungskommunikators, nicht zuletzt deshalb, weil zwischen der *persona* des Lehrdichters und jener des Bedrohungskommunikators eine große Affinität besteht. Bedrohungskommunikation will letztlich, wie zu Beginn des Kapitels bereits angedeutet wurde, nicht konstatieren. Sie will belehren, sie möchte ein sicheres Wissen und Wahrheit vermitteln zu dem Zweck, dass die Adressaten eine besondere Erkenntnis erlangen und dementsprechend handeln. Da Hesiod in ein und demselben Gedicht verschiedene *personae* ‚aufsetzen' kann, ist auch eine Antwort auf die Frage geliefert, weshalb Bedrohungskommunikation in den *Werken und Tagen* in ihrer Dringlichkeit v. a. den ersten Teil des Gedichttextes charakterisiert: Hesiod setzt nach Vers 382 die *persona* des Bedrohungskommunikators ab und tauscht sie gegen die des landwirtschaftlich bewanderten Lehrdichters bzw. des aus Erfahrung schreibenden Bauers ein. Da allerdings die konkreten Arbeitsanweisungen des zweiten Teils mit der Arbeitsparänese des ersten Teils in einer inneren Verbindung stehen,[74] gibt es auch wichtige Bezüge zwischen den beiden *personae*.

Aus der Affinität und Überlagerung der Masken erklärt sich, weshalb im Gegensatz zu den homerischen Epen in Hesiods *Erga* der Aspekt einer Publikumsunterhaltung über weite Strecken in den Hintergrund tritt, und zwar v. a. in jenen über das Werk verstreuten Passagen, in denen die Bedrohung besonders dringlich kommuniziert wird: Das Bedrohliche und das Unterhaltsame schließen sich in diesen Partien gegenseitig aus. Als erster Dichter des Abendlandes tritt Hesiod in seinen *Werken und Tagen* unverhohlen als Lehrer und Erzieher auf, der ein von Ernst getragenes Projekt verfolgt: Trotz seiner Tätigkeit als Bauer war er ein literarisch gebildeter Mann, der als Dichter über Homer-Kenntnisse verfügte[75] sowie eigenständiges Denken besaß und einen Willen zur theologischen, ethischen und politischen Belehrung seines Publikums.[76] Mit diesem Bildungsanspruch grenzt er sich deutlich vom

[74] *Heath*, Didactic Poetry, 245–246.

[75] Vgl. dazu z. B. *Heinz Neitzel*, Homer-Rezeption bei Hesiod. Interpretation ausgewählter Passagen, (Abhandlungen zur Kunst-, Musik- und Literaturwissenschaft 189), Bonn 1975.

[76] *Rand*, Horatian Urbanity, 137; *Friedländer*, ΥΠΟΘΗΚΑΙ, 562–572; *Sinclair*, Hesiod, xxx–xxxi; *Walther Kraus*, Die Auffassung des Dichterberufs im frühen Griechentum, in: Wiener Studien 68, 1955, 65–87, hier 73–74; *Jaeger*, Paideia, 89–112; *Østerud*, Individuality, 28–29; *Clay*, Education of Perses, passim; *Dornum*, The Straight and the Crooked, 1502–1504; *Michael J. Mordine*, Speaking to Kings: Hesiod's ΑΙΝΟΣ and the Rhetoric of Allusion in the *Works and Days*, in: The Classical Quarterly 56, 2006, 363–373, hier 364, 366; *Zhang*, The Poet as Educator,

zeitgenössischen Heldenepos ab, wenngleich Hesiods paränetischer Grundton sicherlich durch einzelne Passagen bei Homer beeinflusst sein mag.[77] Lehrdichtung im hesiodeischen Sinne intendiert jedenfalls genauso wie Bedrohungskommunikation, direkt und nicht nur implizit in das Leben der Adressaten hineinzusprechen und hineinzuwirken. Nicht primär ästhetischer Genuss oder Rezipientenergötzung,[78] sondern Umdenken und Verhaltensänderung stehen im Zentrum beider Kommunikationsformen,[79] so wie Hesiod sich ihrer in den *Opera et Dies* bedient. Die für die Wirkung von Bedrohungskommunikation bedeutsamen Aspekte der persönlichen Autorität, der Reflexionsfähigkeit, der Appellationsbereitschaft, des normativen Denkens sowie des Zugangs zu besonderem Wissen stehen dabei im Falle Hesiods allesamt in Verbindung mit seiner religiös begründeten Überzeugung, ein von den Musen berufener Dichter zu sein. Zwar rekurriert Hesiod in den *Erga* nicht explizit auf sein im *Theogonie*-Proömium literarisch ausgestaltetes Berufungserlebnis, doch zehrt er zweifellos auch in diesem Text von den Implikationen dieses Selbstverständnisses. Schon im Proömium der *Erga* geriert er sich als

---

passim. Ein Porträt der didaktischen Methoden Hesiods bietet *Canevaro*, Hesiod's *Works and Days*, 143–211. Die verschiedentlich geäußerte These, wonach Hesiod kein Bauer, sondern ein (verarmter) Aristokrat gewesen sei, wird überzeugend widerlegt von *Paul Millett*, Hesiod and his World, in: Proceedings of the Cambridge Philological Society 30, 1984, 84–115, hier 86–93.

[77] *Zhang*, The Poet as Educator, 1–2. Zur Vergleichbarkeit des allgemeinen Duktus der *Werke und Tage* mit den längeren Mahnreden der *Ilias* siehe *Jaeger*, Paideia, 101 Anm. 1; *Diller*, Die dichterische Form, 45 und passim; *Østerud*, Individuality, 16–17; *Schmidt*, Adressat und Paraineseform, 121–125; *Zhang*, The Poet as Educator, 1 mit Anm. 1; *Golla*, Hesiods *Erga*, 19–20 Anm. 31. Von besonderer Bedeutung ist hierbei die an Achilles gerichtete Phoinix-Rede, welche die längste Rede in der *Ilias* darstellt (Hom. *Il.* 9,434–605); dazu *Dieter Lohmann*, Die Komposition der Reden in der *Ilias*, (Untersuchungen zur antiken Literatur und Geschichte 6), Berlin 1970, 245–271.

[78] *Erwin Rohde*, Psyche. Seelencult und Unsterblichkeitsglaube der Griechen. Erster Band, 9. und 10. Aufl. Tübingen 1925, 98; *Sheehan*, Hesiod's *Works and Days*, 476; *Ottmann*, Geschichte, 38; anders *Heath*, Didactic Poetry, 263, der Andeutungen des *Theogonie*-Proömiums (Hes. *Th.* 55: λησμοσύνην τε κακῶν ἄμπαυμά τε μερμηράων) zum Anlass nimmt, um meines Erachtens zu einseitig auf die sicherlich auch anzunehmende Unterhaltungsabsicht der *Erga* zu schließen, und der dabei die didaktische Intention des Gedichts in ihrer Bedeutung zu stark herunterspielt („one important general purpose – and in part, at least, the sole purpose – of Hesiod's poetry was to afford pleasure and delight"). *Golla*, Hesiods *Erga*, 223 folgt Heaths These von der τέρψις-Intention Hesiods in den *Erga*. Es versteht sich von selbst, dass diese besonders in der Behandlung mythischer Stoffe zutage tritt, die allerdings die *Theogonie* inhaltlich weitaus mehr dominiert als die *Erga*. Zum ästhetischen Anspruch hesiodeischer Lehrdichtung siehe *Sheehan*, Hesiod's *Works and Days*, 456–458. Einen Einblick in die Bedeutung des dichterischen τέρπειν im homerischen Epos vermitteln z. B. Hom. *Od.* 1,346–352; 8,43–45; 8,367–369.

[79] Vgl. zu dieser Intention paränetischer Dichtung z. B. *Diller*, Die dichterische Form, 44–45 und *Dornum*, The Straight and the Crooked, 1503, die „describing and influencing contemporaneous behavior" als Ziele archaischer Lehrdichtung einschließlich jener Hesiods nennt.

„Deuter göttlicher Ordnung“, indem er sich auf die Souveränität des Zeus beruft und diesen bittet, für Recht zu „sorgen“ und gleichzeitig seine Absicht dartut, Perses „im Sinne der durch Zeus gewährleisteten Rechtsordnung“ zu „belehren“:[80] „Erhöre mich, sieh hin und vernimm mich, mache gerade durch Gerechtigkeit die Rechtsprüche, / Du! Ich aber möchte dem Perses Wahres (ἐτήτυμα) sagen.“[81]

Durch die Form des ganzen Proömiums, das eher einem Gebet als einem Hymnus ähnelt,[82] sowie durch die Gegenüberstellung von τύνη und ἐγώ inszeniert Hesiod eine enge Beziehung zu Zeus, in dessen Machtdarstellung die ersten zehn Verse des Gedichts ihren inhaltlichen Kern haben. Aus diesem gebetsartig hergestellten Bezug zum höchsten Gott ergibt sich, dass Hesiod mit Blick auf seine Belehrungen über die göttlich gewollte und damit normative Gesellschaftsordnung zu einem „mouthpiece of Zeus“ wird.[83] Dies wiederum ist als eine bemerkenswerte, gegen die Könige gerichtete Autoritätskonstruktion zu werten, die ja eigentlich von Zeus zum Zwecke der Rechtsprechung eingesetzt sind, jedoch gemäß Hesiods Darstellung im Fallbeispiel des Bruderzwists in ihrer Amtsausübung versagt haben.[84] Damit macht sich der Bedrohungskommunikator zwar nicht zum Konkurrenten ihrer politischen Macht, wohl aber konkurriert er um das rechte Verständnis von Gerechtigkeit, das er für sich in Anspruch nimmt.[85] Ihre Autorität in Rechtsbelangen ist dadurch massiv infrage gestellt: Heißt es in der *Theogonie* noch, dass „Könige von Zeus kommen“ (ἐκ δὲ Διὸς βασιλῆες), so bringt derselbe Präpositionalausdruck ἐκ Διός in den *Erga*, wo er nur ein einziges Mal vorkommt, bezeichnenderweise zum Ausdruck, dass gerechte Urteilssprüche „von Zeus“ (ἐκ Διός) kommen und eben nicht – so ist impliziert – von den Königen, denen eigentlich die gute Rechtsprechung obläge.[86]

Hesiods Autorität als Deuter, Vermittler und damit letztendlich auch Setzer[87] einer normativen, von Zeus eingerichteten Gesellschaftsordnung drückt sich auch darin aus, dass er gegenüber dem Hauptadressaten Perses im selbstbewussten und appellierenden Gestus des Befehlens spricht: Im Kontext der

[80] *Maehler*, Dichterberuf, 46 (alle Zitate).

[81] Hes. *Op*. 9–10: κλῦθι ἰδὼν αἰών τε, δίκῃ δ' ἴθυνε θέμιστας / τύνη· ἐγὼ δέ κε Πέρσῃ ἐτήτυμα μυθησαίμην.

[82] *Jenny Strauss Clay*, Hesiod's Cosmos, Cambridge 2003, 76–77.

[83] *Clay*, Hesiod's Cosmos, 75; siehe auch *Zhang*, The Poet as Educator, 7–8. Zu Hesiod als Vertreter von „normative ideas“ siehe auch *Dornum*, The Straight and the Crooked, 1503.

[84] *Clay*, Hesiod's Cosmos, 73–76.

[85] *Zhang*, The Poet as Educator, 2–11.

[86] Hes. *Th*. 96: ἐκ δὲ Διὸς βασιλῆες; Hes. *Op*. 36: ἰθείῃσι δίκῃς, αἵ τ' ἐκ Διός εἰσιν ἄρισται.

[87] Zu dieser quasi-gesetzgeberischen Autorität Hesiods in einer Zeit, in der Gesetze noch nicht kodifiziert waren, siehe *Dornum*, The Straight and the Crooked, 1505–1506.

Mahnungen zur Arbeit wird dieser aufgefordert, „immer eingedenk zu sein (μεμνημένος αἰὲν) unseres Gebotes (ἐφετμῆς)"[88] und so zu handeln, „wie ich dir befehle" bzw. „wie ich es dir auftrage" (ὥς σε κελεύω)[89]. Die Aktivierung des Gedächtnisses als Bildungsvoraussetzung[90] wird hier in Kombination mit einer für den Lehrdichter typischen Forderung nach Akzeptanz des Gesagten für die Bedrohungskommunikation fruchtbar gemacht. Ein weiteres Beispiel stellt ein Abschnitt dar, der den Umgang mit Vorräten im Haus thematisiert und den Hesiod mit den folgenden Worten abschließt: ἅ σε φράζεσθαι ἄνωγα – „Dies zu bedenken, trage ich dir auf!"[91] Dieselbe Formel verwendet Hesiod in leicht variierter Form (σ' ἄνωγα φράζεσθαι) in Partien, die dem Appell zur Vermeidung von Schulden und Hungern[92] sowie der Mahnung zur Vorsicht beim Seehandel[93] gewidmet sind. Ein weiterer Aspekt hesiodeischer Redeweise, an dem seine gebieterische Haltung ablesbar ist, stellt die Einforderung von Gehorsam dar: Indem er Perses wiederholt zuruft, er solle auf das „Recht hören" (ἄκουε δίκης bzw. δίκης ἐπάκουε),[94] stilisiert er sich zum autoritativen Vermittler der von Zeus etablierten Dike-Ordnung des menschlichen Zusammenlebens und verschafft seiner Erwartung Ausdruck, dass der zum Typus erhobene Bruder diesem Auftrag Folge leistet. Aufforderungen, sich das Gesagte zu Herzen zu nehmen und im Gedächtnis zu behalten, sind ebenfalls belegt.[95] In diesen Aufrufen zur Erinnerung spiegelt sich das Bewusstsein, dass die Weisungen aufgrund ihrer Wahrhaftigkeit von bleibender Bedeutung sind.[96] An anderer Stelle präsentiert sich Hesiod indirekt als jemand, der nützlichen Rat in gut formulierten Regeln gibt und dem man deshalb Gehorsam leisten solle, womit er letztlich eine „normative Aussage"[97] macht, in welcher er den

---

[88] Hes. *Op.* 298. Auf der Grundlage einiger Homer-Belege des Substantivs ἐφετμή geht *Clay*, Education of Perses, 29–30 mit Anm. 15 [Belege] gar davon aus, dass Hesiod in diesem Vers die „persona of a god" annehme, weil er als eine Art „commanding divinity" auftrete.

[89] Hes. *Op.* 316, 623; vgl. zu dieser Formel auch Vers 536.

[90] *Zhang*, The Poet as Educator, 12–13.

[91] Hes. *Op.* 367.

[92] Hes. *Op.* 403–404.

[93] Hes. *Op.* 687–688.

[94] Hes. *Op.* 213, 275 (Zitate in dieser Reihenfolge).

[95] Siehe Hes. *Op.* 27: σὺ δὲ ταῦτα τεῷ ἐνικάτθεο θυμῷ, 107: σὺ δ' ἐνὶ φρεσὶ βάλλεο σῇσιν, 298: ἡμετέρης μεμνημένος αἰὲν ἐφετμῆς, 623: γῆν δ' ἐργάζεσθαι μεμνημένος ὥς σε κελεύω, 641–642: ἔργων μεμνημένος εἶναι / ὡραίων πάντων.

[96] *Marcel Detienne*, Crise agraire et attitude religieuse chez Hésiode, (Collection Latomus 68), Brüssel 1963, 44–45 listet weitere Erinnerungsappelle in den *Erga* auf (Hes. *Op.* 422, 491, 616), die sachlich mehr auf konkrete Arbeitsparänese denn auf die Bedrohungskommunikation bezogen sind, obwohl diese freilich auch – auf der Ebene der paränetischen Sinndimension – Bestandteil der Bedrohungskommunikation ist.

[97] *Itgenshorst*, Denker und Gemeinschaft, 160. Auch die meisten jener Sprüche in den *Erga*, die nicht unmittelbar mit dem Thema der Bedrohungskommunikation in Verbindung stehen,

grundsätzlichen Tun-Ergehen-Zusammenhang zwischen „Segen" und „Gehorsam" mit seiner Lehrautorität verknüpft: ἐσθλὸς δ' αὖ κἀκεῖνος ὃς εὖ εἰπόντι πίθηται – „Glücklich ist wiederum auch jener, der einem, der gut zuspricht, gehorcht."[98] Das autoritative, mit einem gewissen Anspruch auf rhetorische Qualität versehene Sprechen (εὖ εἰπόντι)[99] sowie die Mahnung zum Befolgen sind letztendlich gerechtfertigt durch die Selbstdarstellung als Wissensautorität sowie durch einen vehement erhobenen Wahrheitsanspruch[100] – Aspekte, die freilich ebenfalls mit seiner Funktion als Sprachrohr des Zeus zusammenhängen.

Durch den Wahrheitsanspruch, der übrigens in den hesiodeischen Texten zum ersten Mal im Rahmen der europäischen Literatur und Philosophie zur Sprache kommt,[101] präsentiert sich Hesiod als Experte auf jenen Wissensgebieten, die in den *Werken und Tagen* zum Thema werden. Der Anspruch selbst sowie das implizierte Expertenwissen sind dabei religiös begründet und haben allgemein gesagt zum Inhalt, dass Hesiod die Dinge so darstellt, wie sie in Wirklichkeit sind.[102] Zunächst beginnen die *Erga* mit der Invokation der Musen, zu deren Eigenschaften es als göttliche Inspirationsquelle für den Dichter gehört, Wahrheit vermitteln zu können.[103] So jedenfalls behaupten es die Musen selbst im Kontext von Hesiods Dichterweihe in der *Theogonie*: „Wir verstehen uns darauf, viel Trügerisches zu sagen, das Wahrem ähnlich ist (ἴδμεν ψεύδεα πολλὰ λέγειν ἐτύμοισιν ὁμοῖα); / wir verstehen uns aber [auch] darauf, wenn wir es wollen, Wahrheit zu verkünden (ἀληθέα γηρύσασθαι)."[104] Die Musen spielen in den *Erga* zwar allenfalls eine implizite Rolle als Wahrheitsgarantinnen,[105] vielleicht deshalb, weil ihnen im eben erwähnten *Theogonie*-Zitat aus Respekt vor ihrer göttlichen Willensfreiheit ein scheinbar ambivalentes Verhältnis zur Wahrheit zugeschrieben wird, das prinzipiell auch

haben normative Kraft, weil sie der Regelung des Zusammenlebens in verschiedenen Interaktionsräumen des Gemeinwesens dienen, vgl. *Itgenshorst*, Denker und Gemeinschaft, 170.

[98] Hes. *Op*. 295.

[99] Dass die Formulierung εὖ εἰπόντι zusätzlich zum Aspekt des Wohlmeinens in einem rhetorischen Sinne verstanden werden kann, ist möglich; siehe *Zhang*, The Poet as Educator, 12.

[100] *Kerschensteiner*, Aufbau, 153; *Diller*, Hesiod und die Anfänge, 141–142; *Kraus*, Dichterberuf, 73; *Jaeger*, Paideia, 112; *Fränkel*, Dichtung und Philosophie, 126; *Detienne*, Crise agraire, 44; *Kambylis*, Dichterweihe, 54, 63; *Blusch*, Formen und Inhalt, 157–159; *Østerud*, Individuality, 24; *Rösler*, Dichter und Gruppe, 60; *Liebermann*, Hälfte, 394–395; *Heath*, Didactic Poetry, 258–259; *Stein*, Autorbewußtsein, 27, 48; *Ottmann*, Geschichte, 40.

[101] *Bremer*, Der Ursprung der Philosophie, 79: „Hesiod bringt nicht nur den Anspruch des Rechts als Erster universal zur Geltung, sondern auch den der Wahrheit."

[102] *Detienne*, Crise agraire, 43; *Clay*, Hesiod's Cosmos, 32, 61, 78.

[103] *Detienne*, Crise agraire, 42.

[104] Hes. *Th*. 27–28.

[105] Vgl. *Detienne*, Crise agraire, 42–43.

die Plausibilität[106] und Ambiguität[107] umfasst. Trotzdem gedenkt Hesiod ihrer in den *Werken und Tagen* als seiner Lehrerinnen, denen er sein dichterisches Wissen und Können verdankt.[108] Die Kernkompetenz dieses durch Musenbelehrung vermittelten Könnens besteht laut eigener Aussage darin, „die Absicht" bzw. „das Denken des die Aigis haltenden Zeus zu verkünden" (ἐρέω Ζηνὸς νόον αἰγιόχοιο).[109] Damit aber wird nicht allein der Inhalt des Gesamtgedichts konzise zusammengefasst, sondern auch Hesiods Rolle als Sprachrohr des Zeus von den wahrheitsvermittelnden Musen her untermauert.[110] Dass Hesiod die Musen schon in der scheinbar ambivalenten Formulierung des *Theogonie*-Proömiums primär als Wahrheitsinstanz und nicht als Instanz der Täuschung ansieht, liegt auf der Hand. Denn andernfalls würde er gleich zu Beginn dieses Textes seine Dichterautorität empfindlich kompromittieren, die sich letztlich aus dem „Auftrag" herleitet, „die Wahrheit zu reden, nicht Falsches zu erfinden, das aussieht wie die Wahrheit und es nicht ist."[111] Das

[106] Nach *Martin L. West*, Hesiod, Theogony. Edited with Prolegomena and Commentary, Oxford 1966, 162 bedeute die Formulierung ψεύδεα πολλὰ λέγειν ἐτύμοισιν ὁμοῖα „plausible fiction" im Unterschied zu „truth", womit gemeint sei „the sort of fiction that can be believed in" (*West*, Hesiod, Theogony, 163); dazu jetzt ausführlich *Stefan Feddern*, Der antike Fiktionalitätsdiskurs, (Göttinger Forum für Altertumswissenschaft. Beihefte NF 8), Berlin/Boston 2018, 119–136, bes. 130–136, demzufolge Hesiod selbst in den Versen 26–28 die *Theogonie* als eine „plausible Fiktion" (S. 119) darstelle, insofern „[i]n den Worten der Musen [...] das Konzept der Plausibilität zum Vorschein" komme (S. 135). Das Fiktionale trete dabei v. a. in der „Phantastik" der erzählten Mythen und hier v. a. des Sukzessionsmythos offen zutage (S. 130). *Wilfried Stroh*, Die Macht der Rede. Eine kleine Geschichte der Rhetorik im alten Griechenland und Rom, Berlin 2009, 37–39, umschreibt Hesiods Musen aufgrund dieses die Rhetoriktheorie präfigurierenden Plausibilitätsbezugs *cum grano salis* als „Rhetoriklehrerinnen" (S. 37) des Dichters. Der einschränkende Ausdruck in Hes. *Th.* 28 – „wenn wir es wollen (εὖτ' ἐθέλωμεν)" – weist die Musen in erster Linie in ihrer Göttlichkeit aus, da sowohl bei Hesiod (Hes. *Th.* 429, 430, 432, 439) als auch in der frühgriechischen Theologie insgesamt der Wille der Götter Bestandteil und Kennzeichen ihrer Machtfülle ist, siehe *West*, Hesiod, Theogony, 163 (weitere Belege). Trotz aller Relevanz der Verse Hes. Th. 26–28 für die Erforschung antiker Fiktionalitätsvorstellungen sollte deshalb der theologische Charakter der Musenworte nicht vernachlässigt werden.

[107] *Zhang*, The Poet as Educator, 10–11.

[108] Hes. *Op.* 662: Μοῦσαι γάρ μ' ἐδίδαξαν.

[109] Hes. *Op.* 661.

[110] Vgl. *Marcel Detienne*, Les maîtres de vérité dans la Grèce archaïque, (Collection Fondations), Paris 1981, 25–26; *Shirley D. Sullivan*, The Psychic Term Νόος in the Poetry of Hesiod, in: Glotta 68, 1990, 68–85, hier 78–79; *Seybold/Ungern-Sternberg*, Amos und Hesiod, 220; *Mordine*, Speaking, 371; *Zhang*, The Poet as Educator, 9.

[111] *Gigon*, Ursprung, 14–19 (zum Wahrheitsanspruch Hesiods), hier 14. Zum Verständnis von Hes. *Th.* 27–28 als implizite Polemik gegen das als unwahr erachtete Dichten anderer Dichter (v. a. Homers) siehe z. B. *Rohde*, Psyche, 98; *Diller*, Hesiod und die Anfänge, 141; *Kambylis*, Dichterweihe, 63; *Østerud*, Individuality, 28 mit Anm. 41 [Lit.]; *Ottmann*, Geschichte, 40–41; *Bremer*, Der Ursprung der Philosophie, 79. *Feddern*, Fiktionalitätsdiskurs, 120 mit Anm. 7–8, 122, 125–126, mahnt zur Zurückhaltung, die genannten *Theogonie*-Verse als Homer-Polemik zu deuten, da seiner Auffassung zufolge eine explizit polemische Stoß-

starke Sendungsbewusstsein, von dem auch die *Erga* Zeugnis ablegen und welches die eigenen Worte gewissermaßen als Medien versteht, durch die das Denken (νοῦς) des Zeus erkennbar wird, hat zur Konsequenz, dass der Wahrheitsanspruch Hesiods als absolut betrachtet werden kann, und zwar in Sachen Kosmologie und Götterentstehung ebenso wie in den alltäglichen Belangen menschlicher Konvivenz.

Im Proömium der *Opera et Dies* findet sich noch ein weiterer Beleg für den Wahrheitsanspruch Hesiods in seiner Funktion als Bedrohungskommunikator, der bereits oben zitiert wurde: ἐγὼ δέ κε Πέρσῃ ἐτήτυμα μυθησαίμην – „Ich aber möchte dem Perses Wahres sagen."[112] Da aus dem Vorhaben der Wahrheitsvermittlung an Perses zu schließen ist, dass Hesiod seinen Bruder zum Zeitpunkt der Sprechergegenwart nicht im Besitz der Wahrheit sieht, offenbart der Vers eine wichtige Technik der Konstruktion einer überlegenen Wissensautorität des Bedrohungskommunikators. Diese Technik besteht in der Konstruktion des Adressierten als kognitiv unterlegener Nicht-Wisser oder Belehrungsbedürftiger, im Vergleich zu dem dann der Bedrohungskommunikator als Experte erscheint. Diese Stärkung der eigenen Autorität durch die Unterstellung von Unwissenheit auf Seiten der Angesprochenen wird ferner dadurch bewerkstelligt, dass Hesiod sowohl seinen Bruder als auch die Könige mehrfach als „dumm" bzw. als „Narren" tituliert (νήπιος/νήπιοι)[113] und den Königen ferner attestiert, dass sie hinsichtlich Sparsamkeit und Genügsamkeit Unwissende[114] seien. Diese polemische Abwertung dient ebenfalls der Hervorhebung seines eigenen Expertenstatus, den Hesiod, soweit ich sehe, nur an einer einzigen und zudem für seine Bedrohungskommunikation unwichtigen Stelle explizit einschränkt – im Zusammenhang von Äußerungen zur Seefahrt nämlich, in welcher er „nicht bewandert" (οὔτε [...] σεσοφισμένος) sei.[115] Mit Ausnahme dieser einzigen Konzession mangelnder Kompetenz gilt für den Modus der Bedrohungskommunikation Hesiods insgesamt: Sie ist aus dem Bewusstsein einer persönlichen Sachkenntnis heraus gesprochen. Dies unterstreicht er z. B. zu Beginn des für seine Bedrohungskommunikation so signifikanten Mythos von den Zeitaltern durch die Adver-

---

richtung nicht erkennbar sei und überdies „Hesiod die Musen den Fiktionscharakter zumindest der eigenen Dichtung (der Theogonie) verkünden lässt" (S. 122), was keine schroffe Gegenüberstellung einer angeblich ‚unwahren' Dichtung Anderer und des eigenen ‚wahren' Dichtens nahelege. Es ist bezeichnend für den Wahrheitsanspruch der *Erga*, dass in diesem Text der Inhalt, der in Hes. *Th.* 27–28 geboten wird, nirgendwo aufgegriffen wird.

[112] Hes. *Op.* 10.

[113] Zu Perses als νήπιος siehe Hes. *Op.* 286, 397, 633; zu den Königen als νήπιοι siehe Hes. *Op.* 40.

[114] Hes. *Op.* 40–41, hier 40: οὐδὲ ἴσασι.

[115] Hes. *Op.* 649: οὔτε τι ναυτιλίης σεσοφισμένος οὔτε τι νηῶν; siehe dazu die Ausführungen bei *Zhang*, The Poet as Educator, 9–10.

bien εὖ und ἐπισταμένως: Εἰ δ' ἐθέλεις, ἕτερόν τοι ἐγὼ λόγον ἐκκορυφώσω / εὖ καὶ ἐπισταμένως – „Wenn du willens bist, werde ich Dir die Hauptpunkte einer anderen Erzählung mitteilen, / [und zwar] auf gute und kompetente Weise".[116]

3. Konstruktivismus und Bedrohungskommunikation

Eine grundsätzliche Frage, die schon in den beiden vorangegangenen Kapiteln stellenweise gestreift wurde, dort jedoch allenfalls oberflächlich behandelt werden konnte, ist jene nach dem Realitätsgehalt von Bedrohungskommunikation. Mit anderen Worten: Handelt es sich bei der kommunizierten Bedrohung um ein reines Konstrukt des Kommunikators oder stellt seine Bedrohungskommunikation die Abspiegelung einer real vorhandenen Bedrohung dar? Auf diese Frage ist nun noch etwas differenzierter einzugehen, nicht zuletzt deshalb, weil „Bedrohungskommunikation" von Werner Schirmer bewusst als konstruktivistischer Begriff eingeführt worden ist. Schirmer geht davon aus, dass Bedrohungen Konstrukte sind, welche durch Kommunikation erschaffen werden, wobei Kommunikation ihrerseits auf „Beobachtungen" basiert, die „ihren Gegenstand erst erzeugen".[117] Gemäß diesem Ansatz zeichnet sich Bedrohungskommunikation im Wesentlichen durch einen subjektiven, vom jeweiligen Beobachter abhängigen Realitätsgehalt aus: „Ob die beobachtete Bedrohung in der Realität ‚existiert', oder ‚nur' eine Erfindung der Kommunikation ist, lässt sich oft gar nicht, oft nicht genau oder erst viel später klären [...]. Wenn die Kommunikation Anspruch auf Erfolg haben will, d. h. vom Adressaten angenommen werden soll, dann wird sie schon selbst für ihre Glaubwürdigkeit sorgen."[118]

Dieser Hinweis auf den grundsätzlich subjektiven Realitätsgehalt von Bedrohungskommunikation leuchtet ein, und zwar nicht zuletzt deswegen, weil Bedrohungskommunikatoren nach dem hier präsentierten Modell großen Wert auf ihre Selbstdarstellung als Experten und Wissensautoritäten legen sowie im Rahmen ihrer Kommunikation Wahrheitsansprüche erheben, die entbehrlich wären, wenn die kommunizierte Bedrohung für die Adressaten unmittelbar evident wäre. Da es mit Blick auf die hier verhandelten soziopolitischen Bedrohungen verschiedene Arten von Bedrohungen gibt, die sich jeweils durch verschiedene Grade der Evidenz auszeichnen können, lässt sich zur Beschreibung des Realitätsgehalts von Bedrohungskommunikation in

---

[116] Hes. *Op.* 106–107. Zur Bedeutung des ‚Weltaltermythos' für die Bedrohungskommunikation Hesiods siehe Kap. III.3.1.

[117] *Schirmer*, Bedrohungskommunikation, 17–19, 34–41, hier 18.

[118] *Schirmer*, Bedrohungskommunikation, 19.

einem allgemeinen Sinne also *zunächst* das sogenannte Thomas-Theorem heranziehen, das auf die amerikanischen Soziologen William I. Thomas und Dorothy S. Thomas zurückgeht. Diese haben im Jahre 1928 am Beispiel von Minderwertigkeitskomplexen und paranoiden Verhaltensweisen darauf hingewiesen, dass Selbstdeutungen von Betroffenen deren Lebenswirklichkeit und Handeln prägen, und zwar unabhängig davon, wie vermeintlich ‚objektive' Fremddeutungen ihrer Situation lauten. Das Thomas-Theorem fasst diese Einsicht prägnant zusammen: „If men define situations as real, they are real in their consequences."[119] Bereits in den 1950er Jahren wandte der Soziologe Lewis A. Coser das Thomas-Theorem auf soziopolitische Bedrohungsszenarien an: „If men define a threat as real, although there may be little or nothing in reality to justify this belief, the threat is real in its consequences [...]."[120] Diese Zuspitzung Cosers macht deutlich, dass Bedrohungen nicht zwingend einen Anhaltspunkt in der historischen Ereigniswirklichkeit benötigen, um kollektiv glaubhaft werden zu können: Der rein subjektiv verbürgte Realitätsgehalt kann während des Akts der Bedrohungskommunikation sein wahrnehmungsbeeinflussendes Potential im Rezeptionsakt der Adressaten entfalten. Die Sprache bzw. die Rhetorik der Bedrohung vermag ein Bedrohungsbewusstsein zu schaffen.

Die Voraussetzung, dass jede kommunizierte Bedrohung mit einem subjektiv zugeschriebenen Wirklichkeitsstatus ausgestattet ist, lässt allerdings die Frage nicht überflüssig werden, ob der subjektive Realitätsgehalt der Bedrohungskommunikation auch durch nicht-subjektive Elemente bedingt sein kann oder sogar bedingt sein muss. Diese Frage, deren Beantwortung je nach historischer Kommunikationssituation sowie nach Aussagekraft und Verfügbarkeit der Quellen unterschiedlich ausfallen kann, trägt zwei Tatsachen Rechnung: Erstens ist im denkbaren Falle intentional erfundener Bedrohungen der Aufwand bei der Herstellung von Glaubwürdigkeit und Plausibilität höher als im Falle realer Vor- oder Anzeichen einer Bedrohung, die dem Bedrohungskommunikator auffallen und die er dann unter Rekurs auf diese Vor- oder Anzeichen zu einem literarischen Konstrukt ausgestaltet. Zweitens riskiert der Bedrohungskommunikator im Falle eines nur fingierten Bedrohungsszenarios einen irreparablen Verlust seiner Glaubwürdigkeit, Integrität und Autorität. Schirmers konstruktivistischer Ansatz schießt über das Ziel hinaus,

---

119 *William I. Thomas/Dorothy S. Thomas*, The Child in America: Behavior Problems and Programs, New York 1928, 572; siehe zum Folgenden auch *Becker*, Porphyrios: *Contra Christianos*, 34. *Fechner/Granzow/Klimek*, Bedrohungskommunikation, 153–154, 163 berufen sich ebenfalls auf das Thomas-Theorem. Zu diesem Theorem siehe auch *Michael Jäckel*, Soziologie. Eine Orientierung, Wiesbaden 2010, 27–32.

120 *Lewis A. Coser*, The Functions of Social Conflict, New York 1956, 107.

wenn er etwa die Bedrohlichkeit eines Vulkanausbruchs nicht von der sich anbahnenden Katastrophe selbst abhängig macht, sondern von der Kommunikation darüber.[121] Das Beispiel des Vulkanausbruchs bietet sich jedoch eher zur Untermauerung der These an, dass es auch Bedrohungen gibt, die jenseits und unabhängig von menschlicher Kommunikation schlichtweg gegeben sind.[122] Wie bereits im Kapitel über den Anlass der hesiodeischen Bedrohungskommunikation deutlich gemacht wurde, rechnet das hier entwickelte Modell damit, dass kommunizierte Bedrohungen auf objektiven Gegebenheiten beruhen können, die bei der Identifikation, Deskription, Analyse und Interpretation literarischer Bedrohungskommunikation auch Berücksichtigung finden sollten, so es die Quellen denn zulassen. Schirmers Diktum von den „Beobachtungen", die „ihren Gegenstand erst erzeugen", wird also der Ansatz entgegengehalten, dass Bedrohungen in bestimmten historischen Konstellationen, die womöglich gar nicht so selten vorkommen, auch „vorgefunden" bzw. „entdeckt" werden können, um hier Anleihe bei Formulierungen des Philosophen und Konstruktivismus-Kritikers Paul A. Boghossian zu nehmen.[123] Anders formuliert: Bedrohungen sind nicht in erster Linie als die geistige *creatio ex nihilo* eines Individuums anzusehen, das sich selbst als Bedrohungskommunikator versteht oder inszeniert. Sie können sich vielmehr durch Latenz auszeichnen, sie können vorhanden sein, ohne schon in Erscheinung getreten zu sein und sie können einen Bezug zum Außersubjektiven und zum Außertextlichen haben, der im Verbund mit einer rhetorisierten, auf Glaubwürdigkeit, Plausibilität und Überzeugung abzielenden Bedrohungskommunikation die Evidenz der Bedrohung zum Vorschein bringt. Die Umkehrung und leichte Abwandlung der obigen Formulierung, wonach die Sprache bzw. die Rhetorik der Bedrohung ein Bedrohungsbewusstsein zu schaffen imstande ist, charakterisiert demnach Bedrohungskommunikation, wie sie bei Hesiod vorliegt, treffender: Bedrohung, die zu Bewusstsein kommt, schafft Sprache. Bedrohung initiiert Bedrohungskommunikation.

Dieser Ansatz steht in keinem Widerspruch zu der hier grundsätzlich vertretenen Befürwortung des Thomas-Theorems. Denn dieses Theorem sollte, wie Ulrich Oevermann anmerkt, nicht so verstanden werden, dass dadurch jegliche „Realität" durch den Hinweis auf „„subjektive Konstruktionen

[121] *Schirmer*, Bedrohungskommunikation, 18.

[122] So auch *Patzold*, Bedrohte Ordnungen, 52, der den gleichen Sachverhalt am Beispiel eines „explodierte[n] Kernreaktor[s]" aufzeigt.

[123] *Paul A. Boghossian*, Fear of Knowledge. Against Relativism and Constructivism, Oxford 2007, 16: „Ordinarily, to say that something is *constructed* is to say that it was not there simply to be *found* or discovered, but rather that it was *built*, brought into being by some person's intentional activity at a given point in time." (kursiv im Orig.)

von Wirklichkeit"" bestritten wird.[124] Zwar ist Vorsicht geboten, von einer „historischen Realität" in einem objektiv-eindeutigen Sinne zu sprechen.[125] Jedoch sind Situationen denkbar, und dazu gehören auch Bedrohungskonstellationen im hier verstandenen Sinne, in denen Deutungen bestimmter Entwicklungen oder Vorkommnisse dem Wirklichkeitspostulat von Individuen im Sinne des Thomas-Theorems entsprechen und dabei doch auf nicht-subjektive Gegebenheiten rekurrieren. Der Akt des Deutens unterscheidet sich dabei fundamental von einem bezugslosen Konstruieren, das Bedrohung zu einer (reinen) Setzung des Bedrohungskommunikators macht. Im Falle der *Opera et Dies* spricht Einiges dafür, dass Hesiod empirische Faktoren des ihm selbst widerfahrenen Unrechts als veritable Anzeichen einer realen Bedrohung auffasste, deren konkrete Gestalt er dann in seiner Bedrohungskommunikation konstruierte. In diesem Fall ist also die Bedrohung nicht als Setzung zu werten, sondern als das Resultat einer Deutung. Schon aus Gründen der Logik muss aber „jede Deutung, jede wissensartige Repräsentation von Welt eine repräsentierte Welt als gegeben voraussetzen so wie jede Rahmung ein Gerahmtes voraussetzen muß."[126] Ein ähnlicher Gedanke wird in der interpretationsrealistischen Erkenntnistheorie Hans Lenks formuliert: „Das Interpretieren muss irgendwo anknüpfen – sowohl auf der Seite des Interpretierten als auch des Interpretierenden selbst, des Subjekts, des interpretierenden Wesens. [...] Ein Interpretieren ohne zu Interpretierendes und ohne ein interpretierendes Subjekt liefe leer."[127]

In Anlehnung an die Arbeiten von Björn Kraus kann das, was Oevermann die als gegeben anzusetzende Welt bzw. das „Gerahmte" nennt, im vorliegenden

[124] *Ulrich Oevermann*, Die Struktur sozialer Deutungsmuster. Versuch einer Aktualisierung, in: Sozialer Sinn. Zeitschrift für hermeneutische Sozialforschung 2, 2001, 35–81, hier 52.

[125] Zum altbekannten Problem historisch arbeitender Disziplinen, dass Quellen immer schon aus Abstraktionen, Reduktionen, literarisch-erzählerischen Überformungen und Verzerrungen der historischen Ereignisvielfalt bestehen, siehe z. B. *Hayden White*, Metahistory. The Historical Imagination in Nineteenth-Century Europe, Baltimore 1973; *Hans-Jürgen Goertz*, Unsichere Geschichte. Zur Theorie historischer Referentialität, Stuttgart 2001; *Ders.*, Abschied von „historischer Wirklichkeit". Das Realismusproblem in der Geschichtswissenschaft, in: Jens Schröter/Antje Eddelbüttel (Hrsg.), Konstruktion von Wirklichkeit. Beiträge aus geschichtstheoretischer, philosophischer und theologischer Perspektive, (Theologische Bibliothek Töpelmann 127), Berlin/New York 2004, 1–18; *Hans-Werner Goetz*, Wahrnehmungs- und Deutungsmuster als methodisches Problem der Geschichtswissenschaft, in: Das Mittelalter – Perspektiven mediävistischer Forschung 8, 2003, 23–33. Am Beispiel der Erforschung historischer Aufruhrereignisse thematisieren dieses Problem *Arne Hordt/Thomas Kohl/Beatrice von Lüpke* u. a., Aufruhr! Zur epochenübergreifenden Beschreibung beschleunigten sozialen Wandels in Krisenzeiten, in: Historische Zeitschrift 301, 2015, 31–62, hier 35–36 mit Anm. 18.

[126] *Oevermann*, Deutungsmuster, 53.

[127] *Hans Lenk*, Erfassung der Wirklichkeit. Eine interpretationsrealistische Erkenntnistheorie, Würzburg 2000, 158; siehe dazu auch *Goertz*, Abschied, 14–15.

Zusammenhang soziopolitischer Bedrohungen mit der sozialwissenschaftlichen Kategorie der „Lebenslage“ besser erfasst werden. Im Kontext seiner auf die soziale Arbeit zugeschnittenen konstruktivistischen Reformulierung des ursprünglich in der phänomenologischen Theoriediskussion verwurzelten Begriffs der „Lebenswelt“ wendet Kraus die konstruktivistische Unterscheidung zwischen „Wirklichkeit“ und „Realität“ auf die Begriffe „Lebenswelt“ und „Lebenslage“ an. Demnach

> [...] gilt die Lebenswelt als die Wirklichkeit eines Menschen, hingegen die Lebenslage als seine ihn umgebende Realität. Für beide gilt: Das Eine ist die subjektive Konstruktion unter den Bedingungen des Anderen. Mit anderen Worten: Die Lebenswelt ist ebenso die subjektive Konstruktion eines Menschen wie die Wirklichkeit und diese subjektive Konstruktion vollzieht sich unter den Bedingungen der Lebenslage bzw. der Realität. Lebenslage und Realität setzen die einschränkenden und anregenden Bedingungen für die Lebenswelt und Wirklichkeit.[128]

Die Lebenslage umfasst nach Kraus die vorgefundenen, je verschiedenen „Rahmenbedingungen“ menschlicher Existenz, „materielle“ und „immaterielle Gegebenheiten“, „die Verfügungsgewalt über materielle Ressourcen, der Wohnraum, das direkte familiäre und soziale Umfeld, kurz: die qualitative und quantitative Ausstattung mit Lebensgütern, Lebenschancen und Lebensbedingungen.“[129] Aus der je subjektiven Perspektive auf diese sozialen Lebensbedingungen, die von Individuum zu Individuum variieren kann, gestaltet sich die Lebenswelt des Menschen, sodass diese „zwar einerseits eine subjektive Konstruktion ist, [...] andererseits aber auf Grund der strukturellen Koppelung des Menschen an seine Umwelt eben durch die Rahmenbedingungen dieser Umwelt beeinflusst und begrenzt wird.“[130] Dieser Hinweis auf den grundsätzlichen Zusammenhang einer Beeinflussung von Menschen durch ihre äußeren – faktischen – Umstände sollte bei der Analyse von Bedrohungskommunikation nicht ausgeblendet werden. In Hesiods speziellem Fall ist es die durch seinen Bruder Perses und die bestechlichen Richterkönige (βασιλῆες) herbeigeführte Lebenslage, die ausschlaggebend für seine Bedrohungskommunikation ist. Diese Lebenslage beinhaltet sowohl die Anzeichen seiner eigenen Bedrohung als Opfer von Korruption und Unrecht als auch die Vorzeichen einer viel weiterreichenden Bedrohung der gesamten gesellschaftlichen Ordnung, die Hesiod in all ihren Facetten literarisch aus seiner subjektiven Perspektive heraus imaginär ausbaut. Seine Bedrohungskommunikation ist deshalb nicht als *constructio ex nihilo* zu betrachten, sondern, um bei der Baumetaphorik zu

---

[128] *Björn Kraus*, Erkennen und Entscheiden. Grundlagen und Konsequenzen eines erkenntnistheoretischen Konstruktivismus für die Soziale Arbeit, Weinheim/Basel 2013, 152.

[129] *Kraus*, Erkennen, 150.

[130] *Kraus*, Erkennen, 152.

bleiben, als ein Ausbauen bzw. eine Aufsatzkonstruktion, die auf dem Material deutlicher An- und Vorzeichen ruht.

Ob Bedrohungskommunikation entsteht oder nicht, ergibt sich also daraus, ob jemand die Vor- und Anzeichen einer Bedrohung als solche erkennt und deutet. Die Kommunikation einer Bedrohung muss nicht das einzig mögliche Resultat einer Deutung der jeweiligen Lebenslage sein, da Deutungsspielräume bestehen und die Einschätzungen einer jeweiligen Lebenslage subjektiv differieren können.[131] Dies lässt sich an der Kommunikationssituation, wie sie in den *Erga* vorgeführt wird, sehr schön nachweisen. Die Perspektive, die Hesiod als Bedrohungskommunikator einnimmt, unterscheidet sich nämlich diametral von jener der primär angesprochenen Personen: Perses und die βασιλῆες signalisieren durch ihr Vorgehen gegen Hesiod, wie er selbst es in seinem Text reflektiert und darstellt, dass sie eine Bedrohung seiner Person bewusst in Kauf nehmen und dabei eine Gefährdung der allgemeineren Werte- und Rechtsordnung der Polis nicht für evident halten. Aus ihrer Sicht gibt es keine Bedrohung, weil Hesiod es ist, der ihr Verhalten als Hybris, Gewalt und Unrecht definiert, und eben nicht sie selbst. Auch in dem denkbaren Falle, dass sie selbst ihr Verhalten in diesen Kategorien beschreiben würden, was sie freilich in den *Erga* nicht tun, ergäbe sich daraus nicht zwingend die Konsequenz, dass sie Hybris, Gewalt und Unrecht als Bedrohung für die Ordnung des Gemeinwesens verstehen würden. Diesen Konnex stellt erst Hesiod als Bedrohungskommunikator in den verschiedenen Sinndimensionen seiner Kommunikation her, und die Zuweisung einer differierenden Perspektive an Perses und die Richter dient letztlich auch der Kontrastschärfung seiner eigenen, als wahr und zutreffend erachteten Perspektive. Sie einerseits von dieser seiner Perspektive zu überzeugen und andererseits dafür zu sorgen, dass die Vor- und Anzeichen sich nicht weiter zu einer Verwirklichung der Bedrohung auswachsen, ist Sinn und Zweck der hesiodeischen Bedrohungskommunikation. Man könnte auch sagen: Die Adressaten werden mittels der Bedrohungskommunikation dazu animiert, dieselbe Perspektive wie der Bedrohungskommunikator einzunehmen, weil sie die Dinge mit seinen Augen sehen müssen, um etwas zu erkennen, das zwar bislang nur er sieht, das jedoch im Endeffekt ein größeres Kollektiv betrifft.

---

[131] Vgl. dazu *Frie/Meier*, Bedrohte Ordnungen, 21; *Patzold*, Bedrohte Ordnungen, 52.

III. Die sechs Sinndimensionen von Bedrohungskommunikation in Hesiods *Erga*

1. Die sachliche Sinndimension

Die sachliche Sinndimension ist, zusammen mit der sozialen Sinndimension, zur Feststellung von Bedrohungskommunikation unabdingbar. Denn dass antike Texte unzählige Zeitreflexionen, Darstellungen von Emotionen, religiöse Überlegungen oder auch Anweisungen und Imperative aller Art enthalten, die auch in einem einzigen Text zusammenkommen können, ist nichts Ungewöhnliches. Erst jedoch, wenn ein Text deutliche Anzeichen dafür liefert, dass durch ihn eine Bedrohung kommuniziert werden soll, die bestimmte Menschen betrifft, erhalten Aussagen über Zeit, Gefühle, Religion oder Handlungsaufforderungen Relevanz und Mehrwert als Sinndimensionen von Bedrohungskommunikation. Nach Werner Schirmer betrifft die Sachdimension die „Fragen […], was bedroht ist, wodurch es bedroht ist und letztlich auch, was dagegen getan werden kann."[1] Während die Identifikation des bedrohten Objekts mit der Frage nach der oder den Bedrohungsquelle(n) schon im rein logischen Sinne aufs Engste verbunden ist und sich deswegen eine zusammenschauende Analyse dieser beiden Aspekte geradezu aufdrängt, wird der gesamte Komplex der Handlungsempfehlungen, den Schirmer ebenfalls der Sachdimension zuordnet, im vorliegenden Modell in einen anderen Zusammenhang gestellt. Handlungsaufrufe des Bedrohungskommunikators sind zweifelsohne ebenfalls aufschlussreich, um zu eruieren, was genau als bedroht gedeutet und kommuniziert wird, da aus ihnen Rückschlüsse über das Bedrohungsszenario gezogen werden können. Jedoch empfiehlt es sich aus Gründen der feineren Differenzierung, die Handlungsanweisungen als eine separate Sinndimension der Bedrohungskommunikation anzusehen (paränetische Sinndimension). Unabhängig davon, welche Schritte zur Bewältigung bzw. Abwendung der Bedrohung vorgeschlagen werden, besitzt das Konstatieren der Bedrohung zunächst einen Eigenwert, den es bei der wissenschaftlichen Erforschung zu berücksichtigen gilt. Für die Identifikation, Deskription, Ana-

[1] *Schirmer*, Bedrohungskommunikation, 103.

lyse und Interpretation literarischer Bedrohungskommunikation ergibt sich hinsichtlich der sachlichen Sinndimension also, dass in den jeweils zu untersuchenden Texten Antworten auf die Fragen gesucht werden, was als bedroht kommuniziert wird und wer oder was als Bedrohungsquelle gedeutet wird. Da es sich bei den kommunizierten Bedrohungen, die hier von Interesse sind, um solche der Polisgemeinschaft und damit um Bedrohungen mit überindividuellem Ausmaß handelt, gewähren die Antworten auf diese Fragen immer auch Einblicke in die konstitutiven Elemente einer sozialen Ordnung, wie der Bedrohungskommunikator sie imaginiert. Denn gerade in Momenten oder Phasen existentieller Bedrohungen kommt zum Vorschein, was Bedrohungskommunikatoren als essentiell für ein funktionierendes Zusammenleben in der sozialen Gemeinschaft erachten. Dabei ergeben sich auch immer enge sachliche Bezüge zur religiösen Sinndimension, weil die soziopolitischen Ordnungsvorstellungen des frühen Griechentums untrennbar mit religiös-theologischen Bedeutungszuschreibungen verknüpft sind. Wenn auch aus Gründen einer differenzierten Analyse hier die sachliche ohne die religiöse Sinndimension ausgeleuchtet wird, vermittelt erst die Zusammenschau dieser beiden Sinndimensionen einen Gesamteindruck von der Bedeutung, welche die Bedrohung für den Bedrohungskommunikator im konkreten Fall Hesiods besitzt.

1.1 Die Bedrohung der gesellschaftlichen Ordnung

Müsste eine konzise Antwort auf die Frage gegeben werden, was oder wen Hesiod in seinen *Werken und Tagen* als bedroht deutet und kommuniziert, so könnte sie lauten: die von Zeus gegebene Ordnung der menschlichen Gesellschaft. Einen lebhaften Eindruck von dieser inhaltlichen Konkretisierung der Bedrohung vermittelt die folgende Textauswahl:

> Μηκέτ' ἔπειτ' ὤφελλον ἐγὼ πέμπτοισι μετεῖναι
> ἀνδράσιν, ἀλλ' ἢ πρόσθε θανεῖν ἢ ἔπειτα γενέσθαι.
> νῦν γὰρ δὴ γένος ἐστὶ σιδήρεον· οὐδέ ποτ' ἦμαρ
> παύσονται καμάτου καὶ ὀιζύος οὐδέ τι νύκτωρ
> τειρόμενοι· χαλεπὰς δὲ θεοὶ δώσουσι μερίμνας.
>
> Wenn ich doch künftig nicht mehr unter den fünften Menschen leben müsste,
> Sondern entweder vorher gestorben oder nachher geboren worden wäre!
> Denn jetzt ist die Generation wahrlich aus Eisen. Niemals werden sie tagsüber
> Von Mühe und Elend ausruhen und auch nachts wird ihr Aufgerieben-Werden
> Nicht enden. Beschwerliche Sorgen aber werden ihnen die Götter verschaffen. (Hes. *Op*. 174–178)

– – –

τῆς δὲ Δίκης ῥόθος ἑλκομένης ᾗ κ' ἄνδρες ἄγωσι
δωροφάγοι, σκολιῇς δὲ δίκῃς κρίνωσι θέμιστας·
ἣ δ' ἕπεται κλαίουσα πόλιν καὶ ἤθεα λαῶν,
ἠέρα ἑσσαμένη, κακὸν ἀνθρώποισι φέρουσα
οἵ τέ μιν ἐξελάσωσι καὶ οὐκ ἰθεῖαν ἔνειμαν.

Wenn Dike fortgezerrt wird, entsteht ein Murren, wohin auch immer Männer sie führen,
Gabenfressende, die ihre Urteile durch Rechtskrümmung fällen.
Sie jedoch folgt, wobei sie die Stadt und Wohnsitze der Völker beweint und,
In Nebel gehüllt, den Menschen ein Übel bringt,
Die sie ausgestoßen und nicht richtig zugeteilt haben. (Hes. *Op*. 220–224)

– – –

νῦν δὴ ἐγὼ μήτ' αὐτὸς ἐν ἀνθρώποισι δίκαιος
εἴην μήτ' ἐμὸς υἱός, ἐπεὶ κακὸν ἄνδρα δίκαιον
ἔμμεναι, εἰ μείζω γε δίκην ἀδικώτερος ἕξει.
ἀλλὰ τά γ' οὔπω ἔολπα τελεῖν Δία μητιόεντα.
Ὦ Πέρση, σὺ δὲ ταῦτα μετὰ φρεσὶ βάλλεο σῇσι
καί νυ δίκης ἐπάκουε, βίης δ' ἐπιλήθεο πάμπαν.
τόνδε γὰρ ἀνθρώποισι νόμον διέταξε Κρονίων,
ἰχθύσι μὲν καὶ θηρσὶ καὶ οἰωνοῖς πετεηνοῖς
ἔσθειν ἀλλήλους, ἐπεὶ οὐ δίκη ἐστὶ μετ' αὐτοῖς·
ἀνθρώποισι δ' ἔδωκε δίκην, ἣ πολλὸν ἀρίστη
γίνεται· […].

Jetzt möchte weder ich selbst unter den Menschen gerecht
Sein noch mein Sohn, da es ein Übel ist, ein gerechter Mann
Zu sein, wenn der Ungerechtere mehr Recht bekommen wird!
Doch hoffe ich, dass der ratwissende Zeus dies keineswegs zustande kommen lässt.
Perses! Nimm Du Dir dies zu Herzen
Und höre jetzt auf Gerechtigkeit, vergiss ganz und gar Gewalt.
Diese Regel nämlich hat für die Menschen der Kronos-Sohn angeordnet:
Für Fische, wilde Tiere und geflügelte Vögel [gilt],
Dass sie sich gegenseitig fressen, weil kein Sinn für Gerechtigkeit unter ihnen ist.
Den Menschen jedoch gab er einen Sinn für Gerechtigkeit, der bei weitem
Am besten ist. […] (Hes. *Op*. 270–280)

Wie aus diesen vermischten Zeilen und insbesondere aus dem letzten Text hervorgeht, zeichnet sich für Hesiod menschliche Gesellschaft in einem umfassenden Sinne durch universale, auf Einrichtung des Zeus zurückgehende Charakteristika und Werte aus. Diese sind seiner Auffassung nach jenseits der Spezifika konkreter sozialer Gemeinschaften grundsätzlich anfällig für Bedrohungen durch menschliches Fehlverhalten, das seinerseits mit göttlichen Strafen rechnen muss. Dabei dokumentiert der hesiodeische Text bis Vers 382 insgesamt, dass für Hesiod die von Zeus gegebene Gesellschaftsordnung in ihrer Relevanz und Bedeutung erst durch die konkrete, vom eigenen Bruder Perses und den Königen bewirkte Bedrohung sowie durch die eigene Betroffenheit in einem umfassenden Sinne sichtbar wird. Ein *vollumfängliches* Sichtbarwerden der Bedeutsamkeit der von Zeus gegebenen Ordnung ist deshalb anzunehmen, weil Hesiod, wie sein Gedicht über die Entstehung der Götter beweist, schon vor der Abfassung der *Erga* grundlegende Parameter jener Ordnung reflektierte, die sich aus der Zeusherrschaft für menschliches Zusammenleben ergeben: Wenn in der *Theogonie* Εὐνομίη, d. h. das „In-rechter-Ordnung-sein des Einzellebens wie auch der Polis"[2] sowie Δίκη (Recht) und Εἰρήνη (Frieden) als Zeus-Töchter eingeführt werden, die der Göttervater mit Themis gezeugt hat – einer Göttin, in deren „Wesen […] das Ordnende und Geordnete, ‚die Ordnung' erscheint"[3] – dann zeigt dies: Zeus wird als der Stifter einer geordneten und gelingenden Konvivenz unter den Menschen imaginiert, und zwar auch und gerade im Hinblick auf das Zusammenleben im Kontext der Polis.[4] Erst in jenem Moment jedoch, in dem Menschen mit diesen Stiftungen des Zeus brechen, wird ihre Signifikanz in vollem Umfang sichtbar, und genau darin liegt letztlich der Grund für die Abfassung der *Erga*. Obwohl die Beschaffenheit der von Hesiod als bedroht kommunizierten Ordnung „nicht aus der Beobachtung der Realität gewonnen" ist, obwohl der „Glaube" an sie vielmehr „aus der Absage an die Wirklichkeit" geboren zu sein scheint, wie sie sich im Eisernen Zeitalter darstellt,[5] wäre es doch gerade vor dem Hintergrund des soeben skizzierten Zeusbildes der *Theogonie* zu weit gegriffen, den hesiodeischen Entwurf der Zeus-Ordnung in den *Erga* als ein ad-hoc-Konstrukt zu deuten, das gänzlich durch die Bedrohung bedingt sei. Selbstverständlich ist Bedrohungskommunikation in soziopolitischen Zusammenhängen immer auch Ordnungskommunikation, da sich der Bedrohungskommunikator im Akt seiner Kommunikation auch über die gesellschaftlich geltenden sowie seine eigenen Ordnungsvorstellungen klarwerden muss. Doch damit Gesellschaftsordnungen überhaupt bedroht

---

[2] *Wolf*, Griechisches Rechtsdenken, 65.

[3] *Wolf*, Griechisches Rechtsdenken, 29–30, hier 29; zu Themis als Mutter der Εὐνομίη, Δίκη und Εἰρήνη siehe Hes. *Th.* 901–903.

[4] Vgl. *Karl-Joachim Hölkeskamp*, (In-)Schrift und Monument. Zum Begriff des Gesetzes im archaischen und klassischen Griechenland, in: Zeitschrift für Papyrologie und Epigraphik 132, 2000, 73–96, hier 76, der, wenngleich ohne explizit auf Hesiod zu rekurrieren, darauf hinweist, dass der Begriff εὐνομία aufgrund seines Bezugs zum archaischen νόμος-Konzept schon früh eine „genuin ‚politische' Dimension" angenommen haben „könnte", wie sie dann bei Sol. *frg.* 4 West evident sei. Konkret markiert εὐνομία für Hölkeskamp das „Zusammenfließen von Recht, rechtlichen Regeln und Verfahren der friedlichen Streitschlichtung und Herstellung von Konsens in einer allgemein anerkannten und in sich ruhenden ‚Ordnung' des Gemeinwesens" (ebd.).

[5] So *Liebermann*, Hälfte, 388 (alle Zitate).

werden können, müssen sie bereits vor der Bedrohung existieren, und zwar im Denken und Handeln von Menschen.

Die Charakteristika menschlichen Zusammenlebens sind bei Hesiod mit einem facettenreichen Rechtsdenken verbunden, das im frühgriechischen Denken zwar auch im Umkreis Hesiods virulent ist, jedoch erst bei ihm mit einer deutlichen Tendenz zu Reflexion und Abstraktion entfaltet wird.[6] In einem allgemeinen Sinne umfasst die Vorstellung des Rechts in der griechischen Archaik „die gesamte auf Herkommen ruhende und darum als göttlich empfundene Ordnung des Lebens, in deren Grenzen sich menschliches Handeln bewegt, Sitte und Brauch ebenso wie den davon noch nicht geschiedenen Bezirk des Rechts."[7] Die Ordnung der menschlichen Gesellschaft kann vor diesem Hintergrund und v.a. mit Blick auf Hesiod konkret verstanden werden als das Gefüge all jener Werte sowie moralischen, soziopolitischen und rechtlichen Elemente,[8] die aufgrund ihrer Verankerung in der göttlichen Weltordnung und ihrer für Menschen bewährten und damit handlungsleitenden Relevanz gelingende Konvivenz in der Polis ermöglichen. Im Sprachgebrauch der *Erga* ist es v.a. das an Bedeutungsschattierungen reiche Wort „Dike" in Klein- und Großschreibung (δίκη bzw. Δίκη), das die zentralen Elemente umfasst, die aus Hesiods Sicht in einem normativen Sinne ordnungskonstitutiv für das Gemeinwesen, aber auch anfällig für Bedrohungen sind.[9] In dem dritten Text der obigen Auswahl, einem der programmatischsten

---

[6] Vgl. *Erler*, Recht, 13, demzufolge Hesiod in den *Erga* „einen ‚abstrakten Begriff' des Rechtes zu bestimmen versucht". Der hohe Abstraktionsgrad hesiodeischen Denkens lässt sich auch an der Verwendung zahlreicher anderer Abstrakta ablesen; siehe dazu die Auflistung und Diskussion bei *Blusch*, Formen und Inhalt, 45–53.

[7] *Kurt Latte*, Der Rechtsgedanke im archaischen Griechentum, in: Antike und Abendland 2, 1946, 63–76, hier 63.

[8] Die Definition des Ordnungsbegriffs als „Gefüge von Elementen" ist durch *Kather*, Art. Ordnung, 632 inspiriert.

[9] Dass δίκη neben der gerichtlichen auch eine moralische Komponente umfasst, vertrete ich z.B. mit *Fränkel*, Dichtung und Philosophie, 145 Anm. 32; *Matthew W. Dickie*, Dike as a Moral Term in Homer and Hesiod, in: Classical Philology 73, 1978, 91–101; *Edgar F. Beall*, Hesiod's Treatise on Justice: *Works and Days* 109–380, in: The Classical Journal 101, 2005/2006, 161–182, hier 176–177; *Vergados*, Defining ΔΙΚΗ, 368–369. Diese Deutung ist in der Forschung umstritten. Es war v.a. Michael Gagarin, der in einflussreichen Arbeiten die moralische Bedeutung von δίκη in Zweifel gezogen hat; siehe dazu im Einzelnen *Michael Gagarin*, Dike in the *Works and Days*, in: Classical Philology 68, 1973 81–94; *Ders.*, Hesiod's Dispute, 106; *Ders.*, Dike in Archaic Greek Thought, in: Classical Philology 69, 1974, 186–197, hier 197. Wie *Dickie*, Dike as a Moral Term, passim, gezeigt hat, sind seine Schlussfolgerungen allerdings nicht zwingend. Eine ähnliche Diskussion über die moralischen Implikationen von δίκη gibt es auch in der Homer-Forschung; siehe dazu die Überblicke bei *Erler*, Recht, 10–11 und *Constantinos Antypas*, Dike in a Pre-Polis Society: The Evidence from Homeric Epic, in: Menelaos Christopoulos/Machi Païzi-Apostolopoulou (Hrsg.), Crime and Punishment in Homeric and Archaic Epic, Ithaka 2014, 39–45, hier 39–40.

Abschnitte des ganzen Gedichts, heißt es folglich auch, es sei die von Zeus gegebene δίκη bzw. Δίκη, die menschliches Zusammenleben von jenem der Tiere unterscheiden solle. Der für das Tierreich geltende Nomos des Fressens und Gefressenwerdens, der drastisch das Schädigen Anderer aus Eigennutz und Überlebenswillen als Resultat eines göttlich sanktionierten „Naturgesetzes“[10] vor Augen führt, kann also in menschlicher Gesellschaft überwunden werden – unter der Bedingung freilich, dass Menschen von Gewalt gegen Mitmenschen, Ungerechtigkeit, Meineid und Lüge ablassen.[11]

Dass δίκη bzw. Δίκη zu einem der Schlüsselbegriffe des ganzen Gedichts und damit auch zu einem Schlüsselbegriff der Bedrohungskommunikation Hesiods werden konnte, liegt sicherlich im schwelenden Rechtsstreit mit dem Bruder begründet, der in der Sprechergegenwart – so wird es dem Hörer bzw. Rezipienten suggeriert – noch anhält. Die Rechtsterminologie ist in den *Werken und Tagen* prominent, und bevor die anderen gesellschaftlichen Ordnungselemente beleuchtet werden, die für die hesiodeische Bedrohungskommunikation einschlägig sind und v.a. den Bereich der Moral betreffen, soll hier ein Überblick über die Bedeutungen von δίκη gegeben werden. Δίκη kann im Kontext der Rechtsprechung je nach Verwendung im Singular oder Plural Unterschiedliches bezeichnen, wobei sich in einigen Versen manche der folgenden Bedeutungen auch überlappen können:[12]

1. „Rechtsspruch“, „Urteil“ bzw. „richterliche Entscheidung“, meist im Plural, aber auch im Singular. Urteile werden in der von Hesiod dargestellten Gesellschaft von aristokratischen Richtern, also den „Königen“, im Zuge eines Rechtsverfahrens zur Streitschlichtung gefällt,[13] wobei teilweise auch das „Recht“ bzw. die „Gerechtigkeit“ im Sinne des hinter den richterlichen Entscheidungen stehenden Prinzips der Gerechtigkeit gemeint sein kann.[14] Die Verwendung von δίκη in dieser Bedeutung zeigt zweierlei: Erstens hat es zu Hesiods Zeiten derartige Streitschlichtungsprozesse gegeben, und zweitens

[10] *Hölkeskamp*, (In-)Schrift, 76.

[11] Zur näheren Diskussion dieses Passus siehe Kap. III.5.3.2.

[12] Zur folgenden Übersicht vgl. *Hoffmann*, Ethische Terminologie, 106; *Wolf*, Griechisches Rechtsdenken, 130–150; *Claus*, Defining Moral Terms, 73–78; *Schmidt*, Adressat und Paraineseform, 125–135; *Martin Schmidt*, Art. δίκη, in: Lexikon des frühgriechischen Epos 2, 1991, 302–305; *Uwe Herrmann*, Anthropos Deinos. Zur Rolle der Gewalt in der griechischen Archaik im Spiegel der epischen und lyrischen Dichtung, (Antike Kultur und Geschichte 15), Berlin/Münster 2014, 315–336; *Vergados*, Defining ΔΙΚΗ, passim; *Golla*, Hesiods *Erga*, 108–110. Zur Göttin Dike in der frühgriechischen Literatur sowie zu ihrer Bedeutung im Rahmen des frühgriechischen Rechtsdenkens siehe die eingehende Untersuchung von *Rudolf Hirzel*, Themis, Dike und Verwandtes. Ein Beitrag zur Geschichte der Rechtsidee bei den Griechen, Leipzig 1907, 56–227 sowie *Wolf*, Griechisches Rechtsdenken, 34–45.

[13] Hes. *Op*. 219, 225, 250, 254, 262, 272.

[14] Hes. *Op*. 36, 124, 254; vgl. Hes. *Th*. 86; *Diller*, Hesiod und die Anfänge, 149.

verbindet Hesiod mit dieser gängigen Praxis an sich noch nichts Bedrohliches, solange Gerechtigkeit obwaltet.

2. „Recht" im Sinne des von Zeus stammenden „Ordnungsprinzip[s]"[15] menschlicher Gemeinschaft überhaupt.[16] Diese Verwendung von δίκη bzw. Δίκη im Singular verweist auf die transzendente Verankerung der Gesellschaftsordnung im Bereich des Göttlichen und lässt erahnen, wie weitreichend Hesiod die Konsequenzen von ungerechtem Handeln denkt. Denn Ungerechtigkeit wird dadurch als ein Störfaktor imaginiert, der nicht auf den zwischenmenschlichen Bereich beschränkt bleibt.

3. „Ausgleichendes Recht" im Sinne von „Vergeltung", „Genugtuung", „Buße" oder „Strafe". Dazu zählen neben dem menschlichen Prozessgeschehen ausdrücklich auch göttliche Strafen, mit denen nicht nur individuelles, sondern auch kollektives Fehlverhalten geahndet wird.[17]

4. „Gerichtsprozess", in dem eine Einigung streitender Parteien herbeigeführt werden soll, und zwar solcher Art, wie ihn z. B. Hesiod selbst mit seinem Bruder austrägt.[18] Dabei ist zu bedenken: Nicht die zwischenmenschlichen Streitigkeiten, die ein Verfahren bedingen, sind das eigentliche Problem für die Ordnung der Gesellschaft, sondern Gerechtigkeitsmängel beim richterlichen Urteilen.

5. Die Zeustochter „Dike",[19] die als Personifikation des Rechts bzw. der Rechtsidee eingeführt wird und als „Ordnerin der Gemeinschaft unter den Menschen"[20] fungiert. Dike verkörpert die Einbindung menschlicher Rechtsprechung in die göttliche Weltordnung, insofern Hesiod die Praxis des Rechtsprechens als gutes oder schlechtes Behandeln von Dike selbst deutet.[21] In diesem Sinne bekommt die Göttin jegliches Unrecht sofort zu spüren und sorgt im Einklang mit ihrem Vater Zeus für die Wahrung göttlicher Rechtsstandards auf Erden. Denn „ihr Wesen ist es, nicht nur ‚ordnende Ordnung' zu sein, sondern auch ‚geordnete Ordnung'."[22]

In dem namenlos belassenen Gemeinwesen, das Hesiod in seinem Text thematisiert und konstruiert, waren, wie in anderen griechischen Städten der archaischen Zeit auch, schiedsgerichtlich relevante Streitigkeiten (νεῖκος bzw. νείκεα), die auf dem Marktplatz öffentlich verhandelt wurden, keine

---

15 *Schmidt*, Art. δίκη, 304; ähnlich *Kerschensteiner*, Aufbau, 179: „Dike als [...] tragende[...] Ordnung des Menschenlebens".

16 Hes. *Op*. 9, 192, 213, 275, 278–279, 283.

17 Hes. *Op*. 239, 712, vielleicht auch 272.

18 Hes. *Op*. 39.

19 Hes. *Op*. 213, 220, 222–224, 256, 275, 283.

20 *Wolf*, Griechisches Rechtsdenken, 39.

21 Vgl. dazu Hes. *Op*. 213–224 sowie Kap. III.5.3.2.

22 *Wolf*, Griechisches Rechtsdenken, 40.

Seltenheit.[23] Ein zumindest für den Umkreis hesiodeischer Dichtung repräsentatives Bild für Gerichtsverhandlungen auf der Agora bietet die homerische Schildbeschreibung, wo u. a. die öffentliche Entscheidung eines νεῖκος in der πόλις als Charakteristikum einer Stadt genannt und beschrieben wird.[24] Hesiod ist in ausreichendem Maße Realist, diese Rechtspraxis sowie ihre Ursachen als Fakten menschlichen Zusammenlebens grundsätzlich anzuerkennen und hinzunehmen. Er lässt es sich jedoch unter dem Eindruck seiner eigenen Negativerfahrungen mit dem Bruder nicht nehmen davor zu warnen, sich von der Göttin des Streits (Ἔρις) verleiten und Konflikte prinzipiell durch Gerichtsprozesse klären zu lassen.[25] Folglich wird im ersten Teil der *Erga* bis Vers 382 ein düsteres Bild der praktizierten und historisch belegbaren Rechtsprechung entworfen, die als eine für Amtsmissbrauch anfällige Schwachstelle der Gesellschaft erscheint. Die These, derzufolge Hesiod „[t]rotz der zum Teil scharfen Kritik“ in den *Erga* „insgesamt [...] kein negatives Bild“ der gesellschaftlichen „Zustände[...]“ präsentiere,[26] trifft meines Erachtens nicht zu: Die Evozierung des Zeus als Garanten von Gerechtigkeit schlechthin, die intensive Bezugnahme auf göttliche Instanzen als Beobachter menschlicher Rechtsprechung sowie die In-Aussicht-Stellung göttlicher Bestrafung menschlichen Unrechts zeigen deutlich,[27] welches Misstrauen Hesiod seinen Zeitgenossen im Eisernen Zeitalter mit Blick auf deren Umgang mit der göttlich geschützten Rechtsordnung entgegenbringt. Dieser Vertrauensverlust seitens Hesiods signalisiert, dass er eine gelingende Konvivenz zunehmend infrage gestellt sieht.

Schon im hymnisch gestalteten Proömium und damit gleich zu Beginn der *Erga* fleht Hesiod Zeus an, er möge doch „durch das Recht die Rechtsentscheide begradigen“ (δίκῃ δ’ ἴθυνε θέμιστας).[28] Mit dieser Bitte konstatiert der Bedrohungskommunikator eine bedrohliche, mit der Metapher des Begradigens zum Ausdruck gebrachte Dissonanz zwischen dem göttlichen Recht und seiner Entsprechung bzw. Umsetzung im menschlichen Bereich.

---

[23] Hes. *Op.* 27–34; Hes. *Th.* 84–92; *Bonner/Smith*, Administration, 44–45.

[24] Hom. *Il.* 18,497–508, bes. die Verse 490 (πόλις) und 497 (νεῖκος); dazu *Hirzel*, Themis, 69–71; *Antypas*, Dike in a Pre-Polis Society, 43.

[25] Hes. *Op.* 27–34.

[26] So *Itgenshorst*, Denker und Gemeinschaft, 161.

[27] Zu den genannten Aspekten siehe *Diller*, Hesiod und die Anfänge, 147–148 unter Berufung auf Hes. *Op.* 252–269; *Østerud*, Individuality, 17–18; *Wolfgang Laumann*, Die Gerechtigkeit der Götter in der *Odyssee*, bei Hesiod und bei den Lyrikern, (Altertumswissenschaften 7), Rheinfelden 1988, 47–49; *Raaflaub*, Anfänge des politischen Denkens, 20; *Ottmann*, Geschichte, 39; *Clay*, Works and Days, 72–73, 82–84. Zum gerechten Handeln des Zeus in der altgriechischen Literatur siehe auch insgesamt *Hugh Lloyd-Jones*, The Justice of Zeus, (Sather classical lectures 41), Berkeley u. a. 1971.

[28] Hes. *Op.* 9.

Diese Bildersprache transportiert eine starke emotionale Abwertung gegenüber einer ‚krummen' Rechtsprechung, die Hesiod in seiner zeitgenössischen Gesellschaft gegeben sieht und die letztlich als Resultat einer versuchten Abkoppelung des irdischen Rechts vom göttlichen Recht erklärt wird.[29] Da die θέμιστες in Hesiods Gesamtwerk zumeist von den Königen verkündet werden, deutet Hesiod bereits hier an, dass auf diese Rechtsprecher kein Verlass mehr ist.[30] Dies wird besonders deutlich durch einen Seitenblick auf das Proömium der *Theogonie*, wo es in idealisierendem Ausdruck und mit dem Anschein laudativer Intention heißt, dass das ganze Volk auf den König „schaut, wie er Rechtsentscheide fällt / durch gerades Recht."[31] Aus dieser vergleichenden Gegenüberstellung der literarischen Porträts der Könige in beiden Gedichten können zwei Schlüsse gezogen werden. Erstens, falls Hesiod das Königslob der *Theogonie* als poetische Abbildung eines faktischen Verhaltens intendiert hat, dass das Nachfolger-Gedicht Einblicke in eine veränderte Welt liefert, eine Welt nämlich, in welcher die höchsten richterlichen Instanzen ihre einstige Vertrauenswürdigkeit verloren haben. Zweitens, falls Hesiod das Königslob der *Theogonie* mehr im Sinne einer *captatio benevolentiae* ausgestaltet hat, dass die *Erga* nun unverhohlen auf Schattenseiten des Königshandelns eingehen, die immer potentiell vorhanden waren und durch die einstige *captatio benevolentiae* nur kaschiert wurden.[32] Im ersten Fall läge die Konstatierung eines drastischen sozialen Wandels vor, in letzterem lediglich eine zu erwartende, längst vorausgesehene Entwicklung. Hesiod dürfte wohl, diese Erklärung erscheint mir am wahrscheinlichsten, in der *Theogonie* das Ideal eines Königtums beschrieben haben, das Zeus und den Musen wohlgefällig ist und das für eine Form der Rechtlichkeit steht, der die Könige in den *Erga* nicht (mehr) gerecht werden.[33] Das Zurückbleiben hinter diesem

[29] Siehe dazu Hes. *Op*. 219, 221, 250, 262, 264 und Kap. III.4.3.1.

[30] Vgl. Hes. *Th*. 85; Hes. *Op*. 221. Ein weiterer Beleg für θέμιστες findet sich in Hes. *Th*. 233–236, hier 235–236, wo es heißt, dass der „nicht lügende" (ἀψευδής), „wahrhaftige" (ἀληθής), „untrügliche" (νημερτής) und „milde" (ἤπιος) Meeresgott Nereus, dessen prophetische Gabe Hesiod an dieser Stelle hervorhebt (*West*, Hesiod, Theogony, 233–234), „die Rechtlichkeit / nicht außer Acht lässt, sondern Gerechtes und Mildes im Sinn hat" (οὐδὲ θεμίστων / λήθεται, ἀλλὰ δίκαια καὶ ἤπια δήνεα οἶδεν).

[31] Hes. *Th*. 81–93, hier 86.

[32] Zur Ansicht, das Königslob der *Theogonie* sei als eine *captatio benevolentiae* vor im Publikum anwesenden Königen zu verstehen, siehe die implizite Andeutung bei *West*, Hesiod, Theogony, 44 sowie die kurze Diskussion bei *Itgenshorst*, Denker und Gemeinschaft, 166 Anm. 44.

[33] Ähnlich *Rose*, Class in Archaic Greece, 180–181; *Itgenshorst*, Denker und Gemeinschaft, 166 Anm. 44. Zur gedanklich komplexen Königspassage des *Theogonie*-Proömiums siehe *Kathryn B. Stoddard*, The Programmatic Message of the „Kings and Singers" Passage: Hesiod, *Theogony* 80–103, in: Transactions of the American Philological Association 133, 2003, 1–16;

Ideal der Rechtlichkeit deutet der Dichter als gravierende Bedrohung gesellschaftlicher Ordnung.

In seiner Gegenwart sieht Hesiod ferner die Gefahr falscher Zeugenaussagen, die absichtlich gemacht und mit einem Meineid besiegelt werden.[34] Falls die Verse 371–372, in denen dazu geraten wird, selbst bei einer Auseinandersetzung mit dem eigenen Bruder einen Zeugen hinzuzuziehen, authentisch sein sollten, läge ein weiterer Beleg für Hesiods Bedrohungsbewusstsein im Rechtskontext vor. Dabei könnte Hesiod im Falle der Echtheit implizieren, dass die Aufteilung des väterlichen Erbes zwischen ihm und Perses seinerzeit ohne Zeugen vorgenommen wurde: „Selbst beim eigenen Bruder zieh mit einem Lächeln einen Zeugen hinzu. / Denn Vertrauensseligkeit (πίστεις) hat ebenso wie Misstrauen (ἀπιστίαι) schon Menschen zugrunde gerichtet."[35] Die beiden Verse bezeugen eine große Verunsicherung im Umgang mit Menschen, und zwar auch mit jenen, die zur eigenen Familie gehören. Diese Stimmung einer auf Vertrauensbruch basierenden Unsicherheit gegenüber der Vertrauenswürdigkeit anderer Menschen passt im inhaltlichen Sinne zweifellos zur ersten Gedichthälfte der *Erga*, selbst wenn die Verse 371–372 unecht sein sollten: Zerbrochene Beziehungen zwischen Familienmitgliedern, darunter Bruderbeziehungen, werden in dem sicher authentischen Szenario der nahen Zukunft des Eisernen Zeitalters[36] erwartet, einem düsterprophetisch anmutenden Text, in dem der Bedrohungskommunikator zudem davon ausgeht, dass künftig jeglicher Sinn für Eidtreue, Gerechtigkeit, das Gute und wahrheitsgetreue Zeugenaussagen abhanden kommen wird – mit der Konsequenz, dass die Ausrichtung menschlichen Rechts an der göttlichen Ordnung durch das Faustrecht ersetzt werden wird.[37]

Norbert Blößner, Hesiod und die ‚Könige'. Zu ‚Theogonie' 79–103, in: Mnemosyne 58, 2005, 23–45.

[34] Hes. *Op*. 282–283.

[35] Hes. *Op*. 371–372; siehe *Willem J. Verdenius*, A Commentary on Hesiod *Works and Days*, vv. 1–382, Leiden 1985, 177. Die Möglichkeit einer autobiographischen Anspielung, die freilich nicht zwingend ist, hängt von der Echtheit der Verse ab. Die späte handschriftliche Bezeugung der Partie Hes. *Op*. 370–372 spricht zwar eher gegen die Authentizität, und auch die jetzige Platzierung im Kontext scheint unangemessen. Jedoch ist eine Verwerfung der Verse trotzdem nicht mit letzter Sicherheit gerechtfertigt; siehe dazu die Diskussionen bei *Wilamowitz-Moellendorff*, Hesiodos, 84–85; *West*, Hesiod, Works and Days, 249–250; *Verdenius*, Commentary, 176–177; *Canevaro*, Hesiod's *Works and Days*, 46–47. Da die Authentizität weder bewiesen noch gänzlich abgestritten werden kann, sind die Verse im Hinblick auf die vorliegende Thematik nur unter Vorbehalt als Beweismaterial anzusehen. Dies gilt auch für Rückschlüsse auf die historische Rechtspraxis der Hinzuziehung von Zeugen zur Zeit Hesiods (gegen *Bonner/Smith*, Administration, 44, die die textkritischen Probleme der Passage ausblenden).

[36] Siehe Hes. *Op*. 174–201, hier 182–188.

[37] Hes. *Op*. 189–192; siehe dazu Kap. III.3.1.

Wie aus den bisherigen Ausführungen deutlich geworden sein dürfte, ist Hesiod nicht nur an Rechtsbrüchen und am äußerlichen Verfahren der Rechtsprechung in der Polis interessiert. Es geht ihm vielmehr auch um jene moralische Verrohung der Gesellschaft, die aus seiner Sicht Rechtsprobleme zuallererst herbeiführt. Wie in der Forschung verschiedentlich bemerkt wurde, ist Hesiod der „Dichter, der zum erstenmal ein tiefgründiges soziales und ethisches Thema anschlug".[38] Dieser Hinweis auf den hohen Stellenwert des Sozialen und Ethischen im *Erga*-Gedicht zeigt nicht nur den gedanklichen Horizont auf, in dem die Bedrohungskommunikation Hesiods zu verorten ist, sondern auch zwei wichtige Synthesen, die den Kern der sachlichen Sinndimension ausmachen: die Synthese des Individuellen und Kollektiven sowie die des Rechtlich-Politischen und Moralischen. Damit ist erstens gemeint, dass der Einzelne gemäß Hesiods Ansicht grundsätzlich mit dem Gemeinwesen, in dem er lebt, aufs Engste verbunden ist, und zwar in dem Sinne, dass sein Verhalten stets Konsequenzen für die ganze soziale Gemeinschaft hat.[39] Zweitens ist impliziert, dass zur Ermöglichung von Konvivenz in einem Gemeinwesen nicht nur politische Führung und Rechtsprechung vonnöten sind, sondern in göttlicher Anordnung wurzelnde sittliche Maßstäbe, die der Rechtsprechung vorausgehen und diese bedingen. Wenn man so will, stellt die Bedrohungskommunikation Hesiods eine Präfiguration jener Frage dar, die später Horaz in eine seiner *Oden* einfließen ließ: *quid leges sine moribus / vanae proficiunt* [...]? – „Was nützen Gesetze, die doch ohne Moral nichtig sind?"[40] Obwohl oder auch gerade weil zu Hesiods Zeiten eine normative Gesetzgebung noch nicht schriftlich fixiert war[41] und „das nomologische Wissen zuweilen nur in der konkreten Anwendung auf einen Fall, ein Problem, einen Konflikt überhaupt Gestalt annehmen"[42] konnte, nimmt der Gedanke eines Konnexes zwischen Moral und Rechtsgefühl in den *Werken und Tagen* eine zentrale Stellung ein.[43]

Die Bedrohung der moralischen Komponente der von Zeus gegebenen Ordnung der menschlichen Gesellschaft wird besonders an zwei Textstücken deutlich. Das erste ist in einem Katalog vermischter Weisungen an Perses

---

[38] *Rzach*, Art. Hesiodos, 1180.

[39] *Bonner/Smith*, Administration, 51.

[40] Hor. *Carm.* 3,24,35–36.

[41] *Karl-Wilhelm Welwei*, Die griechische Polis. Verfassung und Gesellschaft in archaischer und klassischer Zeit, Stuttgart 1983, 72; *Dornum*, The Straight and the Crooked, 1505; *Zhang*, The Poet as Educator, 6; *Herrmann*, Anthropos, 330.

[42] *Hölkeskamp*, (In-)Schrift, 90.

[43] *Hoffmann*, Ethische Terminologie, 120; *Nussbaum*, Labour and Status, 217; *Claus*, Defining Moral Terms, 73–78, 84; *Liebermann*, Hälfte, 389, 406–407; *Sullivan*, Psychic Term, 78; *Erbse*, Rechtsgedanke, 15–16; *Beall*, Hesiod's Treatise on Justice, 176–177; *Bartlett*, Introduction, 178. Zu Hesiod als „Ethiker" siehe auch *Jaeger*, Paideia, 100.

situiert. Hesiod formuliert hier sehr allgemein, dass jeder mit einer Bestrafung durch Zeus rechnen müsse, der Schutzsuchenden und Fremden Übel antut, der Geschlechtsverkehr mit der Frau seines Bruders hat, der sich gegen Waise vergeht und der seinen greisen Vater beschimpft.[44] Hesiod bezeichnet derartige verfehlte Formen des zwischenmenschlichen Umgangs ausdrücklich als „ungerechte Taten" (ἔργα ἄδικα).[45] Unrecht ist damit seiner Auffassung nach im Grunde ein falsches Verhalten gegenüber vertrauten und fremden Mitmenschen in einem sehr umfassenden Sinne, insonderheit gegenüber Schutzbedürftigen und Schwachen. Indem Hesiod vor einem derartigen Fehlverhalten warnt, macht er als Bedrohungskommunikator nicht nur die klare Aussage, dass solche Taten ordnungsgefährdend sind und ein Gemeinwesen von Innen heraus destabilisieren. Da er Perses dazu aufruft, sich für ein respektvolles Verhalten gegenüber Fremden und Familienmitgliedern zu entscheiden, sagt er vielmehr auch, dass Menschen die Möglichkeit zur Entscheidung gegeben ist, anders zu handeln. Die Motive, die zu einem respektvollen und damit ordnungsstabilisierenden Verhalten führen, sind allerdings moralischer Natur, denn sie liegen in der Anerkennung von δίκη „as an abstract notion (feeling) of justice through which the subject evaluates the moral significance of this action (or intended action)."[46]

Das zweite Textstück, das die Bedrohung der moralischen Komponente der von Zeus gegebenen Ordnung menschlicher Gesellschaft belegt, ist das Szenario der nahen Zukunft des Eisernen Zeitalters.[47] In diesem Text, der mit seiner drastischen Vision einer allgemeinen Verrohung der Sitten das bald eintretende Scheitern einer menschenwürdigen Konvivenz in der Polis erwartet, wird die im Faustrecht resultierende Verwerfung der δίκη durch gewaltbereite Menschen als ausschlaggebend für kriegerische Auseinandersetzungen und allerlei zwischenmenschliche Zwistigkeiten erachtet, und zwar nicht nur im Kontext von Gerichtsprozessen, wo Eide missachtet, Gerechtigkeit vergessen und Lügen als Mittel der Schädigung von Prozessgegnern verwendet werden.[48] Vielmehr sind es tiefgreifende Umwälzungen im Kleinen, Entfremdungen zwischen Vätern und Söhnen, zwischen Gastfreunden, zwischen Brüdern und zwischen Kindern und ihren greisen Eltern, die der Bedrohungskommunikator als Signum der nahen Zukunft in Aussicht stellt.[49] Durch die prophetische Ankündigung, dass kurz vor dem Eintritt einer all-

[44] Hes. *Op*. 327–335.
[45] Hes. *Op*. 336.
[46] *Vergados*, Defining ΔΙΚΗ, 369.
[47] Siehe dazu ausführlich Kap. III.3.1.
[48] Hes. *Op*. 189–194.
[49] Hes. *Op*. 182–187.

gemeinen Zerrüttung zwischenmenschlicher Verhältnisse Aidos (Αἰδώς) und Nemesis (Νέμεσις) die Menschheit verlassen werden,[50] fasst Hesiod vollends sein ethisches Anliegen zusammen. Es handelt sich hierbei nämlich um zwei wichtige Bestandteile menschlicher Moralität, die zwar schon bei Homer gemeinsam genannt werden,[51] erstmals jedoch bei Hesiod als Göttinnen erscheinen. Die Personifikation steigert die Bedeutung dieser für das menschliche Zusammenleben entscheidenden Werte. Es handelt sich bei diesen beiden divinisierten Abstrakta um „forces that inhibit wickedness, one working from inside, the other, public disapproval, from without."[52]

Die eher individuell zu verstehende αἰδώς meint grundsätzlich eine „Scheu", genauer gesagt eine „Scheu vor Frevel" und damit eine Art sittliches Schamgefühl, das von innen heraus falsches Handeln gegen Andere verurteilt.[53] Die Vergöttlichung dieses moralischen Leitsystems und inneren Freveldetektors zeigt klar an, dass Hesiod αἰδώς als ein im Göttlichen wurzelndes Element menschlicher Grundausstattung betrachtet, das von höchster gemeinschaftserhaltender Relevanz ist. Mit dem drohenden Verlust der damit assoziierten göttlichen Kraft, die zu moralischem Handeln anleitet, zeichnet Hesiod ein gesellschaftliches Szenario, in dem Menschen sich rücksichts- und reuelos gegenseitig schaden werden. Dass dieses Schädigen nicht nur vom Schädigenden selbst, sondern auch von anderen Menschen als akzeptabel angesehen werden wird, ist durch den Weggang der Νέμεσις angedeutet, die in der *Theogonie* als eine Tochter der Nacht eingeführt wird.[54] Dieses Wort bezeichnet die „Missbilligung", den „Unwillen", die „Empörung", den „Tadel" bzw. die „Strafe", die einem falsch Handelnden von anderen Menschen, also von außen, widerfährt.[55] Νέμεσις „dient dem einzelnen als Beurteilungsmaßstab, Verhaltenskorrektiv, indem sie ihn zu richtigem Tun ermuntert, von falschem Tun zurückhält."[56] Die Divinisierung bedeutet, dass die gegenseitige

[50] Hes. *Op.* 197–200. Ein weiterer Beleg für die gemeinsame Nennung von αἰδώς und νέμεσις (in Kleinschreibung) ist Hes. *frg.* 204,82 Merkelbach/West.

[51] Vgl. Hom. *Il.* 13,121–122. Später behandelt sie Aristoteles in enger Abfolge, siehe Arist. *Eth. Nic.* 1108a32–1108b16.

[52] *West*, Hesiod, Works and Days, 204; zum Verständnis von Aidos und Nemesis siehe auch *Bodo Gatz*, Weltalter, goldene Zeit und sinnverwandte Vorstellungen, (Spudasmata 16), Hildesheim 1967, 50–51.

[53] *Bruno Snell*, Art. αἰδώς, in: Lexikon des frühgriechischen Epos 1, 1979, 279–280; siehe auch *Hoffmann*, Ethische Terminologie, 111–112; *Herrmann*, Anthropos, 336–352.

[54] Hes. *Th.* 223–224.

[55] Dieses „Sich-Empören" (νεμεσᾶν) ist freilich nicht nur auf zwischenmenschliche Empörung beschränkt (vgl. Hes. *Op.* 303), sondern kann auch von Göttern ausgehen, siehe Hes. *Op.* 303, 741, 756.

[56] *Hans Wilhelm Nordheider*, Art. νέμεσις, Νέμεσις, in: Lexikon des frühgriechischen Epos 3, 2004, 317–319, hier 318; vgl. auch *Fränkel*, Dichtung und Philosophie, 134 und ausführlich *Herrmann*, Anthropos, 352–355.

Verhaltenskorrektur genauso wie die Selbstkorrektur im Göttlichen wurzelt. Die Grundlagen einer gelingenden Konvivenz, so lässt sich schlussfolgern, sind demnach göttlich verbürgt und gewollt. Mit dem drohenden Verlust der νέμεσις, die fremdes Fehlverhalten eindämmt, antizipiert Hesiod gesellschaftliche Zustände, in denen die Schädigung eines Menschen anderen Polisbewohnern gleichgültig erscheinen wird. Jenes menschliche Verhalten, das beide göttlichen Mächte aus der menschlichen Gemeinschaft verdrängen wird und dessen Auswirkungen Hesiod bereits in seiner Gegenwart als spürbar darstellt, ist folglich als ein die Grundlagen gelingender Konvivenz zerstörendes Verhalten zu erklären. Denn der Verzicht auf gegenseitigen Schaden aus Mutwillen heraus sowie der Respekt für alles, was einem gesunden Sozialgefüge in der Polis dienlich ist, wäre in Hesiods Logik das Resultat einer Anerkennung jener Werte, die den Menschen von den Göttern gegeben worden sind. Wie lässt sich aber nun das destruktive Verhalten genauer beschreiben, das laut dem Dichter der *Erga* die Grundfesten der Polis zum Wanken bringt?

1.2 Quellen der Bedrohung

Als ursächlich für die Bedrohung der von Zeus gestifteten Ordnung menschlicher Gesellschaft lassen sich in den *Werken und Tagen* einige von Hesiod problematisierte Verhaltensweisen dingfest machen, die als Bedrohungsquellen gedeutet werden können. Von grundlegender Relevanz ist dabei Hesiods anthropologische Überzeugung, wonach der Mensch als erkenntnis- und denkfähiges Wesen planvoll zu handeln vermag und sich für bestimmte Handlungsoptionen, seien sie gut oder schlecht, entscheiden kann.[57]

(1) Hybris, Gewalt und Unrecht. Das transgressive und mit dem Verdikt der Intentionalität versehene Verhalten, das gemäß Hesiod zur Bedrohung der Polis-Ordnung führt, lässt sich mit den drei inhaltlich eng verzahnten Begriffen der Hybris, Gewalt und des Unrechts am besten beschreiben. Diese werden zwar allesamt mit Perses und den Königen in Verbindung gebracht. Jedoch versteht sie Hesiod als allgemein menschliche Handlungsoptionen, die nicht auf diese speziellen Akteure beschränkt sind. Mit Hybris (ὕβρις) ist ein an Selbstüberschätzung krankendes und menschliche wie göttliche Normen überschreitendes Verhalten gemeint, das zumeist mit mutwilliger Gewalt und Brutalität einhergeht.[58] Bei Hesiod wird sie als eine Art Gegen-

[57] *Golla*, Hesiods *Erga*, 32–34, 142–145 (Belege für das Wortfeld νοῦς/νοεῖν in den *Erga*), 251.

[58] *Volker Langholf*, Art. ὕβρις, in: Lexikon des frühgriechischen Epos 4, 2010, 686–688; *Herrmann*, Anthropos, 69–80; siehe dazu auch *Wolf*, Griechisches Rechtsdenken, 50–52;

macht zu δίκη bzw. Δίκη entworfen, der sie jedoch im Grunde unterlegen ist.[59] Sie wird mit Gewalt- und Übeltaten in Kriegs- und Friedenszeiten in Verbindung gebracht,[60] und im Mythos von den fünf Zeitaltern gilt sie als Signum der gestörten sozialen Ordnung im Silbernen, Bronzenen und Eisernen Zeitalter, also letztlich auch in der Gegenwart Hesiods.[61] Außerdem weist der Bedrohungskommunikator auf ihren selbstzerstörerischen Charakter hin, der nicht nur ihre Opfer, sondern auch die Aggressoren selbst in Mitleidenschaft zieht, weil „Hybris schädlich für einen armen Sterblichen" ist.[62]

Gewalt (βίη) bildet neben der Hybris den zweiten großen Gegensatz zur Gerechtigkeit bei Hesiod[63] und bezieht sich in den *Erga* erstens konkret auf die als grausam und kriegerisch dargestellten Menschen des Bronzenen Zeitalters, wodurch sie im Rahmen des ‚Weltaltermythos' klar als Signum der moralischen Degeneration der Menschheit gewertet wird.[64] Sie markiert zweitens den Gegensatz zur von Zeus gegebenen δίκη bzw. Δίκη,[65] wodurch sie – ähnlich wie Hybris – mit dem Prädikat der Widergöttlichkeit belegt wird. Drittens verurteilt Hesiod gewaltsam erworbenen Reichtum,[66] womit er nicht nur die im Raub manifeste Rechtsvergessenheit der Gewalt illustriert, sondern wohl auch auf das Verhalten seines Bruders ihm gegenüber anspielen dürfte. Die Belege suggerieren, dass Hesiod ein Bedingungsverhältnis zwischen menschlicher Degeneration und einem intentional widergöttlichen Verhalten sieht. Dieser Gedanke ist wiederum im Hinblick auf die religiöse Sinndimension der Bedrohungskommunikation besonders wichtig.[67] Die Anprangerung eines ungerechten Verhaltens kehrt im ersten Teil der *Erga* regelmäßig wieder. Wie oben bei der Skizze jener ordnungskonstitutiven Elemente, welche die von Zeus gegebene Ordnung menschlicher Gesellschaft ausmachen, angedeutet

---

H. G. Robertson, The Hybristes in Homer, in: The Classical Journal 51, 1955, 81–83, hier 81: „[...] an aggressive self-assertiveness and a disregard of divine and human sanctions which imposed limits upon conduct, frequently aggravated by effrontery and insolence." Zum Hybris-Begriff bei Homer und Hesiod siehe ferner *Dickie*, Dike as a Moral Term, 99.

59 Hes. *Op*. 213–218; *Detienne*, Crise agraire, 29 spricht gar von Hybris als einer „kosmischen Macht" („une puissance cosmique"), die sich der göttlichen Macht Dike widersetze.

60 Hes. *Op*. 134–135, 145–146, 238.

61 Hes. *Op*. 134, 146, 191–192.

62 Hes. *Op*. 214; zur Hybris-Vorstellung bei Hesiod siehe ferner *Louis Gernet*, Recherches sur le développement de la pensée juridique et morale en Grèce, Paris 1917, 13–19.

63 *Hoffmann*, Ethische Terminologie, 107; *D. Herbert Abel*, Genealogies of Ethical Concepts from Hesiod to Bacchylides, in: Transactions and Proceedings of the American Philological Association 74, 1943, 92–101, hier 95. Zum Bedrohungspotential der βίη bei Hesiod siehe auch *Gagné*, Invisible Kin, 6–7.

64 Hes. *Op*. 148.

65 Hes. *Op*. 274–280, hier 275.

66 Hes. *Op*. 320–326, hier 321 (εἰ γάρ τις καὶ χερσὶ βίῃ μέγαν ὄλβον ἕληται).

67 Siehe dazu ausführlich Kap. III.5.1.

wurde, umfasst Unrecht nicht nur ein falsches Verhalten bei Gerichtsverfahren wie Meineid, nicht wahrheitsgemäße und parteiliche Urteilsfällung sowie lügnerische Zeugenaussagen. Es meint vielmehr in einem umfassenderen und auch moralischen Sinne jedes schädigende Verhalten, das Menschen betrifft und die göttlichen Wertegrundlagen menschlicher Konvivenz dadurch infrage stellt. Zur sprachlichen Erfassung, Anprangerung und Verurteilung der Facetten von Ungerechtigkeit bedient sich Hesiod der semantischen Kontrastpaare „schlecht – gut/edel“, „ungerecht – gerecht“ sowie „krumm – gerade“, die für die Bedrohungskommunikation insgesamt eine programmatische Bedeutung haben. Da diese Kontrastpaare starke Wertungen und Abwertungen transportieren, werden sie im Rahmen der emotionalen Sinndimension näher beleuchtet werden.[68]

(2) Korruption der Eliten. Hesiod wirft den für die Rechtsprechung zuständigen Königen wiederholt vor, bestechlich zu sein und sich selbst zu bereichern, da sie im Rahmen des Prozesses gegen Hesiod Geschenke seines Bruders Perses angenommen haben.[69] Mangelnde bzw. fehlende persönliche Integrität bei Gerichtsverfahren und die daraus resultierende Parteilichkeit werden damit als bedrohlich gekennzeichnet.

(3) Arbeitsverweigerung. Gemäß Hesiods mythologischen Deutungen der Gegenwart lebt die Menschheit des Eisernen Geschlechts in der Post-Prometheus-Ära. Diese Ära, die nach der Logik der nicht immer stringenten Gedankenführung der *Erga* alle Zeitalter umfassen muss, die auf das Goldene Zeitalter folgen, ist dadurch charakterisiert, dass sie unter den beiden Folgen der Bestrafung des Prometheus durch Zeus zu leiden hat.[70] Neben der Erschaffung der Frau ist dies das „Verbergen“ (κρύπτειν) des Lebensunterhalts vor den Menschen.[71] Konkret bedeutet dies, dass die Erde nun nicht mehr „von selbst“ (αὐτομάτη), wie noch im Goldenen Zeitalter,[72] das zum Leben Nötige darbietet, sondern dass Menschen hart arbeiten müssen, um zu überleben.[73] Da Arbeit auf die Anordnung der Götter zurückgeführt wird,[74] ist deren Ver-

---

[68] Siehe dazu Kap. III.4.3.1.

[69] Hes. *Op.* 39, 221, 264 (jeweils δωροφάγοι); *Herrmann*, Anthropos, 330.

[70] Zum Prometheus-Mythos bei Hesiod siehe *Edgar F. Beall*, Hesiod's Prometheus and Development in Myth, in: Journal of the History of Ideas 52, 1991, 355–371.

[71] Hes. *Op.* 42–48, hier 42; zur Erschaffung der Frau (Pandora) als Strafe für den Feuerraub des Prometheus siehe Hes. *Op.* 54–105.

[72] Hes. *Op.* 117–118.

[73] *Jaeger*, Paideia, 94; *Nussbaum*, Labour and Status, 217; *Ette*, Arbeit, 41. Dies bedeutet jedoch nicht, dass es im Goldenen Zeitalter gar keine Arbeit gegeben hätte, vielmehr war nach Hesiods Logik der Lebensunterhalt damals noch nicht verborgen, was den Menschen die Arbeit „mühelos“ (νόσφιν ἄτερ τε πόνου) machte, siehe Hes. *Op.* 113 (Zitat), 116–119; *Rand*, Horatian Urbanity, 137–138.

[74] Hes. *Op.* 397–398, hier 398: ἔργα τά τ᾽ ἀνθρώποισι θεοὶ διετεκμήραντο.

nachlässigung ein direkter Verstoß gegen den göttlichen Willen, der, zumal im Horizont der bäuerlichen Lebenswelt Hesiods, existenzbedrohliche Konsequenzen für das Individuum nach sich ziehen kann. Die Bedrohung durch Arbeitsverweigerung wird dabei ostentativ am Schicksal des Perses illustriert. Perses hatte offensichtlich auf die Vermehrung des Erbes nicht durch Arbeit, sondern durch Prozessieren und Übervorteilen des eigenen Bruders gesetzt, was ihn letztlich in eine prekäre Lage versetzte, die ihn sogar dazu brachte, Hesiod um materielle Unterstützung zu bitten.[75] Folglich wird Hesiod nicht müde zu betonen, dass Untätigkeit zu Darben, Hunger und Schulden führe sowie zu einem beschämenden Ansehensverlust bei Göttern wie bei Menschen.[76] Zu diesen eher individuellen Folgen der Untätigkeit tritt nun aber noch die kollektive Dimension, aus welcher sich für Hesiod gravierende Bedrohungen der sozialen Ordnung ergeben. Denn auch der Untätige ist auf Lebensunterhalt angewiesen, und diesen versucht er gemäß dem Bedrohungskommunikator auch zu bekommen, entweder durch die harmloseren Varianten des Schmarotzens[77] und Bettelns[78] oder aber durch die räuberisch-gewaltsame Aneignung fremden Eigentums[79]. Wie Hesiod in einer pointierten Formulierung konstatiert, die in den Kontext der von ihm als Risiko eingeschätzten Handelsschifffahrt eingebettet ist und daher wohl einen kritischen Unterton haben dürfte, bilden Geld und Streben nach Reichtum letztlich den zentralen Lebensinhalt der Menschen: „Besitz" bzw. „Geld ist die Seele für die armen Sterblichen" (χρήματα γὰρ ψυχὴ πέλεται δειλοῖσι βροτοῖσιν).[80] Aufgrund dieser Fixiertheit auf das Materielle warnt Hesiod eindringlich vor falschem Gewinnstreben[81] und vor Raub, den er mit einem von den Göttern verliehenen Reichtum kontrastiert[82] und sogar drastisch als einen „Todesbringer"[83] darstellt.

(4) Mangelnder Respekt vor dem Göttlichen. Da Hesiod die ordnungskonstitutiven Elemente des gesellschaftlichen Miteinanders auf göttliche Einrichtung und nicht auf menschliche Konvention zurückführt, liegt es auf der Hand, dass aufgrund dieses Konnexes zum Transzendenten der mangelnde Respekt vor den göttlichen Grundlagen der Gesellschaftsordnung in den

[75] Hes. *Op.* 28–41, 396–404.

[76] Hes. *Op.* 299–304, 396–404.

[77] Hes. *Op.* 303–305.

[78] Hes. *Op.* 394–396.

[79] Hes. *Op.* 33–35, 314–326.

[80] Hes. *Op.* 686; zur Problematisierung der Handelsschifffahrt siehe ebd. 682–694, auch 641–649.

[81] Hes. *Op.* 352: μὴ κακὰ κερδαίνειν· κακὰ κέρδεα ἶσ' ἄτῃσι.

[82] Hes. *Op.* 320–321: χρήματα δ' οὐχ ἁρπακτά, θεόσδοτα πολλὸν ἀμείνω; *K.J. McKay*, Ambivalent ΑΙΔΩΣ in Hesiod, in: The American Journal of Philology 84, 1963, 17–27, hier 22.

[83] Hes. *Op.* 356: ἅρπαξ δὲ κακή, θανάτοιο δότειρα.

Werken und Tagen als Bedrohung der Ordnung erscheint. Besonders deutlich wird dies an der später zu beleuchtenden Darstellung einer Vergewaltigung der als Mädchen porträtierten Zeustochter Dike durch ungerechte Richter. Hieran illustriert Hesiod nämlich anschaulich und dramatisch die Missachtung göttlicher Werte, die dann die ganze Polis in Mitleidenschaft zieht, weil göttliche Kollektivstrafen unvermeidbar werden.[84] Auch im ‚Weltaltermythos', der eine graduelle Entfremdung zwischen Menschen und Göttern zum Thema hat, verzichtet der Bedrohungskommunikator nicht darauf, die fortschreitende moralische Degeneration der Menschheit mit deren Verhältnis zu den Göttern in Verbindung zu bringen.[85] So nennt Hesiod beim Porträt des Silbernen Zeitalters z. B. die grassierende Hybris in einem Atemzug mit der fehlenden Bereitschaft, „die Unsterblichen zu ehren" und ihnen „Opfer darzubringen auf heiligen Altären".[86] Bedrohungsquelle ist demnach nicht nur ein menschliches Handeln, das die göttlichen Grundlagen der Konvivenz in der Polis durch Hybris, Gewalt und Unrecht ignoriert, sondern das auch auf Kultisches verzichtet, in dem sich eigentlich der Respekt vor gebotener Götterverehrung manifestieren sollte. Denn religiöse Riten entsprechen der „Ordnung" (θέμις)[87] für die Menschen und sind daher bindend, um die gesellschaftliche Ordnung aufrecht zu erhalten. Darum verwundert es nicht, dass Hesiod als Maßnahme gegen die Bedrohung Perses auch zu religiösen Praktiken aufruft, die Opfer und Reinheitsvorschriften umfassen.[88]

Eine weitere Größe, die im Rahmen der Bedrohungsquellen genannt werden muss, obwohl sie nicht aus der auf Handlungsoptionen bezogenen Wahlfreiheit des Menschen erwächst, ist die Göttin Eris, die zusammen mit ihren Töchtern sowie der Hybris als „Feinde der Dike"[89] bezeichnet werden können. Hesiod sagt selbst zu Beginn der *Erga*, dass die Menschen diese Göttin des destruktiven Streits und des desintegrierenden Konflikts nur unfreiwillig „aufgrund der Ratschlüsse der Unsterblichen ehren".[90] Er weist somit darauf hin, dass es aus seiner Sicht auch nicht-anthropogene Quellen der Bedrohung von sozialer Ordnung und Harmonie gibt. Wie er das Wirken der Eris und ihrer

---

[84] Hes. *Op.* 220–224.

[85] Siehe dazu Kap. III.5.1.

[86] Hes. *Op.* 134–136.

[87] Hes. *Op.* 137. Themis, die Tochter von Gaia und Uranos (Hes. *Th.* 135) und personifizierte göttliche „(Lebens-)Ordnung" bzw. „Norm", spielt bei Hesiod ebenfalls eine Rolle, nämlich als zweite Frau des Zeus, die ihm die Horen (Eunomia, Dike, Eirene) und die Moiren (Klotho, Lachesis, Atropos) gebar (Hes. *Th.* 901–906).

[88] Siehe dazu Kap. III.6.3.3.

[89] *Wolf*, Griechisches Rechtsdenken, 46–52, hier 46; zur Eris bei Hesiod siehe Hes. *Th.* 224–232; Hes. *Op.* 11–29.

[90] Hes. *Op.* 15–16.

Kinder genau deutet und welche Rolle dabei die Differenzierung zwischen einer guten und einer schlechten Eris spielt, wird im Abschnitt über die religiöse Sinndimension der hesiodeischen Bedrohungskommunikation genauer beleuchtet werden.

2. Die soziale Sinndimension

Die soziale Sinndimension von Bedrohungskommunikation betrifft bei Werner Schirmer und auch im vorliegenden Modell die Frage, wer aus Sicht des Bedrohungskommunikators bedroht ist. Dies ist notwendigerweise und zuallererst der beobachtende Bedrohungskommunikator selbst, der in der Überzeugung, persönlich betroffen zu sein, seinen jeweiligen Adressaten eine Bedrohung kommuniziert, die seiner Ansicht nach auch sie betrifft.[91] Durch diesen konstitutiven Aspekt der persönlichen Betroffenheit von Kommunikator und Adressaten, durch den die Bedrohung aus dem Bereich des Abstrakten heraustritt, erhält Bedrohungskommunikation eine existentielle Tiefe. Für die Identifikation, Deskription, Analyse und Interpretation literarischer Bedrohungskommunikation ergibt sich aus all dem, dass in den jeweils zu untersuchenden Texten Antworten auf die Frage gesucht werden, wie der Bedrohungskommunikator sich selbst als betroffen imaginiert und wie er seine Adressaten oder auch andere Akteure als Betroffene darstellt. Dabei ist es sinnvoll, zwischen einer faktisch schon bestehenden Betroffenheit von Akteuren und einer antizipierten Betroffenheit zu unterscheiden, die durch die zu erwartenden Auswirkungen einer Bedrohung in dem Fall entstehen, wenn sie nicht abgewendet oder eingedämmt wird. Der Hinweis auf faktische Betroffenheit hat dabei zweifelsohne eine stärkere Überzeugungskraft als das bloße In-Aussicht-Stellen erwarteter Betroffenheit. Doch auch diese Art des Androhens von persönlich spürbaren Konsequenzen ist ein wichtiges rhetorisches Mittel zur Plausibilisierung der Bedrohungskommunikation. Naturgemäß bestehen enge Bezüge zwischen der sozialen und der sachlichen Sinndimension, da das, was als bedroht kommuniziert wird, immer in einem sozialen Zusammenhang mit den Betroffenen steht. Im besonderen Falle Hesiods ist die Sozialdimension überdies eng mit der emotionalen und der religiösen Sinndimension verknüpft.[92]

---

[91] *Schirmer*, Bedrohungskommunikation, 105–107.

[92] Im Folgenden wird deshalb an geeigneter Stelle in den Anmerkungen vereinzelt auf spätere Kapitel verwiesen, in denen sich nähere Ausführungen zu besprochenen Themen und Texten finden.

2.1 Hesiod, die Nachtigall in den Krallen des Habichts

Hesiod hat bekanntlich in sein Gedicht eine Reihe von ichbezogenen Passagen eingestreut. Diese haben zwar teils autobiographischen Charakter,[93] aber sie können nicht alle als Belege für die persönliche Betroffenheit des Bedrohungskommunikators herangezogen werden. Von den zahlreichen auf Hesiod als sprechende *persona* zu beziehenden Erwähnungen des Personalpronomens der ersten Person Singular[94] sind mit Blick auf die kommunizierte Bedrohung v. a. jene beiden Partien einschlägig, in denen er die an Resignation und Verzweiflung[95] grenzende Klage ausstößt, dass er in der von moralischem Verfall und Unrecht gezeichneten fünften Menschengeneration, seiner gegenwärtigen Gesellschaft also, am liebsten nicht länger leben würde:

> Μηκέτ' ἔπειτ' ὤφελλον ἐγὼ πέμπτοισι μετεῖναι
> ἀνδράσιν, ἀλλ' ἢ πρόσθε θανεῖν ἢ ἔπειτα γενέσθαι.
> νῦν γὰρ δὴ γένος ἐστὶ σιδήρεον·
>
> Wenn ich doch künftig nicht mehr unter den fünften Menschen leben müsste,
> Sondern entweder vorher gestorben oder nachher geboren worden wäre!
> Denn jetzt ist die Generation wahrlich aus Eisen. (Hes. *Op*. 174–176)
>
> – – –
>
> νῦν δὴ ἐγὼ μήτ' αὐτὸς ἐν ἀνθρώποισι δίκαιος
> εἴην μήτ' ἐμὸς υἱός, ἐπεὶ κακὸν ἄνδρα δίκαιον
> ἔμμεναι, εἰ μείζω γε δίκην ἀδικώτερος ἕξει.
>
> Jetzt möchte weder ich selbst unter den Menschen gerecht
> Sein noch mein Sohn, da es ein Übel ist, ein gerechter Mann
> Zu sein, wenn der Ungerechtere mehr Recht bekommen wird! (Hes. *Op*. 270–272)

In diesen Bekenntnissen wird eine als emotional inszenierte Vulnerabilität kenntlich, die klar zum Ausdruck bringt, dass Hesiod der Bedrohung nicht distanziert gegenübersteht, ja dass sie ihn als Bedrohungskommunikator schwer und in einem faktischen Sinne belastet.[96] Neben diesen eher kurzen Eruptionen eines durch die gesellschaftlichen Umstände bedingten Unbehagens und Bedrohtheitsempfindens beinhalten die *Werke und Tage* einen Kronzeugentext, der zwar keinen direkt egologischen Anstrich aufweist, jedoch

---

[93] Siehe dazu den Überblick bei *Stein*, Autorbewußtsein, 49–51.

[94] Zu ἐγώ in den *Erga* siehe Hes. *Op*. 10, 106, 174, 270, 286, 396, 654, 658, 682.

[95] Hes. *Op*. 174–176, 270–272. Laut *Beye*, Rhythm, 35 führt die in der Fabel thematisierte Verzweiflung („desperation") die Stimmung der im Text vorangehenden beiden Mythen (Prometheus-Pandora / Weltalter) fort, ohne sich jedoch konkret auf Perses und die Könige zu beziehen. Es liegt allerdings näher, die dargestellte Verzweiflung mit der durch Perses und die Könige bedingten Bedrohungssituation rückzukoppeln.

[96] Siehe dazu ausführlich Kap. III.4.1.1, wo auch die genannten Stellenbelege näher beleuchtet werden.

die wohl dramatischste Darstellung der Bedrohtheit und Selbstbetroffenheit Hesiods bietet. Es handelt sich hierbei um die sogenannte „Fabel“ (αἶνος) vom Habicht und der Nachtigall, die an die Könige gerichtet ist. Im Kontext der *Erga* folgt diese „Geschichte, die in verhüllter Form auf eine dem Hörer oder Leser unangenehme Wahrheit deutet“[97], auf das Szenario „einer mit dem Verfalle der sittlichen Ordnung drohenden Zukunft“[98] des Eisernen Zeitalters. Schon diese Platzierung im Gesamtzusammenhang des Gedichts verdeutlicht, dass die Fabel, in welcher sich Hesiod mit einem Singvogel vergleicht, der in den Krallen eines Greifvogels gefangen ist, als Bestandteil seiner Bedrohungskommunikation fungiert. Auf der Suche nach einer Moral der Fabel, die in der Hesiod-Forschung aufgrund der offensichtlichen Absenz eines *fabula docet* die verschiedensten Interpretationsblüten getrieben hat,[99] blieb dieser naheliegende Deutungsaspekt weitgehend unberücksichtigt: der Aspekt nämlich, dass Hesiod nicht zuletzt deswegen zum Medium der Tiererzählung gegriffen hat, um sich selbst auf sehr anschauliche Weise als bedroht darzustellen. Was die Akteurskonstellation im Text anbelangt, so hat sich Hesiod beim Gegenspieler der Nachtigall für den Habicht und nicht etwa für den mit Zeus assoziierten Adler entschieden. Dies kann als ein wohlüberlegter schriftstellerischer Kunstgriff angesehen werden, weil der Habicht all das symbolisiert, was der Herrschaftsart des Zeus widerspricht: „Ungerechtigkeit, Tyrannei und Raub“.[100] Ausschlaggebend für die in der Fabel ausgedrückte Stimmung dürfte Hesiods Befürchtung sein, dass es zu einem Gerichtsprozess mit seinem Bruder Perses kommen könnte, in dem die als korrupt kritisierten Könige über sein Schicksal entscheiden würden:[101]

> Νῦν δ' αἶνον βασιλεῦσιν ἐρέω φρονέουσι καὶ αὐτοῖς·
> ὧδ' ἴρηξ προσέειπεν ἀηδόνα ποικιλόδειρον
> ὕψι μάλ' ἐν νεφέεσσι φέρων ὀνύχεσσι μεμαρπώς·
> ἣ δ' ἐλεόν, γναμπτοῖσι πεπαρμένη ἀμφ' ὀνύχεσσι,
> μύρετο· τὴν ὅ γ' ἐπικρατέως πρὸς μῦθον ἔειπεν·
> „δαιμονίη, τί λέληκας; ἔχει νύ σε πολλὸν ἀρείων·
> τῇ δ' εἶς ᾗ σ' ἂν ἐγώ περ ἄγω καὶ ἀοιδὸν ἐοῦσαν·

[97] So die Definition des Begriffs αἶνος nach *Erbse*, Rechtsgedanke, 13.

[98] *Wilamowitz-Moellendorff*, Hesiodos, 64; siehe Hes. *Op*. 174–201. Siehe dazu auch *Rand*, Horatian Urbanity, 140–141; *Laumann*, Gerechtigkeit, 60–61.

[99] Vgl. *Hamilton*, Architecture, 62; *Stein*, Autorbewußtsein, 35.

[100] Diese Trias negativer Eigenschaften symbolisiert der Habicht nach Plat. *Phd*. 82a (ἀδικίας τε καὶ τυραννίδας καὶ ἁρπαγάς), vgl. *Fränkel*, Dichtung und Philosophie, 134. Die These von *Stephanie Nelson*, The Justice of Zeus in Hesiod's Fable of the Hawk and the Nightingale, in: The Classical Journal 92, 1997, 235–247, wonach der Habicht Zeus symbolisiere und die Nachtigall die Könige, kann u. a. aus diesem Grund nicht überzeugen.

[101] Vgl. Hes. *Op*. 34–41, bes. 39; *Wilamowitz-Moellendorff*, Hesiodos, 64; *Wade-Gery*, Hesiod, 88.

δεῖπνον δ', αἴ κ' ἐθέλω, ποιήσομαι ἠὲ μεθήσω.
ἄφρων δ', ὅς κ' ἐθέλῃ πρὸς κρείσσονας ἀντιφερίζειν·
νίκης τε στέρεται πρός τ' αἴσχεσιν ἄλγεα πάσχει."
ὣς ἔφατ' ὠκυπέτης ἴρηξ, τανυσίπτερος ὄρνις.

Nun aber werde ich den Königen, da sie selbst verständig sind, eine Fabel erzählen:
So sprach der Habicht, während er eine buntkehlige Nachtigall
Hoch oben in den Wolken trug und mit den Krallen gepackt hielt;
Erbärmlich jedoch jammerte diese, von gebogenen Krallen durchbohrt.
Doch er herrschte sie mit den folgenden Worten an:
‚Du Unselige! Was schreist du? Es hält dich jetzt ein viel Stärkerer!
Dorthin gehst du, wohin auch immer ich dich bringe, auch wenn du eine Sängerin bist.
Wenn ich will, werde ich dich fressen oder frei lassen.
Töricht aber ist der, der es mit Stärkeren aufnehmen will.
Des Sieges geht er verlustig und zusätzlich zur Schande leidet er noch Schmerzen.'
So sprach der schnell-fliegende Habicht, der Vogel, der seine Flügel ausbreitet.
(Hes. *Op.* 202–212)

Dass Hesiod hier in verschleierter Form mittels einer Anspielung auf den Dichterberuf von sich selbst spricht, geht aus der näheren Beschreibung der Beute des Habichts hervor.[102] Anders als bei Homer, wo der Habicht zumeist Tauben jagt,[103] wird in Vers 208 die Nachtigall als Beute genannt und passenderweise mit dem Wort ἀοιδός als „Sängerin" bezeichnet. Zutreffend bemerkte bereits Wilamowitz-Moellendorff im Hinblick auf die Involvierung Hesiods in den durch Unrecht gekennzeichneten Rechtsstreit mit seinem Bruder: „Der Bedrohte ist auch ἀοιδός. Das führt auf die Deutung."[104] Das

[102] *Kerschensteiner*, Aufbau, 173; *Fränkel*, Dichtung und Philosophie, 135; *Maehler*, Dichterberuf, 48; *Puelma*, Sänger und König, 90; *Østerud*, Individuality, 22; *West*, Hesiod, Works and Days, 208; *Verdenius*, Commentary, 121; *Lonsdale*, Hawk and Nightingale, 405; *Stein*, Autorbewußtsein, 35; *René Nünlist*, Poetologische Bildersprache in der frühgriechischen Dichtung, (Beiträge zur Altertumskunde 101), Stuttgart/Leipzig 1998, 44; *Ottmann*, Geschichte, 50; *Edwards*, Hesiod's Ascra, 65; *Andreas T. Zanker*, A Dove and a Nightingale: *Mahabharata* 3.130.18–3.131.32 and Hesiod, *Works and Days* 202–213, in: Philologus 153, 2009, 10–25, hier 13, 21; *Zhang*, The Poet as Educator, 6. Schon die Scholien bieten diese Deutung, siehe *Schol. in Hes. Op.* 202a, p. 75,20–23 und in 207–212, p. 76,11–20 Pertusi.

[103] Vgl. Hom. *Il.* 21,493–494 (ἴρηξ); 22,139–140 (κίρκος); Hom. *Od.* 15,526–527 (κίρκος); *West*, Hesiod, Works and Days, 206.

[104] *Wilamowitz-Moellendorff*, Hesiodos, 64; ähnlich z. B. auch *Stein*, Autorbewußtsein, 37, die ebenfalls von einem Bezug der Fabel auf den Prozess mit Perses ausgeht. In der Geschichte der Hesiod-Interpretation sind drei klassische Deutungen dieser Fabel zu verzeichnen; siehe dazu *Thomas K. Hubbard*, Hesiod's Fable of the Hawk and the Nightingale Reconsidered, in: Greek, Roman, and Byzantine Studies 36, 1995, 161–171, hier 161–163; *Zanker*, Dove and Nightingale, 12. Die erste Deutung, die seit den Hesiod-Scholien als *communis opinio* anzusehen ist (*Schol. in Hes. Op.* 202a, p. 75,20–23 Pertusi) und welcher ich mich anschließe, identifiziert Hesiod mit der Nachtigall und die Könige mit dem Habicht. Die zweite deutet die Fabel im Lichte des Passus Hes. *Op.* 274–280 als ein negatives Beispiel tierischen Ver-

Wort ἀοιδός steht nämlich sowohl bei Hesiod als auch in der zeitgenössischen Literatur für den „Dichter-Sänger",[105] während bei späteren Autoren dann die Nachtigall (ἀηδών) selbst aufgrund ihres schönen Gesanges zum Dichter-Vogel schlechthin und damit auch in einem expliziten Sinne zur vergleichenden Bezeichnung von Dichtern wird.[106] Schon in der Rahmenpartie der Fabel, die sich um die direkte Rede des Habichts anordnet, finden sich etliche Belege, die für den Selbstbezug der Bedrohungskommunikation Hesiods relevant sind. Das erbärmliche Jammern der Nachtigall, die statt zu singen in Trauer und Angst verfällt, signalisiert auf metaphorische Weise die emotionale Betroffenheit des Bedrohungskommunikators.[107] Mit dem anschaulichen Bild der „gebogenen Krallen" (γναμπτοῖσι ὀνύχεσσι), die aus Gründen der pathetischen Steigerung in den Versen 204 und 205 gezielt gleich zweimal erwähnt werden[108] und sich in den Körper des hilflosen Singvogels hineinbohren, stellt sich der Bedrohungskommunikator auf sehr drastische Weise als Opfer in Lebensgefahr dar. Diesem Zweck der Selbstviktimisierung dient auch der bildhaft dargestellte Kontrast zwischen Klein (Nachtigall) und Groß (Habicht), da er Übermacht und Unterlegenheit versinnbildlicht. Der Hinweis auf das ruppig-gewaltsame Anherrschen des Habichts (ἐπικρατέως πρὸς μῦθον ἔειπεν)[109] deutet ebenso auf Gewaltsamkeit hin wie die Erwähnung des großen „Vogels, der seine Flügel ausbreitet" (τανυσίπτερος ὄρνις)[110]. Denn diese Formulierung findet sich außerhalb der Fabel ein zweites Mal im Werk

haltens, das nicht eins zu eins auf menschliches Verhalten anwendbar sei. Die dritte geht davon aus, dass die Nachtigall die korrupten Könige repräsentiere und der Habicht Zeus. Hubbard selbst hat eine vierte Interpretation vorgeschlagen, in der er Perses mit der Nachtigall gleichsetzt, die sich in den Krallen der mächtigen Könige befinde (*Hubbard*, Hesiod's Fable, 163–171). Da Hubbard nicht schlüssig erklären kann, weshalb Perses in Vers 208 als „Sänger" bzw. „Dichter" (ἀοιδός) bezeichnet werden sollte, sondern nur vermutet, dass Perses qua ererbtem Dichtertitel auch ein Dichter gewesen sei (*Hubbard*, Hesiod's Fable, 167–169), ist die *communis opinio* weiterhin jene Deutung, die am besten zum Textbefund passt. Eine fünfte Deutung, wonach hinter der Nachtigall Hesiod und hinter dem Habicht Perses stehe (so *Nünlist*, Bildersprache, 44), ist v.a. aufgrund der primären Adressierung des Textes an die Könige ebenfalls unwahrscheinlich.

105 Hes. *Th.* 95; Hes. *Op.* 26; Hes. *frg.* 305,2 Merkelbach/West; Hom. *Od.* 1,336; 1,338; 8,43; 8,479.

106 Bacchyl. 3,98 Maehler; *Verdenius*, Commentary, 121; *Nünlist*, Bildersprache, 40. Gleichwohl scheint die vergleichende Inbezugsetzung von Nachtigall und Dichter bereits in Hesiods Fabel vorausgesetzt zu sein (*Nünlist*, Bildersprache, 44). Zum Vergleich von Vogelsang mit Dichtung bzw. von Singvögeln mit Dichtern in der frühgriechischen Literatur siehe insgesamt die Diskussion der Belege bei *Nünlist*, Bildersprache, 39–56.

107 Hes. *Op.* 205–206.

108 *Verdenius*, Commentary, 120 an. *West*, Hesiod, Works and Days, 207 scheint mit einer nicht-intentionalen Wiederholung von ὀνύχεσσι zu rechnen.

109 Hes. *Op.* 206.

110 Hes. *Op.* 212.

Hesiods, wo sie ebenfalls einen Raubvogel bezeichnet, nämlich den Adler, der die nächtlich nachwachsende Leber des gefesselten Prometheus frisst.[111] Die Assoziation von Qual und Destruktion ist somit zumindest indirekt auch an der vorliegenden Stelle der Fabel vorhanden. Der große Unterschied zur Fabel in den *Erga* besteht darin, dass der Adler in der Prometheus-Episode als Zeusvogel positiv besetzt ist und – anders als hier der Habicht – von Zeus als Strafwerkzeug gesandt wird.

Das vor dem geistigen Auge der Rezipienten entstehende Bild der zwischen Himmel und Erde gefangenen Nachtigall verleiht einem Gefühl des Ausgeliefert-Seins und einem Ausweglosigkeitsempfinden Ausdruck, dem ein gewisser Hang zur Resignation anhaftet. Besonders bedeutsam ist der Hinweis auf das Schweben „in großer Höhe in den Wolken" (ὕψι μάλ' ἐν νεφέεσσι), da im Denken Hesiods der Raum der Höhe mit dem Wirkbereich des Zeus identisch ist: Zeus wird dargestellt als „der in der Höhe Donnernde" (ὑψιβρεμέτης)[112], als „der in der Höhe Thronende" (ὑψίζυγος)[113], als der, der die „höchsten Häuser bewohnt" (ὃς ὑπέρτατα δώματα ναίει)[114] und als der, der in der „Höhe herrscht" (ὑψιμέδων)[115]. Mit der metaphorischen Verortung der Habicht-Könige samt ihrem gewaltsamen Vorgehen im Herrschaftsraum des Zeus könnte Hesiod andeuten wollen, dass diese zu Unrecht in den Machtbereich des Zeus eindringen und sich eine Machtanmaßung erlauben, ohne den wahren Machthaber und Rechtsbeschützer Zeus zu respektieren. Für diese Interpretation spricht außerdem, dass im Adjektiv ἐπικρατέως eine Anspielung auf das Wortfeld κράτος vorliegt. Dieses beschreibt sonst bei Hesiod (v.a. in der *Theogonie*) zumeist die Macht des Zeus oder aber das hybrishafte Denken der Menschen im Ehernen Zeitalter.[116] Einen ähnlichen Gedanken, der wie an der vorliegenden Stelle eine von Zeus losgelöste Autonomie von Amtsträgern impliziert, auf welche diese selbst in Eigeninitiative hinarbeiten, hatte Hesiod jedenfalls schon früher formuliert, als er die richterliche Ungerechtigkeit der Könige mit dem geraden Gericht des Zeus kontrastierte.[117]

Dafür, dass Hesiod die greifvögelartigen Könige als Opponenten des Zeus zeichnen will, spricht letztlich auch die Ichbezogenheit des Habichts, der in seiner kurzen Rede an die Nachtigall keine höhere Instanz über sich anerkennt, sondern sich ausschließlich einer selbstherrlichen Machtzelebrierung

[111] Hes. *Th.* 525.
[112] Hes. *Th.* 568, 601; Hes. *Op.* 8.
[113] Hes. *Op.* 18.
[114] Hes. *Op.* 8; vgl. dazu auch Hes. *Op.* 18 (αἰθέρι ναίων – „der im Äther wohnt").
[115] Hes. *Th.* 529.
[116] *Mordine*, Speaking, 369, 372; siehe z.B. Hes. *Th.* 49, 73, 403 (jeweils bezogen auf die Macht des Zeus); Hes. *Op.* 147 (κρατερόφρων θυμός der Menschen im Ehernen Zeitalter).
[117] Hes. *Op.* 34–41.

hingibt.[118] Einige Bestandteile dieser Rede erinnern an Motive der mitunter hämischen Triumph- und Prahlreden, die homerische Krieger und Götter an von ihnen Besiegte richten. Dazu gehören die Verunglimpfung des Gegners, die Inaussichtstellung eines fürchterlichen Schicksals, Bekundungen eigener Stärke und Überlegenheit sowie provokativ-spöttische Fragen, warum der Feind eigentlich Widerstand zu leisten versuche.[119] Hesiods Habicht bietet eine ähnliche Selbstpräsentation, wobei v. a. die Betonung der eigenen Überlegenheit auffällt.[120] Bedrohlich scheint nicht nur, dass die Nachtigall in der totalen Verfügungsgewalt des Greifvogels steht. Vielmehr geht mit der Androhung des potentiellen Verspeist-Werdens eine massive Unsicherheit bezüglich des eigenen Überlebens einher und damit ein Grad existentieller Bedrohung, wie er höher nicht sein könnte.[121] Dagegen scheint das in Aussicht gestellte Erleiden von Schande und Schmerzen (πρός τ' αἴσχεσιν ἄλγεα πάσχει)[122] vergleichsweise harmloser, weil dadurch immerhin ein Am-Leben-Bleiben impliziert ist – was freilich die persönliche Betroffenheit Hesiods genauso anschaulich vor Augen führt. Die Absenz jeglicher Strafandrohung in Richtung des Habichts bzw. dessen nicht in Aussicht gestellte Bestrafung[123] kreieren eine Situation der Schwebe, die weder durch den Rekurs auf höhere Mächte noch durch die Hoffnung auf einen göttlichen Eingriff entschärft wird. Diese Nicht-Entschärfung ist intentional: Gerade durch das Fehlen eines triumphalen *fabula docet*, das die Könige mit einem Zur-Rechenschaft-Gezogen-Werden hätte konfrontieren können,[124] entsteht eine Dramatisierung der bedrohlichen Lage

[118] Vgl. *Lloyd W. Daly*, Hesiod's Fable, in: Transactions and Proceedings of the American Philological Association 92, 1961, 45–51, hier 50.

[119] *Puelma*, Sänger und König, 89, 93; *West*, Hesiod, Works and Days, 207; *Verdenius*, Commentary, 120–121; *Stein*, Autorbewußtsein, 35. Die wesentlichen Elemente solcher Reden finden sich z. B. in den Ansprachen, die Hektor (Hom. *Il.* 16,830–842) und Achilles (Hom. *Il.* 22,331–336) vor ihren Gegnern halten; weitere Belege bei *Puelma*, Sänger und König, 89 Anm. 16–17. Zur möglichen Beeinflussung der *Erga* durch homerische Wutreden siehe *Lardinois*, Wrath, passim.

[120] Hes. *Op.* 207: ἔχει νύ σε πολλὸν ἀρείων, 210: πρὸς κρείσσονας ἀντιφερίζειν.

[121] Hes. *Op.* 209: δεῖπνον δ', αἴ κ' ἐθέλω, ποιήσομαι ἠὲ μεθήσω; *Ready*, Homer, 136 („threat to eat the nightingale").

[122] Hes. *Op.* 211.

[123] Vgl. *Erbse*, Rechtsgedanke, 12–14. Auf die Konsequenzen ihres Hybris-Handelns im Sinne einer Bestrafung durch Zeus werden die Könige in direkter Anrede erst an späterer Stelle hingewiesen; siehe Hes. *Op.* 248–269.

[124] Verschiedentlich findet man ein solches *fabula docet* in späteren äsopischen Fabeln über die „Nachtigall" (ἀηδών, *luscinia*) und den „Habicht" (ἱέραξ, *accipiter*); vgl. dazu *Erbse*, Rechtsgedanke, 12 sowie Nr. 4 und Nr. 567 bei *Ben E. Perry*, Aesopica. A Series of Texts Relating to Aesop or Ascribed to Him or Closely Connected With the Literary Tradition that Bears his Name, Collected and Critically Edited, in Part Translated from Oriental Languages. With a Commentary and Historical Essay. Vol. I: Greek and Latin Texts, Baltimore 1952, hier 322, 612. Besonders in der Fabel Nr. 567, wo der Habicht ein Junges der Nachtigall zu fressen beginnt, doch plötzlich von einem Vogelfänger überrascht wird, ist die Moral bemerkenswert: *Qui aliis*

des Bedrohungskommunikators, der sich im metaphorischen Sinne wilden Tieren ausgeliefert sieht.

Vor diesem Hintergrund ist es als unwahrscheinlich anzusehen, dass Hesiod durch die Adressierung der Fabel an die Könige, die laut Vers 202 „selbst verständig sind" (φρονέουσι καὶ αὐτοῖς), eine *captatio benevolentiae* intendiert habe, die das tendenziell positive Königsbild aus dem Proömium der *Theogonie* aufgreife.[125] Angesichts des harschen Porträts der Richterkönige als Raubvögel in der Fabel wäre ein derartiger rhetorischer Schachzug allenfalls ironischer Natur. Die konstatierte Reflexionsfähigkeit der Könige kann vielmehr dahingehend verstanden werden, dass sie genau wissen, in welche Lage sie Hesiod gebracht haben und wie sie sich in einer Selbstüberhebung, die an Machtverblendung grenzt, weiterhin in ihrer überlegenen Rolle gefallen. Diese Unterstellung eines wissentlichen Verharrens im Unrecht, das einer intendierten Aushöhlung der durch Zeus garantierten Rechtsordnung gleichkommt, dient ihrerseits wiederum der Verschärfung der Bedrohungsdarstellung. Denn dadurch wird sowohl den Königen als auch dem weiteren Adressatenkreis suggeriert, dass die aristokratische Elite absichtlich die Grundlagen der Konvivenz im sozialen Gefüge bedroht.

2.2 Auswirkungen der Bedrohung auf Perses

Neben der Darstellung der eigenen Betroffenheit ist Hesiod als Bedrohungskommunikator daran gelegen, die faktischen und antizipierten Auswirkungen zu umreißen, die im Falle eines unterlassenen Ankämpfens gegen die Bedrohung seinem Bruder Perses sowie der gesamten Polisgemeinschaft drohen. Hier wird das Bestreben Hesiods erkennbar, einen Schicksalzusammenhang zu suggerieren, der bei seiner eigenen Betroffenheit anfängt und sich dann stoßwellenartig vom Individuellen zum Kollektiven ausweitet. Im Falle des Perses sind teils faktische, teils antizipierte Auswirkungen zu eruieren. Hesiod deutet an, dass die wirtschaftliche Situation seines Bruders miserabel sei, ja dass er sogar in der Gefahr stehe, zum Bettler zu werden, da er sich bereits mit der Bitte um materielle Unterstützung an Hesiod gewandt habe.[126] Die Lebenssituation des Perses deutet Hesiod einerseits als Konsequenz seines Müßiggangs: Dadurch wird das Bedrohungspotential, das in Untätigkeit und Arbeitsverweigerung liegt, klar herausgestellt, und daraus lassen sich auch

insidiantur, timere debent ne capiantur. – „Wer anderen auflauert, muss fürchten, dass er selbst gefangen wird."

[125] So *Mordine*, Speaking, 366–367 mit Bezug auf Hes. *Th.* 88, 91, 96.

[126] Hes. *Op.* 396–404.

die wiederholten Aufrufe zur Arbeit erklären, die Perses den Lebensunterhalt sichern soll.[127] Andererseits sieht der Bedrohungskommunikator die Schwäche für Rechtshändel sowie die Beziehungen zu den als korrupt und geldgierig erachteten Richter-Königen als mitverantwortlich für die Misere seines Bruders an.[128] Darüber hinaus bezichtigt er Perses der Hybris und der Ungerechtigkeit, wobei er aufzeigt, dass diese nicht nur etwas Schlechtes im abstrakten Sinne ist, sondern auch ihm selbst schaden wird: „Perses, höre Du aber auf die Gerechtigkeit und fördere nicht die Hybris! Denn Hybris ist für den armen Sterblichen schädlich und selbst ein Edler / erträgt sie nicht leicht, vielmehr wird er durch sie beschwert, / dadurch, dass er dem Unheil begegnet."[129] Der Entlarvung des intentionalen Fehlverhaltens als eines Akts von Selbstschädigung dient auch der drohende Hinweis an Perses, Falschaussagen vor Gericht bzw. Meineid führten dazu, dass die Familien der Lügner und Eidbrüchigen Wohlstand einbüßen werden – als von Zeus verhängte Strafe.[130] Eine weitere Verschlechterung des ohnehin bedrohten sozialen Status des Perses wird also klar von dem Umgang des Bruders mit der Bedrohung abhängig macht, die spürbare Konsequenzen hat und haben wird.

2.3 Antizipierte Auswirkungen der Bedrohung auf die Könige

Im Falle der Könige, die in den *Erga* zwar als korrupte, aber doch im Wesentlichen als bislang unbehelligte Akteure auftreten, bleibt dem Bedrohungskommunikator nur, antizipierte Konsequenzen ihres als ungerecht, überheblich und machtbewusst beschriebenen Verhaltens aufzuzeigen, das nach Ansicht Hesiods letztlich nicht nur ihn selbst, sondern auch Perses und die ganze Polisgemeinschaft bedroht. So, wie Hesiod seinem Bruder einschärft, dass Menschen, die sich der Hybris überlassen, nicht nur anderen Menschen, sondern v. a. sich selbst Schaden zufügen, so sagt er, die Könige direkt adressierend: „Dieses beachtend, ihr Könige, macht eure Worte gerade, / ihr Gabenfresser, und vergesst ganz und gar krumme Rechtsentscheide! / Sich selbst bewirkt ein Mann Schlimmes, wenn er einem anderen Schlimmes bewirkt, / ein schlimmer Plan ist aber für den, der ihn ausgeheckt hat, am Schlimmsten."[131] Dieser

[127] Siehe Kap. III.6.3.1.

[128] Vgl. Hes. *Op.* 27–41.

[129] Hes. *Op.* 213–216 (in Vers 213 wird Perses direkt adressiert). Zu dem Gedanken, dass Hybris letztlich ins „Unheil" bzw. „Verderben" (ἄτη) führt, vgl. den analogen Gedankengang bei Aeschyl. *Pers.* 821–822: ὕβρις γὰρ ἐξανθοῦσ' ἐκάρπωσε στάχυν / ἄτης […] – „Denn Hybris, aufgeblüht, bringt als Frucht die Ähre des Unheils hervor […]."

[130] Hes. *Op.* 282–284 (in Vers 274 wird Perses direkt adressiert).

[131] Hes. *Op.* 263–266; vgl. *Erbse*, Rechtsgedanke, 14.

warnende, ja drohende Hinweis auf die Boomerang-Wirkung von Korruption und Rechtsbruch ist in einen Textzusammenhang eingebettet, in dem der Bedrohungskommunikator die Überwachungspräsenz von Zeus, Dike und der 30 000 göttlichen Wächter ausführt und seiner Überzeugung Ausdruck verschafft, dass Zeus kein Unrecht ungestraft lassen wird.[132] Neben diesen direkten Adressierungen der Könige gibt es jedoch auch noch jene Passagen, welche die Auswirkungen der Bedrohung auf die gesamte Polis imaginieren, und zu dieser Polisgemeinschaft sind freilich auch die Könige zu rechnen.

2.4 Antizipierte Auswirkungen der Bedrohung auf die Polisbevölkerung

Wie bereits oben angedeutet,[133] ist es als ein Charakteristikum der Bedrohungskommunikation Hesiods anzusehen, dass er ausgehend von einem scheinbaren Einzelfall – nämlich vom schwelenden Reichtsstreit mit seinem Bruder, der zunächst nur ihn alleine negativ zu betreffen scheint – verallgemeinernde Schlüsse auf die gesamtgesellschaftliche Ordnung zieht. Die Erweiterung des Perspektivenradius auf das ganze Gemeinwesen zeigt sich darin, dass er eben nicht nur von sich und Perses spricht, sondern von einer ganzen Reihe anderer, nicht-fiktiver Personengruppen in der Polis, die als potenziell Betroffene beispielhaft herausgegriffen werden.[134] Dieser Blick auf das gesamte Polis-Kollektiv darf trotz des starken hesiodeischen Interesses am eher beschränkten sozialen Umfeld nachbarschaftlicher Beziehungsgefüge nicht ausgeblendet werden.[135] Wenn er in seinem „Diptychon"[136] von der gerechten und ungerechten Stadt hervorhebt, dass Fremde (ξεῖνοι)[137], Einheimische (ἔνδημοι)[138] und letztlich auch die gesamte Bevölkerung (λαοί)[139]

---

132 Hes. *Op*. 248–273; siehe dazu auch Kap. III.5.3.3.

133 Kap. II.1.

134 Vgl. dazu *Rzach*, Art. Hesiodos, 1180: „So wird der Dichter, der scheinbar bloß zum Bruder spricht, zum Lehrer und Propheten seines Volkes."

135 Zu diesem Fokus auf gelingenden Nachbarschaftsbeziehungen bei Hesiod siehe *Spahn*, Oikos und Polis, 541–543; *Walter*, An der Polis teilhaben, 55–57; *Winfried Schmitz*, Nachbarschaft und Dorfgemeinschaft im archaischen und klassischen Griechenland, in: Historische Zeitschrift 268, 1999, 561–597; *Ders.*, Nachbarschaft (2004), 52–60, 78–82; *Edwards*, Hesiod's Ascra, 89–102.

136 *Christoph Auffarth*, Der drohende Untergang. „Schöpfung" in Mythos und Ritual im Alten Orient und in Griechenland am Beispiel der *Odyssee* und des *Ezechielbuches*, (Religionsgeschichtliche Versuche und Vorarbeiten 39), Berlin/New York 1991, 530.

137 Hes. *Op*. 225.

138 Hes. *Op*. 225.

139 Hes. *Op*. 243.

Opfer von ungerechten Entscheidungen vor Gericht werden sowie deren Konsequenzen erleiden können, wird das antizipierte Ausmaß der von ihm kommunizierten Bedrohung erkennbar. Schließlich obliegt den Königen, die in Hesiods Text wiederholt in ein schlechtes Licht gerückt werden, nicht nur die Entscheidung über seinen eigenen Rechtsstreit, sondern auch über andere mögliche Fälle. Mit Blick auf ihre richterlichen Tätigkeiten bleibt, wie im Falle des Perses, offen, ob sie sich von Hesiods Aufrufen zu mehr Gerechtigkeit überzeugen lassen oder nicht. Hesiod nutzt damit seinen eigenen Fall, um seinen Zeitgenossen eine schonungslose Diagnose jenes in der Gesellschaft präsenten Fehlverhaltens vorzulegen, das ihm selbst bereits geschadet hat und das bald auch andere betreffen wird. Obwohl mit den oben genannten Personengruppen der Fremden, Einheimischen und der Gesamtbevölkerung bereits die Angehörigen einer Polis in einem ziemlich umfassenden Sinne benannt werden, zeigt sich die Tendenz zur Verallgemeinerung der individuellen Bedrohung auch am Gebrauch des Substantivs πόλις.

Denn, obgleich Hesiod z. B. eine Agora sowie eine Mauer als konstitutive Elemente einer Polis aufzufassen scheint,[140] bezeichnet dieses Substantiv in den *Werken und Tagen* kurioserweise weder „Äußerlichkeiten wie Mauern, Häuser, Straßen etc."[141] noch eine konkrete Stadt. Vielmehr ist damit eine übergreifende „soziale Einheit"[142] gemeint, was sich auch am Verzicht Hesiods ablesen lässt, jene Stadt beim Namen zu nennen, in welcher er die Auswirkungen der Bedrohung lokalisiert.[143] Zwar ist davon auszugehen, dass er die Bevölkerung jenes sozialen Kollektivs im Sinn hat, dessen Teil er selbst ist, also wahrscheinlich die Stadt Thespiae, die in der Umgebung seines Heimatdorfes Askra lag.[144] Doch führt seine Weigerung, dem Partikularen und Konkreten verhaftet zu bleiben, deutlich eines vor Augen: Es geht ihm um den breiteren Horizont seiner Thematik und damit um eine Grundsatzdiskussion. Was er zu sagen hat, gilt demnach nicht nur für die soziale Einheit allein, welcher er, Perses und die Könige angehören. Es gilt vielmehr für jedwede andere πόλις im griechischen Raum, weil die von Hesiod kommunizierte Bedrohung der Gesellschaftsordnung keine geographischen Grenzen kennt. Von insgesamt sechs Belegen des Substantivs πόλις in den *Erga*[145] sind drei Belege

---

140 Hes. *Op.* 29–30, 246; *Walter*, An der Polis teilhaben, 51–52.

141 *Spahn*, Oikos und Polis, 544.

142 *Spahn*, Oikos und Polis, 544; *Panagiotou*, Polis, 132; so schon *Luce*, Polis, 14 („social unit").

143 Hesiod nennt in seinen Werken teils durchaus Städtenamen, wie die folgende Liste zeigt: Chalkis (*Op.* 655), Iolkos (*Th.* 997), Kyme (*Op.* 636), Lyktos (*Th.* 482), Theben (*Th.* 978; *Op.* 162), Troja (*Op.* 165, 653).

144 Zu Thespiae als zumindest impliziertem Ort der Darbietung des Gedichts siehe Kap. II.1.

145 Hes. *Op.* 189, 222, 227, 240, 269, 527; siehe dazu *Panagiotou*, Polis, 132–133.

in dieser Hinsicht einschlägig für die soziale Sinndimension von Hesiods Bedrohungskommunikation. Im Kontext seines Szenarios der nahen Zukunft des Eisernen Zeitalters erwähnt Hesiod, dass „einer die Stadt eines anderen vernichten wird (ἕτερος δ' ἑτέρου πόλιν ἐξαλαπάξει)."[146] Hinter dem nicht näher spezifizierten ἕτερος scheinen sich konkret Könige bzw. politische Anführer von Städten zu verbergen,[147] die aufgrund einer Nicht-Beachtung des Rechts und eigener Machtansprüche Aggressionen gegen andere Städte ausüben werden. Die antizipierten kriegerischen Übergriffe zwischen Städten werden im Textzusammenhang deutlich mit dem Faustrecht, mit Eidbrüchigkeit, Ungerechtigkeit und Hybris in eine kausale Verbindung gebracht.[148] Dass die Bevölkerung jene hybrisgesteuerten Anführer, die sie in Kriege verwickeln werden, auch noch verehren werde,[149] unterstreicht das hesiodeische Verdikt einer moralischen Verrohung der Gesellschaft, aus der stets mannigfaltige Bedrohungspotentiale für die involvierten Städte resultieren können.

Wie die antizipierten Auswirkungen auf eine Stadt aussehen werden, die sich der Bedrohung durch Ungerechtigkeit und Hybris widerstandslos überlässt, veranschaulicht der Bedrohungskommunikator mit größerer Ausführlichkeit in seiner Gegenüberstellung zweier verschiedener Städte-Typen, jenem bereits oben kurz erwähnten Diptychon der gerechten und der ungerechten Stadt.[150] Es handelt sich bei dieser Passage um eine stark vereinfachende Schwarz-Weiß-Darstellung, die eine klare Weltordnung zu vermitteln sucht und gerade durch ihre Komplexitätsreduktion ein möglichst klares Bild der sozialen Dimension der Bedrohung liefern möchte. Eingebettet ist der Passus in eine Mahnung an Perses, nicht hochmütig zu sein und auf Gerechtigkeit zu hören. In diesem Zusammenhang geht Hesiod auch auf korrupte Könige ein, welche die Zeus-Tochter Dike misshandeln und fortzerren. Dikes Reaktion auf diese metaphorisch dargestellte Vergewaltigung bildet den Auftakt der Nebeneinanderstellung der gerechten und ungerechten Stadt: Sie lasse sich zwar fortreißen, „beweine" jedoch „die Stadt und Wohnsitze der Völker", doch nur, um den „Menschen" jener Stadt, die sie „ausgestoßen" haben, „in Nebel gehüllt ein Übel zu bringen."[151] In der Schilderung von Dikes Weinen über die Stadt drückt sich Hesiods Überzeugung aus, dass ungerechtes Verhalten aus göttlicher Perspektive nicht nur missbilligt, sondern aufgrund der bedrohten

[146] Hes. *Op.* 189. Die Authentizität des Verses wurde zwar oft hinterfragt, jedoch bestehen dazu keine zwingenden Gründe; vgl. *West*, Hesiod, Works and Days, 201.
[147] Vgl. *West*, Hesiod, Works and Days, 201.
[148] Hes. *Op.* 189–192.
[149] Vgl. dazu Hes. *Op.* 191–192: μᾶλλον δὲ κακῶν ῥεκτῆρα καὶ ὕβριν / ἀνέρα τιμήσουσι.
[150] Hes. *Op.* 225–247.
[151] Hes. *Op.* 222–224; siehe dazu *Panagiotou*, Polis, 159 sowie Kap. III.4.1.6.

Unversehrtheit der Bevölkerung auch bedauert wird. Zwar ist der Hinweis auf ein κακόν, das Dike bringt, unspezifisch. Doch findet sich bereits hier der Gedanke, dass eine ganze Stadt für das Fehlverhalten einiger weniger korrupter Richter oder sogar eines einzelnen büßen muss. Dieses Denken, demzufolge das „Gedeihen" des Individuums von dem des „Gemeinwesen[s]" abhängt[152] bzw. der Einzelne das Wohlergehen des ganzen Gemeinwesens beeinflusst, wird im Bild der ungerechten Stadt wiederholt, das sich an die Präsentation der idealen, gerechten Stadt anschließt:

> οἷς δ' ὕβρις τε μέμηλε κακὴ καὶ σχέτλια ἔργα,
> τοῖς δὲ δίκην Κρονίδης τεκμαίρεται εὐρύοπα Ζεύς.
> πολλάκι καὶ ξύμπασα πόλις κακοῦ ἀνδρὸς ἀπηύρα,
> ὅστις ἀλιτραίνῃ καὶ ἀτάσθαλα μηχανάαται.
> τοῖσιν δ' οὐρανόθεν μέγ' ἐπήγαγε πῆμα Κρονίων,
> λιμὸν ὁμοῦ καὶ λοιμόν, ἀποφθινύθουσι δὲ λαοί·
> [οὐδὲ γυναῖκες τίκτουσιν, μινύθουσι δὲ οἶκοι
> Ζηνὸς φραδμοσύνῃσιν Ὀλυμπίου· ἄλλοτε δ' αὖτε]
> ἢ τῶν γε στρατὸν εὐρὺν ἀπώλεσεν ἢ ὅ γε τεῖχος
> ἢ νέας ἐν πόντῳ Κρονίδης ἀποτείνυται αὐτῶν.

> Über die jedoch, denen üble Hybris und grausame Taten am Herzen liegen,
> Verhängt der Kronos-Sohn Strafe, der weithin blickende Zeus.
> Oftmals wird sogar eine ganze Stadt durch einen üblen Mann in Mitleidenschaft gezogen,
> Der Vergehen begeht und böse Taten ausheckt.
> Denen sendet Kronion vom Himmel her schweres Leid,
> Hunger und Pest zugleich, und es gehen die Einwohner zugrunde.
> [Auch gebären die Frauen nicht mehr, es werden die Familien kleiner
> Durch die listige Schläue des Zeus, des Olympiers. Ein anderes Mal wiederum]
> Verdirbt der Kronos-Sohn deren großes Heer oder fordert ihre Stadtmauer
> Oder ihre Schiffe im Meer als Strafe von ihnen. (Hes. *Op.* 238–247)

Hunger, Pest, Bevölkerungsschwund, militärische Niederlagen oder Katastrophen bei der Handelsschifffahrt – die Konsequenzen, die Hesiod hier schildert, betreffen allesamt die Bevölkerung der Polis in einem nicht nur spürbaren, sondern auch in einem existentiell-bedrohlichen Sinne, teils Einzelne, teils größere Gruppen, teils das ganze Gemeinwesen.[153] Umfassender hätte der Bedrohungskommunikator die antizipierten Auswirkungen der Bedrohung in der Sozialdimension seiner Kommunikation sicherlich nicht aufzeigen können.

---

[152] *Wilamowitz-Moellendorff*, Hesiodos, 68; vgl. auch *Panagiotou*, Polis, 161.
[153] Dazu *Panagiotou*, Polis, 159–163.

3. Die zeitliche Sinndimension

Die Zeitdimension bildet in Werner Schirmers Modell neben der Sach- und der Sozialdimension die dritte Sinndimension von Bedrohungskommunikation. Sie trägt dem Faktum Rechnung, dass Bedrohungskommunikation typischerweise ein Vorher-Nachher-Szenario eröffnet, da sie entweder vor dem antizipierten Eintritt oder in einem Frühstadium der kommunizierten Bedrohung stattfindet, sich aber faktisch auf ein Nachher, auf „eine unbekannte Zukunft" bezieht: „Bedrohungskommunikation beobachtet eine (gegenwärtige oder zukünftige) Bedrohung, die sich in der Zukunft auswirkt. Genau deshalb weiß man nicht, ob sich die Bedrohung bewahrheitet [...]. Die Unterscheidung von vorher/nachher ist damit notwendigerweise asymmetrisch."[154] Die Asymmetrie der Vorher-Nachher-Unterscheidung ist dadurch bedingt, dass das Nachher zunächst einmal nur als Konstrukt in der Bedrohungskommunikation des Sprechers existiert. Dieser ist zwar vom Wahr-Werden der Bedrohung überzeugt und mag aus Gründen der Plausibilitätssteigerung auf soziopolitische Entwicklungen in der Gegenwart hinweisen, die eben darauf deuten. Er kann jedoch trotz seines stark unterstrichenen Wahrheits- und Wissensanspruchs nicht sicher wissen, ob es zu einer Realisierung des Antizipierten kommen wird. Auf den Zukunftsbezug von Bedrohungskommunikation macht auch die Autorengruppe um Fabian Fechner aufmerksam, wenn sie konstatiert, dass sich in Situationen der Bedrohung in den Kommunikationszeugnissen Betroffener „Zukunftsbeschreibungen etwa in Form von Prognosen, Prophezeiungen, Warnungen oder Ankündigungen ausfindig machen [lassen], die darauf verweisen, dass die gegenwärtige soziale Ordnung künftig nicht mehr gilt."[155]

Ein weiterer Gesichtspunkt des in der zeitlichen Sinndimension eröffneten Vorher-Nachher-Szenarios besteht darin, dass die Zeitreflexion eines Bedrohungskommunikators eine signifikante Indikatorfunktion besitzt, um einen subjektiv empfundenen sozialen Wandel anzuzeigen. Dies ist der Grund dafür, weshalb neben der berechtigten Suche nach Zukunftsaussagen in den zu analysierenden Kommunikationszeugnissen die Frage nicht ausgeblendet werden sollte, ob sich im Untersuchungsmaterial Reflexionen über die Vergangenheit aufspüren lassen. Der Rekurs auf die Vergangenheit kann zwar in einem gegebenen Text unterschiedliche Funktionen haben und muss als solcher nicht zwangsläufig ein Indiz dafür sein, dass sozialer Wandel konstatiert werden soll, geschweige denn, dass dieser Wandel automatisch als

[154] *Schirmer*, Bedrohungskommunikation, 104–105, hier 105 (alle Zitate).
[155] *Fechner/Granzow/Klimek*, Bedrohungskommunikation, 165.

negativ zu deuten sei. Doch in Texten, die Bedrohung(en) thematisieren, ist sehr genau darauf zu achten, ob Bedrohungskommunikatoren auf einen Zustand des Nicht-Mehr hinweisen. Denn sie können kontrastierende Bezüge zur Vergangenheit herstellen, um zu verdeutlichen, dass aus ihrer Sicht gegenwärtig etwas in Veränderung begriffen ist und dass dieser vonstattengehende Wandel negative Konsequenzen in der noch ungewissen Zukunft haben wird. Für die Identifikation, Deskription, Analyse und Interpretation literarischer Bedrohungskommunikation ergibt sich daraus, dass in den jeweils zu untersuchenden Texten Zeitreflexionen aller Art in Betracht gezogen werden müssen, und zwar samt ihrer literarischen Ausgestaltung: Evokationen der Vergangenheit, Kontrastierungen von Vergangenheit und Gegenwart bzw. von Vergangenheit und Zukunft bzw. von Gegenwart und Zukunft, Gegenwartsdiagnosen und Entwürfe von Bedrohungsszenarien, die Plausibilität anstreben und sich auf „wahrscheinlichkeitsbasierte Überlegungen“[156] gründen können, aber nicht müssen. Besonderen Aufschluss über die Zeitreflexion von Bedrohungskommunikatoren geben dabei verwendete Zeitpartikel, Zeitadverbien und die Tempora verwendeter Verben.

3.1 Wo Gold war, ist jetzt Eisen: Der ‚Weltaltermythos‘

Den Schlüssel zur zeitlichen Sinndimension von Bedrohungskommunikation in Hesiods *Werken und Tagen* bildet die mythische Erzählung von den Weltaltern, die ohne Zweifel „die ewige Sehnsucht der Menschen nach besseren Zeiten spiegelt“.[157] In zahlreichen Beiträgen der bisherigen Forschung wurde sie tendenziell so gedeutet, dass Hesiod darin auf engstem Raum die Entwicklung des Menschengeschlechts von den mythischen Anfängen (Goldenes Zeitalter) bis zu seiner eigenen Gegenwart (Eisernes Zeitalter) in einem Fünf-Zeitalter-Schema mit der Absicht dargestellt habe, das „Elend der Gegenwart aitiologisch zu deuten“[158]. Im Folgenden wird hingegen eine andere These vertreten: Hesiods Zeitreflexion kann sehr konkret als Indikator von Bedrohungs-

[156] *Fechner/Granzow/Klimek*, Bedrohungskommunikation, 165 Anm. 117.

[157] *Jaeger*, Paideia, 94. Der Text selbst findet sich bei Hes. *Op*. 109–201.

[158] *Maehler*, Dichterberuf, 48; ähnlich *Rosenmeyer*, Hesiod and Historiography, 268. Zur viel diskutierten Frage, ob Hesiod ein älteres Muster übernahm und ob es ursprünglich ein Vier- oder ein Fünf-Zeitalter-Schema war, siehe *Beall*, Hesiod's Treatise on Justice, 165–168. Hinsichtlich der kulturgeschichtlichen Parallelen zum sogenannten Metallmythos in orientalischen Quellen siehe *Gatz*, Weltalter, 7–27; *Joseph Fontenrose*, Work, Justice, and Hesiod's Five Ages, in: Classical Philology 69, 1974, 1–16, hier 2–3. Eine neue Lektüre des ‚Weltaltermythos‘ samt Forschungsüberblick über die wichtigsten Deutungen bietet *Golla*, Hesiods *Erga*, 163–216 (Forschungsüberblick auf S. 163–164, Anm. 3).

kommunikation gelesen werden, da der feinfühlige Gebrauch von Temporalpartikeln sowie der argumentative Einsatz des Faktors Zeit nicht bloß im Dienste einer Ätiologie des allgemein-menschlichen Elends steht, sondern v. a. dazu eingesetzt wird, eine akute soziopolitische Bedrohung in der Gegenwart zu diagnostizieren. Bei der Darstellung aufeinander folgender „Generationen" (γένη) von Menschen geht dabei die zeitliche Sequentierung der verschiedenen γένη mit einer massiven Wertung des Bedrohungskommunikators einher, die sich bereits an der Strukturierung des Textes ablesen lässt. Mit Ausnahme des vierten Geschlechts (Heroengeschlecht), dem kein Metall zugeordnet ist, wird nämlich jedes γένος mit einer Zahl und dem Adjektiv eines bestimmten Metalls näher charakterisiert: 1. Verse 109–126: Goldenes Geschlecht (χρύσεον μὲν πρώτιστα γένος); 2. Verse 127–142: Silbernes Geschlecht (δεύτερον αὖτε γένος [...] ἀργύριον); 3. Verse 143–155: Ehernes Geschlecht (τρίτον ἄλλο γένος [...] χάλκειον); 4. Verse 156–173: Heroengeschlecht (ἄλλο τέταρτον [...] ἀνδρῶν ἡρώων θεῖον γένος); 5. Verse 174–201: Eisernes Geschlecht (πέμπτοισι [...] ἀνδράσιν / γένος ἐστι σιδήρεον). Jedem Rezipienten wird durch die nahezu konsistente Koppelung einer aufsteigenden Zahl mit einem im Wert abfallenden Metall (Gold, Silber, Erz, Eisen) sofort deutlich, dass die Periode zwischen dem ersten und dem fünften Geschlecht, d. h. zwischen dem Goldenen und dem Eisernen Zeitalter, als Schauplatz einer Degeneration der Menschheit gelesen werden soll: Obwohl im Falle des Ehernen und des Eisernen Geschlechts Hesiods Wahl des Metalls auch schlichtweg dadurch bedingt sein mag, dass die Menschen dieser Generationen eben von diesen Metallen in Form von Waffen und Werkzeugen Gebrauch machen,[159] steht Gold, wie bereits Platons Deutung des hesiodeischen ‚Weltaltermythos' suggeriert,[160] symbolisch für den denkbar besten, Eisen hingegen für den denkbar schlechtesten Zustand der menschlichen Gesellschaft im Kontinuum menschlicher Geschichte.

Die Kombination von Zahlen und Metallen impliziert eine gewisse Schemenhaftigkeit der Darstellung, die auch in der Porträtierung der jeweiligen Zeitgenossen eines Genos ohne Interesse an deren Individualität oder Geschlechtlichkeit zutage tritt. Hesiods denkerischer Fokus gilt dem Gepräge einer jeweiligen Gesellschaft als der imaginierten Summe ihres Kollektivverhaltens. Dadurch entsteht der Eindruck, alle Menschen einer Generation

---

[159] Hes. *Op.* 150–151, 420, 743; *Harold C. Baldry*, Who Invented the Golden Age, in: The Classical Quarterly 2, 1952, 83–92, hier 86.

[160] Plat. *Crat.* 398a: τὸ χρυσοῦν γένος οὐκ ἐκ χρυσοῦ πεφυκὸς ἀλλ' ἀγαθόν τε καὶ καλόν. Zur Symbolträchtigkeit des Goldes in der frühgriechischen Dichtung, wo es oft im Zusammenhang mit Götter- und Göttlichkeitsdarstellungen genannt wird, siehe *A. S. Brown*, From the Golden Age to the Isles of the Blest, in: Mnemosyne 51, 1998, 385–410, hier 392–395.

teilten ohne Unterschied dieselben Eigenschaften und dargestellten Mängel. In Anbetracht dieses mangelnden Differenzierungswillens ergibt sich die Schlussfolgerung, dass es Hesiod nicht auf eine wie auch immer geartete Periodisierung der Weltgeschichte aus rein chronologischen Gründen ankommt noch auf die historisch präzise Rückverfolgung bestimmter Missstände seiner eigenen Zeit. Vielmehr hat Hesiod ein geschichtsphilosophisches Anliegen:[161] Er unternimmt es, das gesellschaftsschädigende Verhalten von Mitmenschen seiner eigenen Gegenwart mit den Mitteln einer mythologisch-theologischen Deutung im Kollektivverhalten der gesamten Menschheit zu kontextualisieren. Gleichwohl ergeben sich aus dieser Argumentation wichtige Verbindungslinien zur späteren griechischen Geschichtsschreibung, die dazu mahnen, den von Hesiod als λόγος eingeführten Fünf-Zeitalter-Text nicht als Mythos im Sinne einer unwissenschaftlichen Unterhaltungsstrategie abzutun.[162] Denn erstens gründet sich ein derartiges Verdikt auf eine Unterscheidung zwischen Mythos und Logos, die historisch erst lange nach Hesiod aufkam,[163] und zweitens gilt:

> Hesiod verwendet den Mythos, der Gewesenes zum Inhalt hat, in einem neuartigen Sinne: Die Vergangenheit wird berufen, damit Gegenwärtiges durchsichtig werden soll. Das aber ist ein Vorgriff auf die Methode der späteren Geschichtsschreibung. Hesiods Verfahren verliert auch nicht deshalb an Bedeutung, weil die Ereignisse, auf die er sich stützt, Fiktionen oder Halbwahrheiten sind. Er sieht als erster, daß man Gegenwärtiges nur verstehen kann, wenn man es an die Vergangenheit anknüpft.[164]

Den Dichter bewegt im Rahmen dieser innovativen und für seine Bedrohungskommunikation fruchtbar gemachten Verwendung von Erzählungen über Vergangenes primär die beunruhigende Frage, weshalb sich seine Zeitgenossen so gewalttätig, respektlos und rechtsverachtend verhalten. Er beantwortet sie durch die Einordnung dieses Verhaltens in den größeren Zusammenhang der Entwicklung des menschlichen Wesens überhaupt. Mit diesem Ansatz erhebt Hesiod Anspruch auf die Allgemeingültigkeit seiner Aussagen, die zwar auf das Kollektiv seiner konkreten Adressaten bezogen sind, ansonsten jedoch gut mit jener Tendenz zur Thematisierung allgemein-menschlicher Zusammenhänge korreliert, welche die *Opera et Dies* allenthalben bezeugen. Die Evolution des menschlichen Wesens, wie der Bedrohungskommunikator sie deutet, wird aus

---

[161] *Ette*, Arbeit, 44; so schon ansatzweise *Ferdinand Bamberger*, Ueber des Hesiodus Mythus von den ältesten Menschengeschlechtern, in: Rheinisches Museum für Philologie 1, 1842, 524–534, hier 525–526; ähnlich *Fontenrose*, Work, 15: „The myth is a paradigm, an *exemplum* of his argument, a synchronic scheme presented as history" (kursiv im Orig.).

[162] Hes. *Op.* 106; *Beall*, Hesiod's Treatise on Justice, 164–165.

[163] *Golla*, Hesiods *Erga*, 164 Anm. 4.

[164] *Erbse*, Rechtsgedanke, 20; ähnlich *Beall*, Hesiod's Treatise on Justice, 171. Zu den Anfängen historiographischer Methode bei Hesiod siehe auch *Rosenmeyer*, Hesiod and Historiography, passim.

der Perspektive des „kompetenten und wissenden“ Dichters präsentiert (εὖ καὶ ἐπισταμένως), wie Hesiod selbst im unmittelbar voraufgehenden Kontext kurz vor Beginn des ‚Weltaltermythos‘ beteuert.[165] Fluchtpunkt des mythischen Bildes von der Geschlechterabfolge der Menschheit ist, wie bereits angedeutet, die fünfte Generation, der Hesiod sich selbst zurechnet. Für die zeitliche Sinndimension der hesiodeischen Bedrohungskommunikation ist bedeutsam, dass diese Generation als das „Jetzt“ (νῦν) bezeichnet wird.[166]

Denn die Evokation des Goldenen Zeitalters der Menschheit, das die Götter „zuerst“ bzw. „ganz am Anfang“ (πρώτιστα) erschaffen hätten,[167] bewirkt einen scharfen Kontrast zur Jetzt-Zeit Hesiods und lebt von der festen Grundüberzeugung, dass das Frühere identisch ist mit dem Besseren. Dieses Denkmuster lässt sich bereits in den ersten Versen der *Werke und Tage* beobachten, wo Hesiod in den Versen 11 bis 19 seine Lehre von der guten und schlechten Eris ausführt. Ohne hier auf Details näher einzugehen, sei aus Gründen der Illustration auf die Geburt der guten Eris hingewiesen: Die schlechte Eris, die Krieg und Streit unter Menschen bewirke, sei „tadelnswert“ (ἐπιμωμητή) und „grausam“ (σχετλίη), die „andere jedoch gebar die dunkle Nacht vorher“ bzw. „zuerst“ (τὴν δ᾽ ἑτέρην προτέρην μὲν ἐγείνατο Νὺξ ἐρεβεννή)“. Sie sei es, die „für die Menschen viel besser ist“ (ἀνδράσι πολλὸν ἀμείνω), weil sie durch die Förderung eines Konkurrenzdenkens unter Menschen zur Arbeit, nicht jedoch zu blutigen Konflikten ansporne.[168] Durch diese für das Denken Hesiods insgesamt kennzeichnende Konnotation des Früheren mit dem Besseren entsteht im ‚Weltaltermythos‘ der Effekt, dass eine verklärte Vergangenheit einer schwarz gezeichneten Gegenwart gegenübergestellt wird. Der Kontrastreichtum dieser Gegenüberstellung wird noch dadurch gesteigert, dass Hesiod gleich zweimal auf die idealisierte Frühzeit des *genus humanum* hinweist. Wenige Verse vor dem eigentlichen Beginn des ‚Weltaltermythos‘ konstatiert der Dichter ein erstes Mal, dass „vormals“ bzw. „früher“ (πρίν), d. h. bevor Pandora ihr Fass voller Übel öffnete, die Menschen ihr Leben auf Erden

---

[165] Hes. *Op.* 107.

[166] Hes. *Op.* 176: νῦν γὰρ δὴ γένος ἐστι σιδήρεον; *Michaela Schmale*, Bilderreigen und Erzähllabyrinth. Catulls Carmen 64, (Beiträge zur Altertumskunde 212), München/Leipzig 2004, 262.

[167] Hes. *Op.* 109. Das Adverb πρώτιστα bezeichnet am Beginn der eigentlichen Göttergenealogie in Hesiods *Theogonie* den kosmischen Uranfang, in dem das Chaos entstand (Hes. *Th.* 116). Daraus erhellt, dass dieses Adverb bei Hesiod nicht nur einen Anfang, sondern speziell das meint, was zuallererst geschieht (vgl. Hes. *Th.* 24) bzw. was man vor allem anderen zu tun hat (vgl. Hes. *Op.* 405).

[168] Siehe Hes. *Op.* 11–26, bes. 24: „Gut (ἀγαθή) ist diese Eris für die Sterblichen“, d. h. die früher geborene. *Abel*, Genealogies, 93 bringt dieses Denken mit griechischen Familienvorstellungen im Anschluss an Hom. *Il.* 13,429–432 und 13,355 in Verbindung, wonach ein älteres Kind weiser und besser als ein jüngeres sei.

„ohne Übel und ohne beschwerliche Mühe / und leidvolle Krankheiten“ verbracht hätten.[169] Ein zweites Mal sagt er Ähnliches bei der Beschreibung des Goldenen Geschlechts, das nach der vagen und letztlich inkonsistenten Logik der hesiodeischen Mythologie zeitlich vor der Pandora-Erzählung anzusetzen ist,[170] da es mit Kronos und nicht mit Zeus assoziiert wird: Erschaffen von den „Unsterblichen“ zeichnete es sich dadurch aus, dass die Menschen unter der Herrschaft des Kronos „wie Götter lebten mit sorglosem Gemüt, / ohne Mühe und Elend“.[171] Nicht geplagt vom Alter und ohne körperliche Verfallserscheinungen hätten sie sich erfreut an festlichen Gastmählern. Sie seien frei von jeglichen Übeln gewesen und hätten alle Güter im Überfluss besessen, da „das kornspendende Ackerland / von selbst viel und überreiche Feldfrucht hervorbrachte.“[172] Hesiod zeichnet hier holzschnittartig einen Lebensmodus, in dem die Arbeit für den Lebensunterhalt (βίος), die sonst in den *Werken und Tagen* eine herausragende Rolle spielt, jeder existentiellen Notwendigkeit entbehrt.[173] Er evoziert eine Welt ohne Gewalt und Krieg, in der folglich auch das Recht (δίκη) noch keine wirkliche Bedeutung hat,[174] da jeder das im Übermaß besaß und genießen konnte, was er zum Leben benötigte und überdies Zeus, der in den *Erga* insgesamt als der Garant des Rechts hervortritt und in dieser Funktion über die vier restlichen Menschengeschlechter regiert, während des Goldenen Zeitalters noch nicht an der Macht war. Diese Erwägungen legen

---

[169] Hes. *Op.* 90–92. Dass Hesiod die Pandora-Erzählung in die Herrschaftszeit des Zeus und nicht in die des Kronos projiziert, geht aus Hes. *Op.* 53–59, 69, 79, 87 klar hervor. *Gatz*, Weltalter, 34 sieht in den Versen 90–105 die hesiodeische Fassung einer „Paradiesdarstellung“. Zum überkulturell bezeugten „Paradiesgedanken“ siehe ferner *Bamberger*, Hesiodus, 529; *Frederick J. Teggart*, The Argument of Hesiod's *Works and Days*, in: Journal of the History of Ideas 8, 1947, 45–77, hier 50; *Gatz*, Weltalter, 5–6; *Beall*, Hesiod's Prometheus, 370 und *Immanuel Musäus*, Der Pandoramythos bei Hesiod und seine Rezeption bis Erasmus von Rotterdam, (Hypomnemata 151), Göttingen 2004, 63–66, die jeweils auch Parallelen zwischen Hesiods Pandora-Mythos und der Paradiesgeschichte der Hebräischen Bibel aufzeigen.

[170] Vgl. *Katherine Olstein*, Pandora and Dike in Hesiod's *Works and Days*, in: Emerita 48, 1980, 295–312, hier 302. *Fontenrose*, Work, 1–2 zeigt, dass die Mythen von Prometheus und Pandora logisch nicht in die Abfolge der fünf Zeitalter eingeordnet werden können, weshalb die Aussage, der Pandora-Mythos sei nach dem Goldenen Zeitalter anzusetzen, nicht chronologisch, sondern sachlich-ideel zu verstehen ist. Letztlich stellt Hesiod den Prometheus-Pandora-Mythos und den Mythos von den fünf Zeitaltern einfach nebeneinander, ohne sie logisch sauber aufeinander zu beziehen. Zum Fehlen einer stringenten Logik im ‚Weltaltermythos‘ siehe auch *Rosenmeyer*, Hesiod and Historiography, 269–270.

[171] Hes. *Op.* 109–113, hier 112–113 (Zitat). Kronos wird in Vers 111 genannt.

[172] Hes. *Op.* 113–119, hier 117–118 (Zitat).

[173] Vgl. *Wilamowitz-Moellendorff*, Hesiodos, 55.

[174] *Musäus*, Pandoramythos, 52. Die Verse Hes. *Op.* 124–125, wo die nach ihrem Tod zu δαίμονες gewordenen Menschen des Goldenen Zeitalters als Wächter über menschliche Rechtshändel gezeichnet werden, scheinen aus einer späteren Stelle (Hes. *Op.* 254–255) interpoliert worden zu sein, da sie an dieser Stelle nicht zum Kontext passen (*West*, Hesiod, Works and Days, 183; *Musäus*, Pandoramythos, 52 Anm. 121).

den Schluss nahe, dass es soziopolitische Bedrohungspotentiale sowie die Ahndung von Unrecht nach Hesiods Auffassung im Goldenen Zeitalter noch nicht gab.

Der Kontrast, der zwischen der goldenen Zeit des Noch-Nicht und der schwarz gemalten Jetzt-Zeit besteht, wird durch verschiedene Hinweise im ‚Weltaltermythos' vorbereitet: So sei das zweite, Silberne Geschlecht, das die Unsterblichen „nach" (μετόπισθεν) dem Goldenen Geschlecht geschaffen hätten, „viel schlechter gewesen" (πολὺ χειρότερον) und dem „goldenen weder im Wuchs noch im Denken vergleichbar" (χρυσέῳ οὔτε φυὴν ἐναλίγκιον οὔτε νόημα).[175] Grund für ihren Untergang sei ihr „unvernünftiges Verhalten" (ἀφραδίαι) gewesen sowie ihre Hybris (ὕβρις), mit der sie sich gegenseitig Schaden zugefügt hätten, und ihre mangelnde Verehrung der Götter durch Opfer.[176] Eine weitere Verrohung im Hinblick auf die menschliche Gesellschaftsfähigkeit markiert das dritte, Eherne Geschlecht. Dieses ist seinerseits „dem Silbernen ganz unähnlich" (οὐκ ἀργυρέῳ οὐδὲν ὁμοῖον), „aus Eschen [geboren]" und huldigt „furchtbar und ungestüm" im Charakter dem Kriegshandwerk.[177] Dass die Menschen des Ehernen Zeitalters aus „Eschen" bzw. „Eschenbäumen" geboren worden seien, bedeutet wohl, dass Hesiod die Meliaden bzw. Eschennymphen als deren Mütter darstellen wollte.[178] Dies ist deshalb bedeutsam, weil die Meliaden laut der *Theogonie* zusammen mit den Erinnyen sowie den Giganten von Gaia zur Welt gebracht wurden, und zwar infolge einer Befruchtung aus den Blutstropfen, die bei der Entmannung des Uranos auf die Erde gefallen waren.[179] Die Abstammung von den Eschennymphen, die im übertragenen Sinne aus Blut und Gewalt geboren wurden, unterstreicht die Rohheit und Brutalität der Menschen im Ehernen Zeitalter. Vor diesem mythologischen Hintergrund ist es nur folgerichtig, dass die Menschen des dritten Geschlechts Taten der Hybris begehen und keine Feldarbeit leisten,[180] dass sie ferner Waffen besitzen und sich letztlich gegenseitig umbringen.[181] Verblüffenderweise wird die Degenerationsspirale, welche die Entwicklung vom zweiten zum dritten Geschlecht kennzeichnet, mit dem Porträt des vierten nur teilweise fortgesetzt. Denn mit dem „göttlichen Geschlecht der Heroen, die man / Halbgötter nennt" (ἀνδρῶν ἡρώων θεῖον γένος, οἳ καλέονται / ἡμίθεοι), erschafft Zeus eine Generation, die „gerechter und besser" (δικαιότερον καὶ

[175] Hes. *Op*. 127–129.

[176] Hes. *Op*. 133–136.

[177] Hes. *Op*. 144–146.

[178] *West*, Hesiod, Works and Days, 187; vgl. dazu auch *Wilamowitz-Moellendorff*, Hesiodos, 57–58; *Gatz*, Weltalter, 42–44.

[179] Hes. *Th*. 182–187.

[180] *Musäus*, Pandoramythos, 52.

[181] Hes. *Op*. 146–155.

ἄρειον) als die vorangegangene ist.[182] Es handelt sich also beim ‚Weltaltermythos' Hesiods um kein rein deszendentes Modell der menschlich-moralischen Entwicklung,[183] obwohl dies mancherorts in der Forschungsliteratur bis heute zu lesen ist.[184] Spuren des Positiven,[185] die am Beispiel des Heroengeschlechts aufgezeigt werden und die Hesiod auch noch in der nahen Zukunft vom Blickpunkt seiner eigenen Gegenwart aus erkennt, in der „Gutes und Schlechtes gemischt sein werden" (μεμείξεται ἐσθλὰ κακοῖσιν),[186] bilden die notwendige Bedingung dafür, dass Bedrohungskommunikation überhaupt ihren Sinn erfüllen kann. Denn wenn Hesiod die Depravation als bereits voll entfaltet oder unumkehrbar diagnostizieren würde, wäre sein Anliegen gescheitert, mit seinem paränetischen Gedicht Veränderungen im gesellschaftlichen Miteinander zu initiieren. Hinsichtlich der zeitlichen Sinndimension der Bedrohungskommunikation ist hervorzuheben, dass das Geschlecht der Halbgötter die „vorherige Generation" (προτέρη γενεή) auf Erden war, womit Hesiod konkret die seinem eigenen Genos unmittelbar vorausgehende Generation meint.[187] Auch wenn in diesem aus der Perspektive des Eisernen Geschlechts betrachtet nicht allzu weit entfernten Vorher Zwietracht und kriegerische Aktivitäten das Leben der Menschen bestimmten,[188] stehen die Heroen bei Hesiod doch für die Möglichkeit von Besserung und mehr Gerechtigkeit, die Hesiod in seinem eigenem Zeitalter verwirklicht sehen möchte. Da die „partielle Göttlichkeit" der Heroen („partial divinity") mit dem höheren Grad ihrer Gerechtigkeit in Verbindung steht,[189] deutet Hesiod Gerecht-Sein klar als ein Instrument, mit dem die Entfremdung von den Göttern graduell behoben werden kann, die im ‚Weltaltermythos' ein wichtiges Thema bildet, wie unten im Kapitel zur religiösen Sinndimension näher erläutert werden wird.

Die Halbgöttlichkeit und das im Vergleich mit den Vorgängergenerationen erhöhte Maß an Gerechtigkeit der Heroen rückt die Menschen der fünften Generation freilich in ein umso schlechteres Licht. Denn die äußerst negative

---

[182] Hes. *Op.* 158–160.

[183] Vgl. *Gatz*, Weltalter, 29, 33; *Fontenrose*, Work, 8; *Liebermann*, Hälfte, 407; *Ette*, Arbeit, 45–46.

[184] Siehe z.B. *Stefan Schreiber*, Weihnachtspolitik. Lukas 1–2 und das Goldene Zeitalter, (Novum Testamentum et Orbis Antiquus/Studien zur Umwelt des Neuen Testaments 82), Göttingen 2009, 25.

[185] Vgl. *Østerud*, Individuality, 20; *Stein*, Autorbewußtsein, 33; *Schmale*, Bilderreigen, 266 Anm. 19.

[186] Hes. *Op.* 179; zum Perfektfutur μεμείξεται vgl. *West*, Hesiod, Works and Days, 198. Eine Sentenz ähnlichen Inhalts findet sich im *Corpus Theognideum*, wo der Sprecher vor dem angesprochenen Kyrnos den Niedergang des „Geschlechts der Bürger" (γένος ἀστῶν) beklagt und schreibt: σὺν γὰρ μίσγεται ἐσθλὰ κακοῖς (*Corp. Theogn.* 191–192).

[187] *West*, Hesiod, Works and Days, 191.

[188] Hes. *Op.* 161–165.

[189] *Bartlett*, Introduction, 189.

und zur Dramatik tendierende Porträtierung des Eisernen Geschlechts setzt mit den folgenden Versen ein, die nicht nur vor Pessimismus strotzen, sondern auch eine Zeitreflexion bieten, welche die Gegenwart als unerträglich und bedrohlich erscheinen lässt:

> Μηκέτ' ἔπειτ' ὤφελλον ἐγὼ πέμπτοισι μετεῖναι
> ἀνδράσιν, ἀλλ' ἢ πρόσθε θανεῖν ἢ ἔπειτα γενέσθαι.
> νῦν γὰρ δὴ γένος ἐστὶ σιδήρεον· οὐδέ ποτ' ἦμαρ
> παύσονται καμάτου καὶ ὀιζύος οὐδέ τι νύκτωρ
> τειρόμενοι· χαλεπὰς δὲ θεοὶ δώσουσι μερίμνας.
> ἀλλ' ἔμπης καὶ τοῖσι μεμείξεται ἐσθλὰ κακοῖσιν.

> Wenn ich doch künftig (ἔπειτ') nicht mehr (μηκέτ') unter den fünften Menschen leben müsste,
> Sondern entweder vorher (πρόσθε) gestorben oder nachher (ἔπειτα) geboren worden wäre!
> Denn jetzt (νῦν) ist die Generation wahrlich aus Eisen. Niemals (οὐδέ ποτ') werden sie tagsüber
> Von Mühe und Elend ausruhen und auch nachts wird ihr Aufgerieben-Werden
> Nicht enden. Beschwerliche Sorgen aber werden ihnen die Götter verschaffen.
> Doch trotzdem wird auch diesen Gutes und Schlechtes gemischt sein.
> (Hes. *Op.* 174–179)

Diesem Zitat ist deutlich zu entnehmen, dass Hesiod seine Bedrohungskommunikation in der Gegenwart (νῦν) verortet, die er als so schlimm darstellt, dass er „nicht mehr" (μηκέτ') Teil dieser Gesellschaft sein will. Auch wenn er mit Relikten des Guten rechnet, sieht er doch unverkennbar im Eisernen Zeitalter das krasse Gegenteil zum Goldenen Geschlecht.[190] Dies belegt schon die bloße Gegenüberstellung von Vers 113, der die Absenz von Mühe und Elend konstatiert (νόσφιν ἄτερ τε πόνου καὶ ὀιζύος), mit den Versen 176–178, wo das ununterbrochene, tags wie nachts um sich greifende Geplagt-Werden durch Mühe und Elend in Aussicht gestellt wird (οὐδέ ποτ' ἦμαρ / παύσονται καμάτου καὶ ὀιζύος οὐδέ τι νύκτωρ / τειρόμενοι). Trotz des im ‚Weltaltermythos' ausgeführten Degenerationsgedankens beteuert der Dichter, lieber in einem nicht näher bestimmten Vorher (πρόσθε) gelebt haben zu wollen, womit Hesiod nicht nur auf irgendeines der früheren Zeitalter anspielt, sondern möglicherweise speziell auf das „gerechtere und bessere" Heroenzeitalter.[191] Unmissverständlich geht aus diesen Formulierungen eine Kontrastierung der Vergangenheit mit der Gegenwart hervor, die auf einen sozialen Wandel hinweisen soll, der gegenwärtig den Status der Unerträglichkeit erlangt hat. Interessanterweise führt Hesiod auch die zweite Möglichkeit an, dass er gerne auch „nach" (ἔπειτα) dem Eisernen

[190] *Gatz*, Weltalter, 49.
[191] So mit guten Gründen *Gatz*, Weltalter, 32; zur Stelle siehe auch *Gagné*, Invisible Kin, 10.

Zeitalter geboren worden wäre. Hier bildet eine als fern gedachte Zukunft das Pendant zum mentalen Refugium einer als besser imaginierten Vorzeit. Dies gibt dem Leser gleichzeitig zu erkennen, dass Hesiod nicht mit einer permanent sich fortsetzenden Degeneration des Menschengeschlechts rechnet, sondern mit der Möglichkeit einer künftigen Besserung der Umstände. Die Bezüge zur ersehnten Vorzeit und zur verklärten Nachwelt werden allerdings unmissverständlich als nicht erfüllbares Wunschdenken gekennzeichnet (ὤφελλον), das der Dichter hier mit leicht resignativem Unterton zum Zwecke rhetorischer Dramatisierung vorträgt. Sein Hauptinteresse gilt der Gegenwart, die, wie bereits die futurischen Verbformen im obigen Zitat erkennen lassen, in Form eines in die nahe Zukunft versetzten Szenarios[192] als existentiell bedroht imaginiert wird. Der Aspekt der *nahen* Zukunft ist zu unterstreichen, denn hätte Hesiod eine unbestimmte, ferne Zukunft im Blick, verlöre das Szenario seine Dringlichkeit und Drastik und wäre folglich im Rahmen einer Bedrohungskommunikation unbrauchbar. Was beinhaltet nun genau dieses Szenario? Hesiod fährt in seinem Text folgermaßen fort:

> Ζεὺς δ᾽ ὀλέσει καὶ τοῦτο γένος μερόπων ἀνθρώπων,
> εὖτ᾽ ἂν γεινόμενοι πολιοκρόταφοι τελέθωσιν.
> οὐδὲ πατὴρ παίδεσσιν ὁμοίιος οὐδέ τι παῖδες
> οὐδὲ ξεῖνος ξεινοδόκῳ καὶ ἑταῖρος ἑταίρῳ,
> οὐδὲ κασίγνητος φίλος ἔσσεται, ὡς τὸ πάρος περ.
> αἶψα δὲ γηράσκοντας ἀτιμήσουσι τοκῆας˙
> μέμψονται δ᾽ ἄρα τοὺς χαλεποῖς βάζοντες ἔπεσσι,
> σχέτλιοι, οὐδὲ θεῶν ὄπιν εἰδότες˙ οὐδὲ μὲν οἵ γε
> γηράντεσσι τοκεῦσιν ἀπὸ θρεπτήρια δοῖεν˙
> [χειροδίκαι˙ ἕτερος δ᾽ ἑτέρου πόλιν ἐξαλαπάξει˙]
> οὐδέ τις εὐόρκου χάρις ἔσσεται οὐδὲ δικαίου
> οὐδ᾽ ἀγαθοῦ, μᾶλλον δὲ κακῶν ῥεκτῆρα καὶ ὕβριν
> ἀνέρα τιμήσουσι˙ δίκη δ᾽ ἐν χερσί˙ καὶ αἰδὼς
> οὐκ ἔσται, βλάψει δ᾽ ὁ κακὸς τὸν ἀρείονα φῶτα
> μύθοισι σκολιοῖς ἐνέπων, ἐπὶ δ᾽ ὅρκον ὀμεῖται.
> Ζῆλος δ᾽ ἀνθρώποισιν ὀιζυροῖσιν ἅπασι
> δυσκέλαδος κακόχαρτος ὁμαρτήσει στυγερώπης.

> Zeus jedoch wird auch dieses Geschlecht der redenden Menschen zerstören,
> Wenn es nämlich so kommt, dass sie schon bei ihrer Geburt grau an den Schläfen sind.
> Weder wird ein Vater in Eintracht leben mit seinen Kindern noch Kinder [mit dem Vater],
> Auch ein Gastfreund nicht mit seinem Gastgeber und ein Gefährte nicht mit seinem Gefährten,

[192] Vgl. *Wilamowitz-Moellendorff*, Hesiodos, 62; *Laumann*, Gerechtigkeit, 60; *Schmale*, Bilderreigen, 264.

Und auch wird ein Bruder kein Freund sein, wie es früher einmal war.
Plötzlich werden sie ihre alternden Eltern nicht [mehr] ehren,
Werden sie gar tadeln, indem sie üble Worte an sie richten,
Die Grausamen, ohne auch nur die Strafe der Götter in Betracht zu ziehen. Auch dürften sie wohl
Ihren greisen Eltern das Geld, das sie zur Ernährung brauchen, nicht geben,
[Sie, die das Recht in ihren Fäusten halten! Der eine wird die Stadt eines anderen vernichten]
Und weder ein Eidestreuer noch ein Gerechter wird auch nur ein Quäntchen Gunst finden,
Auch nicht ein Guter. Stattdessen werden sie einen Übeltäter und von Hybris geleiteten
Mann ehren. Das Recht wird in den Fäusten liegen und sittliches Schamgefühl
Wird es nicht geben. Der Schlechte wird dem besseren Mann Schaden zufügen,
Indem er ihn mit krummen Worten anschwärzt und darauf einen Eid schwört.
Allen elenden Menschen auf Schritt und Tritt folgen wird der Neid,
Der unerträglich laut ist, sich am Übel erfreut und finster dreinschaut.
(Hes. *Op*. 180–196)

Dieses Porträt des Eisernen bzw. fünften Zeitalters ist unter allen Weltalter-Darstellungen das ausführlichste. In den insgesamt 28 Versen, die ihm gewidmet werden und von denen hier 17 zitiert wurden, setzt Hesiod 16 Futura sowie ein Präsenz, das futurisch zu verstehen ist. Mittels dieses konsequenten futurischen Sprachgebrauchs schafft er eine Art „Weltuntergangsstimmung“[193] und verleiht dadurch dem Gesagten ein geradezu apokalyptisches Gepräge.[194] Der Niedergang der Gesellschaft wird so als kurz bevorstehend dargestellt, womit Hesiod einen maximalen Abschreckungseffekt erzielt.[195] Durch die Fokussierung auf bald zusammenbrechende zwischenmenschliche Beziehungen zwischen Familienmitgliedern (Väter/Kinder, Geschwister/Geschwister, Kinder/Eltern), Freunden und Gastfreunden, aber auch durch die Hervorhebung von künftig grassierender Gottlosigkeit, von Faustrecht, Rechtsbruch, Hybris, Wertschätzung des Schlechten, Misshandlungen der Guten, Meineid und Verlust des sittlichen Schamgefühls, lässt Hesiod keinen Zweifel daran, dass er ein Zerbrechen der Gesellschaft von innen heraus für wahrscheinlich hält. Die antizipierte Erosion familiärer und sozialer Solidarität vollzieht sich auf horizontaler (Ver-

[193] *Kerschensteiner*, Aufbau, 170.

[194] *Gatz*, Weltalter, 49; *Laumann*, Gerechtigkeit, 60; *Clay*, Education of Perses, 27; *Seybold/Ungern-Sternberg*, Amos und Hesiod, 223; *Brown*, Golden Age, 388; *Canevaro*, Clash of the Sexes, 190. *Østerud*, Individuality, 19 spricht aufgrund der Futura von einer „prophetic vision“ Hesiods. *Rosenmeyer*, Hesiod and Historiography, 276–277, hier 277, deutet den futurischen Duktus der Passage als „the deterministic future“ und sieht Parallelen zum „gnomic future“. Beide Deutungen mindern die Dramatik des hesiodeischen Szenarios, das ein Bestandteil der Bedrohungskommunikation ist und weder in Determinismus noch in Gnomik aufgeht.

[195] *Østerud*, Individuality, 20.

hältnis Mensch/Mensch) wie auf vertikaler (Verhältnis Götter/Menschen) Ebene.[196] Neben den häufig anzutreffenden futurischen Verbformen zeichnet sich die Beschreibung des Szenarios, die in ihrem Duktus an Unheilsprophetien des Alten Orients erinnert,[197] durch weitere Zeitpartikel und Temporalausdrücke aus, die auf ihre Weise zur Dramatisierung der als unmittelbar bevorstehend gedachten Ereignisse beitragen.

So evoziert Hesiod etwa eine bessere Vergangenheit, wenn er sagt, dass ein „Bruder" seinem Bruder „kein Freund sein wird, wie es früher einmal wahr" (ὡς τὸ πάρος περ).[198] Wenn es dann im Folgevers heißt, dass die Menschen des Eisernen Geschlechts „plötzlich" bzw. „schnell" (αἶψα) ihre Eltern im Alter nicht mehr ehren würden, dann geht mit diesem Hinweis auf die Plötzlichkeit der Entwicklungen das Verständnis eines rapiden sozialen Wandels einher, der in seiner Unvorhersehbarkeit bedrohlich wirkt.[199] Kunstvoll unterstreicht der Dichter diesen Kontrast zwischen dem Vergangenem und der unversehens eintretenden nahen Zukunft, indem er die beiden Temporalausdrücke im Text unmittelbar aufeinander folgenden lässt, da die Wendung ὡς τὸ πάρος περ in Vers 184 an das Versende und αἶψα an den Anfang des Folgeverses gesetzt ist. Eine Kulmination in der Darstellung der Negativentwicklungen erreicht Hesiod schließlich dadurch, dass er an seinen Katalog künftiger Missstände die Aussage anschließt, dass „dann" (τότε) – d. h., wenn das gesellschaftliche Leben vollends zerrüttet sein werde – das „sittliche Schamgefühl" (Αἰδώς) und die „öffentliche Entrüstung [über Unrecht]" (Νέμεσις)[200] die Menschen verlassen werden:

---

[196] Hes. *Op*. 182–201.

[197] *West*, Hesiod, Works and Days, 199. Als „Prophet[...] seines Volkes" wird Hesiod schon bei *Rzach*, Art. Hesiodos, 1180 bezeichnet; ähnlich *Sinclair*, Hesiod, xxvi: Hesiod als „prophet of justice" und „prophet of the age in which he lived"; *Jaeger*, Paideia, 104 („religiöse[...] Leidenschaft des Rechtspropheten Hesiodos"), 111; *McKay*, Ambivalent ΑΙΔΩΣ, 26; *Martin P. Nilsson*, Geschichte der griechischen Religion. Erster Band: Die Religion Griechenlands bis auf die griechische Weltherrschaft, 3., durchgesehene und ergänzte Aufl. München 1967, 620: Hesiod als „der Prophet der Gerechtigkeit"; *Østerud*, Individuality, 19; *Luce*, Polis, 14; *Detienne*, Les maîtres, 25. In der Forschung wurden ausgehend von frappierenden Parallelen in der Sozialkritik wiederholt auch Bezüge zwischen Hesiods Gedicht und Prophetenbüchern der Hebräischen Bibel (v. a. Amos und Jesaja) hergestellt; dazu *Rand*, Horatian Urbanity, 140, 146; *Sinclair*, Hesiod, xxvii; *Mary E. Andrews*, Hesiod and Amos, in: The Journal of Religion 23, 1943, 194–205; *Teggart*, Argument, 61–69; *Wolf*, Griechisches Rechtsdenken, 121; *Detienne*, Crise agraire, 10–14, 30; *Seybold/Ungern-Sternberg*, Amos und Hesiod, bes. 224–239; *Edgar F. Beall*, Theism and Mysticism in Hesiod's *Works and Days*, in: History of Religions 43, 2004, 177–193, hier 182 mit Anm. 26; *Ders.*, Hesiod's Treatise on Justice, 171 mit Anm. 55.

[198] Hes. *Op*. 184.

[199] Hes. *Op*. 185.

[200] Zum Verständnis von Aidos und Nemesis siehe Kap. III.1.1.

καὶ τότε δὴ πρὸς Ὄλυμπον ἀπὸ χθονὸς εὐρυοδείης
λευκοῖσιν φάρεσσι καλυψαμένω χρόα καλὸν
ἀθανάτων μετὰ φῦλον ἴτον προλιπόντ᾽ ἀνθρώπους
Αἰδὼς καὶ Νέμεσις˙ τὰ δὲ λείψεται ἄλγεα λυγρὰ
θνητοῖς ἀνθρώποισι˙ κακοῦ δ᾽ οὐκ ἔσσεται ἀλκή.

Und dann werden zum Olymp gehen, weg von der breitstraßigen Erde,
Die schöne Haut in weiße Gewänder gehüllt,
Hin zur Schar der Unsterblichen, die Menschen verlassend,
Aidos und Nemesis. Was den Menschen übrigbleiben wird,
Sind bittere Schmerzen. Gegen das Übel aber wird es keine Hilfe geben.
(Hes. *Op*. 197–201)

Das hier in Vers 197 gebrauchte Zeitadverb τότε bewirkt zweifelsohne eine Steigerung innerhalb der antizipierten Degenerationsspirale, da mit dem Weggang der divinisierten und personifizierten „Werte Aidos und Nemesis"[201], welche die ethischen Grundlagen gelingender Konvivenz bilden, der Untergang der Menschen des Eisernen Zeitalters besiegelt scheint. Der letzte Satz, der die Schilderung des Bevorstehenden beendet, bestätigt dies: Mit der in Vers 201 gestellten Prognose, dass es „gegen das Übel" (κακοῦ) keinerlei „Hilfe" oder „Schutz" (ἀλκή) geben werde,[202] schließt sich der Kreis, der in Vers 180 begann, wo Hesiod proleptisch seiner Überzeugung Ausdruck verlieh, wonach Zeus das Eiserne Geschlecht „zerstören" bzw. „vernichten" (ὀλέσει) werde. Damit erhält die ganze Partie einen düsteren Anstrich. Dieser steht zwar im Dienst einer „ernsten moralischen Warnung", ist jedoch nicht im Sinne eines Fatalismus zu verstehen.[203] Dies implizieren nicht zuletzt andere Deutungen der Gegenwart außerhalb des ‚Weltaltermythos', auf die nun noch kurz einzugehen ist. Denn diese gleichen die negativen Implikationen des Degenerationsdenkens gewissermaßen aus, insofern sie insgesamt die Vorstellung vermitteln, dass Menschen durch anderes Handeln Veränderungen zum Positiven herbeiführen können.

---

[201] *Schmale*, Bilderreigen, 263. Zur Absenz des sittlichen Schamgefühls als Zeitdiagnose bieten sich zwei Distichen aus dem *Corpus Theognideum* zum Vergleich an, die eine Rezeption der *Erga* Hesiods nahelegen. Im ersten korreliert die Ausrottung der αἰδώς mit dem Erstarken von Schamlosigkeit und Hybris: αἰδὼς μὲν γὰρ ὄλωλεν, ἀναιδείη δὲ καὶ ὕβρις / νικήσασα δίκην γῆν κατὰ πᾶσαν ἔχει. – „Denn das sittliche Schamgefühl ist zugrunde gegangen, Schamlosigkeit und Hybris / haben nach ihrem Sieg über das Recht das ganze Land im Griff" (*Corp. Theogn.* 291–292). Im zweiten Distichon wird die Ausrottung der αἰδώς explizit für die Gegenwart, nicht für die nahe Zukunft, konstatiert: ἦ δὴ νῦν αἰδὼς μὲν ἐν ἀνθρώποισιν ὄλωλεν, / αὐτὰρ ἀναιδείη γαῖαν ἐπιστρέφεται. – „Jetzt (νῦν) aber ist das sittliche Schamgefühl (αἰδώς) unter den Menschen zugrunde gegangen, / doch Schamlosigkeit (ἀναιδείη) streift auf der Erde hin und her" (*Corp. Theogn.* 646–647).

[202] Hes. *Op*. 201.

[203] *Stewart*, Hesiod and the Birth of Reason, 227 („stern moral warning"); siehe dazu auch *Brown*, Golden Age, 389.

3.2 Weitere Deutungen der Gegenwart

Diejenigen Aussagen Hesiods zur Jetzt-Zeit, die er nicht in den ‚Weltaltermythos' integriert hat, unterstreichen eine wichtige Tatsache: Die Gegenwart ist aus Sicht Hesiods zwar nicht mehr zu ertragen, das Szenario jedoch, das der Dichter in der nahen Zukunft des Eisernen Geschlechts erwartet, ist noch nicht eingetreten. Dieses Zeitfenster des Noch-Nicht, das zugleich den Kairos markiert, in dem die Bedrohungskommunikation geäußert wird, hält für Hesiod auf Entscheidung basierende Chancen zur Abwendung der Bedrohung bereit. Wohl kann er ausrufen, dass weder er selbst noch sein Sohn „jetzt (νῦν) […] unter den Menschen gerecht / sein wollten, da es ein Übel ist, ein gerechter Mann zu sein, wenn der Ungerechtere mehr Recht bekommen wird."[204] Doch daran schließt sich im Text unmittelbar gleich in der nächsten Zeile der hoffnungsvolle Wunsch an, „dass der ratwissende Zeus dies keineswegs zustande kommen lässt."[205] Trotz oder gerade wegen des Vorherrschens von Ungerechtigkeit in der Jetzt-Zeit ist sich Hesiod gewiss, wie er wiederum an anderer Stelle festhält, dass Zeus gerade „jetzt" (νυ) als Allsehender und Allwissender waltet und ihm somit auch die ungerechten Taten der Menschen nicht verborgen bleiben.[206] Es ist diese Gewissheit von der Präsenz und dem Wirken des Zeus im Hier und Jetzt der bedrohten Gesellschaft, die sich schon im Zeus-Hymnus der Eingangszeilen der *Opera et Dies* Ausdruck verschafft.[207] Sie ermöglicht es Hesiod letztlich, in der Gegenwart sein Lehrgedicht sowohl an die von ihm verachteten βασιλῆες zu adressieren, die ihn „jetzt" (νυ) mit ihren mächtigen Krallen packen,[208] als auch an seinen Bruder Perses, der „jetzt (νυ) auf das Recht hören"[209] soll, dessen Grundlagen, Implikationen und Konsequenzen Hesiod in seiner Dichtung paränetisch entfaltet.

Mithilfe des Respekts gegenüber Dike können die Menschen des Eisernen Zeitalters sogar letztlich den Glanz des Goldenen Zeitalters in ihre düstere Gegenwart hineinscheinen lassen, wie Hesiod zwischen den Zeilen durch feinfühlige Anspielungen in seinem Bild der gerechten Stadt impliziert. Die pessimistische Grundhaltung gegenüber dem Fünften Zeitalter wird durch diese hesiodeische Überzeugung zweifelsohne in nicht geringem Maße auf-

---

204 Hes. *Op*. 270–272.

205 Hes. *Op*. 273.

206 Hes. *Op*. 267–268.

207 Hes. *Op*. 1–10.

208 Hes. *Op*. 202: Νῦν δ' αἶνον βασιλεῦσιν ἐρέω φρονέουσι καὶ αὐτοῖς; Hes. *Op*. 207: ἔχει νύ σε πολλὸν ἀρείων (Worte des Habichts an die Nachtigall bzw. der βασιλῆες an Hesiod).

209 Hes. *Op*. 275.

gehellt.[210] Es ist also „a balanced, and possibly even optimistic, view of the potentialities of human communities in Hesiod's own time“,[211] von der letztlich die Beschreibung der gerechten Stadt Zeugnis ablegt. Denn die zumindest fragmentarische Wiederherstellung der Lebensumstände des Goldenen Genos deutet Hesiod in den Versen 225–237 mit einiger Deutlichkeit an. Dort beschreibt er, wie positiv sich die Treue gegenüber Dike und der Verzicht auf Hybris auf die Polisgemeinschaft auswirken,[212] und zwar nicht nur auf die von ihm adressierte Polis, sondern auf prinzipiell jede Polis. In diesem Idealbild der gerechten Stadt beschreibt Hesiod im Grunde die Ineinanderblendung der Urzeit und der Gegenwart, die unter der Bedingung eintritt, dass Menschen sich im Individuellen und im Kollektiven am Maßstab der Gerechtigkeit orientieren. Bewirkt wird diese Verschränkung der Zeiten bei der Beschreibung der gerechten Stadt durch drei allusive Rekurse auf die Beschreibung des Goldenen Zeitalters.[213] Erstens erwähnen beide Textabschnitte Feldarbeit mit identischen Formulierungen.[214] Zweitens entspricht dem Hinweis auf reiche Ernten von Feldfrüchten im Goldenen Genos, dass die Menschen der gerechten Idealstadt keinen Hunger leiden, da der Acker ihnen reichlichen Lebensunterhalt beschert.[215] Drittens findet sich in beiden Texten die Bemerkung, dass die Menschen ob ihrer günstigen Lebenssituation „Feste“ (θαλίαι) feiern.[216] Das Bedeutsame im Hinblick auf die Zeitdimension der Bedrohungskommunikation ist nicht der allgemeine Gedanke, dass eine andere, als Ideal dargestellte Gegenwart möglich erscheint. Vielmehr ist von Interesse, dass die Möglichkeit von Wohlstand und einer harmonisch-friedvollen Konvivenz durch den Rekurs auf die Urzeit verbürgt wird, die hier weniger als vergangene Epoche der Menschheitsgeschichte erscheint denn als zeitloser Idealzustand menschlicher Gesellschaft, der zumindest partiell zu allen Zeiten wiederhergestellt werden kann. Das für Hesiod so charakteristische Denkmuster, wonach das Frühere das Bessere sei, insofern nämlich gerechtes

---

210 *J.-A. Hild*, Le pessimisme moral et religieux chez Homère et Hésiode, in: Revue de l'histoire des religions 14, 1886, 168–188, hier 174–175; *Kerschensteiner*, Aufbau, 172; *Querbach*, Hesiod's Myth, 6.

211 *Querbach*, Hesiod's Myth, 6.

212 Dazu *Panagiotou*, Polis, 154–159, 163.

213 *Gatz*, Weltalter, 36; *Olstein*, Pandora, 307–308; *Bartlett*, Introduction, 193; *Ette*, Arbeit, 45; *Canevaro*, Hesiod's *Works and Days*, 162 Anm. 65. Zu den Parallelen zwischen Hesiods Idealstadtbeschreibung und der *Odyssee* siehe *Thomas Berres*, Die Segnungen der Gerechtigkeit. Eine chronologische Studie zu *Odyssee* und Hesiods *Erga*, in: Hermes 103, 1975, 257–275.

214 Hes. *Op*. 119 (ἔργ' ἐνέμοντο), 231 (ἔργα νέμονται).

215 Vgl. Hes. *Op*. 117–118 (καρπὸν δ' ἔφερε ζείδωρος ἄρουρα / αὐτομάτη πολλόν τε καὶ ἄφθονον) mit 230 (kein Λιμός), 232 (τοῖσι φέρει μὲν γαῖα πολὺν βίον) und 237 (καρπὸν δὲ φέρει ζείδωρος ἄρουρα).

216 Hes. *Op*. 115, 231.

Handeln eine bessere Zeit zurückbringen kann, ließe sich vor diesem Hintergrund leicht modifizieren in dem Sinne, dass im besonderen Falle der Urzeit das Bessere *immer* latent präsent ist. Durch das Medium literarischer Anspielungen wird diese Präsenz der Vorzeit in Worten konserviert, da auf der Ebene des Textes das Ineinander der Zeiten bzw. die permanente Gegenwart des besseren Vorher schon faktisch im Sinnhorizont des verwendeten Vokabulars gegeben ist. Diese textuelle Präsenz der Urzeit im Kairos der Bedrohungskommunikation als Motivation zu verändertem Verhalten zu begreifen, ist die Herausforderung, mit der Hesiod sein Publikum konfrontiert.

3.3 Exkurs: Zeitreflexion als Bedrohungsindikator im *Corpus Theognideum*

Die Indikatorfunktion von Zeitreflexionen lässt sich stichprobenartig an anderen Beispielen der frühgriechischen Dichtung illustrieren, die im *Corpus Theognideum* erhalten sind. Anerkanntermaßen werden in einigen Gedichten dieser thematisch vielfältigen Elegien-Sammlung, die Texte unterschiedlicher Verfasser aus mehreren Jahrhunderten vereint und unter dem Namen des nach Hesiod schreibenden Dichters Theognis überliefert ist, ebenfalls politisch-soziale Bedrohungen unterschiedlichster Natur thematisiert.[217] Ohne hier näher auf die jeweiligen historischen, gesellschaftlichen und politischen Hintergründe eingehen zu können, die für einzelne Texte angenommen werden[218] und die sich von der aus Hesiods *Erga* rekonstruierbaren historisch-politischen Situation erheblich unterscheiden, soll anhand der Verse 39 bis 68 dieses Corpus aufgezeigt werden, wie Zeitaussagen vom jeweiligen Sprecher strategisch dazu eingesetzt werden, einen sozialen Wandel zu kommunizieren, der dem Adressaten Kyrnos als eine Bedrohung der Polis vor Augen gestellt wird. Wie im Falle des Perses in Hesiods *Werken und Tagen* ist Kyrnos, der auch als Polypaides („Sohn des Polypaos") angesprochen wird, im *Corpus Theognideum* zwar der primäre Empfänger von Weisungen des Sprechers. Jedoch stellt er eine Art typischen Adressaten dar, in dessen Hörerrolle das

[217] Siehe z.B. *Viktor Steffen*, Die Kyrnos-Gedichte des Theognis, Breslau 1968, 29; *Lahr*, Dichter und Tyrannen, 16, 58 („Bedrohung der Polis"), 156; *Walter*, An der Polis teilhaben, 108 mit Anm. 68; *Loretana De Libero*, Die archaische Tyrannis, Stuttgart 1996, 34. Zum Inhalt des *Corpus Theognideum* sowie zu den komplexen Fragen der Redaktionsgeschichte und Autorschaft(en) siehe ausführlich *Hendrik Selle*, Theognis und die Theognidea, (Untersuchungen zur antiken Literatur und Geschichte 95), Berlin/New York 2008. Zitiert werden die *Theognidea*, wie auch sonst in dieser Monographie, nach der Edition von *Martin L. West* (Hrsg.), Delectus ex Iambis et Elegis Graecis, Oxford 1980.

[218] *Selle*, Theognis, 228–280.

jeweilige Publikum schlüpfen kann und soll, zumal im Gegensatz zum Bruder Hesiods die Historizität des Kyrnos äußerst zweifelhaft ist.[219] Dieser typische Adressat ist, so legen es die Texte selbst nahe, Angehöriger der Aristokratie.

Folgt man der Mehrheit der Forscher, dann ist mit der in den hier interessierenden Abschnitten wiederholt genannten πόλις Megara gemeint,[220] jene Stadt also, mit welcher Theognis ausweislich der sogenannten Sphragis sowie der Testimonien in Bezug gebracht wird.[221] Als konkrete historische Entwicklung, auf welche die Verse 39–52 Bezug nehmen, wird die aus der Perspektive des sich dem Adel zugehörig wissenden Sprechers noch bevorstehende Tyrannis des Theagenes von Megara angenommen, was einen realen oder fiktiven Abfassungszeitpunkt um die Mitte des siebten Jhs. v. Chr. suggeriert.[222] Freilich ist zu beachten, dass der Sprecher es unterlässt, den Namen der von ihm erwähnten Stadt zu nennen, und auch die Identität des Tyrannen bleibt im Dunkeln. Dies verleiht dem Gesagten einen grundsätzlichen, die historische Situation bewusst transzendierenden Charakter,[223] der sich mit Hesiods literarischer Strategie vergleichen lässt, im Modus der Vagheit von einer anonymen πόλις und von namenlosen βασιλῆες zu sprechen, um damit Allgemeingültigkeit zu beanspruchen und den potentiellen Rezeptionsradius seiner Aussagen zu vergrößern.[224] Um mit Hendrik Selle zu sprechen, der allerdings den Aspekt einer konkreten historischen Bezüglichkeit der Verse 39–52 zu stark abschwächt: „Es ist kein zwingender Grund ersichtlich, warum die v. 39f. nicht als Beschwörung einer topischen Situation gelesen werden können, einer topischen Situation, die in jeder Stadt zu jeder Zeit Wirklichkeit werden konnte und in die sich der Sprecher und sein Publikum durch das Gedicht hineinversetzen."[225] Mit Blick auf das hier vertretene Modell, wonach

---

[219] *Selle*, Theognis, 36–37, 277–280.

[220] Z. B. *Walter*, An der Polis teilhaben, 106–109.

[221] Siehe *Corp. Theogn.* 22–23: Θεύγνιδός ἔστιν ἔπη / τοῦ Μεγαρέως. Es ist am wahrscheinlichsten, dass dabei Megara auf dem Isthmos gemeint ist; siehe dazu *Rösler*, Dichter und Gruppe, 81 mit Anm. 125; *Selle*, Theognis, 246–253, 372–373.

[222] *Selle*, Theognis, 233–234; siehe dazu auch *Oost*, Megara.

[223] Vgl. *Gregory Nagy*, Poet and Tyrant: *Theognidea* 39–52, 1081–1082b, in: Classical Antiquity 2, 1983, 82–91, hier 90–91; *Ders.*, Theognis and Megara: A Poet's Vision of His City, in: Thomas J. Figueira/Gregory Nagy (Hrsg.), Theognis of Megara. Poetry and the Polis, Baltimore/London 1985, 22–81, hier 42–43. *Rösler*, Dichter und Gruppe, 79–81, hier 81 spricht treffend von „einer intendierten ‚Offenheit' der Theognis-Elegien". Eine sowohl geographisch als auch zeitlich unbegrenzte Verbreitung und Rezeption wird in den Elegien selbst erwartet, wie der Passus *Corp. Theogn.* 237–254 beweist; dazu *Rösler*, Dichter und Gruppe, 81–83.

[224] *Steffen*, Kyrnos-Gedichte, 25 zieht ausdrücklich den Vergleich zwischen den in *Corp. Theogn.* 41 genannten ἡγεμόνες und den βασιλῆες bei Hesiod.

[225] *Selle*, Theognis, 234. *Nagy*, Poet and Tyrant, 82–83, hier 82, spricht in diesem Zusammenhang von einer „poetic convention of didactic self-dramatization": „In terms of such a poetic convention […] the poet can picture himself in an historical setting that may or may not be contemporaneous."

Bedrohungskommunikation aus Gründen der Authentizität und Plausibilität in irgend einer Form historische Bezüge aufweisen muss und eben keine reine Fiktion ist, gehe ich allerdings davon aus, dass der Inhalt der Gedichte aus der Reflexion und Deutung zwar nicht näher bestimmbarer, jedoch realer historischer Ereignisse erwachsen ist, wer auch immer nun der oder die Verfasser sein mögen, die als ursprüngliche Bedrohungskommunikatoren auftraten.

Der hier zu beleuchtende Abschnitt besteht aus drei separaten Sinnabschnitten bzw. redaktionell zusammengefügten Einzeltexten (Verse 39–42, 43–52, 53–68),[226] die sich einzeln betrachtet möglicherweise, aber keinesfalls mit letzter Sicherheit sozialen Entwicklungen in ein und derselben Polis widmen. Der redaktionelle Endtext jedoch, den das Corpus in den Versen 39 bis 68 bietet, suggeriert dem Leser natürlich zweifellos, das ein und dieselbe Stadt gemeint ist und dass zumindest die beiden längeren Abschnitte V. 39–52 und 53–68 als in sich geschlossene, zusammenhängende Texte zu behandeln sind. Im Hinblick auf die hier interessierende Zeitdimension von Bedrohungskommunikation ist die konkrete geographische und historisch-politische Bezüglichkeit, die ohnehin kaum präzise eruierbar ist, nicht von Belang. Sicher scheint, dass im folgenden Text die zu einer potentiellen Tyrannis führenden sozialen Missstände verhandelt werden.[227]

Κύρνε, κύει πόλις ἥδε, δέδοικα δὲ μὴ τέκῃ ἄνδρα
  εὐθυντῆρα κακῆς ὕβριος ἡμετέρης.
ἀστοὶ μὲν γὰρ ἔθ' οἵδε σαόφρονες, ἡγεμόνες δὲ
  τετράφαται πολλὴν εἰς κακότητα πεσεῖν.

Kyrnos, diese Polis ist schwanger (κύει), doch ich fürchte (δέδοικα), dass sie einen Mann gebiert,
  Der unsere Hybris geraderichten wird.
Denn die Bürger sind zwar noch (ἔθ') vernünftig, doch die Anführer
  Haben sich gewendet, um in große Schlechtigkeit zu stürzen.
(*Corp. Theogn.* 39–42)

Schon die Schwangerschaftsmetapher in Vers 39 ist bedeutsam im Hinblick auf das Thema der Zeitreflexion, da durch sie unumkehrbare politische Entwicklungen umschrieben werden, die aus Sicht des Sprechers notwendigerweise in der nicht allzu nahen Zukunft zu einem unvermeidlichen Ereignis

[226] Vgl. *Selle*, Theognis, 262–263, der allerdings eine Vierteilung vorschlägt (Verse 39–42, 43–52, 53–60, 61–68); zu älteren Einteilungsvorschlägen in der Forschung siehe den Überblick bei *Friedrich Samuel Hasler*, Untersuchungen zu Theognis (Zur Gruppenbildung im 1. Theognisbuch), Winterthur 1959, 34.

[227] *Selle*, Theognis, 231–234, 263–264. Das Problem der Tyrannis kommt im *Corpus Theognideum* öfters vor (*De Libero*, Tyrannis, 32–35; *Lahr*, Dichter und Tyrannen, passim); vgl. dazu v. a. die Verse 823, 1181 und 1204, wo der Tyrannenbegriff jeweils explizit fällt. In den hier behandelten Elegien deutet darauf der Begriff „Alleinherrscher" (μούναρχοι) in Vers 52.

führen werden.[228] Mit dem „Bild der Schwangerschaft“ geht das Konstrukt einer „Latenzperiode der Entwicklung“ einher,[229] das zwar keinen rasch sich vollziehenden, jedoch einen unaufhaltsamen gesellschaftlichen Umschwung andeutet. Der Sprecher diagnostiziert die Hybris der regierenden Elite als die Hauptursache eines bereits stattfindenden sozialen Wandels, der zur Geburt eines Tyrannen in absehbarer Zeit führen wird.[230] Das Schwangergehen der Polis markiert somit eine kontinuierlich nachvollziehbarer werdende Zeitverknappung, die durch eine Semantik des Fürchtens (δέδοικα)[231] rhetorisch eindrücklich emotionalisiert wird und den Gesamteindruck einer „großen Besorgnis des Dichters“[232] unterstreicht: Die Zeit bis zur Geburt des Tyrannen wird beständig weniger, und die im Namen des Kyrnos angesprochenen Adressaten scheinen dieser zu erwartenden Entwicklung schlichtweg ausgeliefert. Der Gebrauch der Zeitpartikel ἔτι in Vers 41 verdeutlicht, dass die Bürger zwar „noch“ besonnen sind, doch die Wortwahl deutet an, dass dies sich eben in der nahen Zukunft ändern kann, wenn sie nämlich von der Schlechtigkeit der Eliten infiziert werden und es zum Aufstand kommt.[233] Es ist demnach eine Situation in der Schwebe, eine Situation des „Noch“, in die hinein diese Worte gesprochen werden. Darauf folgt im *Corpus Theognideum* dieser Text:

οὐδεμίαν πω Κύρν' ἀγαθοὶ πόλιν ὤλεσαν ἄνδρες·
  ἀλλ' ὅταν ὑβρίζειν τοῖσι κακοῖσιν ἅδῃ,
δῆμόν τε φθείρωσι δίκας τ' ἀδίκοισι διδῶσιν
  οἰκείων κερδέων εἵνεκα καὶ κράτεος,

[228] Vgl. *Steffen*, Kyrnos-Gedichte, 29.

[229] *Lahr*, Dichter und Tyrannen, 15.

[230] An anderer Stelle der *Theognidea* wird, ohne dass freilich ein konkreter Kontext ersichtlich wäre, in einem Distichon vor der die Polisgemeinschaft bedrohenden Zerstörungskraft der Hybris gewarnt, wobei der Sprecher durch den Hinweis auf die Emotion der Furcht seine Aussage bewusst dramatisiert: δειμαίνω μὴ τήνδε πόλιν Πολυπαΐδη ὕβρις / ἥ περ Κενταύρους ὠμοφάγους ὀλέσῃ. – „Ich fürchte, Polypaides, dass Hybris diese Stadt zerstört, / so wie [sie schon] die rohes Fleisch fressenden Kentauren [zerstörte]“ (*Corp. Theogn.* 541–542); dazu *Nagy*, Theognis and Megara, 51–52.

[231] Das Verb kommt im *Corpus Theognideum* mehrfach vor, siehe *Corp. Theogn.* 507, 780, 818, 1081. Für den Kontext einer politischen Bedrohung besonders relevant sind hier die Verse 780–781, wo ein unbekannter Dichter infolge der Bedrohung Megaras durch das persische Heer 480/479 v. Chr. (*Corp. Theogn.* 775–776) seiner Furcht vor einer möglichen Stasis der Griechen Ausdruck verschafft: ἦ γὰρ ἔγωγε δέδοικ' ἀφραδίην ἐσορῶν / καὶ στάσιν Ἑλλήνων λαοφθόρον [...]; vgl. dazu *Nagy*, Poet and Tyrant, 83.

[232] *Steffen*, Kyrnos-Gedichte, 23.

[233] In der eine gravierende Veränderung aufweisenden Parallelüberlieferung der Verse 39–42 in *Corp. Theogn.* 1081–1082b wird der Aspekt der drohenden Stasis noch stärker betont: Hier gebiert die Polis nicht einen Bestrafer der Hybris wie in den Versen 39–40 (ἄνδρα / εὐθυντῆρα κακῆς ὕβριος ἡμετέρης), sondern einen „hybrisbehafteten Mann, einen Anführer des schlimmen Aufstandes (ἄνδρα / ὑβριστήν, χαλεπῆς ἡγεμόνα στάσιος)“ (*Corp. Theogn.* 1080–1081); siehe dazu *Hasler*, Untersuchungen, 38–39; *Nagy*, Poet and Tyrant, 86–87; *Selle*, Theognis, 264.

ἔλπεο μὴ δηρὸν κείνην πόλιν ἀτρεμίεσθαι,
  μηδ' εἰ νῦν κεῖται πολλῇ ἐν ἡσυχίῃ,
εὖτ' ἂν τοῖσι κακοῖσι φίλ' ἀνδράσι ταῦτα γένηται,
  κέρδεα δημοσίῳ σὺν κακῷ ἐρχόμενα.
ἐκ τῶν γὰρ στάσιές τε καὶ ἔμφυλοι φόνοι ἀνδρῶν
  μούναρχοί τε· πόλει μήποτε τῇδε ἅδοι.

Niemals haben Gute, Kyrnos, irgendeine Stadt ins Verderben gestürzt.
  Sondern sobald (ὅταν) die Schlechten Gefallen daran finden, Hybris-Taten zu begehen,
Und sie das Volk verderben und den Ungerechten Recht geben
  Aus Gründen des eigenen Gewinns und der Macht,
Dann gehe davon aus, dass jene Stadt nicht lange (μὴ δηρόν) unerschüttert bleiben wird,
  Auch nicht, wenn sie sich jetzt (νῦν) in großer Ruhe befindet,
Wenn nämlich den schlechten Männern dies lieb wird:
  Gewinn, der mit einer Schädigung des Volkes einhergeht.
Denn daraus entstehen Aufstände, Mord an Männern in der Gemeinschaft
  Und Alleinherrscher. Möge diese Stadt daran niemals Gefallen finden.
(*Corp. Theogn.* 43–52)

In diesen Versen wird, obwohl das moralische Element in den Adjektiven ἀγαθοί und κακοί sicherlich nicht ganz auszublenden ist,[234] ein sozialer Konflikt zwischen Adligen („Guten") und gesellschaftlich aufgestiegenen Nichtadligen („Schlechten") thematisiert.[235] Je nachdem, wann die „Schlechten" durch Rechtsbruch, Gewinnstreben, Korruption und Machtgelüste das Volk empfindlich schädigen werden, wird gemäß Vers 47 die Polis „nicht lange [...] unerschüttert" (μὴ δηρόν [...] ἀτρεμίεσθαι) bleiben. Auch hier findet sich der Hinweis auf eine Zeitverknappung, die es den Adressaten verunmöglicht, sich der Zukunft mit einem Gefühl der Sicherheit zu stellen. Denn es scheint nur eine Frage der Zeit zu sein, wann das in Vers 44 genannte „Sobald" (ὅταν) eintritt und die Bedrohung Wirklichkeit werden lässt.[236] Dass die Stadt gemäß Vers 48 „jetzt in großer Ruhe liegt" (νῦν κεῖται πολλῇ ἐν ἡσυχίῃ), ist demnach eine trügerische Gegenwartsbeschreibung. Zwar impliziert der letzte Satz, dass die Adressaten dem potentiellen Eintreten der Bedrohung etwas entgegensetzen sollen, appelliert doch der Sprecher daran, dass „diese Stadt" keinen Gefallen an Staseis, Bürgerkrieg und Tyrannen entwickeln möge. Doch angesichts des ausgemalten Szenarios, das die generelle Verschlechterung der Missstände in

[234] Dazu *Lahr*, Dichter und Tyrannen, 19–22, der detailliert auch alle Adelstugenden auflistet, die im *Corpus Theognideum* von den ἀγαθοί erwartet werden.

[235] Dazu ausführlicher *Selle*, Theognis, 265–266. *Lahr*, Dichter und Tyrannen, 24–25, geht davon aus, dass der Dichter durch den Hinweis auf die „Schlechten" einen „Wertewandel" (S. 25) und damit Depravationstendenzen innerhalb der Aristokratie kritisieren will.

[236] *Lahr*, Dichter und Tyrannen, 15.

der Polis heraufbeschwört, erscheint dieser Wunsch des Sprechers doch als eine große Herausforderung.

Auf Missstände anderer Art, die nicht mit dem spezifischen Problem einer entstehenden Tyrannis in Beziehung stehen, geht der letzte hier kurz vorzustellende Text ein.[237] Auch hier dient Zeitreflexion dazu, den sozialen Wandel als negativ zu deuten:

> Κύρνε, πόλις μὲν ἔθ' ἥδε πόλις, λαοὶ δὲ δὴ ἄλλοι,
> οἳ πρόσθ' οὔτε δίκας ἤδεσαν οὔτε νόμους,
> ἀλλ' ἀμφὶ πλευραῖσι δορὰς αἰγῶν κατέτριβον,
> ἔξω δ' ὥστ' ἔλαφοι τῆσδ' ἐνέμοντο πόλεος.
> καὶ νῦν εἰσ' ἀγαθοὶ Πολυπαΐδη· οἱ δὲ πρὶν ἐσθλοὶ
> νῦν δειλοί. τίς κεν ταῦτ' ἀνέχοιτ' ἐσορῶν;
> ἀλλήλους δ' ἀπατῶσιν ἐπ' ἀλλήλοισι γελῶντες,
> οὔτε κακῶν γνώμας εἰδότες οὔτ' ἀγαθῶν.
> μηδένα τῶνδε φίλον ποιεῦ Πολυπαΐδη ἀστῶν
> ἐκ θυμοῦ χρείης οὕνεκα μηδεμιῆς·
> ἀλλὰ δόκει μὲν πᾶσιν ἀπὸ γλώσσης φίλος εἶναι,
> χρῆμα δὲ συμμείξῃς μηδενὶ μηδ' ὁτιοῦν
> σπουδαῖον· γνώσῃ γὰρ ὀιζυρῶν φρένας ἀνδρῶν,
> ὥς σφιν ἐπ' ἔργοισιν πίστις ἔπ' οὐδεμία,
> ἀλλὰ δόλους ἀπάτας τε πολυπλοκίας τ' ἐφίλησαν
> οὕτως ὡς ἄνδρες μηκέτι σῳζόμενοι.

> Kyrnos, diese Stadt ist noch (ἔτι) dieselbe Stadt, aber die Bevölkerung ist eine andere,
> Die zuvor (πρόσθ') weder Rechtsentscheide noch Gesetze kannte,
> Sondern an ihren Seiten die Felle von Ziegen aufrieb,
> Und wie Hirsche außerhalb dieser Stadt lebte.
> Und jetzt (νῦν) sind sie die Guten, Polypaides. Diejenigen aber, die vorher (πρίν) edel waren,
> Sind jetzt (νῦν) schlecht. Wer könnte es ertragen, das mit anzusehen?
> Sie betrügen sich gegenseitig, wobei sie sich gegenseitig auslachen und
> Weder die Einstellung der Bösen noch die der Guten kennen.
> Keinen von diesen Bürgern sollst Du Dir aus vollem Herzen
> Zum Freund machen, Polypaides, aus keinem Bedürfnis heraus.
> Erwecke vielmehr den Anschein, allen den Worten nach ein Freund zu sein,
> Doch wickele mit keinem irgendein ernstes Geschäft ab.
> Denn dabei wirst Du die Denkart elender Männer kennenlernen,
> Dass es bei ihren Taten überhaupt keine Treue gibt.
> Vielmehr lieben sie Betrügereien, Täuschungen und Ränke,
> So, wie Männer, die nicht mehr zu retten sind. (*Corp. Theogn.* 53–68)

Auch in diesem Gedicht kreiert die Zeitpartikel ἔτι („noch") in Vers 53 eine zwielichtige Stimmung, in die sich die Erwartung negativer Entwicklungen

---

[237] Zu möglichen politisch-historischen Hintergründen siehe *Walter*, An der Polis teilhaben, 110–112.

mischt. Ein gegenwärtig stattfindender Wandel, der den Zustand des „Noch" bedroht, wird durch den Hinweis gekennzeichnet, dass die Leute in der Stadt anders geworden seien: λαοὶ δὲ δὴ ἄλλοι (Vers 53). Die Veränderung der Bevölkerung zum Negativen wird dabei ausdrücklich im moralischen Sinne verstanden, wie es die zweite Gedichthälfte erkennen lässt: Dort werden mangelnde Zuverlässigkeit und Treue (πίστις) sowie die gesellschaftliche Konvivenz bedrohende Betrügereien und Intrigen thematisiert. Der Grad dieser Zerrüttung zwischenmenschlicher Beziehungen in der Polis wird dadurch dramatisiert, dass sich die „Männer" so verhalten, als seien sie „nicht mehr zu retten" (ἄνδρες μηκέτι σῳζόμενοι). Dieses „Nicht-Mehr" (μηκέτι) steht in scharfem Kontrast zum eingangs gesetzten „Noch" (ἔτι) und verdeutlicht, dass die Verschlechterung der Zustände aus der gegenwärtigen Sicht des Sprechers als unabwendbar eingeschätzt wird. Die in Vers 53 diagnostizierte Wandlung der Bürger zum Schlechten wird in den Versen 54 bis 58 durch einen geschickten Einst-Jetzt-Vergleich präzisiert, durch den die Bevölkerung in zwei Gruppen geschieden wird. Die eine Gruppe, die „früher" oder „vorher" (πρόσθ') ohne Kenntnis des Rechts ein primitives und unzivilisiertes Leben außerhalb der Stadt geführt habe, sei „jetzt" (νῦν) zu „Guten" geworden. Dies ist zunächst im ständischen Sinne zu verstehen und weist auf den als bedrohlich wahrgenommenen sozialen Aufstieg einer einst der aristokratischen Führungsschicht untergeordneten Klasse.[238] In diesem Fall signalisiert das Einst-Jetzt-Schema für den Sprecher keine begrüßenswerte Entwicklung, weil mit dieser krisenhaften Konkurrenzsituation der soziale Abstieg der Aristokratie korreliert, zu der sich der Sprecher höchstwahrscheinlich dazurechnet. Was in den Versen 54 bis 57 vordergründig wie eine Art Kulturentstehungslehre *in nuce* klingt, in welcher die Polis als ein Raum des Rechts und des kultivierten Zusammenlebens erscheint, wird damit zur Geschichte einer Usurpation der Macht: Die als Tiere beschriebenen Emporkömmlinge, die einst außerhalb der Stadt lebten,[239] fahren nun innerhalb der Stadt damit fort, ein unzivilisiertes Leben zu führen und gewinnen damit die Oberhand über die aristokratische Elite. Dies wird in den Versen 57 und 58 deutlich: Diejenigen, die „zuvor edel"

---

[238] *Elke Stein-Hölkeskamp*, Adelskultur und Polisgesellschaft. Studien zum griechischen Adel in archaischer und klassischer Zeit, Stuttgart 1989, 87–88; *Selle*, Theognis, 266.

[239] Auch bei Hesiod markiert ein dem von Zeus etablierten Recht ergebenes Verhalten den Unterschied zwischen Mensch und Tier (Hes. *Op.* 276–280). Der Konnex zwischen unrechtlichem Handeln, Gewalt und tierischer Verrohung wird auch an der homerischen Beschreibung der Kyklopen und insbesondere Polyphems deutlich (Hom. *Od.* 9,106 [Κυκλώπων ... ὑπερφιάλων ἀθεμίστων]; 9,112–115; 9,215: der Kyklop als ἄγριον, οὔτε δίκας εὖ εἰδότα οὔτε θέμιστας); dazu *Hasler*, Untersuchungen, 45; *Bernhard A. van Groningen*, Theognis. Le premier livre. Édité avec un commentaire, Amsterdam 1966, 32; *Nagy*, Theognis and Megara, 44 Anm. 4.

(οἱ δὲ πρὶν ἐσθλοί) waren – also die Adligen – seien „jetzt Schlechte" (νῦν δειλοί), d. h. solche, die durch die Krisensituation auf die Stellung gemeiner Leute herabgestuft wurden. Dass damit auch eine moralische Verurteilung ihres Lebensstils beabsichtigt ist, geht aus der Darstellung ihrer Wertevergessenheit in den Versen 59–60 und 65–68 klar hervor.[240] Die Unerträglichkeit dieses Wechselspiels von Aufstieg und Abstieg in einem gesellschaftlichen Klima des Betrugs und Werteverlusts wird aus Sicht des Sprechers durch die zwischen Resignation und Empörung oszillierende Frage in Vers 58 besonders drastisch auf den Punkt gebracht: τίς κεν ταῦτ' ἀνέχοιτ' ἐσορῶν; – „Wer könnte es ertragen, das mit anzusehen?"

Die hier aufgeführten Textbeispiele aus dem *Corpus Theognideum* führen vor Augen, dass unabhängig sowohl von der konkreten Ausprägung gesellschaftlich bedrohlicher Entwicklungen als auch vom sozialen Status der Sprecher Zeitreflexionen von Betroffenen dazu eingesetzt werden, um eine Bedrohung zu signalisieren bzw. einen sozialen Wandel als negativ zu bewerten. Das Stichwort der Bewertung leitet dabei zur emotionalen Sinndimension von Bedrohungskommunikation über, die nun im Zentrum der Aufmerksamkeit stehen soll.

4. Die emotionale Sinndimension

Die Auffassung, wonach Bedrohungskommunikation auf Seiten des Bedrohungskommunikators „durch starke Emotionen gekennzeichnet"[241] ist und auch der motivierenden bzw. persuasiven Emotionsevokation auf Seiten der Adressaten dient, ist in der bisherigen geisteswissenschaftlichen Theoriedebatte kein wirklicher Konsens. Obwohl in einem grundsätzlichen Sinne Emotionen sowohl beim Sender als auch beim Empfänger der Kommunikation „Erkennen und Handeln […] ermöglichen und lenken"[242] und obwohl sie aus psychologischer Sicht bei „der Abwendung und Vermeidung von Bedrohung und Gefährdung"[243] eine nicht zu unterschätzende Rolle spielen, wird in Werner Schirmers Modell Emotionalität nicht als Bestandteil von Bedrohungskom-

[240] *Hasler*, Untersuchungen, 46; dazu auch *Christoph Ulf*, Formen von Konsumption, Lebensstilen und Öffentlichkeiten von Homer bis Theognis, Klio 96, 2014, 416–436, hier 424–427. Zur Interpretation der Verse 59–60 siehe insbesondere *Leslie Kurke*, ΚΑΠΗΛΕΙΑ and Deceit: Theognis 59–60, in: The American Journal of Philology 110, 1989, 535–544.

[241] *Frie/Meier*, Bedrohte Ordnungen, 4; siehe dazu auch ebd. 22–23.

[242] *Frie/Meier*, Bedrohte Ordnungen, 23.

[243] *Dieter Vaitl*, Funktionelle Neuroanatomie, in: Gerhard Stemmler (Hrsg.), Enzyklopädie der Psychologie. Themenbereich C: Theorie und Forschung, Serie IV: Motivation und Emotion, Band. 3: Psychologie der Emotion, Göttingen u. a. 2009, 81–130, hier 99.

munikation etabliert. Zwar könne man „sich vor etwas fürchten und bedroht fühlen“, jedoch sei einzig die Kommunikation einer Bedrohung ausschlaggebend dafür, dass sie „gesellschaftlich in irgendeiner Form Konsequenzen“ habe.[244] Ausdrücklich vermerkt Schirmer, dass für seinen Untersuchungsgegenstand „nur die *Kommunikation* von Bedrohungen interessant“ sei, denn „psychische Voraussetzungen und Folgen sind nur am Rande von Bedeutung, z. B. im Hinblick darauf, wie sie glaubwürdig (bzw. ‚authentisch‘) kommuniziert werden können.“[245] Trotz dieses allenfalls marginalen Interesses an Emotionen bei Schirmer muss unterstrichen werden, dass die gesellschaftlichen Konsequenzen von Bedrohungskommunikation durch die emotionale Beteiligung des Bedrohungskommunikators entscheidend beeinflusst werden: „Ein innerlich bewegter Sprecher kann glaubhafter auf seine Adressaten wirken. Die als Beglaubigungsstrategie genutzte individuelle Emotion kann sich so zu einer kollektiv wirksamen Emotion ausweiten […].“[246] Freilich darf nicht der Eindruck entstehen, Emotionalität werde rein zweckhaft aus Gründen der Beglaubigung eingesetzt. Denn einerseits ist die emotionale Involviertheit untrennbar schon mit dem Akt des Deutens gegeben, weshalb der Bedrohungskommunikator gar nicht anders kann, als emotionsgeleitet zu sprechen oder zu schreiben: „Alles Erfahren und Erkennen ist stets auch ein *emotionales Erleben*. Deutungen von Gegenwärtigem und Vergangenem oder zukunftsgerichtetes Erwarten rufen Empfinden hervor: Hoffnung, Freude, Abscheu, etc.“[247] Da andererseits jede schriftstellerische Themenwahl immer schon emotional beeinflusst ist,[248] sind Emotionen notwendigerweise auch für literarische Bedrohungskommunikation kennzeichnend.

Die beiden letztgenannten Aspekte enthalten wichtige Erklärungen dafür, dass Bedrohungskommunikation in dieser Studie nicht als ein bloßes rhetorisches Spiel aufgefasst wird. Zwar zeigt die Geschichte der Rhetorik, dass in Sprache gefasste Emotionalität keineswegs mit dem Innenleben des Sprechers übereinstimmen muss, da Emotionen auch nur fingiert sein können. Die zum literaturwissenschaftlichen und linguistischen Allgemeingut zählende Erkenntnis, dass Sprache an sich immer auch eine „emotive“ bzw. „expressive“

---

244 *Schirmer*, Bedrohungskommunikation, 101.

245 *Schirmer*, Bedrohungskommunikation, 101 (kursiv im Orig.).

246 *Fechner/Granzow/Klimek*, Bedrohungskommunikation, 172.

247 *Lampe*, Wirklichkeit als Bild, 76.

248 Vgl. hierzu *Henrike F. Alfes*, Literatur und Gefühl. Emotionale Aspekte literarischen Schreibens und Lesens, (Konzeption Empirische Literaturwissenschaft 19), Opladen 1995, 101, die am Beispiel moderner Literatur bemerkt, dass die auktorialen „Operationen der Wissens-, Ideen- und Themenselektion […] emotional mitbestimmt“ sind; siehe auch ebd. 130–131. Diese Einsicht gilt wegen ihrer Grundsätzlichkeit meines Erachtens auch für die antike Literatur.

Funktion hat, die nach Roman Jacobson sprecherbezogen ist und darin besteht, eine Sprechereinstellung („speaker's attitude") über das in Rede Stehende zu kommunizieren und dabei den Eindruck einer bestimmten Emotion zu wecken, sei diese „echt oder vorgetäuscht" („whether true or feigned"),[249] gilt auch im Kontext von Bedrohungskommunikation. Zwar ist es grundsätzlich denkbar, dass ein Bedrohungskommunikator auch ein Scharlatan sein kann, dass er mit einem möglicherweise nur fiktiven Bedrohungskonstrukt dezidiert manipulative Interessen verfolgt und Gefühle vortäuscht und wecken will, um das Publikum für seine Einstellung zu gewinnen. Jedoch widerspricht ein solches Verständnis von Bedrohungskommunikation dem hier entwickelten Modell, demzufolge Bedrohungskommunikation aus Sicht des Bedrohungskommunikators eine grundsätzlich ernste Angelegenheit ist, die weder auf rhetorisch ausgeschmückten Fiktionen noch auf anlasslosen Konstruktionen basiert, sondern auf Deutungen gesellschaftlicher Entwicklungen, die ihn selbst und sein Publikum betreffen. Wenn ein Bedrohungskommunikator Emotionen nur fingieren würde, zu welchen abwegigen Zwecken auch immer, käme dies letztlich dem Entschluss gleich, seine Glaubwürdigkeit ernsthaft aufs Spiel zu setzen und zu riskieren, als ein Scharlatan entlarvt zu werden.

Es sind infolge des Aspekts der Ernsthaftigkeit tendenziell negativvalente Emotionen gegenüber der Bedrohung und der Bedrohungsquelle, die gemäß dem hier entwickelten Modell Bedrohungskommunikation im Kern ausmachen: Je nachdem, wie die Beschaffenheit einer Bedrohung konkret imaginiert wird und wie sich der Bedrohungskommunikator zu ihr positioniert, kann offener oder latenter Pessimismus ein Signum von Bedrohungskommunikation sein,[250] oder aber es können „Primäremotionen wie Angst oder Wut"[251] überwiegen. In jedem Fall hegt jeder Bedrohungskommunikator notwendigerweise eine Aversion gegenüber der von ihm als Deutungskonstrukt kommunizierten Bedrohung, weil eine Bedrohung aus seiner Sicht *per definitionem* nicht positiv konnotiert sein kann – sonst gäbe es schlichtweg keinen Grund, etwas als Bedrohung zu kommunizieren. Letztlich liegt der Bedrohungskommunikation ja entweder ein antizipiertes, noch nicht eingetretenes Ereignis zugrunde oder eine schon vonstattengehende Entwicklung, die ihre negativen Konsequenzen noch nicht vollumfänglich entfaltet hat. Beides zeitigt in der Kommunikation einerseits einen Niederschlag zum Ausdruck kommender aversiver Gefühle wie z. B. Angst, kann andererseits aber auch sprachliche Aggressivität bedingen, die Abwehrhand-

[249] *Roman Jacobson*, Closing Statement: Linguistics and Poetics, in: Thomas A. Sebeok (Hrsg.), Style in Language, Cambridge/MA 1960, 350–377, hier 354.

[250] So *Patzold*, Bedrohte Ordnungen, 54.

[251] *Fechner/Granzow/Klimek*, Bedrohungskommunikation, 172.

lungen gegen die Bedrohungsquelle einzuleiten sucht. Denn – und diese Einsicht der Entwicklungspsychologie ist hier sachlich übertragbar – „[a]versive Emotionen motivieren Handlungstendenzen, die auf die Beseitigung der Emotionen bzw. der ihnen zugrundeliegenden Bedingungen gerichtet sind [...].“[252] Ultimative Resignation allerdings widerspräche dem Anliegen von Bedrohungskommunikation, deren Grundlage immer die Überzeugung ist, dass noch etwas gegen das Eintreten bzw. die volle Verwirklichung der Bedrohung getan werden kann und soll. Dennoch kann Bedrohungskommunikation freilich stellenweise resignative Züge tragen. Denn die Inszenierung von ansatzweiser Resignation kann dazu beitragen, die Intensität der Bedrohungsdarstellung rhetorisch zu steigern. Aus der Signifikanz der Emotionen folgt für die Identifikation, Deskription, Analyse und Interpretation literarischer Bedrohungskommunikation, dass in den jeweils zu untersuchenden Texten vor allem zwei Aspekte ins Zentrum der Aufmerksamkeit rücken: Erstens die literarische (Re-)Präsentation von Gefühlen sowie die Instrumentalisierung von Emotionsdarstellungen, zweitens schriftstellerische (Be-)Wertungen, zu denen auch Polemik zu rechnen ist. Diesen beiden Gesichtspunkten seien noch die folgenden Erläuterungen beigegeben:

Ad (1): *(Re-)Präsentation von Emotionen und Instrumentalisierung von Gefühlsdarstellungen.* Ziel dieses Analyseschritts ist es zu sichten, welche Emotionen – seien es negative oder positive – der Bedrohungskommunikator in seinem Text darstellt, wem diese Emotionen zugeschrieben werden und wie die Repräsentationen von Gefühlen mit der Bedrohung und ihrer Beseitigung in Verbindung gebracht werden. Dabei kann die direkte Nennung von Emotionen mittels Verben und Substantiven genauso erhellend sein wie die indirekte Repräsentation mittels einer emotionskonnotierten Bildersprache. Je nachdem, welche Emotionen in der Darstellung überwiegen, sind Rückschlüsse darüber möglich, wie ernst der Bedrohungskommunikator die Situation der Bedrohung deutet und ob er eher auf die Bedrohung fokussiert oder auf deren Abwendung. Literarisch repräsentierte Gefühle sind in jedem Falle ein wichtiger Gradmesser für die Dramatisierung oder auch Nicht-Dramatisierung von Bedrohungskommunikation. Auch wenn Bedrohungskommunikation in manchen Fällen einen eher nüchternen Eindruck macht, wie dies durchaus vorkommen mag, bedeutet ein vergleichsweise geringes Vorkommen von Emotions(re-)präsentationen im Text nicht, dass der Faktor Emotion vom Bedrohungskommunikator ausgeblendet wird. Denn Emo-

---

[252] *Jochen Brandtstädter*, Hartnäckige Zielverfolgung und flexible Zielanpassung als Entwicklungsressourcen. Das Modell assimilativer und akkommodativer Prozesse, in: Jochen Brandtstädter/Ulman Lindenberger (Hrsg.), Entwicklungspsychologie der Lebensspanne. Ein Lehrbuch, Stuttgart 2007, 413–445, hier 428.

tionalität drückt sich, wie nun noch zu erläutern ist, in jeder Form der Bewertung aus.

Ad (2). *(Be-)Wertungen des Bedrohungskommunikators einschließlich Invektiven.*[253] Der Konnex zwischen Bewertung und Emotion ergibt sich aus dem Ansatz kognitiver und philosophischer Emotionstheorien. Gemäß dem grundlegenden Konsens dieser Theorien, die heute meist als „neojudgmentalist accounts of emotions" bezeichnet werden,[254] sind Emotionen nicht als rein irrationale Kräfte der Psyche anzusehen, sondern als soziokulturell je verschieden ausgeprägte und bedingte „mentale Bewertungsprozesse"[255], „Bewertungssysteme"[256] oder „Werturteile" („judgements of value")[257], zu deren Ausdruck die mündliche oder schriftlich fixierte Sprache ein entscheidendes Medium ist. Die kognitive Kolorierung bedeutet jedoch vor dem Hintergrund der modernen Emotions- und Gehirnforschung nicht, dass Emotionen auf ihren kognitiven Gehalt reduzierbar wären, weshalb der Akt des Bewertens allein nicht zur Bestimmung des Emotionalen ausreicht und die Dimension des Nicht-Kognitiven bzw. Irrationalen nicht ausgeblendet werden sollte.[258] Dennoch ist die kognitiv-philosophische Emotionstheorie im Kontext einer Analyse literarischer Bedrohungskommunikation besonders angebracht und ergiebig, weil die komplexe Dimension des Emotionalen erst über die Erforschung von Bewertungsstrategien zugänglich wird. Wie Martha Nussbaum im Rahmen der von ihr vertretenen Rationalität bzw. Intelligenz von Emotionen hervorhebt, sind Gefühle im beschriebenen Sinne immer auch ein Ausdruck von Überzeugungen („beliefs") über Dinge, Sachverhalte oder Personen und determinieren in dieser Hinsicht die Wahrnehmung eines Individuums ganz entscheidend.[259] Diese wahrnehmungsbeeinflussenden Persuasionen stehen in engem Zusammenhang mit persönlichen Wertzuschreibungen, die Dinge, Sachverhalte oder Personen subjektiv bedeutsam werden lassen und die im

---

[253] In den folgenden Ausführungen zu Bewertung und Emotion werden Passagen aus *Becker*, Polemik, 130–133 in leicht überarbeiteter Form ohne weitere Kennzeichnung übernommen.

[254] Vgl. dazu z. B. *Michael S. Brady*, The Irrationality of Recalcitrant Emotions, in: Philosophical Studies 145, 2009, 413–430, hier 413.

[255] *Silke Jahr*, Emotionen und Emotionsstrukturen in Sachtexten. Ein interdisziplinärer Ansatz zur qualitativen und quantitativen Beschreibung der Emotionalität von Texten, (Studia linguistica Germanica 59), Berlin/New York 2000, 10–18, hier 10.

[256] *Monika Schwarz-Friesel*, Sprache und Emotion, 2., aktualisierte und erweiterte Aufl., (UTB 2939), Tübingen/Basel 2013, 72–77, hier 72.

[257] *Martha C. Nussbaum*, Upheavals of Thought. The Intelligence of Emotions, Cambridge 2001, 19–88, hier 19; vgl. dazu *Martin Hartmann*, Die Repsychologisierung des Geistes. Neuere Literatur über Emotionen, in: Philosophische Rundschau 49, 2002, 195–223, hier 198–202.

[258] Siehe dazu z. B. *Richard Sorabji*, Emotion and Peace of Mind. From Stoic Agitation to Christian Temptation, Oxford 2000, 144–155; *Brady*, Irrationality, passim.

[259] *Nussbaum*, Upheavals of Thought, 24–30.

Umkehrschluss erst emotionale Reaktionen im Falle von Verlust, Schaden oder Bedrohung erklärlich machen.[260] Wenn Bedrohungskommunikatoren also in ihren Texten Werturteile fällen, geben sie dadurch nicht nur zu erkennen, welche Bedeutung das Bewertete ihrer Ansicht nach in einem allgemeinen Sinne hat, sondern auch und vor allem, welche Bedeutung es für sie selbst hat.[261] Denn sie schreiben aus einer spezifischen Evaluationsperspektive heraus und zeigen damit eine „psychologische Nähe mit der im Text behandelten Thematik", die den Lesern signalisiert, dass eine „Ich-Beteiligung" bzw. „Selbstbetroffenheit" vorliegt.[262] Wenn die These, dass bei Autoren allgemein „Modus und Intensität der (zunächst selbstkommunikativen) Schreibaktivität [...] generell durch das persönliche intellektuell-affektive Involviertsein in den Gegenstandsbereich bestimmt"[263] sind, auch auf den speziellen Fall des Bedrohungskommunikators zutrifft, dann kann dieses Involviertsein in den Gegenstand auch ein Indikator für den Grad der Intensität von Bedrohungskommunikation sein.

Die gefällten Werturteile zeichnen sich dabei durch eine Verquickung des Positiven mit dem Negativen aus. Denn es ist keinesfalls so, dass in literarischer Bedrohungskommunikation das Negative überwiegen muss. Entscheidend ist, worauf sich die in einen Text eingestreuten Bewertungen jeweils beziehen: Wenn es um die Bedrohungssituation geht, dann dürfen zweifelsohne negative Werturteile erwartet werden. Wenn es jedoch um Erwartungen und Verhaltensanleitungen geht, die sich auf die Abwendung der Bedrohung beziehen, ist davon auszugehen, dass sie positiv konnotiert sind. Das, was die Bedrohung bedingt und zu ihrer Verschlimmerung oder vollumfänglichen Verwirklichung verhilft, wird demnach mit negativen Urteilen belegt. Das hingegen, was der Bedrohungssituation als imaginierter Soll-Zustand gegenübersteht, erhält positive Wertschätzung. Der Kontrastreichtum der Evaluationen in der emotionalen Sinndimension eröffnet dem Bedrohungskommunikator einerseits die Möglichkeit, die Negativität der Bedrohungssituation zu unterstreichen, ohne dabei das Ziel ihrer Abwendung aus dem Blickfeld der Adressaten verschwinden zu lassen. Andererseits bezweckt er dadurch natürlich, dass sich sein Publikum seinen Werturteilen anschließt.[264] Besonderes Augenmerk ist bei der Kontrastherstellung in der Wertzuschreibung darauf zu richten, ob der Be-

[260] *Nussbaum*, Upheavals of Thought, 27, 30–31; vgl. dazu auch *Jahr*, Emotionen, 8: „Emotionales Erleben findet also nicht statt ohne Bewertung und ohne reflexiven Selbstbezug."

[261] Vgl. *Lauster*, Religion als Lebensdeutung, 10.

[262] *Jahr*, Emotionen, 105–112, hier 106.

[263] Vgl. dazu *Alfes*, Literatur und Gefühl, 100–101.

[264] *Matthias Becker*, Bedeutungszuschreibung in konkurrierenden Textgemeinschaften. Überlegungen zu einem Porphyrios-Zitat bei Eusebios (Hist. eccl. 6,19,1–11), in: Christian David Haß/Eva Maria Noller (Hrsg.), Was bedeutet Ordnung, was ordnet Bedeutung? Zu

drohungskommunikator sie differenziert vornimmt oder ob seine Evaluationsstrategie ein schroffes Schwarz-Weiß-Denken erkennen lässt, wodurch die Bedrohung schwarz und der ersehnte Soll-Zustand der abgewendeten Bedrohung in hellen Farben erscheint.

Invektiven können im Kontext von Bedrohungskommunikation als ein Sonderfall von Negativbewertungen angesehen werden, da sie um den Aspekt des sprachlichen Ankämpfens gegen die Bedrohung bzw. die Bedrohungsquelle(n) angereichert sind. Der herkömmlichen Definition nach sind Invektiven von bloßer Kritik zu unterscheiden, die Bedrohungskommunikation prinzipiell auch immer ist.[265] Sie sind als persönliche Beleidigungen ein emotional aufgeladener, vituperativer Sprechakt und können Bestandteil einer größer angelegten Polemik sein. Polemik zielt ihrerseits zum Einen auf die argumentative Widerlegung eines Gegners in einer meist emotional erhitzten, verbalen Auseinandersetzung, zum Anderen jedoch kann sie auch als ein Modus von Bedrohungskommunikation verstanden werden, in dem deutlich wird, dass der Bedrohungskommunikator in Form eines Angriffs den Wert des Bedrohten gegen die Bedrohungsquelle(n) verteidigt.[266] Invektiven richten sich gegen Personen und transportieren eine vergleichsweise gesteigerte Emotionalität des Bedrohungskommunikators gegenüber Akteuren, die mit der/n Bedrohungsquelle(n) assoziiert oder identifiziert werden. Sie bergen insofern, wie Polemik insgesamt, ein heuristisches Potential zur Erfassung der emotionalen Sinndimension von Bedrohungskommunikation. Zudem stellen Invektiven ein empörtes Sich-Nicht-Abfinden-Wollen mit Bedrohungssituationen dar und können als Bestandteil eines emotional moti-

bedeutungskonstituierenden Ordnungsleistungen in Geschriebenem, (Materiale Textkulturen 10), Berlin/Boston 2015, 25–50, hier 43–44.

[265] Zur Unterscheidung zwischen Kritik, Invektive und Polemik siehe *Severin Koster*, Invektive und Polemik in der Antike. Suche nach einer Verhältnisbestimmung, in: Oda Wischmeyer/Lorenzo Scornaienchi (Hrsg.), Polemik in der frühchristlichen Literatur. Texte und Kontexte, (Beihefte zur Zeitschrift für die neutestamentliche Wissenschaft 170), Berlin/New York 2011, 39–53, hier 39–41. Koster schreibt der Kritik im Wesentlichen einen sachlichen Charakter zu und bezieht Polemik auf Sachen und Meinungen, Invektive auf Personen.

[266] Dieses Verständnis von Polemik habe ich ausführlich dargelegt und begründet in *Becker*, Polemik, 125–135, wo neuere Ansätze der Emotionsforschung und der Bedrohungskommunikation mit dem wichtigen Beitrag des Germanisten Jürgen Stenzel zur Theorie der Polemik in Bezug gesetzt werden; siehe *Jürgen Stenzel*, Rhetorischer Manichäismus. Vorschläge zu einer Theorie der Polemik, in: Franz J. Worstbrock/Helmut Koopmann (Hrsg.), Formen und Formgeschichte des Streitens: Der Literaturstreit. Akten des VII. internationalen Germanisten-Kongresses Göttingen 1985, (Kontroversen, alte und neue 2), Tübingen 1986, 3–11. In dem genannten Beitrag habe ich auch eine detaillierte Definition literarischer Polemik entwickelt (*Becker*, Polemik, 113–116). Da deren Elemente im vorliegenden Untersuchungsmaterial nicht festgestellt werden können, bleibt eine umfassende Diskussion von Polemik als Indikator für Bedrohungskommunikation an dieser Stelle aus.

vierten Bewältigungshandels verstanden werden: In der Abwertung und Verunglimpfung von Bedrohungsverursachern zeigt sich damit die Bedeutung und der Wert, den das Bedrohte für den Bedrohungskommunikator hat. Diese Verknüpfung von Bedrohungskommunikation mit dem Werthaftigkeitsgedanken ergibt sich letztlich aus dem Ansatz Werner Schirmers, der auf diesen wichtigen Zusammenhang hingewiesen hat: „Von Bedrohungskommunikation ist nur dann die Rede, wenn der Beobachter sich selbst oder etwas, womit er sich definiert bzw. identifiziert, als bedroht beobachtet", und das kann *„alles [sein], was für den Beobachter hohen Wert hat* […]".[267]

Aus dem Gedanken der Werthaftigkeit ergibt sich, dass Negativbewertungen und Invektiven zur Herausbildung von Feindbildern beitragen können, die vom Bedrohungskommunikator zur Stigmatisierung von Menschen oder Menschentypen eingesetzt werden, deren Verhalten entweder eine Bedrohung herbeiführt oder auf die Verschärfung einer schon bestehenden Bedrohung hinwirkt. Als Feindbild kann hier „die sozial […] vermittelte, auf extremer emotionaler Ablehnung beruhende, negativ bewertende, häufig erfahrungsunabhängig verfestigte und verzerrende, hyperbolisch entstellende oder imaginäre Repräsentation eines Gegners als bedrohlichen und aktiv zu bekämpfenden Widersacher"[268] verstanden werden. Welche Elemente dieser Definition des Feindbilds bei der Bedrohungskommunikation jeweils greifen, richtet sich nach dem Quellenbefund, wobei vor dem Hintergrund der persönlichen Betroffenheit des Bedrohungskommunikators der Aspekt der Erfahrungsunabhängigkeit sicherlich zu hinterfragen wäre. Wie ausgeprägt das Feindbild ist, hängt zudem davon ab, ob der Bedrohungskommunikator mit der Möglichkeit einer Verhaltensänderung bei jenen Personen rechnet, die seine Bedrohungskommunikation adressiert. So kann es sein, dass Individuen zwar Schuld an der Bedrohungslage gegeben wird und sie deshalb auch mit einem Feindbild belegt werden, dass jedoch der Bedrohungskommunikator trotz allem weiterhin Appelle an diese Individuen richtet, ihr Verhalten aufzugeben. Im Falle einer derartigen Kommunikationssituation, in welcher Bedrohungsinitiatoren direkt angesprochen und rhetorisch überzeugt werden

---

[267] *Schirmer*, Bedrohungskommunikation, 106 (kursiv im Orig.).

[268] *Martin Reisigl*, Art. Feindbild, in: Historisches Wörterbuch der Rhetorik 10, 2012, 291–304, hier 291. Zur Rolle von Feindbildern in Bedrohungskommunikation siehe insbesondere *Irmgard Männlein-Robert*, Ordnungskonkurrenz: Polemik und Feindbild in konkurrierenden Ordnungen. Der platonische Philosoph Porphyrios und sein Kampf gegen die Christen, in: Ewald Frie/Mischa Meier (Hrsg.), Aufruhr – Katastrophe – Konkurrenz – Zerfall. Bedrohte Ordnungen als Thema der Kulturwissenschaften, (Bedrohte Ordnungen 1), Tübingen 2014, 117–138. Männlein-Robert untersucht die Relevanz und Funktionalisierung von Feindbildern am konkreten Beispiel der „Ordnungskonkurrenz" zwischen Christen und Heiden in der Spätantike.

sollen, ist anzunehmen, dass die Intensität des konstruierten Feindbilds proportional zur Verhaltensänderung abklingen kann.

Eben diese Kommunikationssituation, die keineswegs repräsentativ für alle möglichen Konstellationen von Bedrohungskommunikation ist, liegt in den *Werken und Tagen* vor: Hesiod attackiert die Könige zweifelsohne wegen ihres korrupten und ungerechten Verhaltens, jedoch adressiert er sie auch direkt und fordert sie unter Androhung göttlicher Strafen auf, das Recht nicht weiter zu beugen.[269] Dieser Aufruf zeigt, dass er von der grundsätzlichen Möglichkeit einer Verhaltensänderung ausgeht. Sein Feindbild sind daher, wie sich noch zeigen wird, weniger die konkreten Könige als vielmehr der Menschentypus des „Schlechten" und „Ungerechten", der ein Verhalten repräsentiert, zu dem Menschen sich entscheiden und von dem sie auch wieder ablassen können.

4.1 Repräsentation negativer Emotionen

4.1.1 Resignation? Zur Vulnerabilität des Bedrohungskommunikators

Die Analyse von Emotionen in literarischer Bedrohungskommunikation bei den ichbezogenen Gefühlsdarstellungen des Bedrohungskommunikators beginnen zu lassen, ist zwar sinnvoll, im Falle Hesiods jedoch auch ernüchternd. Denn wer in den *Werken und Tagen* nach einer Fülle von Emotions(re-)präsentationen sucht, die Hesiod in seiner *persona* als Bedrohungskommunikator direkt auf sich selbst bezieht, wird enttäuscht. Um das emotionale Gepräge der Bedrohungskommunikation Hesiods angemessen verstehen zu können, ist zunächst zu konstatieren, dass der Dichter keineswegs nur negative Emotionen in Bezug auf sich selbst ausdrückt. Ferner sind ichbezogene negative Gefühle im Falle Hesiods schwer zu fassen, weil er zwar insgesamt in seiner Dichtung sehr häufig von sich selbst spricht, aber im Hinblick auf die Darstellung seiner eigenen Gefühle erstens wenig preisgibt und zweitens, wenn er es vereinzelt doch tut, relativ vage Angaben macht. Deshalb sei vorausgeschickt, dass die emotionale Sinndimension der hesiodeischen Bedrohungskommunikation am besten über seine literarischen Bewertungen erforscht werden kann, an denen sich eine starke emotionale Anteilnahme und eine ausgeprägte Unzufriedenheit mit dem *status quo* ablesen lassen. An drei bedeutsamen Stellen jedoch lässt es sich Hesiod in seiner Rolle als Bedrohungskommunikator nicht nehmen, seine eigene Gefühlslage zu inszenieren. Dies dient einerseits der Dramatisierung und andererseits der Plausibilisierung seiner Bedrohungs-

[269] Hes. *Op.* 248–266.

kommunikation. Alle drei Passagen beziehen sich inhaltlich auf die Jetzt-Zeit des Eisernen Zeitalters, „in das sich Hesiod zu seinem Unglück verschlagen fühlt“[270]. Während die einleitenden Verse in den Schilderungen der Menschheitsgeschlechter vom goldenen bis zum Heroengenos immer den Hinweis bieten, dass die Olympischen Götter bzw. Zeus es schufen, beginnt die Darstellung der Eisernen Generation mit einem in dieser Studie nun schon mehrfach zitierten egozentrischen Klageruf, der eine intensive Gefühlsgeladenheit transportiert:[271]

> Μηκέτ' ἔπειτ' ὤφελλον ἐγὼ πέμπτοισι μετεῖναι
> ἀνδράσιν, ἀλλ' ἢ πρόσθε θανεῖν ἢ ἔπειτα γενέσθαι.
> νῦν γὰρ δὴ γένος ἐστὶ σιδήρεον· οὐδέ ποτ' ἦμαρ
> παύσονται καμάτου καὶ ὀιζύος οὐδέ τι νύκτωρ
> τειρόμενοι· χαλεπὰς δὲ θεοὶ δώσουσι μερίμνας.
> ἀλλ' ἔμπης καὶ τοῖσι μεμείξεται ἐσθλὰ κακοῖσιν.

> Wenn ich doch künftig nicht mehr unter den fünften Menschen leben müsste,
> Sondern entweder vorher gestorben oder nachher geboren worden wäre!
> Denn jetzt ist die Generation wahrlich aus Eisen. Niemals werden sie tagsüber
> Von Mühe und Elend ausruhen und auch nachts wird ihr Aufgerieben-Werden
> Nicht enden. Beschwerliche Sorgen aber werden ihnen die Götter verschaffen.
> Doch trotzdem wird auch diesen Gutes und Schlechtes gemischt sein.
> (Hes. *Op.* 174–179)

Diese Passage ist bezeichnend für die hesiodeischen Emotionsinszenierungen im Angesicht der Bedrohung, die sich durch einen Kontrastreichtum oder, um Hesiods Bildersprache aufzugreifen, durch eine Mischung negativer und positiver Elemente auszeichnen. Die Eingangsverse der Beschreibung des Eisernen Geschlechts sind in ihrer Dramatik kaum zu überbieten: Der verzweifelte Wunsch (ὤφελλον),[272] nicht jetzt leben zu wollen, nicht jetzt Teil gesellschaftlicher Entwicklungen sein zu wollen, die als unerträglich empfunden werden, offenbart ein tiefgreifendes Unbehagen. Er signalisiert dem Leser, dass hier jemand persönlich Anteil nimmt an dem, worüber er spricht. Er suggeriert aber auch ein gewisses Ohnmachtsbewusstsein bezüglich der Änderbarkeit der Zustände. Insofern der Wunsch nicht erfüllbar ist, weil er ein Leben in einer bedrohungsfreien Zeit erstrebt, weil er den eigenen Tod in der Vergangenheit herbeisehnt oder eine Geburt in der Zukunft, markiert er allenfalls ein schwaches inneres Aufbäumen gegen die dargestellte Wirklichkeit, die der Wünschende nicht wahrhaben will. Und so sprechen aus diesen Versen auch Enttäuschung und Pessimismus, die zumindest teilweise

[270] *Diller*, Hesiod und die Anfänge, 148.
[271] *Beall*, Hesiod's Treatise on Justice, 167 („so emotional an outburst“).
[272] Hes. *Op.* 174.

die Grundstimmung des ganzen Gedichts beeinflussen.[273] Es wird ein Ausgeliefert-Sein deutlich, mit dessen Darstellung Hesiod sicherlich bezweckt, die emotionale Anteilnahme der Leser zu erhöhen. Der Hinweis jedoch, dass in der nahen Zukunft des Eisernen Zeitalters „Gutes und Schlechtes gemischt sein“ werden, schwächt die Drastik des Gesagten leicht ab und stellt klar, dass Resignation und radikaler Pessimismus an dieser Stelle des Gedichts nicht thematisiert werden.[274] *Summa summarum* zeigt sich in dieser ersten Textstelle, dass in Wunschform gegossene Klagerufe in Bedrohungskommunikation zwar emotional instrumentalisiert werden können, dass Bedrohungskommunikation jedoch nicht mit Klagerufen identisch ist. Diese Schlussfolgerung wird allerdings womöglich durch die zweite hier zu diskutierende Passage leicht relativiert.

Die betreffende Stelle folgt im Aufbau der *Werke und Tage* auf die Schilderung des Zukunftsszenarios, in dem Hesiod den Tiefpunkt der Degeneration seines eigenen Zeitalters imaginiert. Es sind nur wenige Verse, welche die soeben zitierte Passage von der bedeutsamen Fabel vom Habicht und der Nachtigall trennen, die in Kapitel III.2.1 ausführlich besprochen wurde und die nun hier noch einmal in aller Kürze mit Blick auf die emotionale Sinndimension beleuchtet werden muss. Hesiod vergleicht sich in dieser Tierfabel mit einer Nachtigall, die in den Krallen eines fliegenden Habichts gefangen ist, der die βασιλῆες symbolisiert, von denen sich Hesiod im Rahmen des Rechtsstreits mit seinem Bruder Perses ungerecht behandelt fühlt. Der Habicht stellt sich dort als der „weit mächtigere“ (πολλὸν ἀρείων)[275] vor und macht der Nachtigall deutlich, dass es aufgrund dieser Machtverhältnisse allein seinem Willen obliegt, ob er das Vöglein frisst oder freilässt. Durch diese anschauliche Bildersprache wird ein Ausgeliefert-Sein an die βασιλῆες sowie eine Ausweglosigkeit und Unabänderlichkeit der Situation Hesiods ausgedrückt, wie sie drastischer nicht formuliert sein könnte. Doch nicht allein das bloße Bild des zwischen Himmel und Erde umkrallten, bewegungsunfähigen Singvogels ist es, das auf singuläre Weise die Vulnerabilität des Bedrohungskommunikators verdeutlicht.[276] Hesiod erwähnt *expressis verbis*, dass die Nachtigall in der Umklammerung des Greifvogels „erbärmlich“ bzw. „mitleiderregend weinte“ (ἐλεόν […] μύρετο)[277] und gibt sich mit dieser Fokussierung auf das Jammern

---

[273] Siehe dazu z. B. *Friedrich Solmsen*, Hesiod and Aeschylus, Ithaca/NY 1949, 76; *Jaeger*, Paideia, 92; *Nussbaum*, Labour and Status, 217; *Maehler*, Dichterberuf, 46; *Beye*, Rhythm, 36–37; *Beall*, Hesiod's Treatise on Justice, 172.

[274] Vgl. dazu *Lesky*, Geschichte, 125: „Griechischer Pessimismus bedeutet bei Hesiod ebensowenig wie sonstwo resignierte Verzweiflung.“

[275] Hes. *Op*. 202–212, hier 207.

[276] Vgl. *Bartlett*, Introduction, 192.

[277] Hes. *Op*. 205–206.

selbst eine bemerkenswerte Blöße gegenüber seinem Publikum, das er emotional auf seine Seite ziehen möchte. Es folgt in dieser Tierfabel nichts, das als Ausgleich in diesem recht mitleiderregenden Szenario wirken könnte – kein Entkommen der Nachtigall, kein Nachgeben des Habichts, kein Aufhören des Schluchzens. Das Verb μύρεσθαι kommt in der zeitgenössischen Literatur häufiger vor, wo es v. a. in Zusammenhängen der Klage, Trauer und Totenklage Verwendung findet und damit in sehr spezifischer Weise emotional codiert ist.[278] Der emotionale Gehalt des Wortes ist folglich stark, und es könnte von Hesiod bewusst gesetzt worden sein, um bei seinen Rezipienten Trauergefühle bezüglich der dargestellten Bedrohungslage und damit auch eine innere Anteilnahme daran auszulösen.

Eine dritte Emotionsbeschreibung ist in einem Abstand von rund 60 Versen zur literarischen ‚Nahtoderfahrung' der Nachtigall mitten in der Mahnrede an Perses situiert. Wie bereits bei der ersten Stelle, die oben besprochen wurde, findet sich auch hier die Gegenüberstellung einer Gefühlslage auf der Schwelle zur Resignation und einer Restüberzeugung von der Existenz des Positiven. Überdies spielt in beiden Texten Wunschdenken eine Rolle. Im Kontext seiner Ausführungen zu Recht und Ungerechtigkeit lässt Hesiod ähnliche Worte verlauten wie zu Beginn der Darstellung des Eisernen Zeitalters:

> νῦν δὴ ἐγὼ μήτ' αὐτὸς ἐν ἀνθρώποισι δίκαιος
> εἴην μήτ' ἐμὸς υἱός, ἐπεὶ κακὸν ἄνδρα δίκαιον
> ἔμμεναι, εἰ μείζω γε δίκην ἀδικώτερος ἕξει.
> ἀλλὰ τά γ' οὔπω ἔολπα τελεῖν Δία μητιόεντα.
>
> Jetzt aber möge weder ich selbst unter den Menschen gerecht
> Sein noch mein Sohn, da es ein Übel ist, ein gerechter Mann
> Zu sein, wenn der Ungerechtere mehr Recht bekommen wird.
> Doch hoffe ich, dass der ratwissende Zeus dies keineswegs zustande kommen lässt.
> (Hes. *Op.* 270–273)

Auch in diesen Zeilen fällt zunächst auf, dass Hesiod seiner Enttäuschung Luft machen will, indem er sich eines durch den Optativ εἴην markierten „paradox-wish" bedient, in dem paradoxerweise gerade das gewünscht wird, was eigentlich kritikwürdig ist.[279] Da das Einstehen für Gerechtigkeit und

---

[278] Hom. *Il.* 18,234; 23,14 (jeweils Trauer um Patroklos); 24,794 (Trauer um Hektor); Hom. *Od.* 10,202; 10,568.

[279] *West*, Hesiod, Works and Days, 225; vgl. dazu auch die von *West* (ebd.) genannten homerischen Beispiele dieses paradoxen Wunsches: Hom. *Od.* 2,230–233; 5,8–11. Dass aus dem paradoxen Wunsch Hesiods die Deutung abzuleiten sei, an der vorliegenden Stelle liege eine eher pragmatische Vorstellung von δίκη vor, da Gerechtigkeit weniger um ihrer selbst willen geschätzt werde als vielmehr wegen der von ihr erwarteten, guten Konsequenzen für den Gerechten, halte ich nicht für zwingend, obwohl sie z. B. vertreten wird von *V. A. Rodgers*, Some Thoughts on ΔΙΚΗ, in: The Classical Quarterly 21, 1971, 289–301, hier 290–292.

die Verehrung der Göttin Dike zu den zentralen Themen der *Opera et Dies* gehören, entfaltet dieser literarische Kunstgriff seine volle Wirkung, nämlich dadurch, dass eine sonst für Hesiod untypische Aussage formuliert wird, die sein eigenes Anliegen zu konterkarieren scheint. Die fingierte Selbstanpassung an das von Ungerechtigkeit geprägte Miteinander in der Gesellschaft wirkt zwar überraschend, evoziert aber Besorgtheit, wenn nicht gar den Hauch einer Resignation hinsichtlich der Verwirklichung der eigenen Werte. Auf einen zweiten Blick klingt sie nachgerade zynisch. Doch im letzten Vers wird deutlich, dass es weder Resignation noch Zynismus sind, die Hesiod als bleibenden Eindruck seiner Momentaufnahme von sich selbst als *persona* hinterlassen möchte. Denn die Hoffnung ist Hesiod trotz allem noch nicht abhandengekommen, genauso wenig wie sein Festhalten an Zeus, dem Garanten der Gerechtigkeit. Obzwar Hesiod auf die Darstellung seiner affektiven Betroffenheit, emotionalen Instabilität und Vulnerabilität Wert legt und obgleich die Sprache des Diktats der Wirklichkeit seinen religiös gefärbten Überzeugungen von wahrer Gerechtigkeit offensichtlich widerspricht, lässt er sich davon letztlich nicht grundsätzlich beirren. Die Besorgtheit allerdings, die aus dem Verdikt über die gesellschaftliche Ungerechtigkeit spricht, ist kein Ausdruck des Moments. Denn die Grundbestimmtheit menschlicher Existenz durch Sorge wird in den *Erga* mehrfach thematisiert und stellt einen wichtigen Aspekt bei der Analyse der emotionalen Sinndimension seiner Bedrohungskommunikation dar.

4.1.2 Kummer und Sorge als conditio humana

An zwei prominenten Stellen bedient sich Hesiod eines nahezu identischen Verses, um seinen Adressaten zu erklären, weshalb die *conditio humana* durch „Kummer“ bzw. „Sorgen“ (κήδεα) gekennzeichnet ist.[280] Einmal erscheint der Vers im Kontext des Mythos vom Opferbetrug des Prometheus und einmal im Pandora-Mythos, wobei im einen Falle Zeus und im anderen Falle Pandora als Initiator(in) der Sorgen auftreten. In beiden Fällen geht es um die Sorge, wie der Mensch an seinen Lebensunterhalt herankommen soll, um potentielle Armut zu vermeiden. Die mythischen Bezüge liefern jeweils die Gründe, weshalb es mit Sorgen verbunden ist, den täglichen βίος zu beschaffen. Im Prometheus-Mythos heißt es:

> Κρύψαντες γὰρ ἔχουσι θεοὶ βίον ἀνθρώποισιν.
> ῥηιδίως γάρ κεν καὶ ἐπ᾽ ἤματι ἐργάσσαιο,

[280] Zur *conditio humana* als zentralem Thema der *Erga* siehe jetzt ausführlich *Golla*, Hesiods *Erga*.

ὥστε σε κεἰς ἐνιαυτὸν ἔχειν καὶ ἀεργὸν ἐόντα·
αἶψά κε πηδάλιον μὲν ὑπὲρ καπνοῦ καταθεῖο,
ἔργα βοῶν δ' ἀπόλοιτο καὶ ἡμιόνων ταλαεργῶν.
ἀλλὰ Ζεὺς ἔκρυψε χολωσάμενος φρεσὶ ᾗσιν,
ὅττι μιν ἐξαπάτησε Προμηθεὺς ἀγκυλομήτης·
τοὔνεκ ἄρ' ἀνθρώποισιν ἐμήσατο κήδεα λυγρά,
κρύψε δὲ πῦρ· τὸ μὲν αὖτις ἐὺς πάις Ἰαπετοῖο
ἔκλεψ' ἀνθρώποισι [...].

Verborgen halten nämlich die Götter den Lebensunterhalt für die Menschen.
Denn sonst könntest du ja mit Leichtigkeit einen Tag lang arbeiten,
Um mit dem Ertrag ein ganzes Jahr lang auszukommen, und zwar ohne zu arbeiten.
Plötzlich würdest Du das Ruder über den Rauch hängen,
Vorbei wären die Arbeiten der Rinder und arbeitstüchtigen Maultiere.
Doch Zeus hat ihn verborgen, weil er in seinem Inneren darüber erzürnt war,
Dass ihn der Krummes sinnende Prometheus betrogen hatte.
Deswegen dachte er sich traurige Sorgen für die Menschen aus,
Verbarg aber das Feuer. Dieses wiederum stahl der tapfere Sohn des Iapetos
Für die Menschen [...]. (Hes. *Op*. 42–51)

Es ist nach dieser mythologischen Argumentation der planvollen Reaktion des Zeus auf den Opferbetrug des Prometheus zuzuschreiben, dass Menschen auf Erden durch harte Arbeit und nur mit Sorgen Lebensressourcen erarbeiten müssen: ἀνθρώποισιν ἐμήσατο κήδεα λυγρά.[281] Ganz ähnlich heißt es später im Gedicht, dass die „Götter vor den Wohlstand (ἀρετή) den Schweiß gesetzt haben", weil das Wohlergehen laut Hesiods Erfahrungsweisheit nur auf einem steilen und anstrengenden Weg zu erreichen sei.[282] Damit unterstreicht der Dichter, dass der Erwerb des zum Überleben Notwendigen mit Schwierigkeiten verbunden ist. Durch die theologische Deutung prekärer Lebensumstände erhält der Konnex zwischen Sorge und βίος eine besondere Hintergründigkeit, da die Oberfläche menschlicher Armutsproblematik transzendiert wird. Dieses Hindurchblicken durch die Phänomene auf deren mythisch-theologische Bedingtheiten wird auch im Pandora-Mythos fortgesetzt, der sich im Aufbau des Gedichts direkt an die oben zitierten Zeilen aus dem Prometheus-Mythos anschließt. Die Erschaffung der Frau wird in diesem Mythos als die von Zeus beschlossene Strafe für den Raub des Feuers durch Prometheus gedeutet. Zeus nennt die Frau in seiner kurzen Rede an den diebischen Sohn des Iapetos „ein großes Leid" (μέγα πῆμα) für Prometheus selbst und „für die künftig lebenden Männer" (ἀνδράσιν ἐσσομένοισιν), er bezeichnet sie als ein „Übel, an dem sich alle ergötzen / sollen in ihrem Gemüt, wenn sie ihr eigenes Übel umarmen (κακόν, ᾧ κεν ἅπαντες / τέρπωνται κατὰ θυμὸν ἑὸν κακὸν ἀμ-

[281] Hes. *Op*. 49; vgl. dazu *Erbse*, Rechtsgedanke, 18.
[282] Hes. *Op*. 289–292, hier 289.

φαγαπῶντες).“[283] Ausdrücklich heißt es bei der Darstellung ihres Erschaffen-Werdens, dass Aphrodite ihr einerseits äußere „Anmut (χάριν) um das Haupt gegossen“ habe, andererseits aber auch „schlimme Sehnsucht und gliederverzehrende Sorgen“ (πόθον ἀργαλέον καὶ γυιοβόρους μελεδῶνας).[284] Damit ist freilich nicht impliziert, dass sie sich selbst Sorgen macht, sondern vielmehr dem männlichen Geschlecht Sorgen bereitet, die aus der erotischen Zuneigung zu den Frauen erwachsen.[285] Neben der Beschreibung des guten Aussehens der Pandora legt Hesiod v. a. Wert darauf, die Wesensart der ersten Frau als vertrauensunwürdig zu präsentieren, da Zeus dem Hermes befohlen habe, einen „hündischen Sinn und einen diebischen Charakter“ (κύνεόν τε νόον καὶ ἐπίκλοπον ἦθος) in sie zu legen,[286] was er dann auch getan habe: „In ihre Brust aber legte der Geleiter, der Argostöter / Lügen (ψεύδεα), Schmeichelworte und einen diebischen Charakter (ἐπίκλοπον ἦθος) / nach dem Willen des lautdonnernden Zeus.“[287] Den Abschluss der eigentlichen Erschaffungsszene bildet die Bemerkung, dass Pandora den ἀνδράσιν ἀλφηστῇσιν ein „Leid“ (πῆμα) sei.[288]

Dass der Lehrdichter das Epitheton ἀλφησταί zur näheren Beschreibung der „Männer“ bzw. „Menschen“ (ἄνδρες) gerade an dieser Stelle der *Erga* verwendet, ist im Hinblick auf die Thematik der Sorge von besonderem Interesse. Denn obwohl die Bedeutung dieses Adjektivs, das in der frühgriechischen Dichtung des Öfteren zur Charakterisierung von ἄνδρες dient,[289] weiterhin unklar bleibt, spricht einiges dafür, dass es wörtlich soviel wie „Weißes essend“ bedeutet. Damit liegt eine Anspielung darauf vor, dass sich Menschen von gemahlenem Getreide ernähren und somit „*Mehl* (*Brei* bzw. *Brot*) *essend*[e]“ Wesen sind.[290] Das Epitheton bietet demnach eine subtile Anspielung auf den Lebensunterhalt im sehr grundlegenden Sinne von durch Feldarbeit

[283] Hes. *Op*. 56–58. Vgl. hierzu die auf die erste Frau bezogene Formulierung „schönes Übel“ (καλὸν κακόν) in Hes. *Th*. 585 und *Annemarie Jenzer*, Wandlungen in der Auffassung der Frau im ionischen Epos und in der attischen Tragödie bis auf Sophokles, Zürich 1933, 49–53.

[284] Hes. *Op*. 65–66.

[285] Vgl. *Wilamowitz-Moellendorff*, Hesiodos, 49; *Verdenius*, Commentary, 52.

[286] Hes. *Op*. 67.

[287] Hes. *Op*. 77–79.

[288] Hes. *Op*. 82.

[289] Hom. *Od*. 1,349; 6,8; 13,261; *Hym. Hom. In Apoll*. 458; [Hes.] *Scut*. 29; Aeschyl. *Sept*. 770. Zur Verwendung bei Hesiod siehe noch Hes. *frg*. 73,5 Merkelbach/West (γάμον ἀλφηστάων) sowie Hes. *Th*. 512–514, wo Epimetheus, der Bruder des Prometheus, als „ein Übel“ (κακόν) für die ἄνδρες ἀλφηστ(αί) bezeichnet wird, weil er „als erster von Zeus die künstlich gebildete Jungfrau als Gattin annahm (πρῶτος γάρ ῥα Διὸς πλαστὴν ὑπέδεκτο γυναῖκα / παρθένον).“ Es ist bemerkenswert, dass das Epitheton ἄνδρες ἀλφηστ(αί) an dieser Stelle der *Theogonie* in demselben gedanklichen Kontext verwendet wird wie in den *Erga*, nämlich im Zusammenhang der Erschaffung der Frau.

[290] *Stefan Radt*, Art. ἀλφηστ(ής), in: Lexikon des frühgriechischen Epos 1, 1979, 589 (kursiv im Orig.).

erworbenen Nahrungsmitteln. Der Gedanke, dass Frauen gerade in diesem Punkt eine Bedrohung für Männer darstellen, könnte konkret bedeuten, dass Hesiod ihnen einen Mangel an Sparsamkeit unterstellt oder auch Verschwendungssucht beim Umgang mit den von Männern erwirtschafteten Vorräten im Haus. Darauf deutet der weitere Fortgang des Pandora-Mythos. Denn nachdem Prometheus' Bruder Epimetheus in seiner Naivität die Urfrau Pandora zu sich aufgenommen hatte, von der alle anderen Frauen abstammen,[291] öffnet sie einen Pithos, aus dem allerlei Übel in die Welt strömen und in dem nur die Hoffnung zurückbleibt.[292] Die primäre Funktion dieser Partie des Mythos ist freilich ätiologisch und soll erklären, wie „Übel" (κακά), „Mühsal" (πόνος) und „Krankheiten" (νοῦσοι) in die Welt kamen.[293] Doch die Szenerie, die dieser Mythos evoziert, ist die des häuslichen Lebens, bei dem die Ehefrau im „Inneren des Hauses" (ἔνδοθι οἴκου) waltet, jenem Ort also, wo der erwirtschaftete βίος gelagert wird.[294] Denn nicht nur der Hinweis auf die weibliche Webkunst, die Athene Pandora beibringt, deutet auf das Haus als den Wirkbereich der Frau,[295] sondern auch der Pithos, den Pandora öffnet. Es handelt sich hier konkret um ein Vorratsfass, das auch an anderer Stelle der *Werke und Tage* erwähnt wird und ein fester Bestandteil der Hauswirtschaft im bäuerlichen Oikos war, wie Hesiod sie schildert.[296] Mit der Formulierung, dass Pandora den Inhalt dieses Vorratsgefäßes „zerstreut" (ἐσκέδασ')[297] und bis auf die darin verbleibende Hoffnung leert, deutet Hesiod auf der nichtübertragenen Ebene an, dass eine Ehefrau zur „Bedrohung der bäuerlichen

[291] Vgl. Hes. *Th.* 590: ἐκ τῆς γὰρ γένος ἐστὶ γυναικῶν θηλυτεράων.

[292] Hes. *Op.* 83–98.

[293] Hes. *Op.* 91–92, 100–102; *Fontenrose*, Work, 1.

[294] Hes. *Op.* 601; zum Inneren des Hauses als dem (Wirk-)Bereich der Frauen siehe ferner Hes. *Op.* 523; Hes. *Th.* 598.

[295] Hes. *Op.* 64 (Webkunst); zur Lokalisierung des Webstuhls im Haus siehe z. B. Hom. *Od.* 1,356–357; 5,61–62; 21,350–351.

[296] Hes. *Op.* 368, 815, 819; *Ready*, Homer, 134. Zu den sozial- und wirtschaftshistorischen Hintergründen der hesiodeischen Oikos-Vorstellung siehe *Spahn*, Oikos und Polis, 533–541.

[297] Hes. *Op.* 95. Ob Hesiod in diesem Vers nach ἐσκέδασ' die gedankliche Ergänzung des Objekts βίον oder des Objekts κακά intendiert hat, ist umstritten. *Ernst-Richard Schwinge*, Die Hoffnung im Fass. Abermals Hesiods Pandorageschichte, in: Hermes 137, 2009, 393–402, hier 396–397, hat sich zuletzt auf plausible Weise gegen die *communis opinio* für βίον ausgesprochen und damit für einen Bezug auf den in Vers 42 genannten verborgenen βίος plädiert; dabei bezieht er sich v. a. auf *Heinz Neitzel*, Pandora und das Fass. Zur Intepretation von Hesiod, *Erga* 42–105, in: Hermes 104, 1976, 387–419, hier 393–394, 400–401, 407. Auf den Einwand, dass in diesem Fall der Abstand zwischen den Bezugswörtern in Vers 42 und 95 ziemlich groß wäre, lässt sich erwidern, dass auch das in Vers 94 stehende Wort „Fass" (πίθος) als Bezugswort dienen kann, und zwar als Metonymie für βίος (*Neitzel*, Pandora, 394). Durch seine feinfühligen philologischen Untersuchungen der Semantik des Verbs σκεδάννυμι hat *Neitzel*, Pandora, 388–393 jedenfalls gewichtige Argumente gegen die Möglichkeit herbeigebracht, dass κακά als Bezugswort fungieren könne.

Existenz"[298] werden kann. Er sieht damit in der Ehe ein potentielles Risiko für das materielle Auskommen des Oikos, insofern er Verschwendungssucht speziell den Frauen zuschreibt, „die keinen Sinn für die Bewirtschaftung des Hauses ha[ben] und leichtsinnig dessen Vorräte verschleuder[n]."[299] Leicht überspitzt formuliert: Die „Liebe zu Pandora vertreibt die Menschen aus dem Paradies der zufriedenen Genügsamkeit. Pandora ist die platonische Idee der Maßlosigkeit."[300] Zwar „bereitet das, was im Hause gelagert ist (κατακείμενον), einem Mann keine Sorgen" (οὐδὲ […] κήδει), wie Hesiod selbst an späterer Stelle im Gedicht sagt.[301] Jedoch legen seine Ratschläge zur Wahl einer Ehefrau nahe, dass die Sorgen dann entstehen, wenn mit dem Gelagerten verantwortungslos umgegangen wird.

Nicht von ungefähr zählt es zu den Eigenschaften einer „schlechten (Ehe-)Frau" (γυναικὸς κακῆς) im Vergleich zu einer guten,[302] für Schlemmerei anfällig zu sein und „dem Mahl aufzulauern" (δειπνολόχης).[303] Eine sachliche Parallele zu dieser Aussage findet sich in der *Theogonie*, wo Hesiod Frauen mit Drohnen vergleicht, die von Bienen (sc. Männern) ernährt werden und sich „im Inneren" des Bienenstocks (ἔντοσθε μένοντες, sc. im Inneren des Hauses) „fremde Mühe in den Bauch stopfen" (ἀλλότριον κάματον σφετέρην ἐς γαστέρ' ἀμῶνται).[304] Vielsagend ist auch, dass Hesiod Pandora bei der Öffnung des Fasses tückische Planungen unterstellt: „Doch die Frau, indem sie mit den Händen den Deckel des großen Fasses wegnahm, / verstreute [ihn, sc. den Lebensunterhalt] und dachte sich für die Menschen leidvolle Sorgen aus (ἀνθρώποισι δ' ἐμήσατο κήδεα λυγρά)."[305] Denn vor dem Hintergrund des Gesagten sind an dieser Stelle konkret jene Sorgen gemeint, „wie die Menschen

---

[298] *Schmitz*, Nachbarschaft (1999), 583; so auch *Canevaro*, Clash of the Sexes, 185, 187, 190, 192, 194, 201–202.

[299] *Erbse*, Rechtsgedanke, 18 Anm. 13; vgl. auch *Ette*, Arbeit, 42–43. *Schmitz*, Nachbarschaft (1999), 583 sieht den „Ursprung" dieser kritischen Einschätzung „nicht in einer frauenfeindlichen Mentalität der frühgriechischen Bauern", sondern in einem „Reflex auf die Angst des Mannes, bei der Hochzeit eine Frau ins Haus zu nehmen, die ihre Aufgaben nicht erfüllt […]."; siehe dazu auch *Ders.*, Nachbarschaft (2004), 89–92; *Rose*, Class in Archaic Greece, 185.

[300] *Neitzel*, Pandora, 417.

[301] Hes. *Op.* 364; zum Sprichwortcharakter dieser Aussage siehe *Spahn*, Oikos und Polis, 541.

[302] Dazu Hes. *Op.* 695–705, wo zwischen einer „guten" und einer „schlechten" Ehefrau unterschieden wird (Zitat aus Vers 703).

[303] Hes. *Op.* 704; dazu *Erbse*, Rechtsgedanke, 18 Anm. 13; *Schmitz*, Nachbarschaft (1999), 582–583; *Ders.*, Nachbarschaft (2004), 87. Zu den motivlichen bzw. darstellerischen Parallelen zwischen der „schlechten Frau" und Pandora siehe *Benjamin M. Wolkow*, The Mind of a Bitch: Pandora's Motive and Intent in the *Erga*, in: Hermes 135, 2007, 247–262, bes. 253–257; *Canevaro*, Clash of the Sexes, 187–191, 195, 201.

[304] Hes. *Th.* 598–599.

[305] Hes. *Op.* 94–95.

jetzt ihre Vorräte wieder auffüllen sollen, da sie ohne die Vorräte nicht leben können."[306] Die männliche Suche nach dem Lebensunterhalt ist daher durch die vermeintliche Intentionalität weiblichen Sorgenstiftens erschwert, und nicht umsonst ist es der Aspekt des Diebischen, den Hesiod wiederholt den Frauen zuschreibt, um ihr Missverhältnis zum Besitz des Oikos darzustellen: „Lass auch eine hüftenschwingende Frau nicht deinen Verstand täuschen, / wenn sie dich mit verschlagenen Worten beschwatzt und auf deine Hütte aus ist. / Wer einer Frau vertraut, vertraut auch Dieben."[307] Die angebliche Fixierung bestimmter Frauen auf die καλιή des Mannes, ein Wort, das sowohl eine „(Holz-)Hütte" als auch eine „Scheune" bezeichnen kann, unterstreicht nochmals die subtile männliche Angst vor drohender Armut und Mittellosigkeit, die letztlich auf die Erschaffung der Frau durch Zeus zurückgeführt wird, der auch sonst im *Erga*-Gedicht sowie in anderen Texten des frühgriechischen Epos zusammen mit anderen Göttern als Verursacher von Armut gilt.[308] Dass Frauen ihre Männer in Zeiten der Armut verlassen, sagt der Lehrdichter in der *Theogonie*: „Als ein großes Leid wohnen sie unter den sterblichen Männern / Gefährtinnen nicht der verderblichen Armut, sondern der Sättigung" (πῆμα μέγα θνητοῖσι μετ᾽ ἀνδράσι ναιετάουσιν, / οὐλομένης πενίης οὐ σύμφοροι, ἀλλὰ κόροιο).[309] Diese Befürchtung schwingt sicherlich auch in den *Erga* mit. Deshalb gibt er seinem Bruder Perses genaue Anweisungen darüber, was für eine Frau er heiraten soll, denn trotz des Bedrohungspotentials mancher Frauen sieht Hesiod doch in der Ehe eine Notwendigkeit. In der unterschwelligen Angst vor Darben und Mangel unterscheidet sich die Gegenwart des Eisernen Zeitalters jedenfalls deutlich vom Goldenen Geschlecht, wo die Menschen „ein sorgenloses Gemüt hatten" (ἀκηδέα θυμὸν ἔχοντες) und ihr Leben „ohne Mühe und Elend" verbrachten,[310] aber auch von dem Leben der auf die Inseln der Seligen versetzten Heroen, denen ebenfalls „ein sorgenloses Gemüt" (ἀκηδέα θυμὸν ἔχοντες)[311] attestiert wird. Aus dieser wiederum sehr kontrastreichen Gegenüberstellung der Vergangenheit und Gegenwart lässt sich der Schluss ziehen, dass Hesiod die Sorge um das materielle Auskommen als die

---

306 *Musäus*, Pandoramythos, 37; so auch *Schwinge*, Hoffnung, 397, 400.

307 Hes. *Op.* 373–375. Vgl. dazu auch die im Pandora-Mythos zweimal verwendete Formulierung des „diebischen Charakters" (ἐπίκλοπον ἦθος) von Frauen (Hes. *Op.* 67, 78).

308 Vgl. dazu Hes. *Op.* 638: […] κακὴν πενίην, τὴν Ζεὺς ἄνδρεσσι δίδωσιν; Hes. *Op.* 717–718, hier 718: πενίην […] μακάρων δόσιν αἰὲν ἐόντων; ferner z. B. Hom. *Od.* 6,207–208; 14, 57–58: πρὸς γὰρ Διός εἰσιν ἅπαντες / ξεῖνοί τε πτωχοί τε. Zur göttlichen Bedingtheit von Wohlstand und Armut siehe auch ein anonymes Distichon aus dem *Corpus Theognideum*: – οὐδεὶς ἀνθρώπων οὔτ᾽ ὄλβιος οὔτε πενιχρὸς / οὔτε κακὸς νόσφιν δαίμονος οὔτ᾽ ἀγαθός. – „Kein Mensch ist weder reich noch arm, / weder schlecht noch gut ohne göttliches Wirken." (165–66).

309 Hes. *Th.* 592–593.

310 Hes. *Op.* 112–113.

311 Hes. *Op.* 170; vgl. *Musäus*, Pandoramythos, 37.

Grundierung menschlicher Existenz deutet: Sie ist eine Gegebenheit, mit der man sich zwangsläufig arrangieren muss, sie ist unumgänglich, gewissermaßen normal und durch erfolgreiches Beschaffen des βίος auch zu lindern: „Wer zu dem, was schon da ist, etwas hinzufügt, der wird den beißenden Hunger abwehren. / Auch bereitet das, was im Hause gelagert ist, einem Mann keine Sorge."[312]

Wenn Hesiod allerdings in seinem Szenario der nahen Zukunft des Eisernen Geschlechts bekräftigt, dass die „Götter" auch weiterhin den Menschen „beschwerliche Sorgen verschaffen werden" (χαλεπὰς δὲ θεοὶ δώσουσι μερίμνας),[313] dann wird die besondere Brisanz einer anthropologischen Fundamentalaussage ersichtlich, die im Blick auf die hesiodeische Bedrohungskommunikation zusätzlich an Relevanz gewinnt. Denn mit der Sorge um den Lebensunterhalt können Menschen verschiedenartig umgehen, sie können bei dessen Beschaffung reüssieren oder resignieren: Ein positives Beispiel bildet hier der Vater des Perses und Hesiods,[314] der einst aus dem äolischen Kyme auswanderte und nach Askra gekommen sei „auf der Suche nach einem guten Leben" (βίου κεχρημένος ἐσθλοῦ)[315] und auf der „Flucht nicht vor Fülle, Reichtum und Segen, sondern vor schlimmer Armut, die Zeus den Menschen gibt."[316] Freilich weiß der Bedrohungskommunikator, dass drohende Armut auch andere Handlungen bewirken kann: Untätigkeit, Raub, Betteln, Hungern, Verschuldung oder ungerechtes Verhalten gegen solche, die über βίος verfügen.[317] Perses ist letztlich die Verkörperung eines Menschentypus, dessen Verhalten für das Entstehen soziopolitischer Bedrohungen im Sinne des hesiodeischen Verständnisses ursächlich ist: Er hat „durch Raub" (ἁρπάζων ἐφορεῖς) und durch das Hofieren bestechlicher – „gabenfressender" (δωροφάγοι) – Richter die Besitztümer Hesiods auf unrechte Weise an sich gebracht[318] und so erst die Initialzündung für das Projekt der Bedrohungskommunikation geliefert. Die im *Erga*-Gedicht omnipräsenten Mahnungen zur Arbeit und zu gerechtem Verhalten können demnach letztlich als der von Hesiod vertretene, korrekte Umgang mit dem Problem der Sorge um den Lebensunterhalt gedeutet werden.

312 Hes. *Op.* 363–364.
313 Hes. *Op.* 178.
314 Hes. *Op.* 633–640.
315 Hes. *Op.* 634.
316 Hes. *Op.* 637–638.
317 Untätigkeit: Hes. *Op.* 44, 302–303, 305, 310, 312, 498; Raub: *Op.* 38, 356 („Raub" als „Geberin des Todes"); Betteln: *Op.* 398–403, 477–478; Hungern: *Op.* 302, 404; Verschuldung: *Op.* 404; ungerechtes Verhalten: z. B. *Op.* 260, 272. Zu diesen Lastern vgl. auch *Schmitz*, Nachbarschaft (1999), 579.
318 Hes. *Op.* 38–39 (beide Zitate).

4.1.3 Falsche Hoffnung

Eine falsche Einstellung gegenüber der Gegebenheit menschlicher Sorge um den Lebensunterhalt ist ferner eine falsche Art des Hoffens. An insgesamt fünf Stellen der *Opera et Dies* verwendet Hesiod Belege des Wortfelds „Hoffen" bzw. „Erwarten", das im Griechischen zweimal mit dem Verb ἔλπω und dreimal mit dem Substantiv ἐλπίς/Ἐλπίς ausgedrückt wird.[319] Nahezu alle Belege beziehen sich sachlich aufeinander, weil sie in einem Zusammenhang mit menschlicher Sorge um die Nahrungsbeschaffung stehen. Dabei gilt erstens generell zu beachten, und dies spiegelt auch der hesiodeische Sprachgebrauch wider, dass die Bedeutung des genannten Wortfelds nicht nur das Hoffen umfasst, sondern auch die begründete Erwartung einer als wahrscheinlich erachteten Entwicklung in der Zukunft.[320] Zweitens ist im Hinblick auf eine angemessene Analyse des Hoffnungsgedankens im *Erga*-Gedicht zu berücksichtigen, dass Hesiod eine ambivalente Haltung zur Elpis kommuniziert. Dies wird daraus ersichtlich, dass er zwischen gutem und schlechtem Hoffen bzw. Erwarten unterscheidet. Beide Arten der Hoffnung sind für die Bedrohungskommunikation von Bedeutung, und im Folgenden soll zunächst die schlechte Form der Elpis thematisiert werden. Einschlägig ist hier der folgende Passus, der in den Wintermahnungen des Bauernkalenders zu lesen ist:

> πολλὰ δ' ἀεργὸς ἀνήρ, κενεὴν ἐπὶ ἐλπίδα μίμνων,
> χρηίζων βιότοιο, κακὰ προσελέξατο θυμῷ.
> ἐλπὶς δ' οὐκ ἀγαθὴ κεχρημένον ἄνδρα κομίζει,
> ἥμενον ἐν λέσχῃ, τῷ μὴ βίος ἄρκιος εἴη.
>
> Oft heckt ein untätiger Mann, weil er bei einer leeren Hoffnung (κενεὴν ἐπὶ ἐλπίδα) verweilt
> [Und] an Lebensunterhalt (βιότοιο) Mangel hat, in seinem Inneren Übel (κακά) aus.
> Eine nicht gute Hoffnung (ἐλπὶς δ' οὐκ ἀγαθὴ) aber begleitet den darbenden,
> In der Halle herumsitzenden Mann, der nicht ausreichend Lebensunterhalt hat.
> (Hes. *Op.* 498–501)

Die nähere Bestimmung der Hoffnung als „leer" oder „nutzlos" (κενεή) sowie als „nicht gut" (οὐκ ἀγαθή) darf nicht so verstanden werden, als wolle Hesiod jegliche Hoffnung bzw. Erwartung als etwas Schlechtes charakterisieren. Zwar gibt es den Gedanken, Elpis sei im Grunde etwas Negatives, also ein Übel, durchaus in der frühgriechischen Dichtung, die verschiedentlich Hoffnung

[319] Hes. *Op.* 273, 475: ἔλπω; Hes. *Op.* 96 (Ἐλπίς), 498, 500: ἐλπίς. Vers 475 ist für die Thematik der Bedrohungskommunikation unerheblich und bleibt daher im Folgenden unberücksichtigt.

[320] *James Noel O'Sullivan*, Art. (ἐ)έλπομαι, ἔλπω, in: Lexikon des frühgriechischen Epos 2, 1991, 559–562, hier 560; *Musäus*, Pandoramythos, 37.

als etwas Illusorisches entwirft, dem man sich nicht hingeben sollte.[321] Die Vorstellung, derzufolge Elpis angesichts der Unwägbarkeiten des Lebens, der existentiellen Bedrohungen durch Krankheit, Tod und Alter sowie des unvorhersehbaren Wirkens des Zeus aussichtslos und unrealistisch sei, führt z. B. Semonides poetisch aus: „Hoffnung aber und Zuversicht nähren alle, / während sie Unmögliches in Angriff nehmen" (ἐλπὶς δὲ πάντας κἀπιπειθείη τρέφει / ἄπρηκτον ὁρμαίνοντας).[322] Ein anderes Beispiel ist im *Corpus Theognideum* zu lesen: „Hoffnung und Wagnis sind unter den Menschen ähnlich. / Denn diese sind beide gefährliche Gottheiten."[323] (ἐλπὶς καὶ κίνδυνος ἐν ἀνθρώποισιν ὁμοῖοι· / οὗτοι γὰρ χαλεποὶ δαίμονες ἀμφότεροι). Bei Hesiod liegt diese uneingeschränkt negative Bewertung der Hoffnung allerdings nicht vor, und er will auch nicht sagen, Hoffen sei pauschal sinnlos, weil die Elpis sich ohnehin nicht verwirklichen könne.[324] Vielmehr nimmt er an dieser Stelle eine für sein Wertesystem typische Unterscheidung zwischen dem Gutem und Schlechtem vor, das an ein und demselben Begriff haften kann, und die Fokussierung auf eine schlechte Hoffnung impliziert somit die Existenz einer guten Hoffnung im Denken Hesiods:[325] „Die Trennung des Verderblichen und Aufbauenden, das von einem Worte umfaßt wird, stellt Hesiod als seine besondere Entdeckung dar."[326] Die sich aus diesen „hesiodeischen Entgegensetzungen innerhalb des gleichen Wortes"[327] ergebende Feindifferenzierung zwischen einer guten und einer schlechten Elpis kann in Analogie gesehen werden zu seiner Distinktion zwischen einer guten und schlechten Eris und einer guten und schlechten Aidos: „Nicht also gab es nur eine einzige Art der Eris, sondern auf Erden / gibt es zwei. Die eine dürfte man wohl loben, wenn

[321] *Hermann Fränkel*, Drei Interpretationen aus Hesiod, in: Franz Tietze (Hrsg.), Hermann Fränkel: Wege und Formen frühgriechischen Denkens. Literarische und philosophiegeschichtliche Studien. Dritte, durchgesehene Aufl., München 1968, 316–334, hier 332 mit Anm. 2. Laut diesem Verständnis ist „Elpis [...] das, was wirklich werden will ohne es zu können" (ebd. S. 332); siehe dazu auch *Fränkel*, Dichtung und Philosophie, 131. Einen Überblick über das vielseitige Bedeutungsspektrum von ἐλπίς in der archaischen Literatur bieten *Kerschensteiner*, Aufbau, 162–165; *Valdis Leinieks*, 'ΕΛΠΙΣ in Hesiod, *Works and Days* 96, Philologus 128, 1984, 1–8, hier 1–4; *Michael Theunissen*, Pindar. Menschenlos und Wende der Zeit, 2., durchgesehene Aufl. München 2002, 307–340.

[322] Sem. *frg.* 1 West (passim), hier 1,6–7.

[323] *Corp. Theogn.* 637–638.

[324] Gegen *Fränkel*, Drei Interpretationen, 333 mit Anm. 1.

[325] Vgl. dazu *Leiva Petersen*, Zur Geschichte der Personifikation in griechischer Dichtung und bildender Kunst, Würzburg-Aumühle 1939, 12–13; die Darstellung der Elpis als Gut folgt in Kap. III.4.2.1.

[326] *Petersen*, Personifikation, 12.

[327] *Petersen*, Personifikation, 13; zum Denken Hesiods in Kontrasten, Begriffsverdoppelungen und -spaltungen siehe auch *Diller*, Die dichterische Form, 54–55; *Blusch*, Formen und Inhalt, 55–62, 74–78; *Fraser*, Woman of Consequence, 23–24.

man sie recht bedenkt, / die andere jedoch ist tadelnswert."[328] Gute Eris fördert die Konkurrenz in der Polis und damit auch das Streben nach Wohlstand, während schlechte Eris Krieg und Feindschaft bewirkt und so das Bestehen der menschlichen Gesellschaft bedroht.[329] Gute Aidos, d. h., sittliches Schamgefühl, ist für das funktionierende Miteinander in der Polis unabdingbar,[330] wohingegen schlechte Aidos, verstanden als zögerlich-zurückhaltende Schamhaftigkeit im Arbeitsleben, zu Armut und Bedürftigkeit führt, weil sie Arbeit scheut und des „Muts" (θάρσος) entbehrt:

> αἰδὼς δ' οὐκ ἀγαθὴ κεχρημένον ἄνδρα κομίζει,
> αἰδώς, ἥ τ' ἄνδρας μέγα σίνεται ἠδ' ὀνίνησιν·
> αἰδώς τοι πρὸς ἀνολβίῃ, θάρσος δὲ πρὸς ὄλβῳ.

> Eine nicht gute Schamhaftigkeit (αἰδὼς δ' οὐκ ἀγαθή) begleitet den darbenden Mann,
> Eine Schamhaftigkeit, die Männern sehr schadet und nützt.
> Schamhaftigkeit ist bei Mittellosigkeit, Mut aber beim Reichtum.
> (Hes. *Op.* 317–319)[331]

Dass Hesiod im obigen Zitat über die schlechte Hoffnung eine Verbindung zu dieser kurzen Ausführung über schlechte Scham herstellen möchte, erhellt daraus, dass Vers 500 (ἐλπὶς δ' οὐκ ἀγαθὴ κεχρημένον ἄνδρα κομίζει) bis auf das ausgetauschte Substantiv identisch mit Vers 317 ist (αἰδὼς δ' οὐκ ἀγαθὴ κεχρημένον ἄνδρα κομίζει): Sowohl schlechte Hoffnung als auch schlechte Schamhaftigkeit zeichnen demnach den armen Mann aus, dem nach Hesiods Logik offensichtlich die Ambivalenz der beiden wichtigen Werte Scham und Hoffnung verborgen bleibt.[332] Die schlechte Hoffnung ist letztlich „die Lebensauffassung des ἀεργὸς ἀνήρ, der, ohne sich selbst für seinen Unterhalt verantwortlich zu fühlen, sein Dasein darauf einstellt, auf irgendeine Weise von der Arbeit anderer zu profitieren."[333] In der Bedrohungssituation, die Hesiod in seinem Lehrgedicht entwirft, ist die Emotion der falschen Hoffnung deshalb besonders negativ konnotiert, weil sie eine innere Haltung der Untätigkeit und Arbeitsverweigerung unterstützt, durch welche die Bedrohung der sozialen Ordnung noch verstärkt wird. Diese Form der Hoffnung, die lee-

---

[328] Hes. *Op.* 11–13.

[329] Hes. *Op.* 14–29.

[330] Vgl. Hes. *Op.* 200, wo Aidos die Menschen als personifizierte Göttin im Szenario der nahen Zukunft des Eisernen Zeitalters zusammen mit Nemesis verlässt und nur noch Leid unter den Menschen zurückbleibt.

[331] Zur Stelle insgesamt *McKay*, Ambivalent ΑΙΔΩΣ; *Bernard Williams*, Shame and Necessity, Berkeley/Los Angeles/London 1993, 227; *Herrmann*, Anthropos, 360–361.

[332] Zur „important role of ambivalent values in Hesiod's didactic poetry" siehe *McKay*, Ambivalent ΑΙΔΩΣ, hier 17, ferner *Canevaro*, Hesiod's *Works and Days*, 185–189. Zum αἰδώς-Konzept in den Versen 317–319 siehe auch *Claus*, Defining Moral Terms, 78–84.

[333] *Otto Lendle*, Die „Pandorasage" bei Hesiod. Textkritische und motivgeschichtliche Untersuchungen, Würzburg 1957, 106.

re Hoffnung, ist damit selbst bedrohlich, insofern der Darbende beim Ausbleiben des erhofften Lebensunterhalts zu kriminellen Lösungen seines Problems greifen kann. Schon die antiken Scholien zu Hes. *Op.* 498–499 halten fest, dass aufgrund der prekären Lage (ἀπορία) von Untätigen manche z. B. zu „Kleiderdieben" (λωποδύται) oder „Tempelräubern" (ἱερόσυλοι) würden.[334]

4.1.4 Emotionsbehaftete Metalle

Zur Darstellung negativer Emotionen werden in den *Erga* auch die im ‚Weltaltermythos' erwähnten Metalle instrumentalisiert, die kulturell so codiert sind, dass sie bei Hesiods Publikum bestimmte Affizierungen auslösen sollen. Hier ist an erster Stelle das „Eisen" zu nennen, denn „the name of the metal evidently has a built-in emotive value"[335]. Zu jener Zeit, in der Hesiod sich dazu entschloss, seine eigene Gegenwart metaphorisch mit diesem Metall zu assoziieren, haftete dem Eisen bereits eine teilweise negative Konnotation an, die sich nicht nur in den homerischen Epen, sondern auch in Hesiods eigenem Sprachgebrauch spiegelt. Denn neben neutralen Erwähnungen von Eisengegenständen und Eisenwerkzeugen[336] waren es v. a. eiserne Waffen wie Schwerter, Messer, Pfeilspitzen oder Axtköpfe, welche die Semantik des Wortfelds prägten und mit Krieg, Kampf und Töten in Verbindung brachten.[337] Besonders aussagekräftig sind hier die eindrucksvollen poetischen Bilder vom „eisernen Herzen" (σιδηρέη κραδίη bzw. σιδήρεον ἦτορ)[338] oder auch vom „Gemüt aus Eisen" (σιδήρεος θυμός)[339], die sich sowohl bei Homer als auch bei Hesiod finden und sinnbildhaft emotionale Härte, Gewalt, Ablehnung und Unbarmherzigkeit vornehmlich bei Menschen zum Ausdruck bringen. Besonders aufschlussreich sind in diesem Zusammenhang Worte Kalypsos an Odysseus aus dem fünften Gesang der *Odyssee*, in denen das „Gemüt aus Eisen" mit der genuin menschlichen Fähigkeit kontrastiert wird, „barmherzig" bzw. „mitleidvoll" (ἐλεήμων) sein zu können: οὐδέ μοι αὐτῇ / θυμὸς ἐνὶ στήθεσσι σιδήρεος, ἀλλ' ἐλεήμων.[340] Analoge Vorstellungen sind in einer hesiodeischen Beschreibung wie „Gemüt aus Stahl" (ἀδάμαντος θυ-

[334] *Schol. in Hes. Op.* 498–499, p. 170,5–7 Pertusi.

[335] *West*, Hesiod, Works and Days, 197.

[336] Vgl. z. B. Hom. *Il.* 4,485; 23,834.

[337] Pfeilspitze: Hom. *Il.* 4,123; Schwert/Messer: Hom. *Il.* 18,34; 23,30; Axtkopf: Hom. *Od.* 19,587.

[338] σιδηρέη κραδίη: Hom. *Od.* 4,293; Hes. *Th.* 764 (bezogen auf Thanatos); σιδήρεον ἦτορ: Hom. *Il.* 24,205; 24,521; Hom. *Od.* 23,172.

[339] Hom. *Il.* 22,357; Hom. *Od.* 5,191.

[340] Hom. *Od.* 5,190–191.

μός)[341] konserviert, die der Charakterisierung von Menschen im Ehernen Geschlecht dient, wobei auch die bloße Erwähnung dieses Metalls im ‚Weltaltermythos'[342] – ähnlich wie bei Eisen und Stahl – die Assoziation emotionaler Härte und Unmenschlichkeit bei den Lesern hervorrufen soll und das Generationenporträt damit umso drastischer macht. Denn Hesiod kennt auch die Vorstellung vom „ehernen, mitleidlosen Herz in der Brust" (χάλκεον δέ οἱ ἦτορ / νηλεὲς ἐν στήθεσσιν), die in der *Theogonie* konkret auf das erbarmungslose und feindselige Wesen des personifizierten und divinisierten Todes (Thanatos) bezogen ist.[343] Die bildhafte Inbezugsetzung jener Bestandteile des menschlichen Innenlebens, die im kulturellen Diskurs der Zeit als Sitz von Emotionen erscheinen (κραδίη, θυμός, ἦτορ), mit Metallen wie Erz, Stahl und Eisen stellt somit eine plastische Bildersprache dar, die Unmenschlichkeit in den innergesellschaftlichen Beziehungen impliziert, und zwar v. a. bei zwei als äußerst verroht präsentierten Generationen des ‚Weltaltermythos', nämlich bei der dritten und der fünften. Die Funktion der Metallrekurse mit Blick auf die emotionale Sinndimension der Bedrohungskommunikation Hesiods besteht darin, auf den sich abzeichnenden Verlust von Menschlichkeit hinzuweisen, der für Hesiod auch in einem Verlust von gemeinschaftsstiftenden Emotionen besteht. Darauf deutet beispielsweise der in Aussicht gestellte Verlust freundschaftlicher und geschwisterlicher φιλία im Eisernen Zeitalter, den Hesiod in seinem Szenario der nahen Zukunft kommen sieht.[344]

4.1.5 Der Zorn des Zeus

Wie im Homerischen Epos, ist dargestellte Emotionalität bei Hesiod nicht nur auf den Bereich des Menschlichen beschränkt, sondern umfasst aufgrund anthropomorpher Gottesvorstellungen natürlicherweise auch den Bereich der Götter. Was negative bzw. negativ besetzte Gefühlsregungen angeht, die in den *Werken und Tagen* repräsentiert und in einen engeren oder weiteren Zusammenhang mit der Bedrohungsthematik gebracht werden, ist hier zunächst der Anfang bei Zeus zu machen. Hesiod thematisiert an drei signifikanten Stellen durch den Gebrauch medio-passivischer Partizipien des Verbs χολόω den „Groll" bzw. „Zorn" des Kroniden: Erstens habe Zeus „aus Zorn" (χολωσάμενος) den Lebensunterhalt vor den Menschen verborgen, weil er Prometheus

[341] Hes. *Op.* 147.

[342] Hes. *Op.* 144, 150–151.

[343] Hes. *Th.* 764–765. Zum damit eng verwobenen, in Hom. *Il.* 11,241 bezeugten Motiv des „ehernen Schlafs" siehe die eingehende Untersuchung von *Fabian Horn*, ‚Sleeping the Brazen Slumber'. A Cognitive Approach to Hom. *Il.* 11.241, in: Philologus 159, 2015, 197–206, hier 200.

[344] Hes. *Op.* 183–184.

gegrollt habe, der ihn beim Opfer in Mekone betrogen hatte.[345] Diese aus einer göttlichen Affekthandlung geborene Erschwernis bei der Erschaffung des βίος macht im mythischen Denkmodell Hesiods regelmäßige und beständige Arbeit als Überlebensmaßnahme erst erforderlich. Diese wollen jedoch nach Aussage der *Erga* offensichtlich nicht alle Menschen auf sich nehmen, woraus in der Logik Hesiods ein Bedrohungspotential für die Stabilität der soziopolitischen Gemeinschaft des Eisernen Geschlechts erwächst. Ein Resultat des affektiven Zeushandelns ist zweitens Pandora, deren Erschaffung der zürnende Zeus dem Prometheus ankündigt, nachdem dieser ihm das Feuer gestohlen hatte.[346] Pandora lässt als Prototyp einer schlechten Ehefrau aus dem Vorratsgefäß den Lebensunterhalt entweichen, ein Akt, der für Hesiod die *conditio humana* der Sorge maßgeblich mitbestimmt und das Leben der Männer auf Erden erheblich erschwert.[347] Die problematische Konstellation, die sich aus der Notwendigkeit der Beschaffung von βίος bei gleichzeitiger akuter Gefahr von Ressourcenverschwendung durch Pandora-ähnliche schlechte Ehefrauen ergibt, wird also durch die Hinweise auf den Zorn des Zeus mithilfe einer emotionalen Ätiologie erklärt.

Eine dritte Erwähnung des Zorns des Zeus bietet der ‚Weltaltermythos', in dem es heißt, dass Zeus das Silberne Geschlecht „aus Zorn verborgen" (ἔκρυψε χολούμενος) habe, weil die Menschen dieses Zeitalters den Olympischen Göttern keine kultische Ehre zuteil werden ließen.[348] Hier dient der Hinweis auf den Groll des Kroniden ebenfalls ätiologischen Zwecken, wodurch einerseits erklärt werden soll, weshalb das Silberne Geschlecht untergehen musste, und andererseits ein subtiler Hinweis darauf gegeben wird, dass Hesiod seiner Abfolge der Weltalter ein gewisses pessimistisches Signum[349] verleihen wollte. Denn Zeus reagiert mit derselben Emotion, die schon sein Handeln gegen den opponierenden Titanen und die von ihm begünstigte Menschheit auszeichnete, nun ein drittes Mal gegen die Menschengeneration des zweiten Geschlechts. Dieses lässt, ähnlich wie Prometheus selbst, einen Respekt gegenüber Zeus vermissen, der sich in Opfern für die Olympier hätte ausdrücken sollen. Bemerkenswert ist ferner, dass die narrative Instrumentalisierung des Zeus-Zorns die graduelle Degeneration der Menschheit, die mit der Darstellung des Silbernen Genos erzählerisch initiiert wird, unterstreicht und als negativ deutet. Im Umkehrschluss heißt dies, dass die Gegenwart Hesiods in

---

[345] Hes. *Op.* 42–48.

[346] Hes. *Op.* 49–58, hier 53: τὸν δὲ [sc. Prometheus] χολωσάμενος προσέφη νεφεληγερέτα Ζεύς.

[347] Siehe dazu Kap. III.4.1.2.

[348] Hes. *Op.* 138.

[349] Vgl. dazu *Wolf*, Geschichte des antiken Sozialismus, 21–22; *Rzach*, Art. Hesiodos, 1182; *Wilamowitz-Moellendorff*, Hesiodos, 141; *Jaeger*, Paideia, 92; *Detienne*, Crise agraire, 30.

doppelter Form als eine Zeit gedeutet wird, die aus den Konsequenzen des göttlichen Zorns entstanden ist, der sich erstens gegen Prometheus als Reaktion auf dessen Opferbetrug und Feuerraub und zweitens kollektiv gegen das Silberne Zeitalter richtete. Obgleich diese anhand zweier mythischer Episoden vorgenommene emotionale Ätiologie der Gegenwart nicht das Signum ungemischter Negativität trägt,[350] so ist doch im vorliegenden Abschnitt auf die negative Bedeutung des göttlichen Zorns bei der Emotionsdarstellung hinzuweisen.

4.1.6 Das Weinen der Dike

Neben dem Zorn des Zeus inszeniert Hesiod ein zweites Mal eine negative Emotion als göttliche Reaktion auf menschliches Fehlverhalten und liefert damit ein weiteres Beispiel für die Rolle göttlicher Emotionen bei seiner Bedrohungskommunikation. Gemeint ist die Trauer der Göttin Dike, die in den *Werken und Tagen* als Personifikation des Rechts eine herausragende Rolle spielt. Den Kontext bilden die Anfangsverse der Mahnrede an Perses, in denen der Dichter seinem Bruder unter Hinweis auf die negativen Konsequenzen eines frevelhaft-hochmütigen Verhaltens mit Nachdruck aufträgt, er solle auf Dike hören anstatt Hybris zu praktizieren.[351] Darauf folgt die Aussage:

> τῆς δὲ Δίκης ῥόθος ἑλκομένης ᾖ κ' ἄνδρες ἄγωσι
> δωροφάγοι, σκολιῇς δὲ δίκῃς κρίνωσι θέμιστας·
> ἣ δ' ἕπεται κλαίουσα πόλιν καὶ ἤθεα λαῶν,
> ἠέρα ἑσσαμένη, κακὸν ἀνθρώποισι φέρουσα
> οἵ τέ μιν ἐξελάσωσι καὶ οὐκ ἰθεῖαν ἔνειμαν.

> Wenn Dike fortgezerrt wird, entsteht ein Murren, wohin auch immer Männer sie führen,
> Gabenfressende, die ihre Urteile durch Rechtskrümmung fällen.
> Sie jedoch folgt, wobei sie die Stadt und Wohnsitze der Völker beweint und,
> In Nebel gehüllt, den Menschen ein Übel bringt,
> Die sie ausgestoßen und nicht richtig zugeteilt haben. (Hes. *Op.* 220–224)

Diese Personifikation der Dike entfaltet ihre gesamte Brisanz dadurch, dass diese Göttin im mythischen Denken Hesiods eine Tochter des Zeus und zudem eine der Horen ist. Gemäß der *Theogonie* ging sie aus der Verbindung des Göttervaters mit der Göttin Themis („Rechtssatzung") hervor und wird in

[350] Es sollte beachtet werden, dass Pandora nicht ausschließlich Schlechtes bringt, sondern gewissermaßen auch die „Hoffnung" (Hes. *Op.* 96: Ἐλπίς; Deutung im Anschluss an *West*, Hesiod, Works and Days, 169) und dass den unter die Erde versetzten Menschen des zweiten Zeitalters trotz ihres gottvergessenen Verhaltens noch „Ehre (τιμή) folgt" (Hes. *Op.* 142).

[351] Hes. *Op.* 213–219.

diesem Zusammenhang in einem Atemzug mit ihren göttlichen Geschwistern, den beiden anderen Horen Eunomia („gute [Rechts-]Ordnung") und Eirene („Friede") genannt, die sich – wie Dike selbst auch – der „Werke der sterblichen Menschen annehmen" (ἔργ' ὠρεύουσι καταθνητοῖσι βροτοῖσι) und somit ein geregeltes und friedfertiges menschliches Miteinander ermöglichen und überwachen.[352] Hesiods Personifizierung der Dike geht soweit, dass er sie im weiteren Verlauf der Mahnrede als ein „Mädchen" (παρθένος) auf Erden darstellt, das ihrem Vater Zeus in der Höhe immer dann Meldung gibt, wenn Menschen ungerecht handeln.[353] Wenn der Dichter nun im obigen Zitat davon spricht, dass Dike von bestechlichen („gabenfressenden") Männern, d.h. von korrupten Richtern, „fortgezerrt" (ἑλκομένης) wird,[354] entsteht ein poetisches Bild der Grausamkeit, das die Leser auf einer emotionalen Ebene ansprechen soll: das Bild der Vergewaltigung eines Mädchens bzw. einer jungen Frau.[355] Das Verb ἕλκειν („ziehen, zerren, schleppen") nämlich findet in der Literatur der Zeit auch im Zusammenhang mit sexuellem Missbrauch Verwendung.[356] Die Tränen, die Dike daraufhin vergießt (κλαίουσα),[357] bedeuten vor dem Hintergrund dieser Bildersprache das verzweifelte Weinen eines roher Gewalt ausgelieferten Opfers. Im übertragenen Sinne soll freilich die heftige Trauer der Göttin über Bestechlichkeit und Rechtsbruch in der menschlichen Gesellschaft zum Ausdruck gebracht werden.[358] Zwar gibt es keine direkten sprachlichen Anspielungen, doch fühlt sich der Leser bei der Vorstellung einer herumgezerrten Dike an die in den Klauen des Habichts gefangene Nachtigall erinnert: Wie Dike, die hier auf der Bildebene offensichtlich mit Händen fortgeschleppt wird,[359] sieht sich auch Hesiod selbst in ähnlicher Weise an die Richter ausgeliefert, die ihn als die Stärkeren im metaphorischen Sinne umkrallen.[360] Die Parallelisierung dieser beiden Partien wird indirekt dadurch gestützt, dass die „gabenfressenden Männer"[361], die Dike misshandeln, mit

[352] Hes. *Th.* 901–903, Zitat 903; vgl. dazu *Deichgräber*, „Etymologisches", 24–25; *Itgenshorst*, Denker und Gemeinschaft, 166.

[353] Hes. *Op.* 256–262, hier 256.

[354] Hes. *Op.* 220–221.

[355] *West*, Hesiod, Works and Days, 212; *Canevaro*, Clash of the Sexes, 189; *Itgenshorst*, Denker und Gemeinschaft, 165.

[356] Beispiele: Hom. *Il.* 6,465 (Hektor fürchtet die Vergewaltigung der Andromache nach seinem Tod); 22,62 (Priamos fürchtet die Vergewaltigung seiner Töchter); Hom. *Od.* 11,580.

[357] Hes. *Op.* 222.

[358] Vgl. *Petersen*, Personifikation, 14–15, hier 15.

[359] Vgl. dazu Hes. *Op.* 192, wo Hesiod im Rahmen seines Szenarios der nahen Zukunft im Eisernen Zeitalter davon spricht, dass das „Recht in Händen" bzw. „in Fäusten sein wird" (δίκη δ' ἐν χερσί); ähnlich auch ebd. 189: χειροδίκαι.

[360] Hes. *Op.* 202–212.

[361] Hes. *Op.* 220–221.

den βασιλῆες identifiziert werden können. Denn diese tituliert Hesiod mit demselben Adjektiv δωροφάγοι[362] und er richtet nur wenige Verse vor der bildhaft dargestellten Vergewaltigung Dikes an diese eben jene Tierfabel, in welcher er sie als Raubvögel (Habichte) zeichnet.[363] Im Unterschied zu Dike freilich kann sich die Nachtigall namens Hesiod nicht wehren. Dike jedoch ist nur ein scheinbares Opfer, denn sie rächt sich für den Missbrauch, indem sie nicht nur ihre Peiniger, sondern ganze Polisgemeinschaften für deren Rechtsvergehen bestraft.[364]

4.2 Repräsentation positiver Emotionen

4.2.1 Hoffnung

Neben der Repräsentation und Evokation negativer Emotionen, die im Falle der hesiodeischen Bedrohungskommunikation überwiegen, bringt Hesiod auch zwei positive Emotionen mit seiner Bedrohungskommunikation in Verbindung, nämlich Hoffnung und Freude. Die prominenteste Erwähnung der Elpis im *Erga*-Gedicht hat Hesiod in den Pandora-Mythos eingeflochten. Sie ist zugleich die einzige von insgesamt drei Erwähnungen des Begriffs in diesem Werk, die meines Erachtens in einem positiven Sinne zu verstehen ist. Die betreffende Textstelle lautet:

> Πρὶν μὲν γὰρ ζώεσκον ἐπὶ χθονὶ φῦλ' ἀνθρώπων
> νόσφιν ἄτερ τε κακῶν καὶ ἄτερ χαλεποῖο πόνοιο
> νούσων τ' ἀργαλέων, αἵ τ' ἀνδράσι κῆρας ἔδωκαν.
> [αἶψα γὰρ ἐν κακότητι βροτοὶ καταγηράσκουσιν.]
> ἀλλὰ γυνὴ χείρεσσι πίθου μέγα πῶμ' ἀφελοῦσα
> ἐσκέδασ', ἀνθρώποισι δ' ἐμήσατο κήδεα λυγρά.
> μούνη δ' αὐτόθι Ἐλπὶς ἐν ἀρρήκτοισι δόμοισιν
> ἔνδον ἔμεινε πίθου ὑπὸ χείλεσιν οὐδὲ θύραζε
> ἐξέπτη· πρόσθεν γὰρ ἐπέμβαλε πῶμα πίθοιο
> [αἰγιόχου βουλῇσι Διὸς νεφεληγερέταο].
> ἄλλα δὲ μυρία λυγρὰ κατ' ἀνθρώπους ἀλάληται·
> πλείη μὲν γὰρ γαῖα κακῶν, πλείη δὲ θάλασσα·
> νοῦσοι δ' ἀνθρώποισιν ἐφ' ἡμέρῃ, αἳ δ' ἐπὶ νυκτὶ
> αὐτόματοι φοιτῶσι κακὰ θνητοῖσι φέρουσαι
> σιγῇ, ἐπεὶ φωνὴν ἐξείλετο μητίετα Ζεύς.
> οὕτως οὔ τί πη ἔστι Διὸς νόον ἐξαλέασθαι.

[362] Hes. *Op.* 38–39.
[363] Hes. *Op.* 202.
[364] Hes. *Op.* 223, 238–247.

Zuvor nämlich lebten auf Erden die Stämme der Menschen
Ohne Übel und ohne leidige Mühe
Sowie schmerzreiche Krankheiten, die den Männern den Tod bringen –
[Schnell nämlich altern die Menschen, wenn es ihnen schlecht geht.][365]
Doch die Frau, indem sie mit den Händen den Deckel des großen Fasses wegnahm,
Verstreute [sc. den βίος][366] und dachte sich für die Menschen leidvolle Sorgen aus.
Einzig aber verblieb dort die Hoffnung innerhalb der unzerbrochenen Wände
Unter dem Deckel des Fasses und nach draußen
Flog sie nicht hinaus. Vorher nämlich legte sie den Fassdeckel wieder darauf
[Gemäß dem Ratschluss des die Aigis haltenden Zeus, des Wolkensammlers].
Unzählige andere leidvolle Dinge irren unten den Menschen umher,
Voll ist die Erde von Übeln, voll aber auch das Meer.
Krankheiten kommen teils am Tage, teils in der Nacht,
Ganz von selbst zu den Menschen, wobei sie den Sterblichen Übel bringen
In Schweigen, da ihnen der ratsinnende Zeus die Stimme genommen hat.
So ist es keinesfalls möglich, dem Denken des Zeus zu entkommen. (Hes. *Op.* 90–105)

Die Interpretation, dass Hoffnung an dieser Stelle der *Werke und Tage* positiv konnotiert sei, ist umstritten. Denn gemäß der herkömmlichen Lesart dieses Textes enthält das Fass, das Pandora öffnet und in dem auch die Hoffnung lokalisiert wird, Übel aller Art, die mit Ausnahme der Elpis in die Welt hinausströmen. Deshalb scheint die Deutung nicht ganz fern zu liegen, dass auch die Hoffnung als ein Übel beschrieben werden soll, das im Gegensatz zu den kontingent wirkenden und sozusagen in der Welt herumschwirrenden Übeln in die Verfügungsmacht des Menschen gestellt bleibt.[367] Obwohl Hesiod eine schlechte Hoffnung kennt[368] und die Elpis in der frühgriechischen Dichtung nicht selten als ein Übel gezeichnet wird, als eine Illusion, der sich die Menschen zu ihrem eigenem Schaden hingeben,[369] drückt die Grundbedeutung des Wortes, zumal wenn es nicht näher bestimmt wird, eine Erwartung positiver Dinge aus.[370] Damit aber ist die Interpretation am wahrscheinlichsten, dass Hesiod die Hoffnung bzw. die Erwartung des Guten als ein Trostinstrument versteht,

---

[365] Die Echtheit des Verses ist zweifelhaft; er findet sich auch in der *Odyssee* (Hom. *Od.* 19,360), siehe *West*, Hesiod, Works and Days, 168.

[366] Zu dieser Deutung siehe Kap. III.4.1.2.

[367] Einen Überblick über die verschiedenen Deutungsansätze bieten *Musäus*, Pandoramythos, 13–30; *Ercolani*, Esiodo, 156–158; *Fraser*, Woman of Consequence, 21–24; *Canevaro*, Hesiod's *Works and Days*, 187–188. Zur Deutung der Elpis als Übel siehe insbesondere *Kerschensteiner*, Aufbau, 165–166; *Lendle*, „Pandorasage", 105–112 und die Referate von Forschungsmeinungen bei *Laumann*, Gerechtigkeit, 57–59; *Musäus*, Pandoramythos, 21–22; *Ercolani*, Esiodo, 157. Zur Hoffnung als Gut siehe z. B. *Edgar F. Beall*, The Contents of Hesiod's Pandora Jar: *Erga* 94–98, in: Hermes 117, 1989, 227–230, der jedoch die herkömmliche Lesart ablehnt, wonach das Vorratsgefäß der Pandora Übel enthalten habe.

[368] Siehe Hes. *Op.* 498–501 und Kap. III.4.1.3.

[369] Siehe dazu Kap. III.4.1.3.

[370] *West*, Hesiod, Works and Days, 169.

das dem Menschen behilflich ist, die aus dem Fass entschwundenen Leiden und Übel zu ertragen.[371] Die Tatsache, dass die Elpis zusammen mit Übeln im Fass war, ist für die Weltsicht Hesiods nicht ungewöhnlich, da er z. B. bei seiner Zeitdiagnose des Eisernen Zeitalters sagen kann, dass den Menschen dieses Geschlechts „Schlechtes und Gutes gemischt sein werden"[372]: Das Gemisch aus Gutem (Hoffnung) und Schlechtem (Krankheit, Leiden, Übel) als Signatur der Zeit nach Pandoras Tat wird somit durch die Koexistenz der Gegensätze im Fass präfiguriert. Wenn die Übel nun in die Welt verstreut werden, die Hoffnung jedoch im Pithos verbleibt, bedeutet dies, dass der Mensch der Kontingenz der Übel sowie der Gegebenheit eines durch (schlechte) Ehefrauen verschwendeten Lebensunterhalts ohne jegliche Kontrollmöglichkeit ausgeliefert ist, wohingegen die Elpis in seiner Verfügung steht wie ein Vorratsgefäß in seinem Haus. Da hinter dem Substantiv πίθος die Vorstellung eines Gefäßes zum Lagern von Lebensmitteln steht, folgt dann die Pointe, dass der Mensch sich zeit seines mühevollen und leidgeplagten Lebens von der Hoffnung nähren kann, weil sie ihm vorrätig ist. Beachtet man ferner, dass Pandora als Geschenk für Epimetheus gewissermaßen den Typus der schlechten Ehefrauen repräsentiert, erhält die Hoffnung im Fass an dieser Stelle noch eine sehr konkrete Füllung. Denn Hesiod sieht, wie dies oben ausgeführt wurde,[373] eine im Haus waltende (schlechte) Ehefrau als potentielle Bedrohung des erwirtschafteten Wohlstands, da er ihr die Eigenschaft der Verschwendungssucht zuschreibt. Die Hoffnung, von der man sich nähren kann, ist darum die Speise, die man auch dann hat, wenn es sonst keine Speisen mehr gibt:

> Die Hoffnung ist der Bodensatz; sie ist das, was bleibt, wenn die Vorräte erschöpft sind […]. Die oft verhandelte Frage, ob sie ein Gut oder ein Übel sei, stellt sich nicht. Sie gehört zur *conditio humana* ebenso wie die Tatsache, dass die Menschen gleichzeitig Vorräte anlegen und mit ihnen unvernünftig umgehen […].[374]

Ein in vielerlei Hinsicht vergleichbares Verständnis der Hoffnung ist in einem anonymen Gedicht des *Corpus Theognideum* enthalten, das auch anderweitige Anspielungen auf Hesiods *Opera et Dies* aufweist.[375] Es ist eine im Duktus leicht resignative Elegie, in welcher der Werteverlust und die abnehmende Religiosität in einer nicht näher bestimmten Polis oder Gesellschaft beschrieben werden. Der Text setzt ein mit dem Distichon: Ἐλπὶς ἐν

---

[371] *West*, Hesiod, Works and Days, 169; *Lesky*, Geschichte, 124.

[372] Hes. *Op*. 179: μεμείξεται ἐσθλὰ κακοῖσιν.

[373] Siehe dazu ausführlich Kap. III.4.1.2.

[374] *Ette*, Arbeit, 43.

[375] *Corp. Theogn.* 1135–1150; vgl. dazu *Kerschensteiner*, Aufbau, 161; *West*, Hesiod, Works and Days, 169; *Theunissen*, Pindar, 339–340. Aufgrund des Anteils der Penthemimeres scheint es wahrscheinlich, dass dieses Gedicht „eher jung" ist und nicht zu den ältesten Texten im *Corpus Theognideum* gehört (*Selle*, Theognis, 144, dort auch das Zitat).

ἀνθρώποισι μόνη θεὸς ἐσθλὴ ἔνεστιν, / ἄλλοι δ' Οὔλυμπόν<δ'> ἐκπρολιπόντες ἔβαν – „Elpis ist unter den Menschen als die einzige gute Göttin verblieben, / die anderen haben [die Menschen] verlassen und sind zum Olymp gegangen."[376] Evident sind die Anklänge an Hesiods Szenario der nahen Zukunft des Eisernen Zeitalters, wo der Dichter in einer Art apokalyptischen Vision den Werteverlust seiner eigenen Polis anprangert und beschreibt, wie die als Göttinnen präsentierten Werte des „sittlichen Schamgefühls" (Αἰδώς) und der „öffentlichen Entrüstung [über Unrecht]" (Νέμεσις) die Menschen verlassen und zum Olymp gehen.[377] Zwar spielt im Szenario Hesiods die Hoffnung keine Rolle und in der Elegie des *Corpus Theognideum* kommen Aidos und Nemesis nicht vor. Doch die Parallelen sind offenkundig, und zwar sowohl im Hinblick auf die Divinisierung ethisch-moralischer Werte als auch im Hinblick auf deren Kontrastierung mit gegenwärtigen gesellschaftlichen Zuständen. Im anonymen Gedicht sind es neben der Göttin Elpis noch die als Göttinnen präsentierten „social values"[378] Pistis („Vertrauen") und Sophrosyne („Besonnenheit") sowie die Chariten, welche die Menschen verlassen haben. Da Eidbrüchigkeit sowie Ungerechtigkeit grassiere und kein Mensch mehr die Götter ehre, ruft der unbekannte Sprecher des Poems seine ebenfalls unbekannten Adressaten dazu auf, in Gebeten und Opfern nicht nachzulassen und sich vor ungerechten Menschen zu hüten:

> ἀλλ' ὄφρά τις ζώει καὶ ὁρᾷ φάος ἠελίοιο
> εὐσεβέων περὶ θεούς, ἐλπίδα προσμενέτω·
> εὐχέσθω δὲ θεοῖσι, καὶ ἀγλαὰ μηρία καίων
> Ἐλπίδι τε πρώτῃ καὶ πυμάτῃ θυέτω.
> φραζέσθω δ' ἀδίκων ἀνδρῶν σκολιὸν λόγον αἰεί,
> οἳ θεῶν ἀθανάτων οὐδὲν ὀπιζόμενοι
> αἰὲν ἐπ' ἀλλοτρίοις κτεάνοις ἐπέχουσι νόημα,
> αἰσχρὰ κακοῖς ἔργοις σύμβολα θηκάμενοι.

> Doch solange jemand lebt und das Licht der Sonne erblickt,
> Soll er, die Götter verehrend, auf Elpis warten.
> Er soll zu den Göttern beten, wenn er schöne Schenkelstücke verbrennt,
> Und der Elpis als erster und letzter opfern.
> Er soll sich aber stets vor dem krummen Wort ungerechter Menschen hüten,
> Die ohne auch nur die geringste Ehrfurcht vor den Göttern zu haben
> Immer ihre Gedanken auf fremdes Eigentum richten,
> Wobei sie beschämende Übereinkünfte durch Übeltaten besiegeln.
> (*Corp. Theogn.* 1143–1150)

---

[376] *Corp. Theogn.* 1135–1136.

[377] *Abel*, Genealogies, 100; siehe Hes. *Op.* 197–200: καὶ τότε δὴ πρὸς Ὄλυμπον ἀπὸ χθονὸς εὐρυοδείης / λευκοῖσιν φάρεσσι καλυψαμένω χρόα καλὸν / ἀθανάτων μετὰ φῦλον ἴτον προλιπόντ' ἀνθρώπους / Αἰδὼς καὶ Νέμεσις.

[378] *Beall*, Contents, 228.

Ähnlich wie im Pandora-Mythos Hesiods ist die Hoffnung also das einzige, was dem Menschen in einer von Ungerechtigkeit und Werteverlust gezeichneten Welt noch bleibt. Die Vergöttlichung der Elpis in diesem Gedicht zeigt, dass es sich nicht um eine menschliche Illusion handelt, sondern dass Hoffnung etwas Reales und die gegenwärtigen Umstände Transzendierendes ist. Obgleich die Hoffnung bei Hesiod weder in vergleichbarer Weise divinisiert wird wie in diesen Versen noch in der Göttergenealogie der *Theogonie* einen Platz zugewiesen bekommt, geht aus dem Textvergleich dennoch hervor, inwiefern Elpis im frühgriechischen Denken auch als ein Gut verstanden werden konnte. Ein derartiges positives Verständnis des Hoffnungsbegriffs ist für das Gepräge der Bedrohungskommunikation Hesiods nun von entscheidender Bedeutung, weil im Pandora-Mythos die mythische Begründung dafür geliefert wird, weshalb nicht nur Menschen allgemein, sondern auch der Bedrohungskommunikator in der Situation der Bedrohung hoffen bzw. gute Erwartungen haben können. Denn Hesiod nimmt für sich selbst diese Art des Hoffens in Anspruch, wie aus einer anderen Stelle seines Lehrgedichts ersichtlich ist: Einerseits räumt er mit fast resignativem Unterton ein, dass er ob der herrschenden Zustände in der Gesellschaft des Eisernen Zeitalters an seinem Gerechtigkeitsempfinden zu verzweifeln droht, weil der Ungerechte gute Chancen hat, mehr Recht zu bekommen als der Gerechte.[379] Andererseits ruft er dennoch aus: „Doch hoffe ich (ἔολπα), dass der ratwissende Zeus dies keineswegs zustande kommen lässt.“[380] Hesiod hofft also auf Zeus, dass der Ungerechte über den Gerechten nicht triumphieren wird. Aus dieser Partie wird ersichtlich: Hoffnung ist für Hesiod ein Gut, das den Menschen selbst in den düstersten Situationen zur Verfügung steht. Kennzeichen dieser guten Elpis ist ihr Bezug auf Zeus, der für Hesiod die Weltordnung erhält und die Rechtsordnung wiederherstellen kann. Dadurch erhält die gute Hoffnung eine religiöse Kolorierung, und auch wenn sie bei Hesiod nicht den Status einer Göttin erlangt wie im oben besprochenen Zitat aus dem *Corpus Theognideum*, ist sie dennoch zu einer Form der Zeus-Verehrung erhoben, die sich diametral von der oben beschriebenen falschen Hoffnung arbeitsscheuer und auf Unrecht erpichter Menschen unterscheidet.

4.2.2 Freude

Dass die Repräsentation von Freude im Kontext von Bedrohungskommunikation eine Rolle spielen könnte, mag zunächst überraschend klingen. Doch in den *Werken und Tagen* gibt es einige Belege, die sich in dieser Hinsicht

[379] Hes. *Op*. 270–272.
[380] Hes. *Op*. 273.

verwerten lassen. Vorausgeschickt sei, dass Freude in keinem dieser Fälle als Haltung des Bedrohungskommunikators präsentiert wird, was im Umkehrschluss den naheliegenden Gedanken bestätigt, dass Bedrohungskommunikation grundsätzlich eine von Ernst geprägte Kommunikationsform ist. Die relevanten Belege beziehen sich erstens auf die Freude der Menschen im Goldenen Zeitalter und zweitens auf das Aufblitzen von Freude im Eisernen Zeitalter. Dadurch entsteht ein herber Kontrast zwischen der ungetrübten Freude der urzeitlichen Menschen und jener Freude, die es in der Gegenwart laut Hesiod zwar auch noch gibt, die aber vergleichsweise getrübt ist. So sagt der Lehrdichter über die Menschen des Goldenen Geschlechts: τέρποντ᾽ ἐν θαλίῃσι, κακῶν ἔκτοσθεν ἁπάντων – „Sie ergötzten sich an Festen, fernab aller Übel."[381] Freude erscheint vor dem Hintergrund der paradiesischen Schilderung des gottgleichen und sorglosen Lebens im Goldenen Geschlecht geradezu als eine göttliche Emotion, welche die Menschen in uneingeschränkter Form ohne das Aufkommen negativer Gefühle oder Leiderfahrungen genießen können.[382] Das Leben „in Festfreuden" (ἐν θαλίῃσι) setzt die Menschen dieses Zeitalters auf eine Stufe mit den Chariten und Himeros, die laut der *Theogonie* bei den Musen unweit des Gipfels des Olymps „in Festfreuden" (ἐν θαλίῃς) wohnen.[383] Trotz dieser Assoziation der Freude mit göttlichen Wesen und ihrer Verortung in die Nähe des Olymps ist sich Hesiod gewiss, dass Freude sowie das Feiern von Festen auch noch im Eisernen Zeitalter einen Platz haben.

Neben der hier zu vernachlässigenden Bemerkung, dass der Kuckuck durch seinen Ruf im Frühling die Sterblichen erfreut,[384] sind v.a. jene Belege von Interesse, welche die Freude in Hesiods Gegenwart an Bedingungen knüpfen, die sich auf ein bestimmtes Sozial- und Arbeitsverhalten beziehen. Denn dass es auch noch zu seiner Zeit Feste gibt und geben kann, konstatiert Hesiod nicht ohne Weiteres, sondern in einem Passus, in dem er seine Vision der idealen, d.h. gerechten, Polis entwirft: Wenn eine Polis, und damit ist natürlich speziell die eigene Stadt des Bedrohungskommunikators gemeint, das Leben in Gerechtigkeit fördert und das Recht vor Fremden und Einheimischen ehrt, sind allgemeiner Wohlstand, Frieden und gelingende soziale Konvivenz die Folge.[385] Zu diesem Aufblühen der Polisgemeinschaft gehört, dass „Menschen, die gerade Rechtssprüche austeilen" (ἰθυδίκῃσι ἀνδράσι), weder mit „Hunger" (Λιμός) noch „Unheil" (Ἄτη) zu kämpfen haben, vielmehr „bei freudigen

[381] Hes. *Op.* 115.

[382] Vgl. Hes. *Op.* 112–113. Zum τέρπεσθαι als göttliche Freude vgl. Hes. *Th.* 37, 51, wo Hesiod beschreibt, wie die Musen durch ihren Gesang Zeus erfreuen (τέρπειν).

[383] Hes. *Th.* 62–65, hier 65. „Thalia" ist im Übrigen – neben Aglaia und Euphrosyne – eine der drei Chariten, die Eurynome dem Zeus gebar (Hes. *Th.* 907–909).

[384] Hes. *Op.* 487.

[385] Hes. *Op.* 225–237.

Festen den Ertrag ihrer vollbrachten Feldarbeit genießen (θαλίης δὲ μεμηλότα ἔργα νέμονται)."[386] Die Freude der Menschen im Eisernen Geschlecht wird hier klar als Resultat von Fleiß und Rechtlichkeit gedeutet. Es handelt sich hier um Bedingungen der Freude, die es so im Goldenen Zeitalter noch nicht gab, weil es dort aufgrund des allgemeinen Überflusses nicht zu Unrecht kam und Arbeit auf ein Minimum reduziert war, brachte der Acker doch „von selbst" (αὐτομάτη) die Feldfrüchte hervor.[387] Freude dieser Art ist im Hinblick auf Bedrohungskommunikation deshalb hervorzuheben, weil sie die reale Möglichkeit andeutet, die Bedrohungssituation zu überwinden und die Zeit des Eisernen Zeitalters durch ein Licht aus dem Goldenen Zeitalter zu erhellen. Durch die starke Hervorhebung der Bedingtheit dieser Freude liegt eine gezielte Instrumentalisierung von Emotion vor, welche Hesiods Drängen auf ein Bewältigungshandeln produktiv unterstützt.

In diesem Zusammenhang ist ein zweiter Beleg anzuführen, der Freudigkeit in der Jetzt-Zeit ebenfalls nicht losgelöst von Arbeit darstellt. Im zweiten Hauptteil der *Erga*, der die landwirtschaftlichen Arbeitsanweisungen an Perses enthält, integriert Hesiod in seine Paränesen das Bild einer sommerlichen Idylle. Im Hochsommer, und zwar in der Zeit vor der Getreideernte, solle Perses, „wenn der Sirius Haupt und Knie" des arbeitenden Mannes „ausdörrt",[388] im Schatten eines Felsens ein Picknick veranstalten: Wein aus Thrakien, Gerstenbrot, Ziegenmilch, Rindfleisch und Quellwasser bilden die von Hesiod genannten Elemente zwar keines Festes, doch wohl einer kleineren Feier inmitten der Natur, die im Kontext des Werkes bewusst als eine Arbeitspause dargestellt ist.[389] Diese Szene evoziert jene positiven Stimmungen, die dem Leser auch bei den Beschreibungen des Goldenen Zeitalters, der Inseln der Seligen sowie der gerechten Idealpolis vermittelt werden.[390] Ob Hesiod dabei an einen solitären Imbiss oder an ein kleines Mahl mit Familie und Knechten denkt, bleibt offen und ist für die Aussage des Textes unerheblich. Nicht nur fällt im Vergleich zu den andernorts geäußerten Mahnungen zur Sparsamkeit eine gewisse Üppigkeit auf, die der Lehrdichter hier genussvoll ausbreitet. Bemerkenswert ist auch die im Kontext der Sommeridylle zu verzeichnende Hervorhebung des Weintrinkens, die den Aspekt der zweckgebundenen Ernährung übersteigt.[391] Denn die Trauben sind für Hesiod,

---

[386] Hes. *Op.* 230–231. Die Übersetzung ist inspiriert durch *West*, Hesiod, Works and Days, 214.

[387] Hes. *Op.* 118; vgl. *Rand*, Horatian Urbanity, 137–138.

[388] Hes. *Op.* 587.

[389] Hes. *Op.* 588–596.

[390] *Bershadsky*, Picnic, 6–8, 15; siehe Hes. *Op.* 109–120 (Goldenes Zeitalter), 167–173 (Inseln der Seligen), 225–237 (gerechte Stadt).

[391] Siehe Hes. *Op.* 585, 589, 592, 596, 609–617 (Weinlese).

wie wenig später in den Anweisungen zur Weinlese folgt, die „Gaben des freudereichen Dionysos“ (δῶρα Διωνύσου πολυγηθέος).[392] Hesiod ist nicht nur der erste Autor der griechischen Literatur, der Wein dezidiert als Gabe des Dionysos bezeichnet,[393] er ist auch der erste Dichter, der den Gott des Weins mit dem Epitheton πολυγηθής charakterisiert.[394] Freude an den Früchten der eigenen Arbeit, an den selbst erarbeiteten Gütern, ist somit wie bereits bei den oben genannten Erwähnungen von Polis-Festen jener Modus der Freude, den Hesiod im Eisernen Zeitalter gutheißt. Die Empfehlung, den Wein als Schorle zu genießen, die aus drei Vierteln Quellwasser und einem Viertel Wein bestehen soll,[395] ist zwar vor dem Hintergrund des Weinkonsums in der Antike kein hesiodeisches Spezifikum. Dennoch zeigt sie, dass es ihm nicht um den Rausch geht, sondern – wie auch sonst in seinem Gedicht – um den maßvollen Genuss.

In einem dritten hier zu nennenden Beleg äußert Hesiod die Ansicht, dass, wenn ein Mann bereitwillig gibt, „er sich an der Gabe erfreut und sich in seinem Gemüt daran ergötzt“ (χαίρει τῷ δώρῳ καὶ τέρπεται ὃν κατὰ θυμόν).[396] Diese Erwähnung der Emotion Freude in den *Werken und Tagen* mag zwar unscheinbar wirken, doch sie kommt im Zusammenhang von Weisungen über gute Nachbarschaft in der Polis vor und thematisiert damit einen Aspekt des menschlichen Zusammenlebens in der sozialen Gemeinschaft,[397] der im Hinblick auf die Abwendung von Bedrohungssituationen nicht unerheblich ist. Im Kontext der Stelle wird v. a. der Raub von Eigentum verurteilt und die Freude eines bereitwilligen Gebers wird diesem sozial schädigenden Verhalten positiv gegenübergestellt. Die Freude entsteht für den Lehrdichter daraus, dass der Geber aufgrund seines erwirtschafteten Wohlstands insbesondere seinem Nachbarn etwas abgeben kann. Die Hervorhebung der subjektiven Freude des Gebenden versieht das Knüpfen und Pflegen guter zwischenmenschlich-nachbarlicher Beziehungen mit einer positiven Konnotation, die Hesiod als exemplarisch propagiert und damit seinen Lesern aufzeigt, dass eine Verschärfung der Bedrohungslage auch durch das Teilen der Früchte aus eigener Arbeit abgewendet werden kann. Wiederum impliziert diese Art der Freude eine Bedingung, die Bedingung nämlich, dass man genügend Besitztümer

---

[392] Hes. *Op.* 614.

[393] Vgl. hierzu die in den Scholien zu findende, korrekte Bemerkung zu Vers 614: οὐκ οἶδεν ὁ Ὅμηρος δῶρον Διονύσου τὸν οἶνον (*Schol. in Hes. Op.* 614, p. 197,7–8 Pertusi); siehe zur Stelle auch *Beall*, Theism and Mysticism, 186.

[394] Vgl. schon Hes. *Th.* 940–942, hier 941, wo dasselbe Epitheton im Rahmen einer kurzen Geburtsgeschichte des Dionysos verwendet wird.

[395] Hes. *Op.* 595–596.

[396] Hes. *Op.* 356–358, hier 358.

[397] Hes. *Op.* 342–367.

auf lauterem Wege erworben haben muss, um etwas davon verschenken zu können. Denn im Textzusammenhang wird ausdrücklich davor gewarnt, auf üble Weise nach Gewinn zu streben: μὴ κακὰ κερδαίνειν· κακὰ κέρδεα ἶσ' ἄτῃσι.[398]

4.3 Negative und positive Wertungen sowie Invektiven

Zusätzlich zu den Repräsentationen negativer und positiver Emotionen, die teils in den Dienst der Dramatisierung der Bedrohungskommunikation gestellt, teils zur Motivation für die Initiierung eines Bewältigungshandelns auf Seiten der Adressaten verwendet werden, bedient sich Hesiod auch einer Reihe negativer und positiver Wertungen, die sein emotionales Involviert-Sein inszenieren. Evaluationsdenken sowie sprachliche Strategien des Lobens und Tadelns bilden die logische Grundlage jeglicher Paränese, die gattungsbedingt zu einem bestimmten Handeln rät und vor anderen Handlungsoptionen warnt. So ist es nicht verwunderlich, dass auch Hesiods Text von Wertungen durchzogen ist.[399] Diese geben nicht nur Aufschluss darüber, wie Hesiod die gesellschaftlichen Entwicklungen, die seiner Ansicht nach im Zusammenhang mit der Bedrohung stehen, als Bedrohungskommunikator einschätzt. Sie ermöglichen vielmehr auch einen Einblick in sein Wertesystem, das seine Wahrnehmung und Deutung der Bedrohung prägt. Wie im Falle von Emotionsdarstellungen geht es auch bei der Analyse hesiodeischer Bewertungen nicht darum, alle Wertungen Hesiods in den *Werken und Tagen* zu beleuchten. Vielmehr ist nur jenes Textmaterial zu berücksichtigen, das sich thematisch direkt oder indirekt mit der Bedrohungssituation auseinandersetzt. Die Bewertungskategorien „schlecht", „krumm" und „ungerecht" sowie deren semantische Kontrastbegriffe „gut", „gerade" und „gerecht" sind deshalb von Primärinteresse, weil sie im Kern Hesiods wertbasierte Bedrohungsdeutung ausmachen. Hinzu kommen diverse andere Negativbewertungen sowie Invektiven gegen die bestechlichen Richter und den Bruder Perses.

4.3.1 Evaluation durch semantische Kontrastpaare

Auffällig ist im ersten Hauptteil der *Werke und Tage* die Verwendung von Komplementärbegriffen, die drei semantische Kontrastpaare bilden. Es handelt sich um die Begriffspaare „schlecht-gut/edel", „ungerecht-gerecht" und „krumm-

[398] Hes. *Op.* 352.
[399] Siehe dazu ausführlich *Liebermann*, Hälfte, bes. 396–397, 408.

gerade", die zwar in den Kontexten ihrer Verwendung im Text nicht immer direkt beieinanderstehen, jedoch sachlich aufeinander bezogen sind. Folglich kann bei der Nennung eines Bestandteils des Paars das jeweils andere Gegenstück mitgedacht werden. Die negative Seite dieser semantischen Kontrastpaare dient jeweils der Kennzeichnung all dessen, was Hesiod mit der Bedrohungssituation und deren Verursachung assoziiert. Daraus wird sein Bemühen ersichtlich, die Bedrohung für seine Adressaten in schlechtes Licht zu rücken. Die positive Seite der semantischen Kontrastpaare kennzeichnet hingegen all jenes, was der Dichter mit der Abwendung der Bedrohung verbindet. So erhält der Leser gewissermaßen Einblick in Hesiods Vorstellung einer idealen Gesellschaftsordnung, wie er sie selbst unter den Bedingungen des Eisernen Zeitalters für möglich hält. Die Verwendung komplementärer Begriffspaare zeigt einerseits, dass Hesiod als Bedrohungskommunikator in seiner Welt- und Gesellschaftswahrnehmung zu einem Schwarz-Weiß-Denken neigt. Dieses hilft ihm dabei, in der Situation der Bedrohung Komplexität zu reduzieren, da die Welt mit klaren, trennscharf voneinander unterschiedenen Bewertungskategorien erfasst werden kann. Andererseits verbürgen die positiven Kontrastbegriffe, dass auch angesichts der Bedrohung eine Änderung der gegenwärtigen Lage möglich ist. Dadurch wird nicht bestritten, dass die Gegenwart als negativ einzuschätzen ist. Jedoch wird das Negative in seiner Strahlkraft deutlich relativiert.

a) „schlecht" – „gut/edel"

Das Wortfeld „schlecht" wird bei Hesiod zumeist mit dem Adjektiv κακός ausgedrückt und dient sowohl der Beschreibung schadenstiftender Taten und unheilvoller Vorkommnisse als auch der Darstellung untauglicher Menschen in der Gegenwart, d. h. im Eisernen Zeitalter. Semantisch beschreibt das Adjektiv bei Hesiod alles Schlimme und Schlechte, das die „soziale Ordnung"[400] der Polisgemeinschaft stört und somit bedroht, wobei auch anderweitige Negativwertungen, die in der Nähe verwendeter Adjektivformen von κακός stehen, zum Verständnis des Wortes bei Hesiod beitragen und deshalb im Folgenden auch, wo angebracht, mitberücksichtigt werden. Grundsätzlich kann die soziale Ordnung entweder von innen heraus durch das unrechtliche Verhalten der Mitglieder der Sozialgemeinschaft, durch „schlimmen Raub",[401] „übles Gewinnstreben"[402] und Feindseligkeiten mit einem „schlechten Nach-

---

[400] *Hans Wilhelm Nordheider*, Art. κακός, in: Lexikon des frühgriechischen Epos 2, 1991, 1281–1289, hier 1282.

[401] Zum als „schlecht" bezeichneten Raub siehe Hes. *Op*. 356 (ἅρπαξ δὲ κακή).

[402] Hes. *Op*. 352: μὴ κακὰ κερδαίνειν· κακὰ κέρδεα ἶσ' ἄτῃσι.

barn"[403] bedroht werden oder aber von außen durch leidbringende Geschehnisse wie z.B. den „schlimmen Krieg"[404]. Dabei geht der Lehrdichter davon aus, dass schädigendes Verhalten, ob es nun als von innen oder außen kommend gedacht wird, in der freien Wahl des Menschen steht und somit in seinen Verantwortungsbereich fällt. Die Bejahung eines Wahlvermögens, das aus der Fähigkeit zur Reflexion über Handlungsoptionen erwächst, gehört zu den anthropologischen Grundüberzeugungen Hesiods,[405] und darin ist letztlich auch die Möglichkeit didaktischer Beeinflussung von Handeln sowie die Sinnhaftigkeit des hesiodeischen Unterfangens selbst begründet. So, wie das „Funktionieren der Gemeinschaft"[406] zu einem Gutteil an bewusstes menschliches Handeln gebunden wird, so wird auch die Destruktion des Gemeinwesens auf menschliche Verantwortung zurückgeführt. Denn Hesiod zeigt sich überzeugt, dass es ein intentionales und geplantes Handeln ist, das die soziale Konvivenz samt ihrer Grundlagen zu stören beabsichtigt, und dass dieses letztlich dem Schädiger selbst schaden wird, weil niemand vor dem Auge des Zeus verborgen bleiben kann: „Sich selbst bewirkt ein Mann Schlimmes (κακά), der einem anderen Schlimmes (κακά) bereitet, / ein schlimmer Plan (ἡ δὲ κακὴ βουλή) ist aber am schlimmsten für den, der ihn ausgeheckt hat (τῷ βουλεύσαντι κακίστη)."[407] Von hervorgehobener Bedeutung ist zunächst, dass es Übel bzw. schlechte Dinge im idealisierten Goldenen Zeitalter nicht gegeben habe, da die ersten Menschen „außerhalb aller Übel" (ἔκτοσθεν ἀπάντων κακῶν) gelebt hätten.[408] Selbiges gilt für die Zeit vor dem Kommen der „üblen" Pandora,[409] in der die Menschen ebenfalls ihr Leben „ohne Schlechtes" (νόσφιν

---

403 Siehe Hes. *Op.* 342–348, hier 346 (πῆμα κακὸς γείτων), 348 (γείτων κακός).

404 Zum als „schlecht" bezeichneten Krieg siehe Hes. *Op.* 14, 161 (jeweils πόλεμος κακός).

405 *Canevaro*, Hesiod's *Works and Days*, 144–149; *Golla*, Hesiods *Erga*, 32–34, 251.

406 *Itgenshorst*, Denker und Gemeinschaft, 169.

407 Hes. *Op.* 265–266, vgl. *Erbse*, Rechtsgedanke, 14; zum sehenden Auge des Zeus, womit Hesiod die Ahndung der üblen Pläne und Taten durch die göttliche Gerechtigkeit andeutet, siehe die unmittelbaren Folgeverse 267–269. Im Hinblick auf die Wählbarkeit eines gesellschaftsschädigenden Verhaltens kann die wichtige Formulierung κακότητα ἑλέσθαι („κακότης wählen") im berühmten Bild der zwei Wege, von denen gemäß Hesiod einer zur κακότης und einer zur ἀρετή führe (Hes. *Op.* 287–292, hier 287), im vorliegenden Zusammenhang nicht als Beleg angeführt werden. Denn das Substantiv κακότης bedeutet an dieser Stelle weniger die Schädlichkeit eines Individuums als vielmehr das „Gegenteil" von ἀρετή im homerischen Sinne, d.h. von „allgemeiner Blüte, Gedeihen, Vollkommenheit (Können), Gut-im-Standesein, Erfolg", so *Otfrid Becker*, Das Bild des Weges und verwandte Vorstellungen im frühgriechischen Denken, (Hermes-Einzelschriften 4), Berlin 1937, 57; vgl. dazu auch *West*, Hesiod, Works and Days, 229; *Heath*, Didactic Poetry, 250 und die Diskussion bei *Hoffmann*, Ethische Terminologie, 118–120.

408 Hes. *Op.* 115.

409 Hes. *Op.* 57–58: Hier wird Pandora als ein von Zeus geschicktes „Übel" (κακόν) bezeichnet.

ἄτερ τε κακῶν) verbracht hätten.[410] Dieser scharfe Kontrast zwischen der guten Vorzeit und der beklagenswerten Jetzt-Zeit wird bereits bei der Darstellung des Silbernen Geschlechts eingeleitet, wo Hesiod ausdrücklich hervorhebt, dass es „viel schlechter“ (πολὺ χειρότερον) als das Goldene Geschlecht gewesen sei.[411] Pointiert ans Ende seines Szenarios der nahen Zukunft des Eisernen Geschlechts gesetzt, ist die prophetisch-antizipierende Aussage, dass es bald keine „Hilfe mehr gegen das Schlechte“ bzw. „Übel“ geben werde (κακοῦ δ᾽ οὐκ ἔσσεται ἀλκή).[412] Damit stellt Hesiod nicht nur die nahe Zukunft, sondern auch schon seine eigene Gegenwart als eine Zeit dar, in der Schlechtes das gesellschaftliche Zusammenleben schädigt.

Der Schaden entspringt laut Hesiod dem Fehlverhalten schlechter Menschen, deren Einfluss zu meiden ist: So legt der Dichter seinem Bruder Perses nahe, „weder ein Gefährte der Schlechten noch ein Schmäher der Edlen zu werden“ (μηδὲ κακῶν ἕταρον μηδ᾽ ἐσθλῶν νεικεστῆρα).[413] Die „Schlechten“ machen geradezu einen Menschentypus aus, da der Dichter wie hier im Plural oder auch im Singular absolut von „dem Schlechten“ (ὁ κακός) sprechen kann, der dem „besseren Mann“ Schaden z. B. durch Meineid zufügt.[414] Ein Typus ist auch angedeutet, wenn an anderer Stelle von „einem schlechten Mann“ (κακοῦ ἀνδρός)[415] die Rede ist, der eine ganze Stadt ins Verderben reißt durch ein Verhalten, das im Kontext näher als „schlechte Hybris“ (κακὴ ὕβρις), „ruchloses Vorgehen“ (σχέτλια ἔργα), „Sich-Verfehlen“ (ἀλιτραίνειν) und das „Aushecken von Vermessenem“ (ἀτάσθαλα μηχανᾶσθαι) betitelt wird.[416] Besonders wichtig ist in diesem Zusammenhang die Negativbewertung der Hybris als κακή sowie die Erwähnung der σχέτλια ἔργα im Umfeld der semantischen Näherbestimmung von κακός. Denn zwei weitere Male legt Hesiod der Hybris das Werturteil „schlecht“ bei, wenn es heißt, dass die Hybris für den „armen Sterblichen schlecht“ bzw. „schädlich“ sei (ὕβρις γάρ τε κακὴ δειλῷ βροτῷ)[417] und dass ein „Übeltäter“ (κακῶν ῥεκτήρ) gewissermaßen die „Inkarnation“ der Hybris darstelle.[418] Und was das Adjektiv σχέτλιος anbelangt, das in seinen Bedeutungen

[410] Hes. *Op*. 91.
[411] Hes. *Op*. 127.
[412] Hes. *Op*. 201.
[413] Hes. *Op*. 716.
[414] Hes. *Op*. 193.
[415] Hes. *Op*. 240.
[416] Hes. *Op*. 238–241.
[417] Hes. *Op*. 214.
[418] Hes. *Op*. 191–192: […] μᾶλλον δὲ κακῶν ῥεκτῆρα καὶ ὕβριν / ἀνέρα τιμήσουσι. In dieser Deutung schließe ich mich *West*, Hesiod, Works and Days, 202 an („He [sc. der beschriebene ἀνήρ] is Hybris incarnate“), der auf die quasi-adjektivische Funktion von ὕβρις in der Formulierung ὕβρις ἀνήρ aufmerksam macht, die dazu dient, den „Übeltäter“ (ῥεκτὴρ κακῶν) als ὑβριστής zu umschreiben. Das Substantiv ὑβριστής benutzt Hesiod in der *Theo-*

„ruchlos" und „schrecklich" eine „moral[ische] Verurteilung"[419] transportiert, so erwähnt Hesiod ein weiteres Mal die σχέτλια ἔργα der Menschen auf Erden, die von den Wächtern des Zeus überwacht werden.[420] Folglich kann er auch im Szenario der nahen Zukunft des Eisernen Zeitalters seine Zeitgenossen kollektiv als σχέτλιοι bezeichnen, da sie keinen Respekt vor Familienbanden haben und die Strafe der Götter nicht beachten.[421] Ein weiterer Beleg von σχέτλιος gilt der „tadelswerten" (ἐπιμωμητή) Göttin des Zanks namens Eris, die von der „guten Eris" unterschieden ist, „da sie den schlimmen Krieg (πόλεμόν τε κακόν) und Kampf vermehrt, / die ruchlose (σχετλίη)!"[422]. Die schlechte Eris, deren Wirken Zwietracht sät und damit den innergesellschaftlichen Zusammenhalt der Polis bedroht, wird von Hesiod interessanterweise noch mit dem adjektivischen Oxymoron κακόχαρτος („schadenfroh") profiliert, das wörtlich eine „Freude am Schlechten" bzw. eine „durch Schlimmes bewirkte Freude" bedeutet.[423] Mit demselben Adjektiv, das die eigentlich positive Emotion der Freude auf ein ihr unangemessenes Objekt bezieht, kennzeichnet Hesiod auch das Wirken einer anderen negativen vergöttlichten Emotion, nämlich des Neids (Ζῆλος), dem Hesiod zudem einen „schauerlichen Blick" (στυγερώπης) zuschreibt und der laut dem poetischen Szenario die Gesellschaft des Eisernen Geschlechts in naher Zukunft charakterisieren wird.[424]

Die bisherigen Ausführungen lassen es als begründet erscheinen, die in allgemeinen und typischen Zügen gezeichnete Figur des „Schlechten" bzw. „schlechten Mannes" in den *Erga* als ein Feindbild zu verstehen, in dem Hesiod die Bedrohungen der sozialen Ordnung der Polis nicht nur zusammenfasst, sondern auch personalisiert. Es handelt sich in Hesiods Sinne um ein in seiner Gegenwart greifbares, aber im Grunde zeitloses Feindbild, das sich immer wieder in verschiedenen Interaktionszusammenhängen der Polisgesellschaft verhaltensmäßig manifestieren kann und in jedem einzelnen Fall seiner Manifestation als solches zu benennen ist. Zusammen mit dem weiter unten im

---

gonie insgesamt dreimal, um die „Frevler" Typhaon/Typhoeus (Hes. *Th.* 306; zur Namensform siehe *West*, Hesiod, Theogony, 252), Menoitios (Hes. *Th.* 514) und Pelias (Hes. *Th.* 996) zu charakterisieren.

[419] *Rudolf Führer*, Art. σχέτλιος, in: Lexikon des frühgriechischen Epos 4, 2010, 279–281, hier 280.

[420] Hes. *Op.* 254.

[421] Hes. *Op.* 186–188, hier 187.

[422] Hes. *Op.* 14–15. Die wertende Formel πόλεμος κακός steht auch in Hes. *Op.* 161.

[423] Hes. *Op.* 28; zur Wortbedeutung siehe *West*, Hesiod, Works and Days, 148. Eine ähnlich oxymorische Ausdrucksweise legt Hesiod dem erzürnten Zeus in den Mund, der zu Prometheus über Pandora sagt: „Diesen [sc. den Menschen] werde ich anstelle des Feuers ein Übel (κακόν) geben, an dem sich alle / in ihrem Gemüt ergötzen mögen (ᾧ κεν ἅπαντες / τέρπωνται κατὰ θυμόν), wenn sie ihr eigenes Übel umarmen (ἑὸν κακὸν ἀμφαγαπῶντες)" (Hes. *Op.* 57–58).

[424] Hes. *Op.* 196.

Kontext des Kontrastpaars „ungerecht-gerecht“ zu besprechenden Menschentyp des „Ungerechten“ erhalten damit die Rezipienten des Gedichts nicht nur abstrakte Ausführungen zu möglichen Bedrohungsquellen. Vielmehr werden ihnen in Menschentypen projizierte Veranschaulichungen von bedrohlichem Verhalten vorgeführt, das sich nach Hesiods Überzeugung zwar jeder Mensch zu eigen machen kann, wodurch jedoch jeder, der dies tut, zum Feind des Gemeinwesens im Sinne seiner von Zeus gegebenen Ordnung wird. Das auf entschiedenem Schwarz-Weiß-Denken basierende Feindbild des „Schlechten“ und auch des „Ungerechten“ appelliert durch seine sprachliche Spaltung der Polisbevölkerung, eine Ausgrenzung all jener Elemente vorzunehmen, welche die gelingende Konvivenz bedrohen. Es versteht sich von selbst, dass mit der Evozierung eines derartigen Feindbilds diejenigen Kräfte in der Polis gestärkt werden sollen, die mit einem gegenteiligen Verhalten das Wohl der Polis fördern.

Im dualistischen Charakter der Evaluationspraxis Hesiods liegt begründet, dass die positive Seite des Kontrastpaars „schlecht-gut/edel“ das Gegenteilige von dem bezeichnet, was in der obigen Darstellung als „schlecht“ evaluiert wurde. Die Weitergabe von Gutem ist letztlich seine Absicht: Wie er in einer Anrede an Perses verdeutlicht, ist es sein Ziel, das „Positive“ bzw. „Gute“, das er „im Sinn hat“, Perses mitzuteilen (Σοὶ δ’ ἐγὼ ἐσθλὰ νοέων ἐρέω)[425], womit Hesiod durchblicken lässt, dass Schwarzmalerei im Hinblick auf seine eigene Gegenwart in seinem Projekt der Bedrohungskommunikation nicht das letzte Wort hat. Positivbewertungen sind daher ebenso zu bedenken, und in dieser Hinsicht sind v. a. die Adjektive ἀγαθός („gut, tüchtig“) und ἐσθλός („trefflich, tüchtig, edel, positiv“) sowie die Komparative ἀρείων bzw. ἄρειον („besser“), ἀμείνων bzw. ἄμεινον („besser“) und κρείσσων („erfolgreicher, effektiver“) sowie die Superlative ἄριστος („der [die, das] beste, geeignetste“) und πανάριστος („der [die, das] allerbeste“) aufschlussreich. Wie schon im Falle des Bedeutungsspektrums von κακός, ist auch dessen Gegensatz, das Gutsein, bei Hesiod wesentlich auf die soziale Gemeinschaft bezogen, in welche der Mensch eingebettet ist. So „umgreift“ z. B. das Adjektiv ἀγαθός „in sich […] den ganzen Vorstellungskomplex des richtigen, des optimalen Menschseins, wie es sich der menschlichen Gesellschaft jeweils darstellt“[426], wobei im Vergleich zur *Ilias* bei Hesiod eine vermehrt moralisierende Begriffsverwendung[427] zu verzeichnen ist. Ähnliches gilt auch für das Adjektiv ἐσθλός, dessen Verwendung bei Hesiod im Unterschied zum homerischen Kriegsepos keine Trefflichkeit

[425] Hes. *Op.* 286.

[426] *Friedrich Mehmel/Peter Herrmann*, Art. ἀγαθός, in: Lexikon des frühgriechischen Epos 1, 1979, 20–29, hier 21–22.

[427] *Mehmel/Herrmann*, Art. ἀγαθός, 22.

in Kampf und Schlachten ausdrückt, sondern ganz im Gegenteil eine „klare Verschiebung des Inhalts hin zu umgänglicheren Tugenden (Loyalität, Milde, Gerechtigkeit)"[428] erkennen lässt. Ähnlich wie der „Schlechte", ist auch der „Gute" (ἀγαθός) bei Hesiod eine Art Menschentypus im Eisernen Zeitalter, der in einem Atemzug mit dem „Gerechten" (δίκαιος) und dem „Eidtreuen" (εὔορκος) genannt wird, die gewissermaßen als Antagonisten zum „Übeltäter" (κακῶν ῥεκτήρ) und zum „hybrisbehafteten Mann" (ὕβρις ἀνήρ)[429] fungieren. Synonym zum ἀγαθός ist der „bessere Mann" (ἀρείων φώς), der im Denken Hesiods ebenfalls dem κακός im oben skizzierten Sinne gegenübergestellt wird.[430] Gutsein hat damit eine deutlich positive soziale Komponente, die Hesiod ausdrücklich willkommen heißt, weil sie den Erhalt der gesellschaftlichen Ordnung durch Respekt der Rechtsordnung und individuelle Integrität impliziert. Gutes Sozial- und Bürgerverhalten propagiert Hesiod auch dadurch, dass er den „guten Nachbarn" (γείτων […] ἀγαθός, γείτων ἐσθλός)[431] lobt, der den Besitz des jeweils in der Nähe Wohnenden unangetastet lässt, der eine Kultur des Nehmens und Gebens pflegt und den man zum gemeinsamen Mahl einladen kann.[432]

Ein beziehungsstiftendes Moment des Gutseins liegt auch der Aussage inne, dass „eine Gabe gut" (δὼς ἀγαθή) sei, „Raub aber schlecht, ein Geber des Todes (ἅρπαξ δὲ κακή, θανάτοιο δότειρα)."[433] In leichter Variation wird auch eingeschärft, „Besitztümer nicht zu rauben" (χρήματα δ' οὐχ ἁρπακτά), da „gottgegebene Dinge viel besser" (θεόσδοτα πολλὸν ἀμείνω) seien.[434] Der Wert des Gebens ergibt sich für den Lehrdichter daraus, dass es ein angenehmes und heiteres Miteinander mit jenen ermöglicht, die von sich aus etwas verleihen oder schenken.[435] Die angemessene Reaktion auf ein derartiges Beschenkt-Werden festigt soziale Bindungen v.a. im Bereich der unmittelbaren Nachbarschaft und trägt damit im Kleinen zur Stabilität der Polisgemeinschaft bei. Implizit tritt Hesiod auch für die Prävention zwischenmenschlicher Streitigkeiten durch ein solches Geberverhalten ein, da er die „schlechte Eris", die Zank und Krieg bewirkt, verachtet, die früher geborene Eris jedoch, die Wett-

[428] *Riek van Bennekom*, Art. ἐσθλός, in: Lexikon des frühgriechischen Epos 2, 1991, 733–737, hier 734.

[429] Hes. *Op.* 190–192. Zum „Eidtreuen" vgl. auch Hes. *Op.* 285, wo es heißt, dass es im Vergleich zur Familie des Meineidigen und Lügners der „Familie eines eidtreuen Mannes im Nachhinein besser gehen" werde: ἀνδρὸς δ' εὐόρκου γενεὴ μετόπισθεν ἀμείνων.

[430] Hes. *Op.* 194–195.

[431] Hes. *Op.* 346–347.

[432] Hes. *Op.* 342–351.

[433] Hes. *Op.* 356.

[434] Hes. *Op.* 320.

[435] Hes. *Op.* 354–358.

bewerb unter Menschen fördert, *expressis verbis* als „gut für die Sterblichen“ (ἀγαθὴ δ’Ἔρις ἥδε βροτοῖσιν)[436] klassifiziert: Diese sei für die Menschen „viel besser“ (πολλὸν ἀμείνω)[437] als ihr schlechter Gegenpart, weil sie letztlich ein kompetitives Streben nach individuellem Wohlstand und Reichtum hervorbringt,[438] was Rauben in Hesiods Idealvorstellung letztlich überflüssig macht. Dies ist auch der Grund, weshalb Hesiod an anderer Stelle zu Perses sagen kann, dass „Arbeiten besser ist (τὸ ἐργάζεσθαι ἄμεινον), / wenn du denn deinen törichten Sinn von fremdem Eigentum weg- und / zur Arbeit hinwendest und für deinen Lebensunterhalt sorgst, wie ich es dir auftrage.“[439] In einem sachlichen Zusammenhang mit dieser Anweisung steht eine Überzeugung, die Hesiod unmittelbar an sein Bild der zwei Wege anschließt, von denen einer zum Misserfolg (κακότης) und der andere zum Wohlstand bzw. zur persönlichen Blüte (ἀρετή) führe:[440] „Derjenige ist der allerbeste (πανάριστος), der bei sich das bedenkt / und reflektiert, was in Zukunft und am Ende besser (ἀμείνω) ist. / Edel (ἐσθλός) wiederum ist auch jener, der auf jemanden, der ihm gut zuredet (εὖ εἰπόντι), hört.“[441]

Zentral für die Gesamtaussage des *Erga*-Gedichts ist die positive Bewertung der Gerechtigkeit, die Hesiod verschiedentlich variiert und illustriert. Einen Zusammenhang zwischen Güte und Gerechtigkeit stellt der Lehrdichter etwa bei der Darstellung des Heroengeschlechts im ‚Weltaltermythos‘ her, wenn er konstatiert, dass dieses Geschlecht „gerechter und besser“ (δικαιότερον καὶ ἄρειον)[442] gewesen sei als das vorangegangene Eherne Geschlecht. Deutlich wird hier nicht nur, dass gemäß hesiodeischem Denken die Besserung einer Gesellschaft einzig durch ein Gerechter-Werden eintreten kann. Es wird auch klar, dass Hesiod Gerechter-Werden als so positiv ansieht, dass dadurch gar die Degenerationsspirale, die sich durch den ‚Weltaltermythos‘ zieht, zumindest eine Generation lang aufgehalten werden kann. Allgemein gilt, dass der „Weg zum Recht besser“ bzw. „effektiver“ ist (ὁδός [...] κρείσσων ἐς τὰ δίκαια)[443] im Vergleich zu einem rechtsverachtenden Ausleben der Hybris, die kein „Edler leicht ertragen kann“ (οὐδὲ μὲν ἐσθλὸς / ῥηιδίως φερέμεν δύναται)[444].

---

[436] Hes. *Op*. 24.

[437] Hes. *Op*. 19.

[438] Vgl. Hes. *Op*. 20–24.

[439] Hes. *Op*. 314–316.

[440] Siehe hierzu Hes. *Op*. 287–292.

[441] Hes. *Op*. 293–295. *Clay*, Works and Days, 83, 89–90 sowie *Zhang*, The Poet as Educator, 12 beziehen πανάριστος auf Hesiod im Sinne einer Selbstdarstellung, jedoch ist es wahrscheinlicher, dass Hesiod seinen Bruder dazu animieren möchte, durch das Befolgen seiner Mahnungen besser und edler zu werden; so schon *Friedländer*, ΥΠΟΘΗΚΑΙ, 564.

[442] Hes. *Op*. 158.

[443] Hes. *Op*. 216–217.

[444] Hes. *Op*. 214–215.

„Gerade Rechtssprüche" (ἰθεῖαι δίκαι) kommen direkt von Zeus, dem Garanten der gerechten Weltordnung, und sind daher „die besten" (ἄρισται).[445] Das Recht – Dike – ist für die Menschen „bei weitem das Beste" (πολλὸν ἀρίστη), weil es menschliche Konvivenz in ihrem Gegensatz zum Lebensmodus des Fressens und Gefressen-Werdens der Tierwelt auszeichnet.[446] Außerdem gibt Zeus jemandem, „der Recht sprechen will / aus Erkenntnis, Gedeihen."[447] Den Konnex zwischen Gedeihen und Gerechtigkeit stellt Hesiod ferner in seiner Vision der idealen Polis her,[448] wenn er das „beständige Aufblühen" der Bürger mit allerlei „Gütern" (θάλλουσιν δ' ἀγαθοῖσι διαμπερές)[449] vom Ehren und Befolgen des Rechts abhängig macht.[450] Ideal bleibt diese Vorstellung der gerechten Polis deshalb, weil in der nahen Zukunft „Gutes und Schlechtes gemischt sein werden" (μεμείξεται ἐσθλὰ κακοῖσιν)[451], wie er in seinem Szenario des Eisernen Zeitalters ausführt. Dennoch geht mit der Verwendung der Vokabel an dieser Stelle eine sehr positive Wertung einher, welche die Leser an die Zustände des Goldenen Zeitalters erinnern soll, wo das Adjektiv ebenfalls eine hervorgehobene Rolle spielt: Die Menschen dieses Geschlechts hatten „alles Gute" (ἐσθλὰ δὲ πάντα)[452], gingen „in Ruhe ihren Werken nach mit vielen Gütern (σὺν ἐσθλοῖσιν πολέεσσιν)"[453] und sind seit dem Ende ihres Geschlechts nach dem Willen des Zeus „gute Dämonen auf Erden (δαίμονες [...] ἐσθλοί, ἐπιχθόνιοι), Wächter der sterblichen Menschen" und „Geber von Reichtum"[454].

b) „ungerecht" – „gerecht"

Ein zweites semantisches Kontrastpaar bildet die Unterscheidung zwischen „ungerecht" (ἄδικος) und „gerecht" (δίκαιος). Es gibt dafür zwar insgesamt nur wenige Belege in den *Werken und Tagen*, jedoch ist es trotzdem von nicht zu unterschätzender Bedeutsamkeit, weil Hesiod als erster griechischer Autor überhaupt das Adjektiv ἄδικος verwendet. Dass es in den homerischen Epen nicht vorkommt,[455] mag ein Zufall sein. Der wiederholte Gebrauch bei Hesiod

---

[445] Hes. *Op.* 36.
[446] Hes. *Op.* 276–280, hier 279 (Zitat).
[447] Hes. *Op.* 280–281.
[448] Siehe hierzu Hes. *Op.* 225–237.
[449] Hes. *Op.* 236.
[450] Siehe bes. Hes. *Op.* 225–227, wo der Kausalzusammenhang zwischen gerechter Rechtsprechung und dem kollektiven Aufblühen auf prägnante Weise hergestellt wird.
[451] Hes. *Op.* 179; vgl. dazu *Diller*, Hesiod und die Anfänge, 147–148.
[452] Hes. *Op.* 116.
[453] Hes. *Op.* 119.
[454] Hes. *Op.* 122–123, 126.
[455] Vgl. *West*, Hesiod, Works and Days, 222; *Erler*, Recht, 12.

deutet jedenfalls darauf hin, dass bei diesem Autor ein Unrechtsbewusstsein explizit zur Sprache kommt. Naturgemäß kann Hesiod sowohl Handlungen als auch Menschen der Ungerechtigkeit bezichtigen. „Ungerechte Taten" (ἔργα ἄδικα)[456] werden bei Hesiod an einer Stelle genannt, wo der Mikrokontext auf unsoziales und unmoralisches Verhalten gegenüber Schutzbefohlenen und Familienmitgliedern deutet: Der Dichter nennt in diesem Zusammenhang das Misshandeln oder Schädigen von Schutzsuchenden und Fremden, sexuellen Verkehr mit der eigenen Schwägerin, Vergehen gegen Waisenkinder und das Beschimpfen des greisen Vaters.[457] Da es sich bei diesem Katalog ungerechter Taten nicht nur um das Ausnutzen physischer Schwächen oder der sozialen Stellung von Geschädigten handelt, sondern auch um Missachtung religiös begründeter Schutzmechanismen für menschliche Beziehungsgefüge, ist es nur folgerichtig, dass Hesiod denen ein Vergeltungshandeln des Zeus in Aussicht stellt, die diese Taten begehen.[458] Denn sie sind laut der Auffassung des Bedrohungskommunikators auf Vorsatz zurückzuführen: Wenn der Lehrdichter vom „Denken" bzw. vom „Sinn ungerechter Menschen" (ἀνθρώπων ἀδίκων νόος) spricht, den Dike ihrem Vater Zeus immer dann anzeigt, wenn sich Unrecht anbahnt,[459] dann verleiht dieser Rekurs auf die Ebene menschlicher Gedanken dem ungerechtem Verhalten bei Hesiod den Charakter der Intentionalität. Im Kontext der Stelle sind, wie der Folgevers zeigt, eindeutig die βασιλῆες angesprochen, denen Hesiod mit einer moralischen Negativbewertung[460] unterstellt, „Leidbringendes" bzw. „Schlimmes im Sinn zu haben" (λυγρὰ νοεῦντες), da sie mit Absicht das Recht beugen.[461] Das Adjektiv λυγρός („jämmerlich, leidvoll, leidbringend, schlimm") signalisiert starke Emotionalität. Es erscheint in den *Werken und Tagen* stets im Neutrum Plural, und an Schlüsselstellen des Gedichts qualifiziert es jene Übel und Leiden näher, die den Menschen aus dem Opferbetrug des Prometheus in Mekone,[462] der Sendung der Pandora[463] sowie der künftigen moralischen Ver-

---

[456] Hes. *Op*. 334.

[457] Hes. *Op*. 327–335.

[458] Hes. *Op*. 333–335.

[459] Hes. *Op*. 260.

[460] *Sullivan*, Psychic Term, 78, die mit Bezug auf die Verse 260–261 vermerkt: „In this passage we see a clear connection between νόος and moral behaviour."

[461] Hes. *Op*. 261.

[462] Hes. *Op*. 47–49, hier 49: ἀνθρώποισιν ἐμήσατο [sc. Zeus] κήδεα λυγρά. Zum Opferbetrug des Prometheus in Mekone siehe die ausführliche Darstellung bei Hes. *Th*. 535–557, wo Prometheus, um Zeus zu überlisten, ein Opfer so aufteilt, dass die Menschen das Essbare zum Verzehr erhalten und Zeus die bloßen Knochen mit Fett geopfert werden; dazu *Ette*, Arbeit, 41–42.

[463] Hes. *Op*. 95: ἀνθρώποισι δ' ἐμήσατο [sc. Pandora] κήδεα λυγρά, Hes. *Op*. 100: ἄλλα δὲ μυρία λυγρὰ κατ' ἀνθρώπους ἀλάληται.

rohung im Eisernen Zeitalter[464] erwachsen sind und noch erwachsen werden. Die mittels des Adjektivs ἄδικος zum Ausdruck gebrachte Ungerechtigkeit der richterlichen Eliten wird dadurch noch gezielt emotionalisiert.

An anderer Stelle setzt Hesiod den Komparativ ἀδικώτερος, um die Unterlegenheit des Gerechten vor Gericht zu bedauern und auf dessen Benachteiligung gegenüber dem „Ungerechteren" im Prozess hinzuweisen.[465] Die Komparativform ist in diesem Passus durch die Nennung des „Gerechten" bedingt, im Vergleich zu dem der „Ungerechtere" weniger gerecht ist. Der „Gerechte" (δίκαιος) ist im Lehrgedicht Hesiods ähnlich wie der „Schlechte" (ὁ κακός) und „Gute" (ὁ ἀγαθός) ein Menschtypus, mit dem der Dichter v. a. sich selbst identifiziert, auch wenn ihn die gegenwärtige Bedrohungslage im Eisernen Zeitalter nahezu daran verzweifelt lässt, gerecht sein zu wollen, da ja der „Ungerechtere" vor Gericht begünstigt werde.[466] Hesiod nennt den „Gerechten" in einem Atemzug mit dem „Guten" und „Eidtreuen" (εὔορκος) und definiert ihn damit als jemanden, der durch seinen Respekt vor Mitmenschen und gesellschaftlichen Werten zur Stabilisierung der sozialen Ordnung beiträgt.[467] Wie der Gute und Eidtreue auch, ist er dem „Verbrecher" (κακῶν ῥεκτήρ) und „hybrisbehafteten Mann" (ὕβρις ἀνήρ) entgegengesetzt.[468] Die Eigenschaft, gerecht zu sein, ist aufgrund ihres Bezugs zu den Gottheiten Zeus und Dike, aber auch zum von Hesiod äußerst geschätzten Geschlecht der Heroen[469] sehr positiv besetzt. Sie bedeutet letztendlich die Wahrung und Durchsetzung göttlicher Ordnung in der Gesellschaft, da durch sie die planvoll-intentionale Ausrichtung menschlichen Handelns eben auf diese Ordnung möglich wird.

c) „krumm" – „gerade"

Ähnlich, wie die Semantik des „Schlechten" und „Guten" bei Hesiod sachlich auf das zentrale Thema der Gerechtigkeit bezogen ist, ist auch der metaphorische Gebrauch der Adjektive „krumm" (σκολιός) und „gerade" (ἰθύς) in diesem gedanklichen Kontext anzusiedeln. Die feine Unterscheidung zwischen einem „krummen" und einem „geraden" Rechtsprechen, d. h. zwischen einer aufrichtigen richterlichen Entscheidung und der Rechtsbeugung, ist seit der

[464] Hes. *Op.* 200–201: Nach dem Weggang von Aidos und Nemesis in der nahen Zukunft werden den „sterblichen Menschen nur noch jammervolle Schmerzen bleiben" (τὰ δὲ λείψεται ἄλγεα λυγρὰ / θνητοῖς ἀνθρώποισι).

[465] Hes. *Op.* 272.

[466] Hes. *Op.* 270–272.

[467] Hes. *Op.* 190–191.

[468] Hes. *Op.* 191–192.

[469] Hes. *Op.* 158–159: [...] δικαιότερον καὶ ἄρειον, / ἀνδρῶν ἡρώων θεῖον γένος [...].

Ilias im griechischen Rechtsdenken bekannt.[470] Bei Hesiod fällt auf, dass das Kontrastpaar vergleichsweise häufig auftritt, moralisch konnotiert ist[471] und in den meisten Fällen die βασιλῆες (mit-)angesprochen werden, die er in seinem Mahngedicht nicht nur wiederholt adressiert, sondern die auch als eine entscheidende Quelle jener Bedrohung gedeutet werden, die Hesiod kommuniziert. Um die Drastik seines Vorwurfs, dass die βασιλῆες „krummes" Gericht sprechen, zu verstehen, ist zunächst ein Blick in das Proömium der *Theogonie* vonnöten, in denen die βασιλῆες noch mit großem Lob bedacht werden. Hesiod sagt dort, dass einer von den βασιλῆες, wenn die Töchter des Zeus, die Musen, ihm bei der Geburt wohlgesonnen sind, nicht nur in den Stand versetzt wird, wohlklingend und schön zu reden, sondern dass dann auch

> [...] οἱ δέ τε λαοὶ
> πάντες ἐς αὐτὸν ὁρῶσι διακρίνοντα θέμιστας
> ἰθείῃσι δίκῃσιν˙ ὃ δ' ἀσφαλέως ἀγορεύων
> αἶψά τε καὶ μέγα νεῖκος ἐπισταμένως κατέπαυσεν.
>
> [...] das ganze Volk
> auf ihn schaut, wenn er richterliche Entscheidungen trifft
> mit geradem Gericht. Er aber beendet, indem er ohne Irrtum spricht,
> schnell auch einen großen Streit mit seinem Können. (Hes. *Th.* 81–87, hier 84–87)

Dieses idealisierte Bild der göttlich inspirierten, gerechten und Wahrheit verkündenden[472] βασιλῆες trifft auf die Welt des *Erga*-Gedichts nicht mehr uneingeschränkt zu, weshalb Hesiod in den Anfangsversen der *Opera et Dies* vor seinem Bruder Perses bekennt, dass nur ein „gerades Gericht" bzw. „gerechte richterliche Entscheidungen", die von Zeus kommen, „die besten" sind: „Lass uns auf der Stelle den Streit (νεῖκος) entscheiden / durch gerade Rechtsent-

---

[470] *Hirzel*, Themis, 95–100. V.a. in dem Passus Hom. *Il.* 16,386–388 finden sich Themen, die eine anti-aristokratische Stoßrichtung erkennen lassen: [...] Ζεύς, ὅτε δή ῥ' ἄνδρεσσι κοτεσσάμενος χαλεπήνῃ, / οἳ βίῃ εἰν ἀγορῇ σκολιὰς κρίνωσι θέμιστας, / ἐκ δὲ δίκην ἐλάσωσι, θεῶν ὄπιν οὐκ ἀλέγοντες; siehe dazu *Walter Donlan*, The Tradition of Anti-Aristocratic Thought in Early Greek Poetry, in: Historia 22, 1973, 145–154, hier 151. Mit Hesiods *Erga* vergleichen lassen sich folgende bei Homer angesprochene Themen: Zorn des Zeus (vgl. Hes. *Op.* 47, 138), „krummes" Gericht auf der Agora, Vertreiben der Dike (vgl. Hes. *Op.* 220–224), kein Beachten göttlicher Strafe (vgl. Hes. *Op.* 187, 251). Die bei Hesiod so zentrale „gerade Rechtsprechung" begegnet ebenfalls in der *Ilias* (Hom. *Il.* 18,508: δίκην ἰθύντατα εἴποι). Zum Konnex zwischen der Semantik des Krummen und dem Thema der Ungerechtigkeit vgl. auch einen Passus aus einer anonymen Elegie im *Corpus Theognideum*, wo der Dichter dazu mahnt, man solle sich vor „dem krummen Wort ungerechter Menschen" (ἀδίκων ἀνδρῶν σκολιὸν λόγον) hüten (*Corp. Theogn.* 1147).

[471] *Hoffmann*, Ethische Terminologie, 106. Zu den hesiodeischen Belegen, die im Folgenden geboten werden, siehe auch *Dornum*, The Straight and the Crooked, 1507–1509.

[472] Zu dem von Hesiod in Hes. *Th.* 86 verwendeten Adverb ἀσφαλέως vermerkt *West*, Hesiod, Theogony, 184: „The idea of truth is often associated with that of ἀσφάλεια" (Belege ebd.).

scheide, die von Zeus her die besten sind (ἰθείῃσι δίκης, αἵ τ᾽ ἐκ Διός εἰσιν ἄρισται)."[473] Zwischen den Zeilen konzediert der Lehrdichter mit seinem Appell an Perses, dass diese Art der richterlichen Entscheidung während der Abfassungszeit der *Erga* von den βασιλῆες nicht mehr im Sinne einer Selbstverständlichkeit zu erwarten ist, weshalb er sich hier direkt auf Zeus als den Ursprung gerechter Rechtsprechung beruft. Wohl aber ist „gerades richterliches Entscheiden" als Ideal nach wie vor erreichbar, wie die Bemerkung in Hesiods Vision der gerechten Polis impliziert, wo es heißt, dass „Männern, die gerade richten (ἰθυδίκῃσι μετ᾽ ἀνδράσι), weder Hunger noch Unheil folgen werden."[474] Trotz dieses Ideals bestätigt sich der Eindruck eines Versagens der gesellschaftlichen Eliten im Laufe des Gedichts: Hesiod bezieht krummes Reden zwar auch auf seine Zeitgenossen im Allgemeinen, wenn er in seinem Szenario der nahen Zukunft des Eisernen Zeitalters hervorhebt, „der Schlechte" (ὁ κακός) gehe mit „krummen Worten" (μύθοισι σκολιοῖς) gegen den „besseren Mann" (ἀρείονα φῶτα) vor und schwöre auf das Unwahre einen Eid.[475] Doch in allen anderen Fällen, wo in den *Werken und Tagen* das Adjektiv oder das Adverb verwendet werden, bezieht es sich auf das ungerechte Vorgehen der richterlichen Instanzen, jener gesellschaftlichen Eliten also, denen eigentlich die Wahrung der Rechtsordnung obliegt.[476] Hesiod bringt die Rechtsbeugung mehrfach in einen ursächlichen Zusammenhang mit der Bestechlichkeit der βασιλῆες[477] und betrachtet sie als einen Akt der Hybris und des Frevels gegen Dike, die Göttin des Rechts[478]. Der Glanz, der die βασιλῆες im Proömium der *Theogonie* noch umstrahlte, ist demnach in den *Erga* völlig verblasst. In diesem Wandel der hesiodeischen Einschätzung elitären Gebarens zeigt sich auch der soziale Umbruch in der Polisgemeinschaft Hesiods insgesamt, der die Bedrohungskommunikation Hesiods initiierte. Wo die *Theogonie* ihnen Lob aussprach, bleibt in den *Erga* nur noch dieser dramatische Appell an die βασιλῆες: „[...] macht eure Worte gerade (ἰθύνετε μύθους), ihr Gabenfresser, und vergesst ganz und gar krumme Rechtsprechung (σκολιέων δὲ δικέων ἐπὶ πάγχυ λάθεσθε)!"[479]

---

473 Hes. *Op*. 35–36.
474 Hes. *Op*. 230.
475 Hes. *Op*. 193–194.
476 Hes. *Op*. 219, 221, 250, 258, 262, 264.
477 Dies impliziert das Adjektiv δωροφάγοι in Hes. *Op*. 39, 221, 264.
478 Siehe dazu v. a. Hes. *Op*. 213–224, 256–264.
479 Hes. *Op*. 263–264.

4.3.2 Invektiven

Wie im Laufe der vorliegenden Untersuchung bereits mehrfach anklang, bezeichnet Hesiod die βασιλῆες an insgesamt drei Stellen seines Lehrgedichts mit dem in der griechischen Literatur hier erstmals aufkommenden Kompositum δωροφάγοι, das soviel wie „Gaben" bzw. „Geschenke fressend" bedeutet.[480] Es liegt mit dieser Wortbildung keine Umschreibung eines wie auch immer gearteten königlichen Tributempfangs vor, sondern eine herbe und beleidigende Schelte richterlicher Bestechlichkeit und Bereicherungsversuche im Amt, die als Angriff *ad personam* vorgetragen ist.[481] Ein bei Platon zitiertes, zynisch anmutendes Sprichwort, das die Überlieferung mitunter Hesiod zugeschrieben hat, entwickelt ein ähnliches Negativbild von der Korrumpierbarkeit der „Könige", wenn es dort heißt, dass „Gaben Götter überzeugen, Gaben [auch] ehrbare Könige" (δῶρα θεοὺς πείθει, δῶρ' αἰδοίους βασιλῆας).[482] Der Sprachgebrauch des Gabenverschlingens lässt zusammen mit dem im vorangegangenen Abschnitt besprochenen Anprangern der „krummen Rechtssprüche" der βασιλῆες nicht nur eine entschiedene verbale Opposition zu den gesellschaftlichen Eliten erkennen. Er inszeniert auch ein Aufgebracht-Sein des Bedrohungskommunikators, der sich als wütend stilisiert. Wut ist damit eine jener Emotionen, deren Repräsentation Hesiod zumindest an einigen Stellen gezielt zur Bewertung des Handelns der Könige einsetzt,[483] sicherlich auch zu dem Zweck, beim Publikum Unmut gegen sie und ihr Vorgehen zu evozieren bzw. zu schüren. Außerdem geht mit der Wut-Simulation das wichtige rhetorische Anliegen einher, das Publikum durch emotionale Anteilnahme und Nicht-Gleichgültigkeit von der Richtigkeit seiner Position zu überzeugen.[484] Ein ähnliches emotional aufgeladenes Kompositum mit derselben sachlichen Bedeutung wie δωροφάγος findet sich als Hapax legomenon in der *Ilias*, wo Achilles Agamemnon vorwirft, er sei ein δημοβόρος βασιλεύς, ein „König, der sein Volk auffrisst"[485]. In

[480] Hes. *Op*. 39, 221, 264.

[481] *West*, Hesiod, Works and Days, 151; *Bernard Mezzadri*, Structure du mythe et races d'Hésiode, in: L'Homme 28.106–107, 1988, 51–57, hier 52; *Stein-Hölkeskamp*, Adelskultur, 70; *Ercolani*, Esiodo, 137.

[482] Plat. *Resp*. 390e = Hes. *frg*. 361 Merkelbach/West; vgl. *Ercolani*, Esiodo, 137. Bei Platon wird Hesiod allerdings nicht als Autor dieses Spruchs genannt. Die Zuschreibung findet sich vielmehr erst spät in der Suda, wo der Vers zitiert wird und anschließend der Kommentar folgt: οἱ μὲν Ἡσιόδειον οἴονται τὸν στίχον, εἴρηται δὲ καὶ Πλάτωνος ἐν τρίτῃ Πολιτείᾳ (Suda Δ 1451, Adler II, p. 135).

[483] So bereits *Sheehan*, Hesiod's *Works and Days*, 453–454, hier 453: Hesiods „outrage is against the corruption he sees all around him".

[484] *Lardinois*, Wrath, bes. 17.

[485] Hom. *Il*. 1,231. Im *Corpus Theognideum* dient das mit δημοβόρος vergleichbare Adjektiv δημοφάγος dazu, Tyrannen zu beschreiben, so in *Corp. Theogn*. 1181: δημοφάγος τύραννος;

dieser metaphorischen Formulierung werden „overlapping value-systems" deutlich, die Hesiods *Werke und Tage* mit den homerischen Gedichten trotz der Unterschiede in den dargestellten Gesellschaften verbinden.[486] Vergleichbar ist darüber hinaus, dass der Wert der Unbestechlichkeit bei Homer wie bei Hesiod durch zusammengesetzte Schmähworte gegen die Verantwortlichen in Schutz genommen wird. Im einen Fall werden die Schmähworte in einen literarischen Kosmos hinein und damit nur indirekt in die reale Gegenwart des *Ilias*-Dichters gesprochen, wohingegen im anderen Fall kein mythischer König adressiert wird, sondern historische Gestalten der Verfassergegenwart. Anstatt in seiner Bedrohungskommunikation die Rechtsbeugung der Eliten und das Problem der Korruption nur zu konstatieren, signalisiert die Invektive des persönlich von der Bestechlichkeit betroffenen Bedrohungskommunikators Hesiod eine emotionale Involviertheit, die zum Schmähen greift, um den Wert der Rechtsordnung auf drastische Weise zu verteidigen.

Das Beleidigen der Könige bleibt indes nicht auf die erwähnten drei Belege des Wortes δωροφάγος beschränkt. Zu Beginn des Werkes diffamiert er sie nämlich in unmittelbarer Nähe des ersten Belegs von δωροφάγοι noch als „Dumme", „Unwissende" bzw. „Narren" (νήπιοι), die „nicht wissen, wie viel mehr die Hälfte als das Ganze ist / und auch nicht, welch großer Nutzen in der Malve und im Affodill liegt!"[487] Angesichts der Tatsache, dass das Adjektiv νήπιος im frühgriechischen Epos häufig auf Kinder bezogen wird und in anderen Kontexten Nicht-Erwachsensein, Unerfahrenheit, kindisches Verhalten und intellektuelle Unreife umschreiben kann,[488] wird die Brisanz deutlich, die in dieser Invektive steckt. Hesiod prangert im Grunde eine auf charakterlichen Mängeln basierende Unfähigkeit an, das richterliche Amt auszuführen, und die Charaktermängel rühren laut Hesiod auch daher, dass die Könige aus Sicht des Bedrohungskommunikators weder Maßhalten noch Bescheidenheit kennen,

---

siehe dazu *Roger Brock*, Greek Political Imagery from Homer to Aristotle, London/New York 2013, 90, der weitere Belege aus der griechischen Literatur und der Hebräischen Bibel für die politische konnotierte Metaphorik des Fressens und Verschlingens anführt.

[486] *William Allan/Douglas Cairns*, Conflict and Community in the Iliad, in: Nick Fisher/ Hans van Wees (Hrsg.), Competition in the Ancient World, Swansea 2011, 113–146, hier 139 Anm. 10; siehe dazu auch *Allan*, Divine Justice, 27–28.

[487] Hes. *Op.* 40–41. Der erste Beleg von δωροφάγοι findet sich in Vers 39. Zu den Erwähnungen des Affodills in der griechisch-römischen Literatur siehe *Andrew Dalby*, Food in the Ancient World from A to Z, London/New York 2003, 32.

[488] Überblick bei *Rudolf Führer*, Art. νήπιος, in: Lexikon des frühgriechischen Epos 3, 2004, 368–371. Besonders schön illustriert Hesiod das Bedeutungsspektrum des Adjektivs νήπιος in Hes. *Op.* 131, wo es heißt, dass ein Kind im Silbernen Geschlecht hundert Jahre lang bei seiner Mutter zuhause aufgezogen wurde, nämlich ein „sehr dummes" (μέγα νήπιος), und dass die Menschen des Silbernen Geschlechts nach dieser hundertjährigen Kindheit nur kurze Zeit lebten, weil ihnen ihre „Unvernunft Schmerzen bereitete" (ἄλγε᾽ ἔχοντες / ἀφραδίῃς), siehe Hes. *Op.* 130–134 (Zitate 131, 133–134).

da sie einfache Pflanzennahrung wie Malven oder Affodill verschmähen. Die Nennung dieser einfachsten pflanzlichen Lebensmittel, von denen später Aristophanes die Malve gar als Speise der armen Leute bezeichnet, die sich kein Brot leisten können,[489] bildet einen scharfen Kontrast zum Gabenfressen der Könige und trägt dazu bei, die Lebensweise gesellschaftlicher Eliten von den bescheidenen Verhältnissen der Landwirte und übrigen Bevölkerung abzugrenzen. Der Vorwurf intellektueller Unreife und Dummheit setzt zudem Hesiod selbst in ein besseres Licht, da er als derjenige erscheint, der über mehr Wissen und Einsicht verfügt, die ihn letztlich auch dazu ermächtigen, in seinem Lehrgedicht die Könige zweimal direkt mit dem Vokativ anzusprechen, um sie zu ermahnen, in sich zu gehen und von ihrer dubiosen Rechtspraxis Abstand zu nehmen.[490] So kann Hesiod auch seine Drohung, ein „Narr" (νήπιος) lerne letztlich nur durch eigene „Erfahrung" bzw. „Erleiden" (παθών), dass Gerechtigkeit der Hybris überlegen sei, auf die Könige münzen.[491]

Dieselbe Beleidigung – νήπιος – bezieht Hesiod in seinem Werk auch auf seinen Bruder, wodurch Perses zunächst auf eine Stufe mit den Königen gestellt wird. Die Ausführungen zum Gerichtsprozess mit seinem Bruder, in den Hesiod verwickelt ist, schreiben Perses eine Mitschuld an der bedrohten Rechtsordnung der Polis zu, da er die Könige bestochen haben soll.[492] Neben dem bloßen Vokativ νήπιε[493] verwendet Hesiod auch die gesteigerte Form μέγα νήπιε („sehr dumm")[494], was die Drastik dieser Schmähung noch erhöht. Sachlich lebt diese Beleidigung von den Implikationen, die sich aus der Arbeitsparänese Hesiods ergeben, und so ist es am wahrscheinlichsten, dass Hesiod damit Perses eine Unreife hinsichtlich der Notwendigkeit unterstellen will, für sich selbst durch seiner eigenen Hände Arbeit vorzusorgen.[495] Zu dieser Titulierung fügt sich, dass Perses an insgesamt drei Stellen des Gedichts ein „törichtes Gemüt" (ἀεσίφρων θυμός) attestiert wird, und zwar jeweils in Form direkter Adressierungen,[496] was – wie im Falle des Adjektivs νήπιος – auf ein intellektuelles Superioritätsbewusstsein des Bedrohungskommunikators hindeutet. Die Tatsache, dass Hesiod die Beschimpfungen seines Bruders in persönlichen Anreden verwendet, lässt den Schluss zu, dass die Invektiven nicht nur als Ventil für Verärgerung, sondern auch als li-

489 Aristoph. *Plut.* 543–544.

490 Hes. *Op.* 248, 263.

491 Hes. *Op.* 217–218, hier 218. Im Kontext werden die ἄνδρες δωροφάγοι genannt, womit eine Anspielung auf die Könige vorliegt (Hes. *Op.* 220–221).

492 Vgl. Hes. *Op.* 34–39.

493 Hes. *Op.* 397.

494 Hes. *Op.* 286, 633.

495 *Tilg*, „Großer Narr", 131–136.

496 Hes. *Op.* 315, 335, 646.

terarische Strategie anzusehen sind, auf drastische Weise Aufmerksamkeit zu erlangen, um Gesinnungs- und Verhaltensänderungen herbeizuführen. Im Unterschied jedenfalls zu den Adressierungen der Könige scheint Hesiod im Falle seines Bruders zuversichtlicher zu sein, durch seine Weisungen Verhalten zu ändern.[497]

5. Die religiöse Sinndimension

Dass religiöse Wirklichkeitsdeutungen bei der Bewältigung von Extremsituationen eine nicht zu vernachlässigende Rolle spielen – und zwar in Vormoderne und Moderne gleichermaßen – zählt zu den grundlegenden Beobachtungen der historischen Katastrophenforschung: Einerseits trägt religiöse Sinngebung, die sich in Ritualen, Texten oder Formen der persönlichen Religiosität Ausdruck verschaffen kann, durch ihre Transzendenzbezüge, ihre Sinnressourcen und ihren Rekurs auf das Wirken göttlicher Mächte entscheidend dazu bei, Schicksalsschläge erklärlich und erträglich zu machen. Andererseits ist es jedoch nicht ungewöhnlich, dass durch die Intensität des Erlebten und die normative Kraft des Faktischen religiöse Deutungsmuster und religiös gefärbte Weltbilder infrage gestellt, modifiziert oder gar aufgegeben werden können, da sie einem historischen Wandel unterliegen.[498] Auf der Grundlage dieser Einsicht in den Umgang mit Unglücksereignissen, die menschlicher Kontrolle oder Planbarkeit entzogen sind, ist davon auszugehen, dass auch in Bedrohungssituationen Aspekte des Religiösen nicht irrelevant sind. Kurioserweise sind religiöse Wirklichkeitskonstruktionen in Werner Schirmers Modell von Bedrohungskommunikation nicht von Bedeutung, weshalb es dort keine

[497] Im Dienst dieser Zuversicht steht auch die andere, freundlichere Anrede des Perses in Vers 299 als „göttlicher Sproß“ bzw. „Zeussproß“ (δῖον γένος), mit der Hesiod seinen Bruder aller Wahrscheinlichkeit nach „an sein vom Bauerngott Zeus bestimmtes Dasein in Arbeit erinnern“ möchte (*Tilg*, „Großer Narr“, 136–141, hier 139). Als „Bauerngott“ erscheint Zeus v. a. in der zweiten Gedichthälfte, vgl. *Tilg*, „Großer Narr“, 138 (mit Belegen). Die Deutung von *Hamilton*, Architecture, 60, wonach die Formulierung δῖον γένος darauf verweise, dass auch „Bettelarme von Zeus“ kommen (Hom. *Od.* 14,57–58: πρὸς γὰρ Διός εἰσιν ἅπαντες / ξεῖνοί τε πτωχοί τε), ist freilich auch möglich, da Perses im weiteren Verlauf des Gedichts als Bettler erscheint (Hes. *Op.* 394–404). Sollte diese Interpretation zutreffen, läge zumindest an dieser Stelle kein Indiz für Hesiods Zuversicht vor.

[498] *Manfred Jakubowski-Tiessen/Hartmut Lehmann*, Religion in Katastrophenzeiten: Zur Einführung, in: Manfred Jakubowski-Tiessen/Hartmut Lehmann (Hrsg.), Um Himmels Willen. Religion in Katastrophenzeiten, Göttingen 2003, 7–13. Zu diesem grundsätzlichen Zusammenhang, der nicht nur für historische Katastrophen, sondern auch für solche der Zeitgeschichte gilt, siehe *Hans-Ferdinand Angel*, Der religiöse Mensch in Katastrophenzeiten. Religionspädagogische Perspektiven kollektiver Elendsphänomene, (Regensburger Studien zur Theologie 48), Frankfurt am Main 1996, bes. 23–31.

separate religiöse Sinndimension gibt. Dies mag einerseits daran liegen, dass aufgrund des Fokusses auf dem Kommunikationsverhalten von Akteuren die soziale Ordnung, die sich in Bedrohungskommunikation immer auch spiegelt, bei Schirmer nicht von Interesse ist, und andererseits daran, dass der von ihm gewählte Untersuchungsgegenstand zu einem Großteil aus Politikerreden des 20. und frühen 21. Jhd. n.Chr. besteht, die keinen offensichtlich religiösen Gehalt aufweisen.[499] Die Autorengruppe um Fabian Fechner hat hier einen anderen Zugang gewählt, der zumindest die Signifikanz religiöser Deutungselemente in der Bedrohungskommunikation erahnen lässt, wenngleich diese nur sehr unzureichend in den Blick genommen werden. Da Bedrohungskommunikation nämlich als Indikator für bedrohte soziale Ordnungen in verschiedenen Epochen der Vormoderne und Moderne angesehen wird, gewinnt Religiöses bei der Analyse des Kommunikationsverhaltens größere Relevanz. Denn im Ensemble der ordnenden Strukturelemente und Orientierung bietenden Wertesysteme, welche die Grundlagen einer jeden Gesellschaft oder Gruppe bilden, können religiöse Legitimationsansprüche von großer Wichtigkeit sein.[500] Da die Bedrohung des gesamtgesellschaftlichen Ordnungsgefüges oder eines Ordnungsgefüges innerhalb einer Gesellschaft auch religiöse Teilordnungen und die durch sie strukturierten Akteursgemeinschaften betreffen könne,[501] könnten z.B. in der Bedrohungskommunikation bei der Beschreibung von Bedrohungsszenarien religiöse Botschaften wie Prophetien prominent werden, wie Fechner et al. konstatieren.[502]

Die in dieser Monographie etablierte religiöse Sinndimension soziopolitischer Bedrohungskommunikation knüpft an die besondere Rolle an, die speziell in der griechischen Antike religiösen Argumentationen bei der sozialen Ordnungskonstitution zukommt. Als Beispiel dafür lässt sich die für das gesellschaftliche Zusammenleben unabdingbare Reflexion über die Rechtsordnung anführen, die im frühen Griechentum, wie z.B. die *Odyssee* und Hesiods *Erga* verdeutlichen, untrennbar mit der Vorstellung verbunden ist, dass Recht und Gerechtigkeit Bestandteile einer göttlich begründeten Weltordnung sind. An diesem Beispiel wird deutlich, dass Religion als ein Akt der Sinnstiftung verstanden werden kann,[503] die durch den Rekurs auf Götter, göttliche Instanzen oder divinisierte Abstrakta (wie z.B. Dike) Sinnpotentiale, Welt- und Lebensdeutungen sowie handlungsleitende Werteressourcen für das menschliche Zusammenleben bereitstellt, deren Quelle im Übermenschlichen

---

499 Siehe z.B. *Schirmer*, Bedrohungskommunikation, 117–122.

500 *Fechner/Granzow/Klimek*, Bedrohungskommunikation, 158.

501 Vgl. *Fechner/Granzow/Klimek*, Bedrohungskommunikation, 159.

502 *Fechner/Granzow/Klimek*, Bedrohungskommunikation, 165.

503 Vgl. *Lauster*, Religion als Lebensdeutung, 11–12.

und Außeralltäglichen lokalisiert wird. Gerade durch die Transzendierung des Menschlich-Alltäglichen gewinnen diese Mechanismen der Sinnstiftung eine besondere Relevanz für die Konstitution von im Alltagsleben geltenden Ordnungen.[504] Wenn nun diese Ordnungen in Gänze oder in Teilen als bedroht erachtet und kommuniziert werden, dann liegt es nahe, dass der Bedrohungskommunikator bei seiner Kommunikation nicht auf religiöse Bezüge und transzendente Sinnstiftung verzichtet. Für die Identifikation, Deskription, Analyse und Interpretation literarischer Bedrohungskommunikation stellt sich damit die Aufgabe zu eruieren, wie genau religiöse Sinnstiftung mit der konstruierten Bedrohung in Beziehung gebracht wird: Welche theologischen Aussagen des Bedrohungskommunikators sind hier relevant? Welche Rolle schreibt er Göttern oder divinisierten Abstrakta bei der Entstehung oder Bewältigung der von ihm gedeuteten Bedrohung zu? Hat der Rekurs auf das Wirken göttlicher Mächte erklärenden, anklagenden oder tröstenden Charakter? Und: Ist im Angesicht der Bedrohung eine Modifikation, Anpassung oder gar Verwerfung religiöser Gewissheiten festzustellen, weil der Bedrohungskommunikator an seinen eigenen theologischen Überzeugungen womöglich verzweifelt? Oder werden religiöse Gewissheitsbestände gerade durch die Bedrohung gefestigt und bestätigt?

5.1 Das Bedrohungspotential menschlicher Entfremdung von den Göttern

Die Beziehung zwischen Göttern und Menschen ist im poetischen Werk Hesiods ein bedeutendes Thema. Es zählt zu seinen festen Grundüberzeugungen, dass das Ehren und Respektieren der Götter den zwischenmenschlichen Umgang positiv beeinflussen, wohingegen mangelnde Ehrerbietung und Kultvergessenheit sich negativ auf die menschliche Gesellschaft auswirken. Zwar ist solch ein Denken im Rahmen der griechischen Religion und Theologie sicherlich kein Spezifikum Hesiods, doch steht es in wichtigem Zusammenhang mit seiner Bedrohungskommunikation. Einerseits hebt Hesiod religiö-

[504] Diese Verknüpfung von Transzendenz und Ordnung ist inspiriert durch *Hans Vorländer*, Transzendenz und die Konstitution von Ordnungen. Eine Einführung in systematischer Absicht, in: Hans Vorländer (Hrsg.), Transzendenz und die Konstitution von Ordnungen, Berlin/Boston 2013, 1–42, hier 4, 7–9, 12–27. Vorländer weist mit Recht darauf hin, dass Transzendenzkonstruktionen religiöser und nicht-religiöser Art ein Grundkonstituens gesellschaftlicher Identität und Ordnung darstellen. Seine Beispiele wählt er zwar überwiegend aus der Moderne, jedoch gilt der sachliche Zusammenhang, und zwar in einer stark religiösen Grundierung, auch für soziopolitische Ordnungskonstitutionen in der griechischen Archaik.

ses Fehlverhalten als eine der Bedingungen der von ihm kommunizierten Bedrohung hervor, andererseits schärft er seinem Bruder Perses ganz spezifische Anweisungen über religiöses Verhalten ein, das ihm ein gelingendes Leben im Einklang mit göttlichen Erwartungen ermöglichen soll. Was das religiöse Fehlverhalten angeht, das den Gegenstand des vorliegenden Kapitels bildet,[505] so liegt der Ausgangspunkt der Betrachtung bei einer theologischen Fundamentalaussage des Lehrdichters, die in ihrer Signifikanz nicht zu überschätzen ist. In seiner konzisen Einleitung des ‚Weltaltermythos' fordert er Perses auf, „sich in seine Gedanken einzuprägen, dass Götter und Menschen derselben Herkunft entstammen" (σὺ δ' ἐνὶ φρεσὶ βάλλεο σῇσιν / [ὡς ὁμόθεν γεγάασι θεοὶ θνητοί τ' ἄνθρωποι]).[506] Durch seinen Gebrauch des Wortes ὁμόθεν, das soviel wie „von demselben Ursprung" bzw. „demselben Ort" bedeutet, möchte Hesiod nicht die Gleichzeitigkeit der Geburt von Göttern und Menschen andeuten, da sowohl gemäß der *Theogonie* als auch gemäß den *Erga* die Götter vor den Menschen existierten. Vielmehr will der Lehrdichter ausdrücken, „that the ultimate source of all life divine or human is one [...]."[507] Diese Vorstellung von der Zusammengehörigkeit von Göttern und Menschen ist ein im frühen Griechentum verbreiteter Glaube und lässt sich auch in anderen Texten greifen.[508] In Hesiods Denken ist es Gaia, die Urmutter Erde, die letztlich das Verbindungsglied zwischen Göttern und Menschen darstellt.[509] Denn erstens hat sie Uranos, den Himmel, „hervorgebracht" (ἐγείνατο), mit dem sie dann jene Götter erzeugte, die vor den Olympischen Göttern geboren wurden,[510] die ihrerseits die Menschheit erschufen, indem sie zur Zeit des Kronos, des Sohnes von Gaia und Uranos, das Goldene Geschlecht ins Leben riefen.[511] Zweitens ist aus den Bemerkungen Hesiods über die Erschaffung der Pandora ersichtlich, dass er davon ausgeht, dass die erste Menschenfrau von den Göttern aus Erde und Wasser geformt wurde.[512] Dies stimmt mit anderen

[505] Hesiods religiöse Anweisungen können als Empfehlung eines Bewältigungshandelns interpretiert werden. Ihre Darstellung folgt daher in Kap. III.6.3.3.

[506] Hes. *Op.* 107–108. Auch wenn *Solmsen* (Hrsg.), Hesiodi Theogonia, 53 um Vers 108 eckige Klammern setzt, besteht kein Grund, dessen Authentizität zu bestreiten; vgl. *Wilamowitz-Moellendorff*, Hesiodos, 54–55; *West*, Hesiod, Works and Days, 100, 178; *Verdenius*, Commentary, 78–79.

[507] *Sinclair*, Review, 627.

[508] Z. B. bei Pind. *Nem.* 6,1 ff.

[509] *Wilamowitz-Moellendorff*, Hesiodos, 54; *Kerschensteiner*, Aufbau, 167; *West*, Hesiod, Works and Days, 178; *Verdenius*, Commentary, 78.

[510] Hes. *Th.* 126. Zu Gaia und Uranos als Eltern der Titanen, Kyklopen und Hundertarme siehe Hes. *Th.* 133–153.

[511] Hes. *Op.* 109–111.

[512] Hes. *Op.* 61: γαῖαν ὕδει φύρειν, 70: αὐτίκα δ' ἐκ γαίης πλάσσε κλυτὸς Ἀμφιγυήεις [...]; Hes. *Th.* 571.

Zeugnissen der frühgriechischen Literatur überein, wonach der Mensch aus Erde und Wasser hergestellt worden sei und aus diesen Elementen bestehe.[513] Die Urmutter Erde ist somit der gemeinsame Ursprung von Göttern und Menschen.

In der *Theogonie* hatte Hesiod noch darauf verzichtet, die Erschaffung des Menschen oder die gemeinsame Herkunft von Göttern und Menschen explizit zu thematisieren, wenngleich er die in verschiedenen antiken Mythen geläufige Vorstellung verarbeitet, derzufolge Götter und Menschen anfangs zusammen lebten, was eine Harmonie zwischen dem Göttlichen und dem Menschlichen impliziert.[514] Es ist die Kombination der drei Mythen vom Opferbetrug in Mekone, vom Feuerraub des Prometheus und von der Erschaffung der Frau, die in der *Theogonie* die Trennung zwischen Göttern und Menschen markiert, für die im Wesentlichen Prometheus verantwortlich gemacht wird:[515] Er war es, der bei einem Abkommen zwischen Göttern und Menschen in Mekone ein Opfertier aus List so zerlegte und Zeus präsentierte, dass dieser sich für die Knochen und das Fett entschied, wohingegen den Menschen alles Essbare zufiel.[516] Als Strafe für diesen Betrug verbarg Zeus das Feuer vor den Menschen, das Prometheus jedoch stahl und den Menschen wieder zugänglich machte.[517] Als Ausgleich dafür ließ Zeus schließlich die erste Menschen-

---

[513] Siehe hierzu den homerischen Vers ἀλλ᾽ ὑμεῖς μὲν πάντες ὕδωρ καὶ γαῖα γένοισθε – „Doch mögt ihr alle Wasser und Erde werden" (Hom. *Il.* 7,99). In den *Ilias*-Scholien wird er mitunter so gedeutet wird, dass Bezüge zu den Elementen Erde und Wasser aufgezeigt werden, aus denen der menschliche Körper bestehe: ἢ ἐξ ὧν συνεστήκασιν, εἰς ταῦτα αὐτοὺς ἀναλυθῆναι εὔχεται – „Er wünscht sich, dass sie in die Elemente, aus denen sie bestehen, aufgelöst werden" (*Schol. in Hom. Il.* 7,99, p. 245.38–39 Erbse). In diesem Zusammenhang wird in den Scholien zum selben Vers auch Xenophanes als Autorität zitiert: καὶ Ξενοφάνης· ‚πάντες γὰρ γαίης τε καὶ ὕδατος ἐκγενόμε<σ>θα / ἐκ †γῆς† γὰρ πάντα καὶ εἰς γῆν πάντα τελευτᾷ' – „Und Xenophanes: ‚Denn alle entstammen wir der Erde und dem Wasser. / Denn alles kommt von der †Erde† und endet in der Erde'" (*Schol. in Hom. Il.* 7,99, p. 245.39–41 Erbse). Die Zitate sind dem Werk des Xenophanes *Über die Natur* (Περὶ φύσιος) entnommen, das nur fragmentarisch erhalten ist (Xenoph. *frg.* 29 und 23 Diehl). Ein weiteres Fragment dieses Gedichts bezeugt dieselbe Vorstellung: γῆ καὶ ὕδωρ πάντ᾽ ἔσθ᾽ ὅσα γίνοντ(αι) ἠδὲ φύονται – „Erde und Wasser ist alles, was entsteht und wächst" (Xenoph. *frg.* 25 Diehl). Zur Bedeutung der Erde in Schöpfungsmythen siehe ferner Plat. *Prot.* 320d, den zweiten Schöpfungsbericht der biblischen *Genesis* (*Gen* 2,7) sowie *West*, Hesiod, Theogony, 326; *Verdenius*, Commentary, 49, 78; *Ercolani*, Esiodo, 145.

[514] Hes. *Th.* 535, 586; siehe dazu auch ein hesiodeisches Fragment, wo von gemeinsamen Festmählern von Göttern und Menschen sowie gemeinsamen Sitzen die Rede ist: ξυναὶ γὰρ τότε δαῖτες ἔσαν, ξυνοὶ δὲ θόωκοι / ἀθανάτοις τε θεοῖσι καταθνητοῖς τ᾽ ἀνθρώποις (Hes. *frg.* 1,6–7 Merkelbach/West), ferner *Gen* 3,8 in der biblischen *Genesis*; Cic. *Leg.* 2,11,27: *antiquitas proxime accedit ad deos*; *West*, Hesiod, Theogony, 306.

[515] Zu diesen drei Mythen siehe Hes. *Th.* 535–616.

[516] Hes. *Th.* 535–557.

[517] Hes. *Th.* 558–569.

frau erschaffen, von der die Frauen abstammen, die den Männern als Übel zugedacht waren: Sie machen ihm das Leben schwer, weil sie nicht arbeiten und die vom Mann erwirtschafteten Vorräte aufbrauchen.[518] Zwar haben diese Mythen in der *Theogonie* ihre je eigene ätiologische Funktion, nämlich erstens zu erklären, weshalb bei Opferzeremonien das Essbare des Opfertiers den Menschen und die Knochen den Göttern vorbehalten sind, zweitens, wie die Menschen an Feuer kamen und drittens, warum es nicht nur Männer, sondern auch Frauen gibt.[519] In ihrer Gesamtheit jedoch bietet die mythische Trias das Aition dafür, weshalb Götter und Menschen in Hesiods Gegenwart nicht mehr zusammenleben: Jedes Opfermahl, jede Benutzung von Feuer und jeder Anblick einer Frau gemahnen demnach gemäß der Logik der *Theogonie* als Relikte dieser Trennung an die verlorene Zusammengehörigkeit von Göttern und Menschen.

Die drei hier skizzierten Mythen werden im *Erga*-Gedicht mit leichten Variationen und Kürzungen in derselben Reihenfolge erwähnt,[520] wobei auf die Erschaffung der Frau, die nun Pandora genannt wird,[521] der ‚Weltaltermythos' folgt. Er wird mit der oben zitierten Bemerkung eingeleitet, dass Götter und Menschen dieselbe Herkunft haben und damit im Grunde zusammengehören. Durch die Kombination des ‚Weltaltermythos' mit dem ätiologischen Dreiermosaik des Vorgängergedichts wird in den *Erga* ein Gedanke entfaltet, der in der *Theogonie* nur angedeutet wird: nämlich, dass die Geschichte menschlicher Existenz auf Erden und somit auch das gesellschaftliche Miteinander der nun getrennt von den Göttern lebenden Menschen an einer „wachsenden Entfremdung"[522] von den Göttern krankt. Diese Entfremdung wird im ‚Weltaltermythos' nicht nur durch den „Zustand der physischen und moralischen Degeneration"[523] zum Ausdruck gebracht, sondern auch dadurch, dass sich schon beim Silbernen Geschlecht eine bewusste Kultvergessenheit einschleicht, die Hesiod in einem Atemzug mit der Verrohung gesellschaftlicher Konvivenz erwähnt:

> παυρίδιον ζώεσκον ἐπὶ χρόνον, ἄλγε' ἔχοντες
> ἀφραδίῃς· ὕβριν γὰρ ἀτάσθαλον οὐκ ἐδύναντο
> ἀλλήλων ἀπέχειν, οὐδ' ἀθανάτους θεραπεύειν
> ἤθελον οὐδ' ἔρδειν μακάρων ἱεροῖς ἐπὶ βωμοῖς,
> ᾗ θέμις ἀνθρώποις κατὰ ἤθεα. […]

---

518 Hes. *Th.* 570–616.

519 *West*, Hesiod, Theogony, 305.

520 Hes. *Op.* 47–48: Opferbetrug; Hes. *Op.* 49–58: Feuerraub; Hes. *Op.* 59–105: Erschaffung der Frau/Pandoras.

521 Hes. *Op.* 81.

522 *Verdenius*, Commentary, 78: „growing estrangement".

523 *Wilamowitz-Moellendorff*, Hesiodos, 61; ähnlich *Fränkel*, Dichtung und Philosophie, 126.

> Kurze Zeit lebten sie nur, weil sie Schmerzen hatten
> Durch törichtes Verhalten (ἀφραδίῃς); denn sie konnten sich nicht von frevelhafter Hybris
> Gegeneinander enthalten und die Unsterblichen verehren
> Wollten sie auch nicht (οὐδ' [...] ἤθελον) und auch nicht Opfer darbringen auf den Altären der Seligen,
> Wie es sich doch gehört für die Menschen an ihren Wohnorten. [...]
> (Hes. *Op.* 133–137)

Bemerkenswert ist hier v.a. die Zurückführung der Opferverweigerung nicht etwa auf einen Lapsus oder ein Versehen, sondern auf ein Nicht-Wollen der Menschen, wie Hesiod durch die Formulierung οὐδ' [...] ἤθελον in den Versen 135–136 unmissverständlich zu verstehen gibt. Die allzu logische Erklärung, wonach das Unterlassen von Opfern im Silbernen Zeitalter damit erläutert wird, dass die Menschen nichts gehabt hätten, was sie hätten opfern können, weil sie die Arbeit verweigert hätten,[524] verfehlt Hesiods Intention, die in der Anprangerung eines *willentlichen* Ignorierens der Götter besteht. Dieser Unwille erhält durch den Mikrokontext sowohl das Prädikat des Unvernünftigen als auch das des Hybrishaften, denn genauso wie ἀφραδίαι und ὕβρις als Schmerzverursacher (ἄλγε' ἔχοντες) im zwischenmenschlichen Sinne dargestellt werden, bedroht mangelnder Respekt vor den Göttern den Bestand der Gesellschaft. Auf diesen Kausalzusammenhang macht Hesiod aufmerksam, indem er die Vernichtung der Silbernen Menschensorte folgendermaßen begründet: τοὺς μὲν ἔπειτα / Ζεὺς Κρονίδης ἔκρυψε χολούμενος, οὕνεκα τιμὰς / οὐκ ἔδιδον μακάρεσσι θεοῖς οἳ Ὄλυμπον ἔχουσιν. – „Diese verbarg hernach / Zeus der Kronide aus Zorn, weil sie / den seligen Göttern, die den Olymp bewohnen, keine Ehren zuteilwerden ließen."[525] Bei der Beschreibung des Ehernen Geschlechts tritt die kultische Aktivität von Menschen überhaupt nicht mehr in den Fokus, wodurch die Entfremdung zwischen Göttern und Menschen als gesteigert erscheint. Vielleicht ist es als Ironie aufzufassen, dass die einzigen beiden Götter, mit denen die Menschen der ehernen Sorte zu tun haben, Ares und Hades sind. Damit ist für die Leser offensichtlich: Die kriegerische Gewaltsamkeit der Menschen dieses Genos, die darin kulminiert, dass sie sich gegenseitig mit ihren Erzwaffen töten, liegt nicht zuletzt in der Gottvergessenheit dieses Zeitalters begründet.[526] Auch hier wird also der Untergang einer Gesellschaft letztlich durch mangelnde Götterverehrung begründet, die sich gemäß hesiodeischem Denken in zwischenmenschlicher Gewalt und Verrohung auswirkt.

---

[524] So *Fontenrose*, Work, 7.
[525] Hes. *Op.* 137–139.
[526] Hes. *Op.* 143–155.

„Schlimmer Krieg und schreckliche Schlacht“[527] sind zwar auch die Gründe für den Untergang der Heroengeneration, jedoch wird ihr Verhältnis dazu anders dargestellt als bei den Menschen des vorangehenden Ehernen Geschlechts. Denn sie waren „gerechter und besser“ (δικαιότερον καὶ ἄρειον), wie gleich zu Beginn ihres Porträts gesagt wird.[528] Diese Näherbestimmung ihres Charakters bezieht sich konkret darauf, dass „they did not destroy one another at random, but for clearly defined reasons (163, 165).“[529] Ja, es ist sogar die Frage zu stellen, ob Hesiod, indem er πόλεμός τε κακός und φύλοπις αἰνή in Vers 161 als handelnde Subjekte einführt, nicht so sehr sagen will, dass die Heroen von sich aus kriegswütig gewesen seien als vielmehr das Umgekehrte, dass „die schrecklichen Kriege, als personelle Mächte gedacht, die Heroen nach Theben und Troia führen (165) und dort zugrunde richten (163).“[530] Damit wären sie Opfer einer widrigen göttlichen Macht, der schlechten Eris nämlich, die in den *Erga* für das Initiieren von Kriegen verantwortlich ist,[531] anstatt eigenverantwortlich Handelnde wie die Menschen des Ehernen Zeitalters, von denen es *expressis verbis* heißt, dass sie „sich um die seufzerreichen Werke des Ares und um Gewalttaten kümmerten.“[532] In jedem Fall ist bemerkenswert, wie Hesiod ihr Gerechter- und Besser-Sein nicht nur im Sinne eines weniger grausamen Sozialverhaltens deutet, sondern auch zu ihrem Göttlichkeitsbezug in Verbindung setzt. Zwar wird bei vier von fünf Geschlechtern explizit gesagt, dass sie von den Olympischen Göttern (Goldenes/Silbernes Genos) bzw. Zeus (Ehernes und Heroenzeitalter) geschaffen worden seien,[533] weshalb im Grunde alle Menschengeschlechter als Geschöpfe der Götter betrachtet werden können. Doch einzig die Heroen werden als das „göttliche Geschlecht“ (θεῖον γένος) und als „Halbgötter“ (ἡμίθεοι) bezeichnet,[534] womit konkret entweder auf deren halbgöttliche Abkunft angespielt wird[535] oder aber auf ihre Gottähnlichkeit bzw. ihr nahezu göttliches Verhalten[536]. Was auch immer Hesiod genau im Sinn gehabt haben mag, klar ist: Er postuliert eine besondere Nähe der Heroen zum Göttlichen, welche die Entfremdung zwischen Göttern und Menschen, die im Silbernen und Ehernen Zeitalter rasant vorangeschritten ist, gewissermaßen ausbremst. Dass aus der leicht entschärften

[527] Hes. *Op*. 161.
[528] Hes. *Op*. 158.
[529] *Verdenius*, Commentary, 98.
[530] *Gatz*, Weltalter, 31.
[531] Hes. *Op*. 14.
[532] Hes. *Op*. 145–146.
[533] Hes. *Op*. 110, 128, 144, 158.
[534] Hes. *Op*. 159–160.
[535] *West*, Hesiod, Works and Days, 191; *Ercolani*, Esiodo, 187–188.
[536] *Verdenius*, Commentary, 99: „The original meaning of the word [sc. ἡμίθεοι] seems to be ‘almost gods’ (cf. ἡμιθνής).“

Entfremdung ein Gerechter- und Besser-Sein der Menschen resultiert, führt abermals vor Augen, wie sehr für Hesiod die Qualität menschlicher Sozialgemeinschaft von ihrem Bezug zum Göttlichen abhängt.

Mit Hesiods Gegenwart, dem Eisernen Zeitalter, hat sich die Entfremdung noch einmal verschärft: In seinem Szenario der nahen Zukunft resultiert wiederum zwischenmenschliches Fehlverhalten aus religiösem Fehlverhalten. Denn die Menschen werden „grausam" (σχέτλιοι) sein und sich bei ihren Vergehen gegen Familienmitglieder und Gastfreunde die „Strafe der Götter nicht bewusst machen" (οὐδὲ θεῶν ὄπιν εἰδότες).[537] Ihre Missachtung des Rechts, ihre Verachtung eidtreuer, gerechter und guter Menschen, ihre Unterstützung von Übeltätern und Hybris setzen sie nicht nur in Opposition zu ihren auf Besseres bedachten Mitmenschen, sondern auch zu den Göttern, die menschliches Zusammenleben fördern.[538] Denn alle guten Götter werden, so die Schreckensvision Hesiods, die Menschen ganz und gar verlassen haben, wenn Aidos und Nemesis zum Olymp gegangen sein werden.[539] Durch die Nennung dieser beiden Göttinnen, die im Wesentlichen divinisierte sittlich-moralische Werte darstellen, verleiht Hesiod seiner Überzeugung Ausdruck, dass zwischenmenschliches moralisches Verhalten vom Ehren jener Götter abhängt, die gelingendes Zusammenleben ermöglichen. Ihre Entfernung von den Menschen markiert den imaginierten bzw. antizipierten Gipfel der Entfremdung zwischen Göttern und Menschen: Dann, in der nahen Zukunft, wird es keinen „Schutz mehr gegen das Übel geben"[540], weil der Mensch dann nur noch mit jenen Gottheiten zu tun haben wird, die zwischenmenschliche Harmonie zerstören: mit Zelos etwa, dem personifizierten Neid,[541] und – so darf vermutet werden – mit der schlechten Eris, die Krieg, Hader und Streit entfacht und deren Wüten durch die Präsenz positiver göttlicher Gegenmächte wie Aidos, Nemesis oder auch der guten Eris in der Welt vormals eingeschränkt wurde. Doch dies ist ein Zukunftsszenario. In Hesiods Gegenwart ist noch nicht alles verloren, die Bedrohung ist noch nicht voll zur Entfaltung gekommen. Dies ist der Grund, weshalb Hesiod seinem Bruder an späterer Stelle des *Erga*-Gedichts zahlreiche religiöse Vorschriften gibt, die als Bewältigungshandeln im Angesicht der Bedrohung zu deuten sind, aber auch als erneute Entschärfung der Entfremdung zwischen Göttern und Menschen.

---

[537] Hes. *Op.* 187.
[538] Hes. *Op.* 189–194.
[539] Hes. *Op.* 197–200.
[540] Hes. *Op.* 201.
[541] Hes. *Op.* 195–196.

5.2 Bedrohung sozialer Harmonie durch Eris, ihre Kinder und Zelos

Dass Menschen und Götter sich trotz ihrer gemeinsamen Herkunft von der Urmutter Erde im Laufe der Menschheitsgeschichte fremd werden konnten, wird im ‚Weltaltermythos' vornehmlich auf menschliche Verantwortung zurückgeführt. Durch diese Deutung einer menschlichen Abkehr von den Göttern wird der Mensch gewissermaßen als Verursacher jener sozialen Bedrohungen präsentiert, auf die Hesiod in seinem Lehrgedicht hinweisen möchte. Es wäre allerdings vor dem Hintergrund des hesiodeischen Denkens irreführend anzunehmen, menschliche Verantwortung allein sei ursächlich für die Bedrohung der friedvollen sozialen Konvivenz. Vielmehr beschreibt Hesiod auch eine negative Beeinflussung des Menschen durch widrige göttliche Mächte, deren Wirken sich seiner Kontrolle entzieht und die durch Störung und Zerstörung zwischenmenschlicher Beziehungen die Grundlagen menschlicher Gesellschaft ins Wanken bringen. Teile seiner Argumentationsweise zeichnen sich dabei durch einen genealogischen Ansatz aus, der bestimmte Gegebenheiten in der Welt als Nachkommen der (schlechten) Eris deutet, womit sich für Hesiod nicht allein Möglichkeiten zur Personifikation von Abstrakta ergeben, sondern auch Optionen zur subtilen Anspielung auf sein Vorgänger-Werk, die *Theogonie*.[542]

Hesiods *Erga*-Gedicht setzt nach dem programmatischen zehnzeiligen Zeus-Hymnus mit den folgenden theologischen Bemerkungen über die Göttin des Streits ein: Οὐκ ἄρα μοῦνον ἔην Ἐρίδων γένος, ἀλλ᾽ ἐπὶ γαῖαν / εἰσὶ δύω – „Nicht also gab es nur eine einzige Art der Erides, / vielmehr gibt es auf Erden zwei."[543] Hesiod spielt mit dieser Aussage bekanntlich auf seine *Theogonie* an, wo er diese Unterscheidung zweier Ἔριδες noch nicht getroffen hatte. Ob es sich im Hinblick auf die hesiodeische Eris-Theologie bei dieser Feststellung um eine Korrektur[544] oder um eine ausdifferenzierende Weiterentwicklung[545] seines Poems über die Entstehung der Götter handelt, bleibt offen. Fest steht in jedem Fall: Mit der Einführung einer guten Eris in den *Werken und Tagen* ist für den Lehrdichter das Wirken der schlechten Eris unter den Menschen nicht beendet. Zwischenmenschliche Beziehungen sind demnach immer potentiell bedroht durch das negative Wirken einer göttlichen Macht, die auf Erden Zwietracht und Gewalt verursacht und deshalb „zu den gesellschafts-

---

[542] Zur genealogischen Methode Hesiods beim Umgang mit „ethical concepts" siehe insgesamt *Abel*, Genealogies.

[543] Hes. *Op*. 11–12.

[544] So z. B. *Verdenius*, Commentary, 14–15; *Ette*, Arbeit, 38.

[545] So z. B. *Canevaro*, Hesiod's *Works and Days*, 105.

zerstörenden Kräften zählt“[546]. Um das offensichtliche sowie das subtile Bedrohungspotential der schlechten Eris in den *Erga* zu greifen, lohnt es sich, zunächst deren im Vorgängergedicht präsentierte Genealogie zu beleuchten. Hesiod führt Eris dort als eine Tochter der Nyx (Nacht) ein und nennt im unmittelbaren Kontext Apate (Täuschung), Philotes (Liebe) und Geras (Alter) ihre Geschwister.[547] Dann bietet er eine Liste ihrer eigenen Kinder, die sich wie ein Lasterkatalog menschlicher Probleme und Verbrechen liest, die auf den Einfluss widriger göttlicher Mächte zurückgeführt werden, die in Eris ihren Ursprung haben:

> Αὐτὰρ Ἔρις στυγερὴ τέκε μὲν Πόνον ἀλγινόεντα
> Λήθην τε Λιμόν τε καὶ Ἄλγεα δακρυόεντα
> Ὑσμίνας τε Μάχας τε Φόνους τ᾽ Ἀνδροκτασίας τε
> Νείκεά τε Ψεύδεά τε Λόγους τ᾽ Ἀμφιλλογίας τε
> Δυσνομίην τ᾽ Ἄτην τε, συνήθεας ἀλλήλῃσιν,
> Ὅρκον θ᾽, ὃς δὴ πλεῖστον ἐπιχθονίους ἀνθρώπους
> πημαίνει, ὅτε κέν τις ἑκὼν ἐπίορκον ὀμόσσῃ.
>
> Doch die verhasste Eris gebar die schmerzensreiche Mühsal (Πόνον),
> Das Vergessen, Hunger (Λιμόν), tränenreiche Schmerzen (Ἄλγεα),
> Schlachten, Kämpfe, Morde, Tötungen,
> Streitigkeiten (Νείκεα), Lügen (Ψεύδεα), Reden und Widerreden,
> Ungesetzlichkeit (Δυσνομίην) und Unheil (Ἄτην), die dicht beieinander wohnen,
> Und den Eid (Ὅρκον), der den auf Erden lebenden Menschen am meisten
> Schadet, wenn jemand willentlich einen Meineid (ἐπίορκον) schwört.
> (Hes. *Th.* 226–232)

Diese Kinder der schlechten Eris spielen für die Interpretation der Bedrohungskommunikation in den *Werken und Tagen* eine bedeutende Rolle, weil sie die Vorstellung einer Wirkpräsenz der schlechten Eris auf Erden nicht auf die sporadischen Erwähnungen ihres Namens beschränken.[548] Was Hesiod nämlich über die schlechte Eris zu sagen hat, ist nach Maßgabe ihrer expliziten Namensnennungen überschaubar: Sie ist „tadelnswert“ (ἐπιμωμητή) und „vermehrt schlimmen Krieg und Kampf, die schreckliche“ (πόλεμόν τε κακὸν καὶ δῆριν ὀφέλλει, / σχετλίη).[549] „Kein Sterblicher liebt sie“ (οὔ τις τήν γε φιλεῖ βροτός) und die Menschen „ehren“ (τιμῶσι) sie nicht freiwillig, „sondern aus Notwendigkeit / aufgrund der Ratschlüsse der Unsterblichen“ (ἀλλ᾽ ὑπ᾽ ἀνάγκης / ἀθανάτων βουλῇσιν).[550] Damit gibt der Lehrdichter zu

---

[546] *Ette*, Arbeit, 38.

[547] Hes. *Th.* 224–225.

[548] Hesiod erwähnt Eris namentlich in Hes. *Op.* 11, 16, 24, 28 und 804. In letzterem Vers erscheint sie unter klarem Rekurs auf Hes. *Th.* 231 als Mutter des Eids (Horkos).

[549] Hes. *Op.* 13–15.

[550] Hes. *Op.* 15–16.

verstehen, dass das destruktive Wirken der schlechten Eris jeglicher Kontrolle entzogen ist und dass Menschen den Bedrohungen zwischenmenschlicher Beziehungen bzw. der sozialen Harmonie insgesamt durch Krieg und Kampf gewissermaßen ausgeliefert sind. Dass die schlechte Eris zudem „schadenfroh" (κακόχαρτος)[551] sei, verdeutlicht die misanthrope Haltung dieser göttlichen Macht. Von besonderer Signifikanz für das Anliegen der *Erga* ist schließlich, dass Eris nach Auffassung Hesiods die Menschen davon abhalte, ihrer Arbeit nachzugehen, indem sie sie dazu verführe, sich statt zu arbeiten den Animositäten gegen andere Menschen hinzugeben.[552] Nun besitzt Arbeit für Hesiod einen quasi-soteriologischen Stellenwert, da sie das entscheidende menschliche Heilmittel gegen Elend und Armut darstellt, und folglich sind die auf Streitstiften abzielenden Ablenkungsmanöver der Eris in dieser Hinsicht besonders schwerwiegend.

Dass es zur misanthropen Intention der Eris gehört, Menschen von ihrer Arbeit abzuhalten, sagt Hesiod in einem Kontext, in dem er seinem Bruder Perses vorhält, „Streitereien" (νείκεα) beizuwohnen, die in Gerichtsversammlungen entschieden werden.[553] Damit lenkt er freilich die Aufmerksamkeit auch auf den Rechtsstreit, den Perses gegen seinen Bruder angestrengt hat.[554] Mit dem in diesem Kontext viermal teils im Singular, teils im Plural wiederholten Wort für „Streit" (νεῖκος / νείκεα)[555] und der ausdrücklichen Nennung der Eris im Mikrokontext liegt eine erste eindeutige Anspielung auf die Nachkommen der schlechten Eris im *Erga*-Gedicht vor, die, wie aus dem obigen *Theogonie*-Zitat hervorgeht, „Streitigkeiten" (Νείκεα)[556] in die Welt gesetzt hat. Die genannten „Streitigkeiten" sind allerdings nicht die einzigen Hinweise darauf, dass Hesiod in den *Werken und Tagen* auf das Wirken der schlechten Eris in ihren Kindern hindeuten will. Denn viele der Laster und Schwierigkeiten, die in der oben zitierten Genealogie der Eris als deren Sprösslinge identifiziert werden, kommen im weiteren Text vor. Obwohl im Umkreis dieser weiteren Belegstellen nirgendwo Eris ausdrücklich genannt wird, ist es aus sachlichen Gründen hinreichend gerechtfertigt, das Nachfolger-Gedicht im mythologischen Lichte des Vorgänger-Gedichts zu lesen. In diesem Sinne spielen die folgenden Kinder der Eris in den *Erga* als göttlich initiierte bzw. bedingte Bedrohungen menschlicher Gesellschaft und Existenz eine Rolle:

---

[551] Hes. *Op*. 28.

[552] Hes. *Op*. 28–29.

[553] Hes. *Op*. 29–30; zur forensischen Bedeutung von ἀγορή und ἀγοραί in diesen Versen siehe *Verdenius*, Commentary, 31–32.

[554] Hes. *Op*. 34–41.

[555] Hes. *Op*. 29, 30, 33, 35.

[556] Hes. *Th*. 229.

– πόνος / „Mühsal" (vgl. Hes. *Th.* 226): Der negativ besetzte πόνος fungiert in den *Werken und Tagen* gewissermaßen als Signatur der Jetzt-Zeit in einem umfassenden Sinne, und zwar einerseits im Kontrast zur Vorzeit, in der die Menschen „ohne Übel und ohne schwierige Mühsal sowie ohne Krankheiten"[557] gelebt hätten, und andererseits im Unterschied zum Goldenen Zeitalter, in dem die Menschen „wie Götter zu leben pflegten mit sorglosem Gemüt, / ohne Mühsal und Elend, und auch das schlimme / Alter gab es nicht."[558] Durch die genealogischen Verästelungen zwischen der Mühsal und Eris werden die mühevollen, durch Schlechtes, Krankheiten und Misere gekennzeichneten Lebensumstände der Menschen in der Gegenwart nicht nur als Gegebenheit, sondern als göttlich bedingte Widrigkeiten gedeutet.

– Λιμός / λιμός / „Hunger" (vgl. Hes. *Th.* 227): Der Hunger erscheint in den *Erga* nicht so sehr als ein biologischer Reiz, sondern vielmehr als eine dem Menschen feindlich gesonnene, ihn ständig begleitende Macht, mit welcher er ohne Unterlass zu tun hat und die ihn zur Nahrungssuche zwingt. Da diese sowohl durch lautere als auch durch unlautere Mittel in Angriff genommen werden kann, versetzt der Hunger die Menschen immer wieder in eine Entscheidungssituation, um die Bedrohung ihrer körperlichen Existenz durch Nahrungsmangel abzuwenden. Aus Sicht Hesiods sollte der Hunger nur durch lautere Mittel wie rechtmäßiges Verhalten, Arbeit und vorratsbewusste Hauswirtschaft abgewehrt werden.[559] Daher sucht der Hunger nach Überzeugung des Lehrdichters v. a. jene heim, die Arbeit verweigern.[560] Auch kennt Hesiod die Vorstellung, dass Zeus den Hunger bzw. Hungersnöte als Strafe für Rechtsbruch senden kann.[561] An zwei Stellen des Lehrgedichts wird Hunger in einem Atemzug mit „Schulden" genannt,[562] was darauf schließen lässt, dass Hesiod das Schuldenmachen neben der Arbeitsverweigerung und der Ungerechtigkeit als eine dritte falsche Reaktion der Menschen auf die Bedrohung durch Hunger interpretiert.

– ἄλγεα / „Schmerzen" (vgl. Hes. *Th.* 227): Für die vorliegende Untersuchung besonders zu beachten ist, dass Hesiod in den *Opera et Dies* die soziale Dimension der Schmerzen stark hervorhebt.[563] Wenn es heißt, die

---

[557] Hes. *Op.* 91.

[558] Hes. *Op.* 113. Das Alter zählt übrigens gemäß der *Theogonie* als Nachkomme der Nyx (Nacht) zu den Geschwistern der Eris; siehe Hes. *Th.* 224–225.

[559] Hes. *Op.* 230 (gerade Rechtsprechung wendet Hunger ab), 299 (Arbeit ist dem Hunger verhasst), 363 (Hauswirtschaft zur Hungerabwehr). Zur Semantik des „Abwehrens" von Hunger vgl. neben Hes. *Op.* 363 (ἀλέξεται αἴθοπα λιμόν) auch 404 (λιμοῦ τ' ἀλεωρήν).

[560] Hes. *Op.* 302.

[561] Hes. *Op.* 243.

[562] Hes. *Op.* 404, 647.

[563] Schmerzen, die Einzelne betreffen, sind nur am Rande von Interesse; vgl. dazu Hes. *Op.* 741, 799.

Menschen des Silbernen Zeitalters „hatten Schmerzen / durch törichtes Verhalten“ und weil „sie sich nicht von frevelhafter Hybris gegeneinander enthalten konnten“,[564] dann macht eben dieses Gegeneinander die Schmerzen zu einem Kollektivphänomen. Selbiger Kollektivbezug im Sinne eines gegenseitigen Verletzens liegt vor, wenn Hesiod sein Szenario der nahen Zukunft des Eisernen Zeitalters in der Aussage gipfeln lässt, dass den Menschen nach dem Weggang der Göttinnen Aidos und Nemesis nur noch „leidbringende Schmerzen“ bleiben werden.[565] Die Absenz guter göttlicher Mächte ist hier identisch mit dem Wüten der Eris-Nachkommen auf Erden, die das soziale Miteinander der Menschen mit gegenseitiger Vernichtung bedrohen. Eine besondere Nuance der sozialen Dimension von Schmerzen findet sich in der Fabel vom Habicht und der Nachtigall. Hier thematisiert Hesiod die bedrohliche Einwirkung korrupter Eliten (Könige = Habicht) auf ihnen an Macht unterlegene Bürger (Hesiod = Nachtigall), die sich darin zeigt, dass die Mächtigeren den Schwächeren „Schmerzen“ zufügen können und dies aus Sicht des betroffenen Dichters auch faktisch tun.[566] Dadurch erscheinen die Könige zumindest an dieser Textstelle gewissermaßen als Helfershelfer der Eris-Kinder.

– ψεύδεα / „Lügen“ (vgl. Hes. *Th.* 229): Laut Hesiods Ansicht ist das menschliche Zusammenleben im geschlechtlichen wie im gesellschaftlichen Sinne durch lügnerisches Reden bedroht, weshalb das Wortfeld „Lügen“ bei Hesiod „immer tadelnden Sinn“[567] hat. Der Gedanke der *Theogonie*, demzufolge alles Lügnerische im Zwischenmenschlichen letztlich Eris zur Mutter hat, wird in den *Erga* durch einen anderen Gedanken ergänzt, der einerseits die menschliche Fähigkeit des Lügens ebenfalls auf einen negativen göttlichen Einfluss zurückführt und andererseits das Lügen als eine spezifisch weibliche Eigenschaft erscheinen lässt. Im Pandora-Mythos wird der Ursprung der ψεύδεα nicht auf Eris, sondern auf den im Auftrag des Zeus handelnden „Argostöter“ Hermes zurückgeführt, der damit die von den Göttern erschaffene erste Frau namens Pandora ausstattet.[568] Dass diese Charaktereigenschaft im Pendant des Mythos in der *Theogonie* fehlt, dürfte damit zusammenhängen, dass in den *Erga* Frauen als eine besondere Bedrohung arbeitender Männer und der von ihnen erwirtschafteten Vorräte imaginiert werden.[569] Durch ihr Lügen werden sie damit noch bedrohlicher, weil ihre ohnehin als gering eingeschätzte

[564] Hes. *Op.* 133.
[565] Hes. *Op.* 200.
[566] Hes. *Op.* 211.
[567] *Hoffmann*, Ethische Terminologie, 109.
[568] Hes. *Op.* 77–79.
[569] Siehe dazu Kap. III.4.1.2.

Vertrauenswürdigkeit dadurch noch weiter sinkt.[570] Doch Lügen und Falschaussagen werden in den *Erga* keineswegs allein Frauen angelastet. Dies lässt Hesiod an späterer Stelle durchblicken, wenn er von Lügen in Gestalt falscher Zeugenaussagen und Meineid abrät: „Wer auch immer (ὅς δέ κε) als Zeuge durch Schwören eines Meineids absichtlich lügt (ἑκὼν ἐπίορκον ὀμόσσας / ψεύσεται), […] dessen Geschlecht wird in Zukunft in ziemliche Vergessenheit geraten."[571] Die Inbezugsetzung von Lüge und Meineid spielt auf einen weiteren Nachkommen der Eris an, der in den *Werken und Tagen* eine nicht unbedeutende Rolle bei der Bedrohung sozialer Stabilität spielt: Ὅρκος.

– Ὅρκος / ὅρκος / „Eid" / „Meineid" (vgl. Hes. *Th.* 231): Ὅρκος ist jene personifizierte göttliche Macht, welche die beim Eid ausgesprochene bedingte Selbstverfluchung im Falle des Meineids oder der Unwahrheit über den Eidbrecher bringt.[572] Laut Hesiod „läuft er sofort neben krummen Rechtssprüchen einher" (αὐτίκα γὰρ τρέχει Ὅρκος ἅμα σκολιῇσι δίκῃσιν), wobei mit dem Bild des Laufens angedeutet ist, dass er als strafende Macht bei Rechtsbruch bzw. ungerechter Rechtsprechung schnell zur Stelle ist und seine Rache verübt.[573] Das Schwören eines Eides steht für Hesiod in der nahen Zukunft des Eisernen Zeitalters prinzipiell in der Gefahr des Meineids, insofern „der Schlechte dem besseren Mann Schaden zufügen wird, indem er ihn mit krummen Worten anschwärzt und darauf einen Eid schwört (ἐπὶ δ' ὅρκον ὀμεῖται)."[574]

– Δυσνομίη und Ἄτη / „Ungesetzlichkeit" und „Verblendung" / „Unheil" (Hes. *Th.* 230): In der *Theogonie* werden diese beiden Kinder der Eris aufs Engste dadurch verbunden, dass im genannten Vers ihr Zusammenwohnen konstatiert wird. Für Δυσνομίη, die göttliche Macht, die unter Menschen Ungesetzlichkeit fördert, bieten die *Erga* zwar keinen expliziten Beleg. Es ist jedoch davon auszugehen, dass die wiederholten Erwähnungen grassierender Ungerechtigkeit im Gedicht das Wirken der Δυσνομίη paraphrasieren, ohne sie zu nennen.[575] Trifft dies zu, geht damit die Aussage einher, dass trotz der menschlichen Fähigkeit und Verantwortung, das Recht zu ehren und von Hybris zu lassen, eine widrige göttliche Macht dies erschwert und somit die menschliche Rechtsordnung nicht nur durch anthropogene Bedrohungen

---

570 Vgl. dazu Hes. *Op.* 375, wo Hesiod Vertrauen gegenüber einer Frau mit Vertrauen gegenüber Dieben gleichsetzt.

571 Hes. *Op.* 282–284.

572 *West*, Hesiod, Theogony, 232; *West*, Hesiod, Works and Days, 211; *Verdenius*, Commentary, 127; vgl. dazu Hes. *Op.* 804.

573 Hes. *Op.* 219; vgl. *Verdenius*, Commentary, 127.

574 Hes. *Op.* 193–194.

575 Vgl. z. B. Hes. *Op.* 34–41, 220–224, 260, 270–272.

gefährdet ist, sondern auch durch etwas Kontingentes, das immer wieder unkontrollierbar in den menschlichen Bereich einbricht. Eine indirekte Nennung des Geschwisterpaars Δυσνομίη und Ἄτη in den *Erga* ist in der Vision der gerechten Stadt zu lesen, wo Hesiod versichert, dass „Männern, die gerechtes Gericht üben, weder Λιμός noch Ἄτη folgen."[576] Damit ist implizit gesagt, dass Ungerechtigkeit und Ἄτη wie in der *Theogonie* zusammengehören.[577]

Neben der schlechten Eris und ihren Kindern kommt Hesiod in seinen *Werken und Tagen* noch auf eine weitere negative göttliche Macht zu sprechen: auf Zelos (Ζῆλος) nämlich, den göttlich-personifizierten Neid.[578] Im Szenario der nahen Zukunft des Eisernen Zeitalters widmet ihm Hesiod zwei Verse: „Allen elenden Menschen auf Schritt und Tritt folgen wird der Neid, / der unerträglich laut ist, sich am Übel erfreut und finster dreinschaut."[579] U.a. durch seine Schadenfreude (κακόχαρτος) tritt er in große Nähe zur schlechten Eris, der dieselbe Eigenschaft zugeschrieben wird.[580] Es handelt sich hierbei um einen anderen Zelos als den, der in der *Theogonie* als Sohn der Styx erscheint, da Hesiod in der vorliegenden *Erga*-Passage kein Beneidet-Werden im positiven Sinne im Blick hat, sondern ein Beneiden im negativen Sinne.[581] Auch ist kein Wetteifern im guten Sinne gemeint, sodass der hier erwähnte Zelos nicht mit der guten Eris in Verbindung gebracht werden kann, die Eifer im Sinne einer positiven Konkurrenz unter Menschen fördert.[582] Was mit der Charakterisierung des Neids gemeint ist, ist einerseits: „[...] keiner gönnt dem andern etwas, Hader und Elend überall."[583] Andererseits geht jedoch mit der Personifikation wiederum der Gedanke einher, dass Menschen wie im Falle der schlechten Eris dem Einfluss dieser negativen, übermenschlichen Macht ausgeliefert sind. Abermals erscheint also das gesellschaftliche Zusammenleben durch nicht-anthropogene Gegebenheiten bedroht. Wie aber ist den Menschen unter diesen Bedingungen überhaupt noch zu helfen?

---

[576] Hes. *Op.* 230–231.

[577] Vgl. *West*, Hesiod, Theogony, 232. West verweist ebenda auch auf die wichtige Vergleichsstelle Sol. *frg.* 4,30–35 West, wo Solon sich bei seiner Gegenüberstellung von Δυσνομίη und Εὐνομίη überzeugt zeigt, dass Εὐνομίη die „wachsenden Blumen der ἄτη verwelken lässt (αὑαίνει δ' ἄτης ἄνθεα φυόμενα)" (Sol. *frg.* 4,35 West).

[578] *Verdenius*, Commentary, 115; *Ercolani*, Esiodo, 202.

[579] Hes. *Op.* 195–196.

[580] Vgl. Hes. *Op.* 28, 196; *Wilamowitz-Moellendorff*, Hesiodos, 63; *West*, Hesiod, Works and Days, 203; *Verdenius*, Commentary, 115.

[581] Hes. *Th.* 384; *West*, Hesiod, Theogony, 272–273.

[582] Hes. *Op.* 23 (ζηλοῖ), vgl. auch 312.

[583] *Wilamowitz-Moellendorff*, Hesiodos, 63.

5.3 Positive religiöse Sinnressourcen zur Bewältigung der Bedrohung

5.3.1 *Die gute Eris*

Wie bereits im vorangegangen Abschnitt angedeutet, ist das gute Pendant zur schlechten Eris eine entscheidende göttliche Instanz, welche bei Hesiod als Sinnressource zur Bewältigung der Bedrohung und der Eindämmung ihrer Ursachen fungiert. Es handelt sich hierbei um jene Göttin, die menschliches Gewaltpotential zu produktiver und friedlicher Konkurrenz umwandelt anstatt wie ihre jüngere, gleichnamige Schwester den destruktiven Zwist und Krieg zwischen Menschen zu fördern.[584] Die Unterscheidung zweier Erides, mit der Hesiods Lehr- und Mahngedicht nach dem Proömium einsetzt, ist von hoher soziopolitischer und auch ökonomischer Relevanz, weil die gute Eris nicht nur ein Konkurrenzdenken widerspiegelt, wie Hesiod es sicherlich in seiner eigenen Polis bereits antraf,[585] sondern dezidiert als göttliches Wesen erscheint, das jene Bedrohung mildern kann, die in den *Erga* kommuniziert wird. Sie wird, wie die schlechte Eris auch, ausdrücklich „auf Erden" (ἐπὶ γαῖαν) verortet und damit in den Verfügungsbereich des Menschen gerückt.[586] Ihr Wesen und Wirken beschreibt Hesiod mit den folgenden Worten:

> τὴν δ' ἑτέρην προτέρην μὲν ἐγείνατο Νὺξ ἐρεβεννή,
> θῆκε δέ μιν Κρονίδης ὑψίζυγος, αἰθέρι ναίων,
> γαίης [τ'] ἐν ῥίζῃσι καὶ ἀνδράσι πολλὸν ἀμείνω·
> ἥ τε καὶ ἀπάλαμόν περ ὁμῶς ἐπὶ ἔργον ἐγείρει·
> εἰς ἕτερον γάρ τίς τε ἴδεν ἔργοιο χατίζων
> πλούσιον, ὃς σπεύδει μὲν ἀρόμεναι ἠδὲ φυτεύειν
> οἶκόν τ' εὖ θέσθαι· ζηλοῖ δέ τε γείτονα γείτων
> εἰς ἄφενος σπεύδοντ'· ἀγαθὴ δ'Ἔρις ἥδε βροτοῖσιν.
> καὶ κεραμεὺς κεραμεῖ κοτέει καὶ τέκτονι τέκτων,
> καὶ πτωχὸς πτωχῷ φθονέει καὶ ἀοιδὸς ἀοιδῷ.

> Die andere [sc. Eris] aber gebar die düstere Nacht zuerst,
> Es versetzte sie aber der hochthronende Kronide, der im Äther wohnt,
> In die Wurzeln der Erde und [machte sie] für die Menschen viel besser.
> Sie treibt selbst einen, der keine Hand anlegt, zum Werk an.
> Schaut nämlich jemand, der es an Arbeit fehlen lässt,

---

584 Hes. *Op.* 11–29.

585 Dazu *William G. Thalmann*, „The Most Divinely Approved and Political Discord": Thinking about Conflict in the Developing Polis, in: Classical Antiquity 23, 2004, 359–399, hier 362–387, der die Rolle von politischem „Streit" und allgemeinem Konkurrenzdenken auch in anderen frühen griechischen Texten untersucht. Zur Eris-Dihärese bei Hesiod siehe insgesamt Wette (2014), 38–40; *Golla*, Hesiods *Erga*, 146–159.

586 Hes. *Op.* 11–12.

> Auf einen Reichen, der mit Eifer darangeht, zu pflügen und zu säen
> Und sein Haus gut zu verwalten, eifert der Nachbar dem Nachbarn nach,
> Der zu Wohlstand eilt. Gut ist diese Eris für die Sterblichen.
> Und so zürnt der Töpfer dem Töpfer und der Zimmermann dem Zimmermann
> Und der Bettler ist neidisch auf den Bettler und der Sänger auf den Sänger.
> (Hes. *Op.* 17–26)

Zeus wird in diesen Versen, wie auch später im Falle seiner Tochter Dike, als ein Gott vorgestellt, der im Interesse der Menschen handelt, indem er die Göttin der positiven Konkurrenz inmitten der Menschenwelt ansiedelt, in den „Wurzeln der Erde". Ihr Wirken, das darin besteht, Menschen zur Arbeit zu motivieren und sie zum friedlichen Reichtumserwerb anzuspornen, wird somit direkt mit Zeus in Verbindung gebracht. Die Skizze einer beruflichen Konkurrenz unter Menschen um des Wohlstandsstrebens willen sowie das Ziel einer wirtschaftlichen Wohlfahrt der Polis, das damit einhergeht, werden folglich ebenfalls auf den Plan des Zeus zurückgeführt. So erscheint er in dieser Passage als Gott, der am Guten interessiert ist, weshalb es im Text auch heißen kann, dass „diese Eris gut für die Sterblichen ist". Somit versteht es sich von selbst, dass diese Eris aufgrund ihres Bezugs zur Arbeit aktiv der Bedrohungsquelle der Arbeitsverweigerung entgegenwirkt. Dennoch ist der Einfluss der guten Eris kein Automatismus, so als ob sie gegen den Willen der Menschen wirken könnte. Vielmehr ist eine Art Gotteserkenntnis vonnöten, denn Hesiod ist davon überzeugt, dass jeder, der diese Göttin „erkennt, sie wohl loben dürfte" (τὴν μέν κεν ἐπαινήσειε νοήσας), wohingegen die andere Eris „tadelnswert" sei.[587] Versteht man diese Aussage so, als ob sich das Erkennen nur auf die gute Eris bezieht, ergibt sich daraus die Implikation, dass laut Hesiod die Menschen von sich aus um die Konsequenzen des destruktiven Streits Bescheid wissen (können), wohingegen sich ihnen der produktive Streit nicht ohne Weiteres erschließt. Will Hesiod jedoch andeuten, dass Erkenntnis zur Unterscheidung beider Erides vonnöten ist,[588] wäre impliziert, dass Lob und Tadel der beiden Erides jeweils der Erkenntnis bedürfen.

Wie genau diese Erkenntnis erlangt werden soll, wird in den *Erga* nicht genau entfaltet. Hesiod setzt jedoch durch seinen Wortgebrauch (νοήσας) voraus, dass es sich um ein kognitives Unterfangen handelt, zu dem Menschen qua ihres Menschseins grundsätzlich fähig sind. Die Kompetenz des Denkens (νοεῖν) verbindet sie gar mit der geistigen Aktivität des Zeus, dessen νόος oder νοεῖν mehrfach in den *Werken und Tagen* erwähnt werden.[589] Menschliches

---

[587] Hes. *Op.* 12–13.

[588] So z. B. *Golla*, Hesiods *Erga*, 143.

[589] Hes. *Op.* 105, 267, 483, 661; zum Wortfeld in den *Erga* siehe insgesamt *Golla*, Hesiods *Erga*, 143–145.

Denken ist aber ambivalent und risikobehaftet, wie Hesiod als realistischer Beurteiler der menschlichen Natur wiederholt vor Augen führt: Es kann zur Planung ungerechter Handlungen eingesetzt werden,[590] es kann durch Habgier bzw. unlauteres Gewinnstreben geblendet werden[591] und Menschen in Lebensgefahr stürzen, wenn es sie dazu bringt, sich z. B. aus ökonomischen Gründen absichtlich dem Wagnis einer Schiffsreise[592] anheimzugeben. Doch sowohl die durch seine Denkfähigkeit gegebene Verbindung des Menschen zu Zeus als auch Hesiods Überzeugung, dass Menschen die gute Eris im Grunde besser finden, weil „kein Sterblicher" die schlechte Eris aus freien Stücken „liebt" (φιλεῖ),[593] lassen darauf schließen, dass der Bedrohungskommunikator mit Tendenzen zum Guten im Menschen rechnet. An diese Tendenzen knüpft er mit seiner Eris-Lehre an, und zwar auch zu dem Zweck, seinem Publikum die Erkenntnis der guten Eris zu erleichtern. Wichtiger als die Frage, ob Hesiod in den Anfangsversen der *Erga* nun die Eris-Theologie seines Vorgängergedichts revidiert oder erweitert, ist eine andere Beobachtung: Er unterstellt seinem Publikum eine Ahnung von den Vorteilen friedvoller Konkurrenz in der Polis und führt den Ursprung dieser produktiven Streitform auf eine eigens eingeführte Göttin zurück, die älter sei als die Göttin des Haders und der Zwietracht. Diese Ahnung des Publikums in ein festes Wissen um die Vorzüglichkeit der guten Eris umzuwandeln, ist ein wichtiges Anliegen seiner Bedrohungskommunikation, um das Umgreifen der schlechten Eris in der Gesellschaft nach Möglichkeit einzudämmen. Das Loben der guten Eris denkt Hesiod nämlich weniger als theoretische Bejahung ihrer Existenz, sondern vielmehr als praktisches Umsetzen dessen, was sie bewirken will. Arbeit, das Streben nach materiellem Auskommen und guter Hauswirtschaft zu dem Zweck, nicht auf Andere angewiesen zu sein, sind damit die Formen, in denen sich das Loben der guten Eris praktisch zeigt.

5.3.2 Die Präsenz und das Eingreifen von Zeus und Dike

Die in den *Erga* dargebotene Weltanschauung Hesiods ruht auf der Überzeugung, dass Zeus es ist, der über den Kosmos in seiner jetzigen Gestalt herrscht. Die Herrschaft des Olympiers war bereits Thema des Vorgängergedichts und kann als der große Kulminationspunkt der *Theogonie* gelten, in welcher der Kronos-Sohn nicht nur als Befreier seiner Geschwister und der Kyklopen präsentiert wird, sondern auch als Triumphator über

[590] Hes. *Op.* 260: ἀνθρώπων ἀδίκων νόον.
[591] Hes. *Op.* 323–324: κέρδος νόον ἐξαπατήσῃ / ἀνθρώπων.
[592] Hes. *Op.* 684–686, hier 685.
[593] Hes. *Op.* 15–16.

Prometheus, die Titanen und Typhoeus.[594] Dass sich seine Herrschaft allerdings von jener seiner Vorgänger Uranos und Kronos fundamental unterscheidet, macht Hesiod in der *Theogonie* v.a. bei der Beschreibung der Zeus-Ehen und seines Nachwuchses deutlich. Insbesondere die sprechenden Namen der divinisierten Abstrakta, mit denen der Kronide die ersten ehelichen Verbindungen eingeht bzw. die ihm als Kinder aus diesen ersten Vereinigungen geboren werden, können als allegorische Deutungen der durch ihn etablierten neuen Weltordnung gelesen werden:[595] Die erste Gattin des Zeus namens Metis steht für die überragende „Klugheit" und unangefochtene Intelligenz des höchsten Gottes, die zweite Ehefrau Themis („Rechtssatzung") sowie die von ihr geborenen Horen, d.h. die Töchter Eunomia („gute Rechtsordnung"), Dike („Recht") und Eirene („Frieden"), symbolisieren die Wertschätzung des Rechts sowie einer friedvollen Gesellschaftsordnung, und die Chariten Aglaia („die Glänzende"), Euphrosyne („Frohsinn") und Thalia („Festfreude"), welche die Okeanos-Tochter Eurynome dem Zeus gebiert, markieren schließlich einen positiven Gegenpol in einer Welt, in der Gutes mit Schlechtem gemischt ist und in der auch weiterhin die Nachkommen der Chaos-Tochter Nacht, und hier v.a. Eris („Hader"), ihre negativen Akzente setzen.[596] Alle diese in der *Theogonie* aufgelisteten Charakteristika der Zeus-Herrschaft, die den Kroniden mit Intelligenz, guter Rechtsordnung und dem Kampf gegen negative göttliche Urmächte in Verbindung bringen, sind als eine Signatur der Machtfülle des Zeus zu verstehen, die Hesiod im Grundsatz auch in seinen *Werken und Tagen* voraussetzt, in denen drastisch inszeniert wird, wie v.a. der Erhalt der Rechtsordnung einer Bewährungsprobe im gesellschaftlichen Leben seines Wohnorts ausgesetzt ist.[597] Der grundsätzliche Glaube an die Macht des Zeus bildet die Grundlage dafür, dass der Bedrohungskommunikator in den *Erga* auch im Angesicht der Bedrohung der sozialen Ordnung des Eisernen Zeitalters für sich selbst und für seine Adressaten religiöse Sinnstiftung leisten kann. Dies geschieht dadurch, dass er gleich zu Beginn dieses Textes auf die transzendente Verbürgung und damit letztlich auch auf die potentielle Unzerstörbarkeit der Weltordnung deutet, auf deren Erhalt Zeus auch in der Immanenz, und d.h. konkret: im Zusammenleben von Menschen in einer Polis, hinwirkt.

Das *Erga*-Gedicht setzt mit einem anerkennenden, hymnischen Lob des souverän-transzendenten, „in der Höhe donnernden", „die allerhöchsten

[594] Hes. *Th.* 453–868 (Zeus-Mythos, angefangen bei seiner Geburt bis zu seinem Sieg über Typhoeus); vgl. zu dieser dargestellten Herrschaft des Zeus *Raaflaub*, Anfänge des politischen Denkens, 21–24; *Clay*, Hesiod's Cosmos, 24–28, 131.

[595] *Raaflaub*, Anfänge des politischen Denkens, 23; *Clay*, Hesiod's Cosmos, 29.

[596] *Clay*, Hesiod's Cosmos, 29.

[597] Vgl. dazu auch *Lloyd-Jones*, Justice, 35–36.

Häuser bewohnenden" Zeus ein, der aus dem Bereich göttlicher Enthobenheit heraus sein Wirken bis weit in die Immanenz menschlicher Gesellschaft hinein ausdehnt. Der zehnzeilige Zeus-Hymnus kann geradezu als ein „inbrünstiges Glaubensbekenntnis"[598] gelesen werden, in dem Hesiod die Macht des in der Höhe wohnenden Zeus dezidiert und ausschließlich anhand seines Wirkens in der irdischen Niedrigkeit menschlicher Existenz illustriert:

> Μοῦσαι Πιερίηθεν ἀοιδῇσι κλείουσαι,
> δεῦτε, Δί' ἐννέπετε, σφέτερον πατέρ' ὑμνείουσαι
> ὅν τε διὰ βροτοὶ ἄνδρες ὁμῶς ἄφατοί τε φατοί τε,
> ῥητοί τ' ἄρρητοί τε Διὸς μεγάλοιο ἕκητι.
> ῥέα μὲν γὰρ βριάει, ῥέα δὲ βριάοντα χαλέπτει,
> ῥεῖα δ' ἀρίζηλον μινύθει καὶ ἄδηλον ἀέξει,
> ῥεῖα δε τ' ἰθύνει σκολιὸν καὶ ἀγήνορα κάρφει
> Ζεὺς ὑψιβρεμέτης, ὃς ὑπέρτατα δώματα ναίει.
> κλῦθι ἰδὼν αἰών τε, δίκῃ δ' ἴθυνε θέμιστας
> τύνη˙ ἐγὼ δέ κε Πέρσῃ ἐτήτυμα μυθησαίμην.

> Musen von Pierien, die ihr in Liedern Ruhm verleiht,
> Kommt her, nennt Zeus, indem ihr euren Vater besingt,
> Durch den sterbliche Menschen gleichermaßen ungenannt bleiben und genannt werden,
> Berühmt und unberühmt durch den Willen des großen Zeus.
> Denn mit Leichtigkeit macht er stark, mit Leichtigkeit bedrückt er den Starken,
> Mit Leichtigkeit macht er den Angesehenen geringer und lässt den Unbekannten größer werden,
> Mit Leichtigkeit macht er den Krummen gerade und bringt den Übermütigen zum Schrumpfen,
> Zeus, der in der Höhe donnert, der die allerhöchsten Häuser bewohnt.
> Erhöre mich, sieh her und vernimm mich, durch Gerechtigkeit mache gerade die Rechtsprüche,
> Du! Ich aber möchte dem Perses Wahres sagen. (Hes. *Op.* 1–10)

Bei der Deutung dieser Zeilen ist zunächst Ulrich Wilamowitz-Moellendorff darin zuzustimmen, dass hier primär die „Allmacht" des Zeus „gepriesen" wird und nicht so sehr dessen „Gerechtigkeit".[599] Denn die Bitte an Zeus, wieder für Gerechtigkeit zu sorgen, deutet zwar ein zentrales Thema des Gedichts an, im-

[598] *Wilamowitz-Moellendorff*, Hesiodos, 40. Wenn ich im Folgenden wiederholt die Glaubensterminologie benutze, ist dies nicht im christlichen Sinne gemeint, sondern ich lehne mich dabei an einen wissenschaftlichen Sprachgebrauch an, wie er zum Teil in der altphilologischen Forschung begegnet; siehe dazu z. B. *Ulrich von Wilamowitz-Moellendorff*, Der Glaube der Hellenen. I. Band, Berlin 1931, 1: „Aber die Götter leben im Glauben. Glaube hat sie erzeugt, in ihm und durch ihn wandeln sie sich, sterben mit ihm, können aber als schöne Schatten fortleben.", 44: Religion als „der Glaube an Götter".

[599] *Wilamowitz-Moellendorff*, Hesiodos, 42; so auch *Kaufmann-Bühler*, Hesiod, 267; *Walcot*, Hesiod and the Near East, 83–84; *Blusch*, Formen und Inhalt, 135; *Bartlett*, Introduction, 180; ähnlich *Kerschensteiner*, Aufbau, 152.

pliziert jedoch auch, dass Zeus diesen Wunsch nicht immer erfüllt: „Sein Wille ist frei, und die Menschen müssen sich fügen. Darum ist das Leben so schwer, wie Hesiod es schildern wird."[600] Dass Zeus prinzipiell machen kann, was er will, dass er also nicht nur einen schlechten Zustand verbessern, sondern auch einen guten Zustand verschlechtern kann, wie die obigen Verse drei bis sechs es imaginieren, ist notwendiger Bestandteil dieser Vorstellung von Allmacht, und darüber gibt sich Hesiod keiner Illusion hin. Dies bestätigen drei theologische Aussagen Hesiods, die sich an anderen Stellen seines Lehrgedichts finden: Erstens stellt er im Kontext seiner Mahnungen zur besten Zeit der Aussaat fest, dass „der Sinn des die Aigis haltenden Zeus erst so und dann wieder anders ist (ἄλλοτε δ' ἀλλοῖος Ζηνὸς νόος αἰγιόχοιο), / schwierig zu verstehen für sterbliche Menschen."[601] Obwohl Zeus hier primär als schwer einschätzbarer Wettergott beschrieben wird,[602] so geht doch aus dieser Aussage die verallgemeinerbare Erkenntnis hervor, dass für Menschen die Intentionen des Zeus letztlich in einem generellen Sinne unergründbar bleiben.[603] Zweitens verdeutlicht die Feststellung, wonach Zeus den „Menschen schlimme Armut gibt",[604] Hesiods Überzeugung, dass das von ihm in den *Erga* propagierte gerechte Verhalten und der eingeforderte Arbeitsfleiß nicht automatisch zu wirtschaftlicher Blüte und einem guten sozialen Status führen, obwohl doch die Götter selbst den „Schweiß" zur Bedingung dieser Art von ἀρετή gemacht und damit Reichtum und Armut in die Wahl des Menschen gestellt zu haben scheinen.[605] Damit lässt der Lehrdichter die Möglichkeit offen, dass ein Erlangen von Wohlstand aus unerfindlichen Gründen womöglich nicht mit dem Willen des Zeus übereinstimmen kann, womit ebenfalls eine Anerkennung

600 *Wilamowitz-Moellendorff*, Hesiodos, 43.

601 Hes. *Op.* 483–484.

602 Vgl. dazu Xen. *Oec.* 17,4, wo es heißt, dass „der Gott [...] das Jahr nicht in einer festgesetzten Form heraufführt (ὁ θεός [...] οὐ τεταγμένως τὸ ἔτος ἄγει), sondern so, dass das eine für eine frühe Saat am besten geeignet ist, das andere für eine Saat in der Jahresmitte und wieder ein anderes für eine sehr späte Saat"; ferner *Sarah B. Pomeroy*, Xenophon *Oeconomicus*. A Social and Historical Commentary. With a New English Translation, Oxford 1994, 329–330. Als Wettergott spielt Zeus bei Hesiod v. a. im zweiten Hauptteil der *Erga* eine wichtige Rolle (vgl. *Beall*, Theism and Mysticism, 178–179), wo er vornehmlich als Regensender und Gewittergott (Hes. *Op.* 53, 99, 415–416, 488, 626, 674–677) sowie als Lenker des Jahreslaufs (Hes. *Op.* 564–565) in Erscheinung tritt; siehe dazu auch *Tilg*, „Großer Narr", 138. Zu Zeus als Wettergott in der griechischen Religion siehe *Nilsson*, Religion, 391–401.

603 Siehe hierzu *Sullivan*, Psychic Term, 71–72; Hes. *frg.* 16,7–8 Merkelbach/West: ἀλλὰ Διὸς κρυπ[τὸς πέλεται νόος, οὐδέ τις ἀνδρῶν] / φράσσασθαι δύ[ναται] sowie Hes. *frg.* 303 Merkelbach/West: μάντις δ' οὐδ' εἷς ἐστιν ἐπιχθονίων ἀνθρώπων / ὅστις ἂν εἰδείη Ζηνὸς νόον αἰγιόχοιο.

604 Hes. *Op.* 637.

605 Vgl. Hes. *Op.* 287–290, hier 289 („Schweiß"); zum Verständnis von ἀρετή im angegebenen Sinne siehe *West*, Hesiod, Works and Days, 229.

der Omnipotenz des Zeus vorliegt. Diesen Gedanken, dass vom höchsten Gott nicht nur etwas Gutes, sondern auch etwas Schlechtes kommen kann, exemplifiziert Hesiod auch an einem dritten Text, der sich auf den Bereich der Seefahrt bezieht: 50 Tage nach der Sommersonnenwende sei es für Menschen am sichersten, zur See zu fahren, da zu diesem Zeitpunkt kein Risiko für Schiff und Besatzung bestehe, „es sei denn, Poseidon der Erderschütterer / oder Zeus, der König der Unsterblichen, wollten sie verderben (ἐθέλῃσιν ὀλέσσαι); / denn bei ihnen liegt der letzte Entscheid über Gutes und Schlimmes (ἐν τοῖς γὰρ τέλος ἐστὶν ὁμῶς ἀγαθῶν τε κακῶν τε).“[606]

In den Bemerkungen im Mittelteil des *Erga*-Proömiums, wonach Zeus „mit Leichtigkeit“ (ῥέα / ῥεῖα) Menschen berühmt und stark machen und ebenfalls das Gegenteil davon bewirken kann, geht jedoch die Aussage jenes kurzen Katalogs in den Versen drei bis acht, in denen die Eigenschaften des höchsten Gottes gepriesen werden, nicht ganz auf. Denn Hesiod lässt diesen Katalog in einer positiven Aussage in Vers sieben gipfeln, die als eine Art theologische Triebfeder im Kampf gegen die Bedrohung gelten kann.[607] Auch in dieser Zeile setzt Hesiod ein anaphorisches ῥεῖα, um den Versinhalt als spezifisch göttliche Handlung zu kennzeichnen, weil müheloses Wirken als Charakteristikum göttlichen Tuns gilt:[608] „Mit Leichtigkeit macht er den Krummen gerade und bringt den Übermütigen zum Schrumpfen.“ Mit der Formulierung ἰθύνει σκολιόν fällt in den *Erga* zum ersten Mal jene Fundamentalunterscheidung, die im Rest des Werkes einige Male wiederholt wird und dabei stets einen moralischen Beiklang besitzt.[609] Denn Krummheit ist bei Hesiod mit einer speziellen Form der Devianz assoziiert, nämlich mit intentionalem Rechtsbruch, wohingegen Geradheit für Rechtlichkeit und Gerechtigkeit steht.[610] Wenn der Lehrdichter in Vers neun indikativisch beteuert, dass Zeus den „Krummen begradigt“, so spricht daraus eine ganz bestimmte Zuversicht: Trotz seiner transzendenten Enthobenheit kann er Menschen dazu bringen, unrechtliches Verhalten aufzugeben. Möglicherweise denkt Hesiod konkret an heilsame Strafen, die auf die charakterliche Transformation und Besserung von Menschen abzielen.[611]

[606] Hes. *Op.* 667–669.

[607] Vgl. *Erbse*, Rechtsgedanke, 17.

[608] Zur Leichtigkeit göttlicher Handlungen siehe z. B. Hes. *Op.* 379; Hes. *Th.* 254, 442; *Corp. Theogn.* 406; Hom. *Il.* 15,490; Hom. *Od.* 16,211–212; *West*, Hesiod, Works and Days, 139–140.

[609] Vgl. *Scodel*, Works and Days, 117.

[610] *Verdenius*, Commentary, 7; siehe hierzu v. a. Hes. *Op.* 36, 194, 219–224, 230, 250, 263–264 und Kap. III.4.3.1.

[611] Vgl. *Verdenius*, Commentary, 7. Der Gedanke einer charakterlichen Besserung durch Strafe findet sich bereits in einem Scholion zu Vers 7: τὸν ποικίλον τὸ ἦθος διὰ πανουργίαν σκολιὸν ὀνομάζει· τοῦτον οὖν ἰθύνειν τὸν Δία πάλιν εἰς τὸ ἁπλοῦν ἐπανάγοντα ἦθος, διὰ τὸ κολάζειν αὐτὸν ἐπὶ τῇ πανουργίᾳ (*Schol. in Hes. Op.* 7, p. 8,8–10 Pertusi).

Auch der zweite Teil des siebten Verses, demzufolge Zeus „den Übermütigen zum Schrumpfen bringt", passt zu dieser Interpretation. Denn das Adjektiv ἀγήνωρ („stolz, übermütig") stellt in der Literatur der Zeit eines von mehreren Adjektiven dar, die der näheren Beschreibung von aggressiv-übermütigen Menschen (ὑβριστής) dienen, darunter z. B. des Thersites in der *Ilias* oder der Freier in der *Odyssee*.[612] Dadurch entsteht im Proömium der *Opera et Dies* ein indirekter semantischer Konnex zu dem für Hesiod so bedeutenden Thema der Hybris, die an zahlreichen Stellen des Hexametergedichts als das Gegenteil eines rechtlichen und moralisch angemessenen Verhaltens entworfen wird.[613]

Hesiod verleiht mit Vers sieben somit seiner positiven Überzeugung Ausdruck, dass Zeus die beiden eng miteinander verbundenen Bedrohungsfaktoren Ungerechtigkeit und Hybris in seiner Souveränität ausschalten kann, obwohl dies zur Zeit der von Hesiod evozierten Gegenwart offensichtlich noch nicht geschehen ist. Von dieser positiven Überzeugung lebt auch der aus der Sprache des Gebets[614] geborene Imperativ in Vers neun, der auf die gegenwärtigen Missstände aufmerksam macht. Dort sagt Hesiod nämlich, Zeus möge „durch Gerechtigkeit die Rechtssprüche begradigen" (δίκῃ δ᾽ ἴθυνε θέμιστας), was sich sicherlich konkret auf den Rechtsstreit bezieht, der das Verhältnis zwischen Hesiod und seinem Bruder Perses getrübt hat.[615] Obwohl also die Rechtsprechung „krumm" ist, bleibt für den Bedrohungskommunikator unstrittig, dass es Gerechtigkeit auch im Angesicht der Bedrohung der Rechtsordnung als eine die gesellschaftliche Realität transzendierende und göttlich verbürgte Größe weiterhin gibt und dass Zeus sie in der Immanenz menschlicher Polisgesellschaft wiederherstellen kann. Deutlich erscheint hier nämlich δίκη als eine göttliche Macht und nicht als ein abstrakter, von Menschen erschaffener Wert,[616] sodass sogar zu überlegen wäre, ob das Substantiv δίκη hier nicht bereits mit großem Anfangsbuchstaben zu schreiben wäre (Δίκη) oder zumindest in dem Sinne verstanden werden sollte, dass Hesiod an dieser Stelle darauf aufmerksam machen möchte, dass das rechtschaffende Wirken des Zeus auf Erden an die Präsenz seiner Tochter Dike gebunden ist. Dike jedenfalls ist,

---

612 *Robertson*, Hybristes, 81; *Verdenius*, Commentary, 7; siehe Hom. *Il.* 2,276 (θυμὸς ἀγήνωρ); Hom. *Od.* 1,106 (μνηστῆρας ἀγήνορας). Bei Hesiod ist das Adjektiv noch zweimal in der *Theogonie* belegt, wo es Phorkys, den Sohn von Pontos und Gaia bezeichnet (Hes. *Th.* 237), sowie das Temperament der Hundertarme (Hes. *Th.* 641: θυμὸς ἀγήνωρ).

613 Hes. *Op.* 191–192, 213–214, 217, 238–239; zur Signifikanz der Hybris siehe auch Kap. III.1.2.

614 Zu Elementen der Kult- und Gebetssprache im Proömium der *Erga*, wozu v. a. auch der Imperativ κλῦθι gehört, siehe *Herbert Meyer*, Hymnische Stilelemente in der frühgriechischen Dichtung, Würzburg 1933, 38–39, der die Anklänge an die „kulthymnische Diktion" (S. 39) näher beleuchtet, und *Kerschensteiner*, Aufbau, 153–154.

615 *Wilamowitz-Moellendorff*, Hesiodos, 42.

616 *Verdenius*, Commentary, 10.

deutlicher als in der *Theogonie*, in den *Erga* als eine Art Bindeglied zwischen Zeus und den Menschen gezeichnet: Während Dike in der *Theogonie* nur als Zeustochter sowie als eine der Horen vorgestellt wird, die sich der menschlichen Belange „annehmen" (ὠρεύουσι),[617] agiert Dike in den *Werken und Tagen* als eine auf Erden gesandte Göttin, deren Präsenz in der irdischen Niedrigkeit menschliche Konvivenz erst ermöglicht.

Einschlägig sind hier v. a. die Verse 256 bis 285 der *Erga*, in denen Hesiod unter Rekurs auf Zeus und Dike einen Versuch religiöser Sinnstiftung unternimmt, bei welchem den Rezipienten zweierlei vor Augen tritt: einerseits die Drastik der Bedrohung der Rechtsordnung, andererseits die transzendente Verankerung jener Sinnressourcen, die der Bedrohungskommunikator propagiert, um zu zeigen, dass die durch Menschen verursachte Bedrohung durch göttlichen Beistand zu bewältigen ist. Der angegebene Passus fächert sich dabei in drei Sinnabschnitte auf, nämlich erstens die Verse 256–269, zweitens die Verse 270–273 und drittens die Verse 274–285. Diese Sinnabschnitte transportieren, und das ist für die Analyse der hesiodeischen Bedrohungskommunikation besonders aufschlussreich, unterschiedliche Stimmungen. Denn ein Quasi-Verzweifeln des Bedrohungskommunikators, wie es im Mittelteil in den Versen 270 bis 273 anzutreffen ist, wird durch zwei Textpassagen gerahmt, in denen die Zuversicht überwiegt, dass Rechtsverletzungen auf Erden Zeus nicht verborgen bleiben und dass Zeus letztendlich strafend in Erscheinung treten wird. Der erste Abschnitt ist primär an die βασιλῆες gerichtet[618] und führt das Wirken der Zeus-Tochter Dike auf Erden genauer aus, die, sobald sie von Menschen misshandelt wird, ihren Vater Zeus aufsucht und ihm Bericht erstattet:

> ἡ δέ τε παρθένος ἐστὶ Δίκη, Διὸς ἐκγεγαυῖα,
> κυδρή τ' αἰδοίη τε θεοῖς οἳ Ὄλυμπον ἔχουσιν,
> καί ῥ' ὁπότ' ἄν τίς μιν βλάπτῃ σκολιῶς ὀνοτάζων,
> αὐτίκα πὰρ Διὶ πατρὶ καθεζομένη Κρονίωνι
> γηρύετ' ἀνθρώπων ἀδίκων νόον, ὄφρ' ἀποτείσῃ
> δῆμος ἀτασθαλίας βασιλέων οἳ λυγρὰ νοεῦντες
> ἄλλῃ παρκλίνωσι δίκας σκολιῶς ἐνέποντες.
> ταῦτα φυλασσόμενοι, βασιλῆς, ἰθύνετε μύθους,
> δωροφάγοι, σκολιέων δὲ δικέων ἐπὶ πάγχυ λάθεσθε.
> οἷ αὐτῷ κακὰ τεύχει ἀνὴρ ἄλλῳ κακὰ τεύχων,
> ἡ δὲ κακὴ βουλὴ τῷ βουλεύσαντι κακίστη.
> πάντα ἰδὼν Διὸς ὀφθαλμὸς καὶ πάντα νοήσας
> καί νυ τάδ' αἴ κ' ἐθέλῃσ' ἐπιδέρκεται, οὐδέ ἑ λήθει
> οἵην δὴ καὶ τήνδε δίκην πόλις ἐντὸς ἐέργει.

[617] Hes. *Th.* 903.
[618] Vgl. hierzu nicht nur die Anrede in Hes. *Op.* 263, sondern auch jene in Hes. *Op.* 248.

Die Jungfrau Dike ist auch da, die Tochter der Zeus,
Die ehrbar ist und bei den Göttern, die den Olymp bewohnen, Achtung genießt.
Und immer, wenn jemand sie verletzt, indem er sie mit krummen Worten anredet,
Setzt sie sich sofort neben ihren Vater Zeus, den Kronos-Sohn,
Und erzählt ihm von den Gedanken der ungerechten Menschen, damit büßen möge
Das Volk die Vermessenheiten der Könige, die, Verderbliches im Sinn habend,
Rechtssprüche ins Abseits biegen, indem sie auf krumme Weise daherreden.
Dieses beachtend, ihr Könige, macht eure Worte gerade,
Ihr Gabenfresser, und vergesst ganz und gar krumme Rechtsentscheide!
Sich selbst bewirkt ein Mann Schlimmes, wenn er einem anderen Schlimmes bewirkt,
Ein schlimmer Plan ist aber für den, der ihn ausgeheckt hat, am schlimmsten.
Da das Auge des Zeus alles sieht und alles bemerkt,
Blickt es jetzt auch hierauf, wenn er will, und es bleibt ihm auch nicht verborgen,
Welche Art von Rechtsverfahren es ist, das die Stadt in ihrem Inneren einzwängt.
(Hes. *Op.* 256–269)

Die Metaphorik des Geraden und Krummen aufgreifend, die dem Leser bereits aus dem Proömium vertraut ist, entwirft Hesiod ein Bild vom bedrohlichen Agieren der richterlichen Eliten, deren Korrumpierbarkeit und absichtliche Rechtsbeugung der Tochter des Zeus und damit auch Zeus selbst missfallen. Obwohl das Trachten der Könige aus Hesiods Sicht wohl darauf zielen dürfte, Dike gänzlich aus ihrer Stadt zu verbannen,[619] betont der Bedrohungskommunikator, dass Gerechtigkeit nicht endgültig abgeschafft werden kann, weil Dike im Falle ihrer Schändung die Erde nur kurz verlässt, um ihrem Vater die Vergehen zu melden. Der Gedanke einer permanenten, zwar angreifbaren aber doch nicht ausrottbaren göttlichen Präsenz der Dike auf Erden und die klar vermittelte Überzeugung, derzufolge sowohl Dike als auch Zeus die Machenschaften der βασιλῆες andauernd beobachten, markiert einen religiösen Deutungsversuch, der verfehltes Interagieren im Bereich des Zwischenmenschlichen von einer diesen Bereich transzendierenden Warte aus betrachtet. Dieser Deutungsversuch ist nicht so sehr als subjektiver Trost für den Bedrohungskommunikator gedacht denn als eine Warnung der korrupten Eliten, diesen Bereich der Wirklichkeit nicht (länger) auszublenden. Dramatisiert wird diese Warnung durch die Androhung göttlicher Kollektivstrafen durch Zeus, die den Zweck hat, diejenigen, die der Bedrohungskommunikator als verantwortlich für die Bedrohung ansieht, letztendlich abzuschrecken und daran zu erinnern, dass ihr Tun nicht ohne Konsequenzen bleiben wird. Da Hesiod als Zeitdiagnostiker davon überzeugt ist, dass sowohl die Gegenwart als auch die nahe Zukunft des Eisernen Zeitalters

[619] Vgl. Hes. *Op.* 220–224, bes. 224 (ἐξελάσωσι).

durch eine Nicht-Beachtung göttlicher Vergeltung geprägt ist bzw. geprägt sein wird,[620] ist diese Instrumentalisierung divinen Strafhandelns ein natürlicher Bestandteil der religiösen Sinndimension seiner Bedrohungskommunikation. Das Inaussichtstellen einer Kollektivstrafe für das ganze Volk (ὄφρ' ἀποτείσῃ / δῆμος), die im obigen Text angedroht wird,[621] dient als Beleg eben dafür. Zwar propagiert Hesiod in seinem Gedicht auch *expressis verbis* das individuelle Ausmaß von Zeus-Strafen bei Unrechtstaten,[622] doch es ist für die soziopolitische Stoßrichtung seiner Argumentation besonders relevant, auf das kollektive Ausmaß einzugehen. Das angeprangerte Verhalten der βασιλῆες wird demnach negative Konsequenzen für die gesamte Polisgesellschaft und damit auch für sie selbst haben, und zwar in der konkreten Gestalt von Wetterkatastrophen, Hungersnöten, Epidemien, Unfruchtbarkeit oder der durch Zeus verfügten Zerstörung von Familien (οἶκοι), Heeren, Mauern oder Schiffen, wie Hesiod in seiner Vision der ungerechten Stadt prophezeit.[623] Das schädigende Verhalten der ungerechten Könige wird damit zu einer Selbstschädigung umgedeutet, die durch göttliche Strafmechanismen herbeigeführt wird.

Trotz seines Festhaltens an der Präsenz der Dike auf Erden sowie am strafenden Wirken des Zeus inszeniert Hesiod im zweiten Sinnabschnitt ein Irre-Werden seiner selbst angesichts des Prozesses mit dem Bruder, auf welchen in den Versen 270 bis 273 angespielt wird. Wenn der Bedrohungskommunikator in diesen Versen einen Affektausbruch in Szene setzt und mit einem Hauch von Verzweiflung beklagt, dass er jetzt, in der Gegenwart des Eisernen Zeitalters, selbst nicht mehr gerecht sein wolle und auch seinem Sohn davon abraten würde, da schlechte und ungerechte Menschen letztlich mehr Recht bekämen als die eigentlich Gerechten, dann lässt er damit ein Unrechtsbewusstsein durchscheinen, das durch die Dissonanz seiner Glaubensinhalte und deren Verwirklichung in der gesellschaftlichen Realität tiefgreifend herausgefordert ist. Da Hesiod auch darin den freien Willen des Zeus anerkennt, bleibt ihm in Vers 273 als letzter Ausweg nur die Hoffnung, dass der Sohn des Kronos in seine und damit auch in die Lage der gesamten Polis so eingreift, wie er dies im vorigen Abschnitt den Königen verdeutlicht

[620] Vgl. Hes. *Op*. 187, 250–251.

[621] Hes. *Op*. 260–261.

[622] Siehe Hes. *Op*. 327–335, hier 333–334, wo Hesiod im Kontext sexual- und familienethischer Weisungen betont, dass Menschen für Vergehen gegen Fremde, den eigenen Bruder, Waisenkinder oder den greisen Vater werden büßen müssen, da Zeus ihnen „letztlich für ungerechte Taten eine unangenehme Buße auferlegt (ἐς δὲ τελευτὴν / ἔργων ἀντ' ἀδίκων χαλεπὴν ἐπέθηκεν ἀμοιβήν)." Zu ἀμοιβή in der Bedeutung „Gegengabe, Entgelt, Buße" siehe auch Hom. *Od*. 12,382–383, wo Helios gegenüber Zeus fordert, dass die Gefährten des Odysseus für die Schlachtung der Rinder des Helios büßen sollen (εἰ δέ μοι οὐ τίσουσι βοῶν ἐπιεικέ' ἀμοιβήν / δύσομαι εἰς Ἀΐδαο καὶ ἐν νεκύεσσι φαείνω).

[623] Hes. *Op*. 238–247; vgl. *Gagné*, Invisible Kin, 12–13.

hatte, dass er nämlich Ungerechtigkeit nicht obsiegen lässt: „Doch hoffe ich, dass der ratwissende Zeus dies keineswegs zustande kommen lässt.“[624] Diese Inszenierung von Verzweiflung samt der Evokation resignativer Stimmungen, die dann doch noch in Hoffnung umschwenken, ist ein Beispiel für die Vulnerabilität des Bedrohungskommunikators,[625] die in transzendenten Sinnressourcen ein Resilienzpotential erkennt. Mit anderen Worten: „Gottes unerforschlicher Wille kann auch anders sein, als menschliche Berechnung und Hoffnung glaubt; darin muß der Mensch sich finden, zu allen Zeiten und unter allen Religionen, aber daß er das Gerechte will, glauben auch alle.“[626] Die gedankliche Bewegung von glaubender Zuversicht und selbstgewisser Strafandrohung im ersten Sinnabschnitt über ansatzweise Resignation und aufkeimende Hoffnung im zweiten führt nun im dritten, an Perses gerichteten Sinnabschnitt, zu erneutem Glauben:

> Ὦ Πέρση, σὺ δὲ ταῦτα μετὰ φρεσὶ βάλλεο σῇσι
> καί νυ δίκης ἐπάκουε, βίης δ᾽ ἐπιλήθεο πάμπαν.
> τόνδε γὰρ ἀνθρώποισι νόμον διέταξε Κρονίων,
> ἰχθύσι μὲν καὶ θηρσὶ καὶ οἰωνοῖς πετεηνοῖς
> ἔσθειν ἀλλήλους, ἐπεὶ οὐ δίκη ἐστὶ μετ᾽ αὐτοῖς˙
> ἀνθρώποισι δ᾽ ἔδωκε δίκην, ἣ πολλὸν ἀρίστη
> γίνεται˙ εἰ γάρ τίς κ᾽ ἐθέλῃ τὰ δίκαι᾽ ἀγορεῦσαι
> γινώσκων, τῷ μέν τ᾽ ὄλβον διδοῖ εὐρύοπα Ζεύς˙
> ὃς δέ κε μαρτυρίῃσιν ἑκὼν ἐπίορκον ὀμόσσας
> ψεύσεται, ἐν δὲ Δίκην βλάψας νήκεστον ἀασθῇ,
> τοῦ δέ τ᾽ ἀμαυροτέρη γενεὴ μετόπισθε λέλειπται˙
> ἀνδρὸς δ᾽ εὐόρκου γενεὴ μετόπισθεν ἀμείνων.

> Perses! Nimm Du Dir dies zu Herzen
> Und höre jetzt auf Gerechtigkeit, vergiss ganz und gar Gewalt.
> Diese Regel nämlich hat für die Menschen der Kronos-Sohn angeordnet:
> Für Fische, wilde Tiere und geflügelte Vögel [gilt],
> Dass sie sich gegenseitig fressen, weil kein Sinn für Gerechtigkeit unter ihnen ist.
> Den Menschen jedoch gab er einen Sinn für Gerechtigkeit, der bei weitem
> Am besten ist. Denn wenn jemand Gerechtes sagen will,
> Weil er es erkennt, dem gibt der weitblickende Zeus Segen.
> Wer aber bei Zeugenaussagen mit Absicht durch das Schwören eines Meineids
> Lügt und durch seine Verletzung der Dike heillos geschädigt ist,
> Dessen Familie wird in Zukunft unbekannter zurückbleiben.
> Hingegen wird die Familie eines eidtreuen Mannes in Zukunft bessergestellt sein.
> (Hes. *Op*. 274–285)

---

624 Hes. *Op*. 273.

625 Siehe dazu Kap. III.4.1.1.

626 *Wilamowitz-Moellendorff*, Hesiodos, 72.

Bemerkenswert an diesem wichtigen Passus ist im Hinblick auf die religiöse Sinndimension der Bedrohungskommunikation vor allem, dass Hesiod abermals und trotz der von ihm angeprangerten Schändungsversuche die bleibende Präsenz der Zeus-Tochter Dike unter den Menschen betont. Hesiod spielt in diesem Abschnitt wie so oft in den *Erga* mit den verschiedenen Bedeutungen des Wortes δίκη, und obwohl nur in Vers 283 eine offensichtliche Personifikation als Göttin vorzuliegen scheint (Δίκη),[627] ist diese doch bei den übrigen Erwähnungen des Wortes zumindest mitzudenken: Perses soll auf δίκη „hören"[628], womit ein sprechendes und damit personifiziertes Gegenüber impliziert ist. Zeus hat „den Menschen δίκη gegeben"[629], womit gewissermaßen das Bild einer Sendung der Göttin Δίκη auf die Erde impliziert ist, deren Präsenz unter den Menschen sich dann am besten als „Sinn für Gerechtigkeit"[630] verstehen lässt, dessen Vorhandensein wiederum als Beweis für die Existenz der Göttin unter den Menschen aufgefasst werden kann – und zwar auch und gerade in Situationen sozialer Bedrohtheit. Von besonderer argumentativer Brisanz ist in diesem Passus der innerhalb der frühgriechischen Dichtung innovative und in den homerischen Epen nicht belegte Gedanke,[631] wonach δίκη bzw. Δίκη für Hesiod den Fundamentalunterschied zwischen menschlicher und tierischer Konvivenz markiert. Denn da die von Zeus gesandte Göttin zuallererst menschliche Gemeinschaft ermöglicht, unterstellt er Perses und letztlich auch den im Kontext angesprochenen Königen zwischen den Zeilen, dass sie durch ihr ungerechtes Vorgehen im Gerichtsprozess auf das Niveau der Tiere herabzusinken drohen, bei denen Fressen und Gefressen-Werden den Modus des Zusammenlebens ausmachen.

Die drohende Verrohung im zwischenmenschlichen Umgang, die letztlich auf den negativen Kulminationspunkt der Entmenschlichung zuläuft, hatte Hesiod bereits in seinem Szenario der nahen Zukunft des Eisernen Zeitalters visionär geschildert.[632] Diese Partie der *Erga* weist interessante Parallelen zum vorliegenden Text auf und bietet darüber hinaus einige Übereinstimmungen im Vokabular. Am deutlichsten sind hier erstens die Erwähnungen des Verbs βλάπτειν („schaden"), das sich einmal auf das Schädigen gerechter Menschen und einmal auf Dike selbst bezieht,[633] zweitens die Nennung des Eidtreuen,[634]

627 Vgl. *Vergados*, Defining ΔΙΚΗ, 371.
628 Hes. *Op.* 274.
629 Hes. *Op.* 279.
630 Zu diesem Verständnis von δίκη in Hes. *Op.* 278–279 siehe *Vergados*, Defining ΔΙΚΗ, 372 („sense of justice").
631 *Erbse*, Rechtsgedanke, 15.
632 Hes. *Op.* 174–201.
633 Hes. *Op.* 193 (βλάψει δ' ὁ κακὸς τὸν ἀρείονα φῶτα) / Hes. *Op.* 283 (Δίκην βλάψας).
634 Hes. *Op.* 190 (οὐδέ τις εὐόρκου χάρις ἔσσεται) / Hes. *Op.* 285 (εὐόρκου γενεή).

drittens die Thematisierung des Meineids,[635] und viertens das allgemeine Bild einer menschlichen Verletzung der Dike[636] durch ungerechtes Handeln. Beiden Texten ist weiterhin gemeinsam, dass sie mit einem Bleiben der Dike unter den Menschen rechnen, während zumindest im Szenario der nahen Zukunft der Weggang der Göttinnen Aidos und Nemesis in Aussicht gestellt wird.[637] Dike lässt sich also nicht vertreiben, und im Gegensatz zu seiner Schilderung des Zukunftsszenarios macht Hesiod im vorliegenden Text auch ein weiteres Mal von seinem Strafargument Gebrauch: Wer einen Meineid schwört und durch sein Lügen „willentlich" (ἑκών) „Dike schädigt",[638] dessen Familie wird einen Verlust des sozialen Ansehens erleiden,[639] insofern sie nicht des göttlichen „Segens" (ὄλβος) teilhaftig wird, welcher der Familie eines Eidtreuen Mannes zufällt, der „willentlich" (εἰ γὰρ τίς κ' ἐθέλῃ) und „wissentlich" (γινώσκων) die Wahrheit sagt.[640] Dass der Passus mit einer positiven Note endet, mit einem Ausdruck von Zuversicht nämlich, dass es der Familie des Wahrhaftigen und Eidtreuen „in Zukunft besser" gehen wird, verdeutlicht abermals, dass die positiven Akzente Hesiods aus einem Glauben an transzendente Sinnressourcen geboren sind. Diese Sinnressourcen bleiben für den Bedrohungskommunikator auch in einer Gesellschaft anzapfbar, in der aus seiner Sicht die zwischenmenschlichen Verhältnisse auf Tierniveau herabsinken.

5.3.3 Schutz, Strafen und Hilfe durch göttliche Wächter und Dämonen

Außer Zeus und seiner Tochter Dike kennt Hesiod noch andere göttliche Instanzen, die als Kollektivgrößen auftreten und eine Art göttlichen Überwachungs- und Wächterapparat bilden, der für die Erhaltung der Weltordnung des Zeus genauso mitverantwortlich ist wie für die Unterstützung all jener Menschen, die durch ihr Verhalten diese Weltordnung aufrecht zu erhalten trachten. Direkt bevor Hesiod das Wirken der Dike auf Erden und ihr Berichterstatten gegenüber Zeus ausführt, sagt er Folgendes zu den Königen:

> Ὦ βασιλῆς, ὑμεῖς δὲ καταφράζεσθε καὶ αὐτοὶ
> τήνδε δίκην˙ ἐγγὺς γὰρ ἐν ἀνθρώποισιν ἐόντες
> ἀθάνατοι φράζονται ὅσοι σκολιῇσι δίκῃσιν

---

[635] Hes. *Op.* 194 (μύθοισι σκολιοῖς ἐνέπων, ἐπὶ δ' ὅρκον ὀμεῖται) / Hes. *Op.* 283–284 (ἑκὼν ἐπίορκον ὀμόσσας / ψεύσεται).

[636] Hes. *Op.* 189 (χειροδίκαι), 192 (δίκη δ' ἐν χερσί) = Faustrecht / Hes. *Op.* 283 (Δίκην βλάψας).

[637] Hes. *Op.* 197–200.

[638] Hes. *Op.* 282–284, Zitate in 282–283.

[639] Das meint die Formulierung ἀμαυροτέρη γενεή in Hes. *Op.* 284; siehe *West*, Hesiod, Works and Days, 228 und zur Stelle insgesamt *Gagné*, Invisible Kin.

[640] Hes. *Op.* 280–281 (Zitate), 285.

ἀλλήλους τρίβουσι θεῶν ὄπιν οὐκ ἀλέγοντες.
τρὶς γὰρ μύριοί εἰσιν ἐπὶ χθονὶ πουλυβοτείρῃ
ἀθάνατοι Ζηνὸς φύλακες θνητῶν ἀνθρώπων,
οἵ ῥα φυλάσσουσίν τε δίκας καὶ σχέτλια ἔργα
ἠέρα ἑσσάμενοι, πάντῃ φοιτῶντες ἐπ' αἶαν.

Ihr Könige, bedenkt aber auch selbst
Diese Strafe![641] Nahe nämlich unter den Menschen seiend,
Achten Unsterbliche auf all jene, die sich durch krumme Rechtssprüche
Gegenseitig aufreiben, ohne der Vergeltung der Götter Beachtung zu schenken.
Denn auf der vielnährenden Erde befinden sich dreimal zehntausend
Unsterbliche Wächter des Zeus für die sterblichen Menschen,
Die Gerichtsprozesse und schreckliche Taten überwachen,
Wobei sie, in Nebel gehüllt, überall auf der Erde herumschweifen. (Hes. *Op.* 248–255)

Die Vorstellung, derzufolge Götter menschliche Gesellschaften beobachten, um zu überprüfen, ob Recht eingehalten wird oder nicht, findet sich in ähnlicher Ausprägung in der *Odyssee*, und zwar als eine Aussage, die einem der Freier in den Mund gelegt wird: „Und Fremden aus anderen Ländern ähnelnd, / alle möglichen Gestalten annehmend, suchen Götter Städte / der Menschen auf, wobei sie auf Hybris und auf gute Rechtsordnung schauen.“[642] Trotz der allgemeinen Vergleichbarkeit der Vorstellung göttlichen Wachens über menschlicher Rechtswahrung,[643] gibt es auch wichtige Unterschiede zwischen dieser *Odyssee*-Passage und Hesiod. Erstens ist darauf hinzuweisen, dass das Wort der Freier in eine Erzählwelt hineingesprochen wird, wohingegen das Wort Hesiods an eine nicht als fiktional gekennzeichnete Gesellschaft der Gegenwart gerichtet ist, wodurch sich die Adressaten des Gedichts direkt angesprochen fühlen dürfen. Zweitens legt Hesiod Wert auf die Bemerkung, dass es unzählig viele Wächter sind, die auf Erden wirken, da die Zahl 30 000 für eine unendlich große Menge steht.[644] Drittens sind die Wächter bei Hesiod unsichtbar, worauf ihr Eingehüllt-Sein in Nebel deutet,[645] und viertens wird ihnen in den *Erga* ein strafendes Wirken zugeschrieben, das in Vers 251 durch die Wendung θεῶν ὄπις zum Ausdruck kommt. Dadurch wird die Dringlichkeit des Gesagten wesentlich erhöht. Das Syntagma θεῶν ὄπις ist doppeldeutig und kann so-

[641] Das schillernde Substantiv δίκη in Hes. *Op.* 249 ist von Vers 239 her zu verstehen, wo δίκη die Kollektivstrafe des Zeus bezeichnet, die der ungerechten Stadt widerfährt; anders *Vergados*, Defining ΔΙΚΗ, 371, der δίκη in Vers 249 mit „order“ bzw. „state of affairs in the world“ übersetzt.

[642] Hom. *Od.* 17,485–487: καί τε θεοὶ ξείνοισιν ἐοικότες ἀλλοδαποῖσι, / παντοῖοι τελέθοντες, ἐπιστρωφῶσι πόληας, / ἀνθρώπων ὕβριν τε καὶ εὐνομίην ἐφορῶντες; siehe dazu *Rohde*, Psyche, 97; *Berres*, Segnungen der Gerechtigkeit, 268–269.

[643] Vgl. *Verdenius*, Commentary, 138.

[644] Vgl. *Verdenius*, Commentary, 138.

[645] *Rohde*, Psyche, 96; *Wilamowitz-Moellendorff*, Hesiodos, 70.

wohl mit „kontrollierender Blick der Götter" als auch mit „Strafe, Vergeltung der Götter" übersetzt werden.[646] Hier in diesem Vers bezieht sich die θεῶν ὄπις auf die Gegenwart des Eisernen Zeitalters, und Hesiods auf die Könige gemünzte Hauptaussage besteht darin, dass seine Zeitgenossen eben diese ὄπις in ihrem Verhalten ignorieren. Die religiöse Deutung des Verhaltens seiner Mitmenschen hat allerdings nicht allein den Charakter einer Zeitdiagnose, sondern Hesiod geht auch davon aus, dass sich daran in nächster Zeit nichts ändern wird. Denn in seinem Szenario der nahen Zukunft erwähnt Hesiod u. a., dass „grausame" Menschen Familienbande brechen werden, „ohne sich die Strafe der Götter bewusst zu machen" (σχέτλιοι, οὐδὲ θεῶν ὄπιν εἰδότες).[647] Beide Belege deuten letztlich die Nicht-Beachtung göttlicher ὄπις als Begründung für unmoralisches und ungerechtes Verhalten.[648]

Während der Hinweis auf die unzählbar vielen göttlichen Strafwächter *ex negativo* dazu mahnt, sich nicht ungerecht zu verhalten und die religiös begründete Zuversicht untermauert, dass die Götter die intentionale Bedrohung der Rechtsordnung durch Strafen ahnden,[649] kennt Hesiod auch ein anderes Kollektiv göttlicher Wächter, das die Menschen nicht so sehr strafend als vielmehr unterstützend begleitet. Es sind dies die zu Dämonen (δαίμονες) gewordenen Mitglieder des Goldenen Zeitalters, die nach ihrem Ableben offensichtlich in unkörperlicher Form als unsterbliche Seelen fortleben und den Menschen des Eisernen Zeitalters als „Reichtumsspender" behilflich sind:

> αὐτὰρ ἐπεὶ δὴ τοῦτο γένος κατὰ γαῖα κάλυψε,
> τοὶ μὲν δαίμονές εἰσι Διὸς μεγάλου διὰ βουλὰς
> ἐσθλοί, ἐπιχθόνιοι, φύλακες θνητῶν ἀνθρώπων,
> [οἵ ῥα φυλάσσουσίν τε δίκας καὶ σχέτλια ἔργα
> ἠέρα ἑσσάμενοι πάντη φοιτῶντες ἐπ' αἶαν,]
> πλουτοδόται· καὶ τοῦτο γέρας βασιλήιον ἔσχον.

> Nachdem nun aber die Erde auch dieses Geschlecht verborgen hatte,
> Sind sie gemäß dem Willen des Zeus Dämonen,
> Gute, auf Erden wirkende, Wächter der sterblichen Menschen,
> [Die Gerichtsprozesse und schreckliche Taten überwachen,

[646] *Rudolf Führer*, Art. ὄπις, in: Lexikon des frühgriechischen Epos 3, 2004, 732. Zu den Ähnlichkeiten der Vorstellungen über göttliche Strafen in den *Erga* und in der homerischen *Odyssee* siehe *Kaufmann-Bühler*, Hesiod, passim.

[647] Hes. *Op*. 187.

[648] In Hes. *Op*. 706 ist ein dritter Beleg von ὄπις in den *Erga* zu verzeichnen. Dieser Vers mahnt in einem allgemeinen Sinne, „die Aufsicht der seligen Unsterblichen gut zu beachten" (εὖ δ' ὄπιν ἀθανάτων μακάρων πεφυλαγμένος εἶναι). Die Platzierung des Verses zwischen Weisungen zur Ehe (Hes. *Op*. 695–705) und Ratschlägen bezüglich Freundschafts- und Gastverhältnissen (Hes. *Op*. 707–723) hat einige Kommentatoren dazu veranlasst, die Zeile an dieser Stelle zu streichen; siehe den Überblick bei *West*, Hesiod, Works and Days, 329–330.

[649] *Spariosu*, God of Many Names, 47–48.

Wobei sie, in Nebel gehüllt, überall auf der Erde herumschweifen,][650]
Reichtumsspender. Auch diese königliche Würde erhielten sie. (Hes. *Op.* 121–126)

Die Frage, ob Hesiod hier eine schon vorhandene religiöse Vorstellung aus der Überlieferung aufgreift, ist nicht sicher zu beantworten. Es ist jedoch wahrscheinlich, da diese Dämonenlehre sich so bei Homer nicht greifen lässt und eine reine Erfindung möglicherweise auf Glaubwürdigkeitsprobleme beim Publikum gestoßen wäre.[651] Anders als die göttlichen Strafwächter stehen die hier skizzenhaft vorgestellten dämonischen Wächter den Menschen in vielerlei Hinsicht näher. Obwohl an keiner Stelle ein genauerer Einblick gewährt wird, wie man sich die Kontaktaufnahme zwischen den Daimones und den Menschen vorzustellen hat, repräsentieren sie dennoch die Präsenz des Goldenen Geschlechts im Eisernen und stellen somit eine Art Verbindungsstück zu jener Epoche des Menschengeschlechts dar, die Hesiod als eine quasi-paradiesische Urzeit entwirft. Das Hineinragen des Goldenen Zeitalters in die Gegenwart des Eisernen erhält damit eine sehr persönliche Note. Ferner konkretisiert und erweitert diese Vorstellung die andernorts auf subtile Weise dargestellte Reaktivierung des Goldenen Zeitalters durch gerechtes Verhalten.[652] Denn Hesiod kommt es bei seinem Porträt nicht darauf an, dass diese Dämonen Rechtsverhalten überwachen, wie die interpolierten Verse 124–125 den Anschein machen wollen, sondern dass sie den Menschen wohlgesonnen sind und ihnen „Reichtum" schenken. Da Πλοῦτος im mythologischen System Hesiods ein Sohn der Demeter ist,[653] dürfte die Verleihung von Reichtum durch die Daimones konkret bedeuten, dass diese gute Ernten und gelingende Feldarbeit begünstigen, deren Erträge dann das Haus füllen.[654] Mit anderen Worten: Sie helfen den Menschen dabei, sich den von den Göttern bzw. Zeus höchstpersönlich verborgenen Lebensunterhalt (βίος)[655] in reicher Fülle zu erwerben, womit sie auch einen Beitrag zur Bekämpfung der von Zeus gesandten Armut leisten, die eine ständige Bedrohung im Leben der Menschen darstellt. Da Zeus

[650] Die bei *Solmsen* (Hrsg.), Hesiodi Theogonia, 54 eingeklammerten Verse 124–125 stören den Zusammenhang zwischen Vers 123 und 126 und fehlen in zwei Papyri sowie bei einigen antiken Autoren (z. B. Plutarch und Proklos). Sie sind an dieser Stelle offensichtlich aus den Versen 254–255 interpoliert worden; siehe dazu *West*, Hesiod, Works and Days, 183 und *Verdenius*, Commentary, 86–87, der sich allerdings wie z. B. auch *Rohde*, Psyche, 96 Anm. 1 gegen eine Interpolation ausspricht. Wie *West*, Hesiod, Works and Days, 183 meines Erachtens zurecht betont, sind die hier beschriebenen „guten Dämonen" nicht als eine „secret police" anzusehen wie die göttlichen Wächter in Hes. *Op.* 249–255.

[651] *Rohde*, Psyche, 95–102, hier 98.

[652] Siehe dazu Kap. III.3.2.

[653] Hes. *Th.* 969.

[654] *West*, Hesiod, Works and Days, 183.

[655] Hes. *Op.* 42, 47.

für die Sendung der guten Dämonen verantwortlich ist, zeigt sich in diesem göttlichen Willensakt (Διὸς μεγάλου διὰ βουλάς)[656] auch sein Bestreben, die Menschen in der Post-Prometheus-Ära aktiv zu unterstützen.

6. *Die paränetische Sinndimension*

Da eine „Bedrohung [...] immer nur so lange eine Bedrohung [ist], so lange sie nicht wahr geworden ist",[657] versteht es sich von selbst, dass es im Interesse eines Bedrohungskommunikators liegen muss, durch seine Kommunikation aufzuzeigen, wie die Bedrohung erst gar nicht im Vollsinne wahr wird. Deshalb kann sich auch die Analyse von Bedrohungskommunikation nicht auf die Frage beschränken, wie ein Bedrohungskommunikator ein auf Deutung beruhendes Bedrohungskonstrukt erschafft. Es gilt vielmehr auch zu ergründen, welches Handeln der Bedrohungskommunikator vorschlägt, um die Bedrohung abzuwenden oder antizipierte Folgen in ihrer befürchteten Wirkung zu mindern. Dieser Analyseschritt ist in allen bisherigen theoretischen Entwürfen zur Bestimmung von Bedrohungskommunikation anerkannt. Genau diesen Aspekt betrifft die paränetische Sinndimension, welche diejenigen Äußerungen des Bedrohungskommunikators umfasst, die Mahnungen, Aufforderungen und Handlungsanweisungen an die Adressaten beinhalten. Zwar stellt der Entschluss zur Kommunikation mittels des Schriftmediums selbst schon eine Art Bewältigungshandeln seitens des Bedrohungskommunikators dar,[658] das einen reflektierten Umgang mit der vom ihm wahrgenommenen Situation signalisiert, der seinerseits eine Initiative zur Veränderung der bedrohlichen Lage markiert. Doch die Abfassung seines Textes ist eben nicht als Selbstzweck gedacht. Für die Identifikation, Deskription, Analyse und Interpretation literarischer Bedrohungskommunikation ergibt sich damit für die paränetische Dimension, dass all jene imperativischen Aussagen des Bedrohungskommunikators analysiert werden müssen, die im Zusammenhang mit der von ihm konstruierten Bedrohung und ihrer Bewältigung stehen.

In Werner Schirmers Modell wird Bewältigungshandeln nur kurz gestreift und als Teil der Sachdimension beschrieben, die neben den beiden Fragen, „was bedroht ist" und „wodurch es bedroht ist" auch die Frage umfasst, „was dagegen getan werden kann."[659] Im Modell von Fechner et al. spielt hingegen die Handlungsdimension von Bedrohungskommunikation eine prominentere

---

656 Hes. *Op*. 122.

657 *Schirmer*, Bedrohungskommunikation, 215.

658 Vgl. *Fechner/Granzow/Klimek*, Bedrohungskommunikation, 170.

659 *Schirmer*, Bedrohungskommunikation, 103.

Rolle. Denn es werden nicht nur „Handlungsempfehlungen an die Akteure“ als eines von drei Inhaltskriterien festgesetzt, sondern die Etablierung von Bedrohungskommunikation wird auch daran geknüpft, dass „Akteure [...] auf Handlungsempfehlungen reagieren und die mit der Inhaltsvermittlung verbundene Intention das Handeln der Akteure beeinflusst.“[660] Die aufgezeigten „Handlungsoptionen zielen“ nach Fechner et al. „mittelbar auf den Erhalt, die Modifizierung oder die Abschaffung der Ordnung – etwa durch partielle (Modifizierung) oder vollständige Ersetzung (Abschaffung) der ordnungskonstituierenden Mechanismen durch andere.“[661] In Abgrenzung zur Position von Fechner et al. müssen jedoch in Bezug auf das hier vertretene Modell von Bedrohungskommunikation zwei Aspekte kritisch angemerkt werden. Erstens sind zur Analyse der paränetischen Sinndimension, wie sie hier verstanden wird, allein solche Handlungsanweisungen im Text von Interesse, die im Wesentlichen auf den Erhalt, nicht jedoch auf die Abschaffung einer vom Bedrohungskommunikator als bedroht kommunizierten sozialen Ordnung zielen. Denn eine Abschaffung der sozialen Ordnung stünde im Widerspruch zu dem in diesem Buch wiederholt geäußerten Gedanken, dass alles, was der Bedrohungskommunikator als bedroht kommuniziert, für ihn einen positiven Wert hat. Die Werthaftigkeit des Bedrohten impliziert das Bedürfnis, es zu erhalten und zu schützen. Im Falle Hesiods wäre die Abschaffung der auf Dike beruhenden Gesellschaftsordnung, welche die gelingende Konvivenz der Bevölkerung ermöglicht, geradezu gleichbedeutend mit einer Verwirklichung der Bedrohung, die ja gerade deswegen kommuniziert wird, damit sie noch abgewendet werden kann.

Zweitens ist im Gegensatz zur Position von Fechner et al. die im Akteurshandeln sich vollziehende Umsetzung der Mahnungen, Empfehlungen und Anweisungen des Bedrohungskommunikators nicht als Etablierungskriterium von Bedrohungskommunikation anzusehen, sondern allein das Vorhandensein von Imperativen im Text ist entscheidend. Denn ob Paränesen das Handeln und Verhalten von historischen Akteuren beeinflussen oder nicht, ist für das Bedrohungsbewusstsein des Bedrohungskommunikators irrelevant: Wenn sie handlungsleitend werden, dann ist seine Kommunikation nach Wunsch und Erwartung überzeugend, wenn jedoch nicht, dann ist sie im hier verstandenen Sinne um nichts weniger authentisch. Abgesehen davon, dass das Überprüfen der historischen Umsetzung von Handlungsanweisungen nicht Teil der Analyse von Bedrohungskommunikation, sondern von ihrer Wirkung ist, wäre eine derartige Überprüfung von zu Gebote stehenden Quellen abhängig, die

---

660 *Fechner/Granzow/Klimek*, Bedrohungskommunikation, 161.
661 *Fechner/Granzow/Klimek*, Bedrohungskommunikation, 168.

über das Handeln der Adressaten Auskunft geben. Die Quellenlage ist diesbezüglich jedoch v. a. für die Antike nicht immer ergiebig, und zur Klärung der Frage, ob und wie z. B. Perses und die Könige auf Hesiods Imperative reagiert haben, liegen überhaupt keine Indizien vor. Sollte etwa aufgrund des Fehlens derartiger Quellen der Schluss zu ziehen sein, dass Hesiod keine Bedrohung kommuniziert hat? Da die bisher in dieser Monographie erzielten Interpretationsergebnisse das Gegenteil nahelegen, möchte ich mit Bezug auf die paränetische Sinndimension die These vertreten, dass Bedrohungskommunikation auch dann vorliegen kann, wenn sich nicht überprüfen lässt, ob Adressaten den Handlungsaufrufen des Bedrohungskommunikators gefolgt sind. Ja, sogar das mögliche Fehlen von Handlungsempfehlungen muss nicht gegen das Vorliegen von Bedrohungskommunikation sprechen. Denn bei der Analyse historischer Bedrohungskommunikation gilt es grundsätzlich zu beachten, dass Bedrohungskommunikation als in schriftlichen Quellen überlieferter Untersuchungsgegenstand prinzipiell den Bedingungen von „Überlieferungschance und Überlieferungszufall“[662] unterworfen ist. Es kann demnach sein, dass das Fehlen der paränetischen Sinndimension nicht dem Bedrohungskommunikator anzulasten ist, sondern der fragmentarischen Überlieferung seines Werkes, die historischer Kontingenz unterliegt. Eine aufgrund der Quellenbasis nicht feststellbare paränetische Sinndimension entscheidet somit nicht über das Vorliegen von Bedrohungskommunikation, solange sich wenigstens Spuren der sachlichen, sozialen und zeitlichen Sinndimension fassen lassen.[663]

6.1 Selbstreferentielle Imperative des Bedrohungskommunikators

Naturgemäß findet sich in antiker Weisheitsliteratur sowie in Lehr- und Mahngedichten eine Vielzahl von Befehlsformen, die der jeweilige Sprecher an seine(n) Adressaten richtet und je nach Gegenstand auf eine Fülle von Themen beziehen kann. Da die *Werke und Tage* für den europäischen Kulturraum den

[662] *Patzold*, Bedrohte Ordnungen, 55. Zu den geschichtswissenschaftlichen Begriffen „Überlieferungschance“ und „Überlieferungszufall“ siehe den grundlegenden Beitrag von *Arnold Esch*, Überlieferungs-Chance und Überlieferungs-Zufall als methodisches Problem des Historikers, in: Historische Zeitschrift 240, 1985, 529–570.

[663] Auf diesen Aspekt habe ich bereits am Beispiel des nur fragmentarisch überlieferten Werkes des Porphyrios *Contra Christianos* hingewiesen: Auch dort sind Handlungsanweisungen nicht nachweisbar, was aber nicht gegen das Vorliegen von Bedrohungskommunikation spricht, weil sich Aussagen finden, die der sachlichen, sozialen und zeitlichen Sinndimension von Bedrohungskommunikation zugeordnet werden können; siehe *Becker*, Porphyrios: *Contra Christianos*, 40–41.

Anfang dieser Gattung markieren,[664] „nimmt“ hier „die Dichtung zum ersten Mal imperativischen Charakter an; aus der Erkenntnis leitet der Dichter das Gebot ab und wird zum Erzieher.“[665] Zahlreiche der an sich gattungsmäßig nicht ungewöhnlichen Imperative lassen sich nun aber auf das konkrete Anliegen der Bedrohungskommunikation beziehen. Obwohl die imperativischen Äußerungen Hesiods inhaltlich auf vielfache Weise aufeinander bezogen und miteinander verzahnt sind, empfiehlt es sich aus Gründen der Differenzierung und Übersichtlichkeit, im Folgenden zwischen selbstreferentiellen, negativen und positiven Imperativen zu unterscheiden.

Die selbstreferentiellen Imperative beziehen sich auf die Person des Bedrohungskommunikators, auf seine faktische oder beanspruchte Autorität und Kompetenz. Sie wollen herbeiführen, dass die Adressaten dessen Expertenstatus anerkennen und bestätigen. Das Interesse an der *persona* des Bedrohungskommunikators, hinter welcher der historische Hesiod durchscheint, wird nicht nur an den zahlreichen in Kapitel II.2 diskutierten autobiographischen Einsprengseln und Selbststilisierungen, sondern auch an den im Vergleich zur *Theogonie* häufigen Nennungen des Personalpronomens ἐγώ deutlich, die sich durch das ganze Werk ziehen. Von insgesamt neun Belegen, die sich auf den Sprecher beziehen,[666] steht rund die Hälfte davon[667] in einem Bezug auf autoritative Sprechhandlungen. Dadurch gibt Hesiod zu erkennen, dass er im sprechenden „Ich“ des Bedrohungskommunikators einen zentralen autoritätsstiftenden Faktor hinsichtlich des Gesagten sieht. Mit Blick auf alle übrigen Erwähnungen des Personalpronomens „ich“ in den *Erga* ist beachtenswert, dass sie sich ausschließlich auf nicht-menschliche, mit Macht assoziierte Wesen beziehen, die in von Hesiod kreierter direkter Rede zu einem Gegenüber sprechen: einerseits auf Zeus, der zu Prometheus spricht,[668] andererseits auf den Habicht, der im Kontext einer Fabel der Nachtigall seine Überlegenheit verdeutlicht.[669] Diese Assoziierung des Personalpronomens der ersten Person mit Überlegenheit und Autorität ist im Hinblick auf die Gesinnung hinter den selbstreferentiellen Imperativen von einiger Relevanz, da sie eine Superiorität des Sprechers suggeriert, der innerhalb des Gedichts allein mit Zeus und dem Habicht vergleichbar ist. Da sich Hesiod, wie ebenfalls in Kapitel II.2 skizziert wurde, als Sprachrohr des Zeus versteht, liegt auf der Hand, dass er mit seinen

[664] *Schmitz*, Spruchweisheit, passim; *Canevaro*, Genre and Authority, passim.
[665] *Kraus*, Dichterberuf, 73.
[666] Hes. *Op.* 10, 106, 174, 270, 286, 396, 654, 658, 682.
[667] Hes. *Op.* 10, 106, 286, 682.
[668] Hes. *Op.* 57.
[669] Hes. *Op.* 208.

Befehlsformen zumindest verbal in eine direkte Konkurrenz zum Anherrschen des Habichts und damit indirekt auch zum Machtanspruch der Könige tritt.

Dreimal im Gedicht ruft Hesiod seinen Bruder Perses dazu auf, sich das, was er ihm sagt, zu „Herzen" (θυμῷ, φρεσί) zu nehmen. Bezeichnenderweise fällt die Aufforderung jeweils im Kontext von Schlüsselanliegen Hesiods: Erstens im Zusammenhang mit der Lehre von der guten und schlechten Eris, die darauf abzielt, Perses zur Ausrichtung auf die gute Eris zu bewegen und sich nicht von der schlechten Eris zu Untätigkeit verführen zu lassen;[670] zweitens im Kontext seiner Lehre der ursprünglichen Zusammengehörigkeit und sukzessiven Entfremdung von Göttern und Menschen, wodurch Perses für das Wirken und den Anspruch der Götter im menschlichen Leben sensibilisiert werden soll;[671] und drittens im Zusammenhang mit der für die *Erga* charakteristischen Kontrastierung von Gerechtigkeit und Gewalt, die letztlich dazu bestimmt ist, Perses zu gerechtem Handeln zu motivieren.[672] Es handelt sich in allen diesen drei Fällen nicht nur um Aufforderungen zur inneren Zustimmung zum Gesagten. Vielmehr handelt es sich letztlich um Gehorsamsforderungen, die verdeutlichen, dass der Inhalt des Poems dazu bestimmt ist, das Verhalten des Angesprochenen zu ändern. Deshalb kann es auch nicht verwundern, dass der Lehrdichter und Bedrohungskommunikator Hesiod sein Sprechen als ein „Befehlen" (κελεύειν) versteht: Die Formel ὥς σε κελεύω („wie ich dir befehle") kommt insgesamt dreimal vor.[673] Folglich kann er auch von seinem Adressaten verlangen, „immer meines Gebots eingedenk zu sein" (σύ γ' ἡμετέρης μεμνημένος αἰὲν ἐφετμῆς), womit im Textzusammenhang konkret der Arbeitsbefehl ἐργάζευ gemeint ist.[674]

6.2 Negative Imperative: Wider Hybris, Gewalt und Unrecht

Negative Imperative richten sich an die vom Bedrohungskommunikator identifizierten Verursacher der wahrgenommenen Bedrohung mit der Anweisung, etwas nicht zu tun bzw. zu unterlassen, das die Bedrohung ansonsten noch drastischer machen würde. Das Verbotene weist demnach auf die Ursachen der Bedrohung hin, wie sie sich dem Bedrohungskommunikator darstellen. In Hesiods konkretem Fall sind diese Imperative an seinen Bruder Perses adressiert, wobei stellenweise die Könige mit in die Verantwortung

---

670 Hes. *Op.* 27: σὺ δὲ ταῦτα τεῷ ἐνικάτθεο θυμῷ.

671 Hes. *Op.* 107: σὺ δ' ἐνὶ φρεσὶ βάλλεο σῇσιν.

672 Hes. *Op.* 274: σὺ δὲ ταῦτα μετὰ φρεσὶ βάλλεο σῇσι.

673 Hes. *Op.* 316, 536, 623.

674 Hes. *Op.* 298.

einer Unterlassungshandlung gezogen werden. Sachlich am wichtigsten sind sicherlich die Aufforderungen zur Abkehr von Hybris (ὕβρις) und zwischenmenschlicher Gewalt (βίη). Diese entwirft Hesiod beide jeweils als Unrechtshandlungen, da er sie im Kontext ihrer Nennung als Gegensätze der Gerechtigkeit (δίκη) erscheinen lässt: „Perses, du aber höre auf das Recht und lasse Hybris nicht zunehmen!" (Ὦ Πέρση, σὺ δ' ἄκουε δίκης μηδ' ὕβριν ὄφελλε) – „Und jetzt höre auf das Recht, vergiss aber ganz und gar Gewalt!" (καί νυ δίκης ἐπάκουε, βίης δ' ἐπιλήθεο πάμπαν).[675] Speziell mit Blick auf die Ausführungen zur Hybris wird deutlich, dass Hesiod mit seinem negativen Imperativ letztlich auch die Könige in ihrer richterlichen Funktion anspricht. Zu den drastischen Konsequenzen, die Hesiod einer Stadt warnend in Aussicht stellt, deren Bürger sich der Hybris hingeben, gehören allerlei von Zeus verhängte Strafen wie Wetterkatastrophen, Hungersnöte, Pest, Bevölkerungsverringerung, Zerstörung von Heer, Mauern und Schiffen.[676] Die Semantik des Gewaltsamen bezieht sich im Denken Hesiods überdies auf das Rauben fremden Besitzes, das als schwere Beschädigung des sozialen Gleichgewichts angesehen wird und eine Bestrafung durch die Götter nach sich zieht, die sich in der Verringerung des Hausstandes auswirkt.[677] Die Warnung vor Raub findet ihr Pendant in der Mahnung Hesiods, dass Perses sich von der schlechten Eris „nicht von der Arbeit abhalten" lassen solle, zu welcher die gute Eris ansporne und die allein den eigenen Hausstand gedeihen lasse.[678] Im Rahmen der negativen Imperative muss auch ein Lasterkatalog erwähnt werden, dessen „Unrechtstaten", wie Hesiod sie nennt, Perses zu unterlassen hat: Misshandlung von Schutzsuchenden und Fremden, sexuelle Beziehungen mit der eigenen Schwägerin, Vergehen gegen Waise sowie Beschimpfungen der greisen Eltern. Diesbezüglich sagt der Lehrdichter: „Doch du halte dein törichtes Gemüt gänzlich von diesen Dingen fern (ἀλλὰ σὺ τῶν μὲν πάμπαν ἔεργ' ἀεσίφρονα θυμόν)."[679]

6.3 Positive Imperative

Positive Imperative richten sich an die vom Bedrohungskommunikator identifizierten Verursacher der wahrgenommenen Bedrohung mit der Anweisung, etwas zu tun, das die Bedrohung eindämmt und abwendet. In Hesiods

[675] Erstes Zitat: Hes. *Op*. 213–218, hier 213; zweites Zitat: Hes. *Op*. 275.
[676] Hes. *Op*. 238–247.
[677] Hes. *Op*. 320–326, v. a. 321: εἰ γάρ τις καὶ χερσὶ βίῃ μέγαν ὄλβον ἕληται.
[678] Hes. *Op*. 20–29, hier 28: μηδέ σ' Ἔρις κακόχαρτος ἀπ' ἔργου θυμὸν ἐρύκοι.
[679] Hes. *Op*. 327–335, hier 335; zur Bezeichnung der Vergehen als „Unrechtstaten" siehe Vers 334.

konkretem Fall sind diese Imperative überwiegend an seinen Bruder Perses, aber auch an die Könige adressiert. Inhaltlich lassen sich die positiven Aufforderungen in drei Themengruppen gliedern:

6.3.1 Arbeiten

Zu Hesiods zentralen und mehrfach wiederholten Mahnungen an Perses gehört es, dass er mit seinen eigenen Händen Landwirtschaft betreiben soll, um dadurch selbst für seinen Lebensunterhalt sorgen zu können.[680] Als Ziel des Arbeitens wird damit die „Autarkie des einzelnen *oikos*"[681] dargestellt. Die ausführlichen Tätigkeitsbeschreibungen im sogenannten Bauernkalender, in dem Hesiod minutiös die im Jahreskreis anfallenden, bäuerlichen Arbeiten darlegt,[682] dienen letztlich diesem Ziel und können als detaillierte Aufschlüsselung des Arbeitsimperativs verstanden werden. Arbeit beuge, so der Bedrohungskommunikator, dem Hunger und dem Mangel vor,[683] sie führe zu Wohlstand und Reichtum,[684] wende beschämendes Betteln ab[685] und schaffe Ansehen bei den Menschen[686] sowie den Göttern[687]. Der vorausgesetzte Kausalzusammenhang zwischen Leistung und Belohnung im Sinne des materiellen Wohlstandes hat laut Hesiods Logik zur Folge, dass Perses weder auf fremde pekuniäre Unterstützung angewiesen sei noch auf als unlauter erachtete Gerichtsverfahren bei bestechlichen Richtern, die es auf die Beschaffung von Besitz anlegen.[688] Wesentliche Bedrohungsfaktoren, die Hesiod in seiner Bedrohungskommunikation thematisiert, werden dadurch aus seiner Sicht eliminiert. Neben der Herausstellung des offensichtlichen Nutzens für Perses selbst argumentiert Hesiod jedoch auch mit dem Faktor Scham: Während „Arbeit keine Schande" (ἔργον δ' οὐδὲν ὄνειδος) sei, sei „Untätigkeit eine Schande" (ἀεργίη δέ τ' ὄνειδος), durch die man jedwede Anerkennung durch Menschen und Götter verwirke.[689] Arbeit dient damit nicht nur der eigenen Versorgung, sondern auch „als Mittel zum Zweck einer guten Gesellschaft"[690]. Da sie als Strafe und zu-

680 Hes. *Op.* 298–316, 381–382, 391–400, v. a. 397–398, 623.

681 *Stein-Hölkeskamp*, Adelskultur, 62; so auch *Spahn*, Individualisierung, 356–357. Zum Anliegen der Autarkie bei Hesiod siehe jetzt auch *Canevaro*, Hesiod's *Works and Days*.

682 Hes. *Op.* 383–694.

683 Hes. *Op.* 299–302.

684 Hes. *Op.* 308, 313, 381–382, vgl. auch 20–23.

685 Hes. *Op.* 394–395, 397–403.

686 Hes. *Op.* 303, 310.

687 Hes. *Op.* 303, 309.

688 Vgl. *Canevaro*, Clash of the Sexes, 186.

689 Hes. *Op.* 302–311, bes. 311 (Zitate).

690 *Ette*, Arbeit, 47.

gleich als Anordnung der Götter gilt,[691] sollen die Appelle Perses letztlich auch zu einer in Taten umgesetzten Zustimmung zur göttlichen Weltordnung im Post-Prometheus-Zeitalter bewegen.

6.3.2 Gerecht handeln und richten

Ein zweites paränetisches Anliegen Hesiods stellt sein Aufruf zu gerechtem Verhalten dar, der sich hauptsächlich an Perses, aber auch an die Könige richtet. Hintergrund ist dabei der als ungerecht empfundene Gerichtsprozess, den Hesiods Bruder gegen ihn angestrengt hat und auf den im Gedicht an einigen Stellen angespielt wird: „Höre auf das Recht!“, ruft der Bedrohungskommunikator Perses zweimal zu,[692] und die Könige mahnt er folgendermaßen: „Dies bedenkend, ihr Könige, macht eure Worte gerade, ihr Gabenfresser, und vergesst ganz und gar krumme Rechtsprechung!“[693] Ferner fordert er sie auf: „Ihr Könige, bedenkt aber auch selbst diese Strafe (δίκην)!“,[694] d.h. die göttliche Bestrafung menschlicher Ungerechtigkeit. Vor dem Hintergrund der Tatsache, dass Dike bei Hesiod als Zeustochter eine wichtige Rolle spielt, haben auch die Mahnungen zur Gerechtigkeit bei Hesiod einen religiösen Charakter, der sich darin konkretisiert, dass Perses und die Könige die von Zeus etablierte Weltordnung akzeptieren sollen. Darüber hinaus wird gerechtes Handeln in den *Erga* als Medium einer zumindest partiellen Wiederbringung des Goldenen Zeitalters angesehen, jener idealisierten Urzeit also, die Hesiod in seinem ‚Weltaltermythos‘ den Bedrohungsszenarien der Gegenwart und nahen Zukunft als Kontrastfolie entgegenhält. In seiner idealen Beschreibung der gerechten Stadt werden das allgemeine Wohlergehen der Bürger, Friede, das Ausbleiben von Hunger und göttlichen Strafen, aber auch Nahrungsreichtum, harmonische Familienbeziehungen sowie Fruchtbarkeit des Ackers dezidiert auf lautere Rechtsentscheidungen zurückgeführt.[695] Gerecht-Sein erhält damit den Charakter eines restaurativen Handelns:

> οἳ δὲ δίκας ξείνοισι καὶ ἐνδήμοισι διδοῦσιν
> ἰθείας καὶ μή τι παρεκβαίνουσι δικαίου,
> τοῖσι τέθηλε πόλις, λαοὶ δ᾽ ἀνθεῦσιν ἐν αὐτῇ˙
> Εἰρήνη δ᾽ ἀνὰ γῆν κουροτρόφος, οὐδέ ποτ᾽ αὐτοῖς
> ἀργαλέον πόλεμον τεκμαίρεται εὐρύοπα Ζεύς˙
> οὐδέ ποτ᾽ ἰθυδίκησι μετ᾽ ἀνδράσι Λιμὸς ὀπηδεῖ
> οὐδ᾽ Ἄτη, θαλίῃς δὲ μεμηλότα ἔργα νέμονται.

[691] Hes. *Op.* 41–48, 397–398; vgl. *Fontenrose*, Work, 14.
[692] Hes. *Op.* 213, 275.
[693] Hes. *Op.* 263–264.
[694] Hes. *Op.* 248–249.
[695] Zur Evozierung des Goldenen Zeitalters in der folgenden Passage siehe Kap. III.3.2.

τοῖσι φέρει μὲν γαῖα πολὺν βίον, οὔρεσι δὲ δρῦς
ἄκρη μέν τε φέρει βαλάνους, μέσση δὲ μελίσσας·
εἰροπόκοι δ' ὄιες μαλλοῖς καταβεβρίθασι·
τίκτουσιν δὲ γυναῖκες ἐοικότα τέκνα γονεῦσι·
θάλλουσιν δ' ἀγαθοῖσι διαμπερές· οὐδ' ἐπὶ νηῶν
νίσονται, καρπὸν δὲ φέρει ζείδωρος ἄρουσα.

Denen, die Fremden und Einheimischen gerade Rechtsprüche zuteilwerden lassen
Und in keiner Hinsicht vom Gerechten abweichen,
Denen gedeiht die Stadt, die Bevölkerung blüht in ihr auf.
Kindernährender Friede [herrscht] im Land und niemals
Verhängt ihnen schlimmen Krieg der weitblickende Zeus.
Auch folgt niemals gerade richtenden Menschen Hunger
Noch Unheil, sondern bei Festen genießen sie die Erträge der bestellten Felder.
Ihnen bringt die Erde reichen Lebensunterhalt, in den Bergen bringt die Eiche
Oben in ihrer Krone Eicheln, im Stamm aber Bienen.
Wollschafe werden niedergedrückt durch ihre Wolle,
Es gebären die Frauen Kinder, die ihren Vätern ähnlich sind.
Ständig blühen sie auf in ihren Gütern. Auch besteigen sie keine
Schiffe, sondern der kornspendende Acker bringt ihnen Frucht. (Hes. *Op.* 225–237)

6.3.3 Die Götter ehren

Die Propagierung eines korrekten und respektvollen Verhaltens gegenüber den Göttern in der paränetischen Sinndimension korreliert mit der religiösen Deutung der Bedrohung, welche in der religiösen Sinndimension zutage tritt. Kern dieser v.a. im ‚Weltaltermythos' vorgebrachten Deutung ist, dass sich die Menschen von den Göttern entfremdet hätten, was sich einerseits an Nachlässigkeit im Kultischen und andererseits an der Missachtung göttlich-moralischer Werte im menschlichen Zusammenleben zeige, die in der Gegenwart, dem Eisernen Zeitalter, erschreckende Züge angenommen habe.[696] Religiöse Imperative, welche zur Restitution des entfremdeten Verhältnisses der Menschen zu den Göttern beitragen sollen, bietet Hesiod v.a. in zwei Verhaltenskatalogen unterschiedlicher Länge, in denen er sich jeweils als Lehrautorität in religiösen Fragen inszeniert.[697] Der erste hat den folgenden Wortlaut:

Κὰδ δύναμιν δ' ἔρδειν ἱέρ' ἀθανάτοισι θεοῖσιν
ἁγνῶς καὶ καθαρῶς, ἐπὶ δ' ἀγλαὰ μηρία καίειν·
ἄλλοτε δὲ σπονδῇσι θύεσσί τε ἱλάσκεσθαι,
ἠμὲν ὅτ' εὐνάζῃ καὶ ὅτ' ἂν φάος ἱερὸν ἔλθῃ,
ὥς κέ τοι ἵλαον κραδίην καὶ θυμὸν ἔχωσιν,
ὄφρ' ἄλλων ὠνῇ κλῆρον, μὴ τὸν τεὸν ἄλλος.

---

[696] Siehe dazu Kap. III.5.1.

[697] *Canevaro*, Hesiod's *Works and Days*, 138; zu Hesiods didaktischer Autorität insgesamt siehe ebd. 198–208.

> Nach Maßgabe deiner Mittel bringe Opfer dar den unsterblichen Göttern
> Auf unbefleckte und reine Weise, und verbrenne dazu glänzende Schenkelstücke.
> Ansonsten aber stimme sie durch Trankspenden und Weihrauchopfer gnädig,
> Sowohl, wenn du dich schlafen legst, als auch, wenn das heilige Licht kommt,
> Sodass sie dir ein gnädiges Herz und Gemüt bewahren,
> Damit du das Grundstück anderer erwirbst und nicht das deinige ein anderer.
> (Hes. *Op*. 336–341)

Die Erwähnung blutiger Opfer „nach Maßgabe der Mittel" (κὰδ δύναμιν)[698] sowie anderweitiger unblutiger Opfer in all jenen Fällen, in denen Mittel nicht zu Gebote stehen, ist vor dem Hintergrund der hesiodeischen Vision des Verhältnisses von Göttern und Menschen besonders bedeutsam. Da Opfer im Lichte der Mekone-Episode der *Theogonie* beides sind, nämlich „Ausdruck des unheilbaren Bruchs zwischen Göttern und Menschen und der Versuch seiner Überbrückung; Dokument des menschlichen Eigennutzes und Ausdruck der Unterwerfung unter die göttlichen Mächte"[699], wird Perses durch diese sehr praktische und zudem täglich zweimal zu vollziehende Fokussierung auf das Göttliche ein Hinwirken auf die Überwindung der Entfremdung von den Göttern aufgetragen, das ihm selbst zugutekommen wird. Konkret werden das Verbrennen von Schenkelstücken, Weinlibationen und Weihrauchopfer vorgeschrieben. Dabei fällt auf, dass Perses explizit zu kultischer Reinheit angehalten wird (ἁγνῶς καὶ καθαρῶς), wobei Hesiod darüber keine präzisen Angaben macht. Als Zweck dieser alltäglichen, den Tag rahmenden Ausrichtung auf die Götter in Gestalt von Opferhandlungen gibt Hesiod an, dass die Götter Perses „gnädig" (ἵλαον) gesonnen sein mögen, „damit du das Grundstück anderer erwirbst, nicht ein anderer deines."[700] Die Religiosität, die Hesiod hier propagiert, hat damit zweifelsohne den Charakter einer Zweckhaftigkeit im Sinne des *do ut des*.[701] Folglich wird Eigeninteresse als eine wichtige Motivation zu religiöser Praxis präsentiert, ein Eigeninteresse freilich, das vom realistischen Bewusstsein einer Abhängigkeit von den Göttern durchdrungen ist. Auch in Hesiods Anweisung an Perses, beim Beginn des Pflügens zu Zeus und zu Demeter zu beten, damit die Ernte reichlich werde, zeigt sich dieses Ineinander der Interessenrichtungen auf das menschliche Selbst und die Götter.[702] Vom Standpunkt der Bedrohungskommunikation aus betrachtet, ist

[698] Hes. *Op*. 336; dazu *West*, Hesiod, Works and Days, 240. Zur Rezeption dieser Opfermaxime siehe z.B. Xen. *Mem*. 1,3,3 (keine Verachtung von θυσίαι μικραί unter Berufung auf Hes. Op. 336).

[699] *Ette*, Arbeit, 41. Zur Mekone-Episode siehe Kap. III.5.1.

[700] Hes. *Op*. 340–341.

[701] *Peter Walcot*, Greek Peasants, Ancient and Modern: A Comparison of Social and Moral Values, Manchester 1970, 5.

[702] Hes. *Op*. 465–466; dazu *Beall*, Theism and Mysticism, 184–185.

diese Form der Abhängigkeit von den Göttern freilich direkt relevant für die Abwendung der Bedrohung, da der aus ehrlicher Arbeit und Gebet hervorgehende materielle Segen unlautere Erwerbsstrategien eindämmt und somit ein Stabilitätsfaktor für die ganze Polis darstellt. Dependenzbewusstes Eigeninteresse dient hier also unmittelbar auch dem Gemeinwohl.

Die auf gelingende Landwirtschaft bezogene Haltung des *do ut des* ist aber in Hesiods *Erga* nur die eine Seite der Medaille, was die Intention bei den religiösen Anweisungen anbelangt. Denn im zweiten Verhaltenskatalog, der in seiner Authentizität zwar umstritten ist, jedoch Hesiods Feder nicht abgesprochen werden muss,[703] ist die Stoßrichtung eine andere:

> [Spende niemals am Morgen Zeus feurigen Wein
> Mit ungewaschenen Händen und auch nicht den anderen Unsterblichen.
> Denn dann erhören sie dich nicht, sondern verschmähen deine Gebete.
> Auch sollst du nicht zur Sonne gewandt aufrechtstehend urinieren.
> Doch wenn sie untergegangen ist bis hin zu ihrem erneuten Aufgang
> Sollst du, wenn du unterwegs bist, eingedenk sein und weder auf den Weg noch neben den Weg pissen,
> Geschweige denn dich dabei entblößen. Denn den Seligen gehören die Nächte.
> Sitzend vielmehr [macht es] der göttliche Mann, weil er Einsicht hat in das, was angemessen ist,
> Oder er nähert sich der Mauer des wohlumhegten Hofes.
> Samenbefleckte Geschlechtsteile zeige nicht im Inneren des Hauses
> Nahe beim Herd, sondern vermeide es.
> Auch sollst du nicht, wenn du vom unheilvollen Grab zurückkommst,
> Dein Geschlecht fortpflanzen, sondern nur nach dem Mahl für die Götter.
> Uriniere auch nicht in Quellen, sondern meide es gründlich.
> Auch sollst du niemals das schön fließende Wasser immer strömender Flüsse
> Mit den Füßen durchqueren, bevor du gebetet hast, mit Blick auf das schöne Strömen,
> Die Hände gewaschen im viel geliebten reinen Wasser.
> Wer einen Fluss durchquert als Übeltäter oder mit ungewaschenen Händen,
> Dem zürnen die Götter und geben ihm späterhin Leiden.
> Schneide auch nicht an der Hand beim Mahl für die Götter
> Das Trockene vom Grünen ab mit dem blinkenden Eisen.
> Lege auch niemals die Schöpfkelle über den Mischkrug
> Während man trinkt; denn darauf steht Unheil.
> Lass auch, wenn du ein Haus baust, dieses nicht unvollendet,
> Damit nicht die krächzende Krähe sich daraufsetzt und lärmt.
> Schöpfe auch nicht aus ungewaschenen Töpfen

[703] Siehe dazu *West*, Hesiod, Works and Days, 333–334 und *Canevaro*, Hesiod's *Works and Days*, 138–139, die die Zweifel an der Authentizität meines Erachtens überzeugend kontern, sowie *Walcot*, Hesiod and the Near East, 100. Zum Katalog selbst siehe *Noel Robertson*, How to Behave at a Sacrifice: Hesiod *Erga* 755–756, in: Classical Philology 64, 1969, 164–169, hier 164–165.

Zum Essen oder zum Waschen. Denn auch darauf steht Strafe.
Setze auch nicht auf Unbewegliches, da es nicht zum Besseren führt,
Einen zwölfjährigen Knaben, weil das selbst einen Mann unmännlich macht,
Auch nicht ein Kind von zwölf Monaten. Auch damit verhält es sich gleich.
Auch soll sich im Badewasser einer Frau den Körper nicht waschen
Ein Mann. Denn schlimme Strafe folgt auch darauf mit der Zeit.
Auch kritisiere nicht, wenn du auf brennende Opfer triffst,
Das, was man nicht sehen kann. Ein Gott zürnt nämlich auch in diesem Fall.
Und niemals sollst du in Mündungen meerwärts fließender Flüsse
Und auch nicht in Quellen urinieren, sondern meide es gründlich.
Auch hinterlasse dort nicht deinen Kot. Denn es bringt dir keinen Vorteil.]
(Hes. *Op.* 724–759)

Die Grundstimmung dieses Textes, der hier nicht in allen Einzelheiten besprochen werden kann, ist ernster als die des anderen religiösen Verhaltenskatalogs. Der Aspekt des *do ut des* tritt hier stark zurück gegenüber einer Verehrung des Göttlichen um religiöser Tabus willen,[704] was womöglich ausschlaggebend dafür war, dass viele Interpreten dem angeblichen Pragmatiker Hesiod ein solches Denken nicht zutrauen wollten. Das massive Interesse an religiös begründeter, ritueller Reinheit, das in diesen Versen zutage tritt, ist freilich bereits im oben zitierten ersten Verhaltenskatalog ein wichtiges Thema. Denn dort mahnt Hesiod seinen Bruder dazu, Opferhandlungen ἁγνῶς καὶ καθαρῶς vorzunehmen. Die Verbote des zweiten Katalogs, die mit ihren Negativaussagen zu einer Verehrung des Göttlichen aufrufen, können gewissermaßen als eine Präzisierung dieser allgemeinen Reinheitsforderung des ersten Katalogs gelesen werden. Damit stellen sie eine drastische, an die Grenze des Übersensiblen stoßende Antwort auf das herbe Desinteresse an den Göttern dar, das Hesiod im ‚Weltaltermythos' v. a. den Menschen der Silbernen und der Eisernen Generation zuschreibt.[705] Die Verbote, die Hesiod deshalb in seine Gegenwart mit einem überspitzten Gestus der Strenge hineinspricht, umfassen Libationen mit ungewaschenen Händen, zur Sonne gewandtes Urinieren im Stehen, Urinieren im Stehen unter freiem Himmel nach Sonnenuntergang, Verunreinigung meerwärts fließender Flüsse und Quellen durch das Ausscheiden von Exkrementen, Entblößung samenbenetzter Geschlechtsorgane innerhalb des Hauses und in der Nähe des Herdes, Geschlechtsverkehr nach einem Begräbnis, Durchwaten von Flüssen ohne vorheriges Gebet zum Wasser und rituelle Waschung, Fingernägelschneiden beim Göttermahl, Platzieren der Schöpfkelle über dem Mischkrug beim Weintrinken, Benutzen ungeweihter Töpfe zum Essen oder Waschen, Baden (als Mann) im Badewasser einer Frau

[704] Vgl. *Clay*, Hesiod's Cosmos, 147–148; *Canevaro*, Hesiod's *Works and Days*, 139.
[705] Vgl. Hes. *Op.* 134–137, 187.

sowie unangebrachte Äußerungen beim Opferritual. Das so beschriebene, reinheitsbewusste, Tabus respektierende Verhalten ist gemäß Hesiod kennzeichnend für den „göttlichen Mann" (θεῖος ἀνήρ), der an dieser späten Stelle der *Opera et Dies* gewissermaßen als Lebensideal beschrieben wird. Dieser θεῖος ἀνήρ, der „Einsicht hat" bzw. „das Angemessene kennt" (πεπνυμένα εἰδώς),[706] ist keine übernatürlich begabte, wundertätige und quasi-göttliche Ausnahmeerscheinung, wie sie in der späteren griechischen Literatur prominent wird.[707] Hesiods „göttlicher Mann" ist, vereinfacht gesagt, das Ideal eines ‚normalen' und arbeitenden Menschen, der in seinem Alltag die als göttlich erachteten Standards anerkennt und durch seine Ausrichtung auf das Göttliche jene Entfremdung von den Göttern abzumildern versucht, durch welche die *conditio humana* gemäß Hesiod gebrandmarkt ist. Impliziert im Falle des zwar nicht ausdrücklich namentlich genannten, aber doch adressierten Perses ist ferner, dass dieser ein derartiger „göttlicher Mann" werden soll, indem er auf Hesiods Anweisungen hört.

[706] Hes. *Op.* 731. Die hier erwähnte Einsicht bezieht sich konkret auf das empfohlene Urinieren im Sitzen, jedoch scheint das gesamte hier präsentierte Verhalten für Hesiod eine Sache besonderer Einsicht zu sein, die zwangsläufig nicht jedem zuteilwerden kann, siehe dazu *Wilamowitz-Moellendorff*, Hesiodos, 125.

[707] *Detienne*, Crise agraire, 37–38. Zum θεῖος ἀνήρ in Kaiserzeit und Spätantike siehe das nach wie vor grundlegende Werk von *Ludwig Bieler*, ΘΕΙΟΣ ΑΝΗΡ. Das Bild des „göttlichen Menschen" in Spätantike und Frühchristentum. 2 Bände, Wien 1935/1936. Zur Frage, wie die Parallelen zwischen Hesiods Katalog und pythagoreischen Vorschriften zu werten sind, siehe *Detienne*, Crise agraire, 35–42.

IV. Fazit: Bedrohungskommunikation als Modus politischen Denkens

Die empirische Analyse und Interpretation der sechs Sinndimensionen von Bedrohungskommunikation in den *Werken und Tagen*, die in dieser Studie vorgenommen wurde, dürfte hinreichend eines deutlich gemacht haben: Es wäre untertrieben zu sagen, dass Hesiods Mahngedicht in den ersten 382 Versen nur die Stimmung einer „sozialen und politischen Unzufriedenheit" („social and political discontent")[1] vermittelt. Vielmehr ist es eine soziopolitische Bedrohung von existentieller Tragweite, die im Laufe des Werkes an unterschiedlichen Stellen und aus verschiedenen Blickwinkeln kommunikativ entfaltet wird. Damit aber gibt sich dieser Text unmissverständlich als ein „social document"[2] zu erkennen, dessen Aussagenreichweite den eigentlichen Anlass der Bedrohungskommunikation weit übersteigt. Vor diesem Hintergrund erweist sich die These, wonach Hesiod durch seine Fixiertheit auf die wirtschaftliche Unabhängigkeit des eigenen Oikos gewissermaßen eine „politische Abstinenz " predige,[3] als irreführend. Es ist wohl wahr: Hesiod möchte seinen Adressatenkreis nicht zu politischer Aktivität im engeren Sinne animieren, und er rät in der Tat dazu, Schiedsgerichtsverhandlungen auf der Agora fernzubleiben, um sich stattdessen auf die Erwirtschaftung des Lebensunterhalts zu konzentrieren.[4] Doch der Rat, dem Marktplatz fernzubleiben, jenem zentralen Ort des politischen Geschehens im Gemeinwesen, ist weniger durch eine Abneigung gegenüber bürgerlicher Streitschlichtung motiviert als vielmehr dadurch, dass Hesiod den politischen Raum durch die schlechte Eris und durch das grassierende Unrecht der Richter kontaminiert sieht.[5]

Durch seine Bedrohungskommunikation macht er auf diese Missstände aufmerksam. Indem er in diesem Zusammenhang dezidiert auf Änderungen dringt, nämlich auf die Abwendung von der schlechten Eris und auf die Ein-

[1] So *Sinclair*, Hesiod, xvii–xviii, hier xviii.

[2] *Nussbaum*, Labour and Status, 214; vgl. dazu auch *Rosenmeyer*, Hesiod and Historiography, 262: Hesiods „concern is […] with society […]."

[3] *Spahn*, Individualisierung, 355.

[4] *Spahn*, Individualisierung, 355–356.

[5] Hes. *Op.* 27–41.

haltung des Rechts, fordert er Entwicklungen, die von allgemeiner politischer Relevanz für das ganze Gemeinwesen sind. Sein politisches Denken ist darauf ausgerichtet, den Adressaten ein Bewusstsein für die akut bedrohten Grundlagen soziopolitischen Zusammenlebens zu vermitteln. Wenn die Annahme zutrifft, dass seine warnenden und mahnenden Gedanken in den Adressaten nachhallen und zu Taten reifen sollen, dann ist dieses angeregte Interesse am Kollektiv nicht als Aufruf zu politischer Abstinenz zu werten, sondern als Aufforderung, trotz aller Beschäftigung mit wirtschaftlicher Autarkie und Arbeit zu realisieren, dass der eigene Oikos immer in einen größeren politischen Zusammenhang eingebettet ist. Hier nimmt Hesiod gewissermaßen das aristotelische Modell vorweg, demzufolge sich die politisch-zivilisatorische Entwicklung der Menschen vom Einzelhaushalt (οἰκία) über die Dorfgemeinschaft (κώμη) hin zur Polis (πόλις) vollzogen habe.[6] Dieses Modell des Aristoteles „belegt und begründet in klassischer Form die Fixierung des politischen und philosophischen Denkens auf die Polis, die die griechische Literatur weitgehend prägt"[7] und die, so muss hinzugefügt werden, in den *Werken und Tagen* Hesiods grundgelegt ist.

Nicht ohne Berechtigung ist in der Forschung darauf hingewiesen worden, dass Hesiods Opus durch seine „störende Verquickung von Lehre und Gerichtsrede" das Aufkommen der „politische[n] Streitschrift […] *in statu nascendi*"[8] dokumentiere. Die elite-kritische Komponente, die v. a. die erste Hälfte des Textes durchzieht, ist von einem gehörigen Anteil genereller Zeitkritik getränkt und steht sachlich im Zusammenhang mit anti-aristokratischem Gedankengut, wie es in der griechischen Dichtung seit der Thersites-Episode im zweiten Buch der *Ilias* sowie in einigen Passagen der *Odyssee* belegt ist.[9] Diese Kritik sollte jedoch nicht dahingehend missverstanden werden, als ob Hesiod eine auf politische Umwälzung zielende Agitation oder gar Hetze gegen die Könige betreiben wollte.[10] Allenfalls ist die Elite-Kritik als eine durch Unrechts-

[6] Arist. *Pol.* 1252b15–30.

[7] *Schuler*, Siedlungen, 22.

[8] *Erren*, Anredestruktur, 190.

[9] *Donlan*, Anti-Aristocratic Thought, 150; *Ottmann*, Geschichte, 39; *Edwards*, Hesiod's Ascra, 25, 78–79. Zu den Belegen des anti-aristokratischen Denkens in *Ilias* und *Odyssee* siehe *Donlan*, Anti-Aristocratic Thought, 150–154. Spätere Dichter der Archaik wie z. B. Archilochos, Tyrtaios oder Solon setzen die Kritik an der Aristokratie und ihren Werten fort (*Donlan*, Anti-Aristocratic Thought, 145–150 [mit Belegen]). Zum Thema siehe auch *Spahn*, Oikos und Polis, 533; *Millett*, Hesiod, 103–104; *Raaflaub*, Anfänge des politischen Denkens, 24, 26.

[10] Gegen *McKay*, Ambivalent ΑΙΔΩΣ, 27 („Hesiod may be an agitator, but he is far from lawless") und mit *Wolf*, Geschichte des antiken Sozialismus, 20; *Sinclair*, Hesiod, xviii: „He [sc. Hesiod] had a higher rôle than that of political agitator."; *Lesky*, Geschichte, 126: „Es ist verfehlt, in Hesiod den sozialen Revolutionär zu sehen."; *Stein*, Autorbewußtsein, 31; *Spariosu*, God of Many Names, 54–55, hier 54: „Hesiod never seems to question the order of rank in his

bewusstsein initiierte, leidenschaftlich vorgetragene Forderung nach einer Art Rechenschaftspflicht im Amt intendiert, wenngleich Hesiod nur scheinbar eine Erwiderung darauf erwartet. Das Fehlverhalten im Richteramt wird nämlich schlichtweg ins Visier genommen, um den grundsätzlichen Zusammenhang zu verdeutlichen, dass Rechtsbeugung die Konsequenz des Autoritätsverlusts nach sich zieht.[11] An keiner Stelle ruft Hesiod zur physischen Auseinandersetzung mit den Aristokraten auf, ja dies wäre sogar ein Widerspruch in sich, weil ein Aufruf zu Gewalt und Aufstand seinem eigentlichen Anliegen, zumal seiner Gewaltkritik, diametral entgegenstünde.[12] Es ist vielmehr die akut nötig gewordene Änderung der gesellschaftlichen Zustände, die Hesiod bezweckt, und zwar mittels eines handlungsleitenden Umdenkens, einer Rückbesinnung auf die göttliche Dike-Ordnung menschlicher Konvivenz und deren Re-Aktualisierung, die sowohl die Könige als auch Perses vollziehen sollen. Dieses Umdenken, das zu verändertem Handeln im Einklang mit der göttlichen Ordnung führen soll, basiert auf reflexionsintensiver Überzeugungsarbeit und Argumentationsleistung, die den *Erga* konsequenterweise den Charakter einer Grundsatzreflexion über die Bedingungen menschlichen Zusammenlebens in einer Gemeinschaft verleihen – in einer Gemeinschaft, die an mehreren Stellen der *Erga* mit dem Wort πόλις bezeichnet wird. Dieses Wort meint einen

> [...] Frühzustand der πόλις, [...] noch nicht die vollentwickelte, volkreiche Handelsstadt, sondern de[n] Marktflecken als Mitte der umgebenden Dörfer. Hesiods politische δίκη meint deshalb noch nicht ein Handeln gemäß dem νόμος oder der πολιτεία der Polis, sondern ein gleichsam ‚vorpolitisches', die Polis-Gründung überhaupt erst möglich machendes Verhalten.[13]

Nicht jede Form der Bedrohungskommunikation kann das für sich beanspruchen, doch im Falle Hesiods ist die akut geäußerte Bedrohungskommunikation zugleich zum Modus eines politischen Denkens geworden, das nicht von ephemerer Bedeutung lebt. Dieser Befund rechtfertigt es, wie zu Beginn dieser Studie bereits kurz erwähnt, den Bedrohungskommunikator Hesiod als einen ernstzunehmenden politischen Denker von beeindruckender Tiefsinnig- und

community"; *Erbse*, Rechtsgedanke, 28 Anm. 35; *Seybold/Ungern-Sternberg*, Amos und Hesiod, 223; *Ottmann*, Geschichte, 50–51.

[11] *Dornum*, The Straight and the Crooked, 1507–1513.

[12] Vgl. dazu auch die antike Hesiod-Rezeption, die ihn im fiktiven *Certamen Homeri et Hesiodi* über Homer siegen lässt, da es „gerecht sei, dass der gewinnt, der zur Landwirtschaft und zum Frieden aufruft, nicht aber der, der Kriege und Gemetzel darstellt" (*Cert. Hom. et Hes.* 13,208–210: δίκαιον εἶναι τὸν ἐπὶ γεωργίαν καὶ εἰρήνην προκαλούμενον νικᾶν, οὐ τὸν πολέμους καὶ σφαγὰς διεξιόντα); siehe dazu *Konrad Heldmann*, Die Niederlage Homers im Dichterwettstreit mit Hesiod, (Hypomnemata 75), Göttingen 1982, 12, 46–47.

[13] *Wolf*, Griechisches Rechtsdenken, 136; zu den Belegen des Wortes πόλις bei Hesiod siehe Hes. *Op.* 189, 222, 227, 240, 269, 527.

Weitsichtigkeit zu verstehen, der aus dem Zeitbedingten Zeitloses destilliert. Ja, es ist sogar nicht übertrieben, Hesiod als den „Erfinder des politischen Denkens“ in Europa zu begreifen,[14] wenngleich bislang nicht erkannt wurde, dass es eine spezielle Art des politischen Denkens ist, das er initiierte: ein Denken nämlich, das politische Zusammenhänge von der aufdeckenden Ergründung jener Bedrohungen her erschließt, welchen sich menschliche Konvivenz in einer nicht-idealen Welt immer ausgesetzt sieht, ein Denken, das sich anbahnende gesellschaftliche Missstände ausmalt und zu einem Szenario der kollektiven Selbstzerstörung ausgestaltet, um deutlich zu machen, was es ist, das menschliches Zusammenleben ermöglicht und erhält. Zwar werden bereits in den homerischen Epen politische Themen in einem mythologischen Anstrich verhandelt, der teilweise Durchblicke erlaubt auf reale Aspekte des gesellschaftlichen Zusammenlebens in der Zeitgeschichte des 8. Jh. v. Chr., wobei dabei anders als bei Hesiod die Adelswelt perspektivisch im Zentrum der Aufmerksamkeit steht. Zu nennen sind hier beispielsweise die Macht und der Status der Könige, der Wertekanon des Adels, Darstellungen von Beratungen und Volksversammlungen, Beziehungen der oberen zu den unteren Schichten oder auch Streitigkeiten zwischen Königen und Kriegern.[15] Doch Hesiod ist der erste europäische Autor, der auf unverhüllte Weise, unter Verzicht auf das Setting des mythischen Heldenepos und ohne selbst zur herrschenden Elite zu gehören politische Reflexionen anstößt und diese direkt an reale Adressaten seiner Zeit richtet. Dabei verfolgt er die Intention, auf die gesellschaftlichen Zustände seiner Zeit, die von der homerischen Adelswelt in vielerlei Hinsicht verschiedenen sind, warnend und verändernd einzuwirken.[16] Wenn in diesem Zusammenhang von „politisch“ die Rede ist, so wird damit konkret

---

[14] *Itgenshorst*, Denker und Gemeinschaft, 168, die sauber zwischen „politischem Denken“ und „politischer Theorie“ unterscheidet. Für letztere kann Hesiod korrekterweise nicht vereinnahmt werden. Zu Hesiod als dem ersten politischen Denker Europas siehe auch *Erbse*, Rechtsgedanke, 27–28; *Bartlett*, Introduction, 177.

[15] Zur Verhandlung politischer Themen in *Ilias* und *Odyssee* sowie zu den Bezügen dieser Äußerungen zur Gesellschaft ‚Homers‘ im 8. Jh. v. Chr. siehe z. B. *Kaufmann-Bühler*, Hesiod, 269 [mit älterer Lit.]; *Nussbaum*, Labour and Status, 214; *Raaflaub*, Anfänge des politischen Denkens, 3–6, 11–19; *Walter Nicolai*, Gefolgschaftsverweigerung als politisches Druckmittel in der *Ilias*, in: Kurt Raaflaub (Hrsg.), Anfänge politischen Denkens in der Antike. Die nahöstlichen Kulturen und die Griechen. Unter Mitarbeit von Elisabeth Müller-Luckner, (Schriften des Historischen Kollegs / Kolloquien 24), München 1993, 317–341; *Dean Hammer*, The Politics of the *Iliad*, in: The Classical Journal 94, 1998, 1–30; *Ottmann*, Geschichte, 19–38; *Berit Hildebrandt*, Damos und Basileus. Überlegungen zu Sozialstrukturen in den Dunklen Jahrhunderten Griechenlands, (Münchner Studien zur alten Welt 2), München 2007, 168–178; *Christoph Ulf*, Zur ‚Vorgeschichte‘ der Polis. Die Wettbewerbskultur als Indikator für die Art des politischen Bewusstseins, in: Hermes 139, 2011, 291–315, hier 294–295; *Rose*, Class in Archaic Greece, 93–165.

[16] Vgl. *Jaeger*, Paideia, 111; *Liebermann*, Hälfte, 389; *Dornum*, The Straight and the Crooked, 1502–1503.

> [...] das Politische als der Raum – im topographischen wie personellen und imaginierten Sinne – verstanden [...], in dem über die individuellen Interessen der einzelnen Mitglieder einer Gemeinschaft hinaus überindividuelle, das heißt gemeinsame Interessen, Gegenstände und Fragen thematisiert, verhandelt oder reflektiert werden können – unabhängig davon, ob im jeweiligen Zusammenhang ein Interesse von Seiten der Gemeinschaft an einer solchen Thematisierung, Verhandlung oder Reflexion erkennbar ist.[17]

Diese allgemeine Definition, welche die Geburt des politischen Denkens in sehr allgemein zu verstehenden „Gemeinschaftsbezügen"[18] sieht, bietet sich besonders zur Erforschung der archaischen Epoche der griechischen Literatur an. Dort finden sich vielfach Erwähnungen von Gemeinwesen und Bürgern, ohne dass allerdings politische Organisationsformen im institutionellen Sinne vorausgesetzt werden müssten, wie sie erst später für die klassische Polis oder für die politische Philosophie *sensu stricto* gelten.[19] Dies liegt darin begründet, dass „die Polis" seit frühester Zeit „nicht als abstrakte politische oder administrative Einheit, sondern in umfassendem Sinne als Gemeinschaft von Menschen verstanden [wurde], deren Wohlergehen von vielen Faktoren, nicht nur von politischen Institutionen und Entscheidungen abhing."[20] Die These, dass Hesiod sich „so absolut über die politische Ordnung ausschweigt", nur weil er auf „den Staat und das Gemeindeleben" sowie die „Institution der Volksversammlung" nicht eingehe,[21] entbehrt somit vor dem Hintergrund dieses breiteren Verständnisses des Politischen jedweder Grundlage. Dagegen ist das Fazit zu ziehen, dass bei Hesiod durch die in den *Erga* mehrfach geäußerte Einforderung eines gerechten Verhaltens von *allen* Teilnehmern des Gemeinwesens „der einzelne an der sonst nur den Monarchen zukommenden Macht und Verantwortung mitbeteiligt [wird], wodurch eine zumindest ideelle Grundlage für die Gemeinschaft der Polis vorbereitet wird."[22] Die hesiodeische Bedrohungskommunikation setzt diese ideelle Grundlage der Polis in umso helleres Licht.

---

[17] *Itgenshorst*, Denker und Gemeinschaft, 29. Eine sehr ähnliche Definition des Politischen in archaischer Zeit bietet *Raaflaub*, Anfänge des politischen Denkens, 6–7.

[18] *Itgenshorst*, Denker und Gemeinschaft, 28, 30, 71 u. ö.

[19] Vgl. *Itgenshorst*, Denker und Gemeinschaft, 29. Itgenshorst hat in ihrer Monographie den Facettenreichtum des politischen Denkens in der Archaik anhand einer Fülle von Einzelbelegen vorgestellt. Zum Begriff des Politischen bei den Griechen, wie er sich in und seit der Klassischen Zeit darstellt, siehe v. a. *Christian Meier*, Die Entstehung des Politischen bei den Griechen, Frankfurt am Main 1980, 27–47.

[20] *Raaflaub*, Anfänge des politischen Denkens, 6–7.

[21] *Fränkel*, Dichtung und Philosophie, 145.

[22] *Erler*, Recht, 7; siehe auch ebd. 20–21. Erlers Argument stützt sich darauf, dass Gerecht-Sein nicht nur von den Richterkönigen, sondern auch von Perses eingefordert werde, der die nicht-aristokratische Gesellschaftsschicht repräsentiere.

Bibliographie

Abel, D. Herbert, Genealogies of Ethical Concepts from Hesiod to Bacchylides, in: Transactions and Proceedings of the American Philological Association 74, 1943, 92–101.

Adams, Reginald H., The College Graces of Oxford and Cambridge, Oxford 1992.

Alfes, Henrike F., Literatur und Gefühl. Emotionale Aspekte literarischen Schreibens und Lesens, (Konzeption Empirische Literaturwissenschaft 19), Opladen 1995.

Allan, William, Divine Justice and Cosmic Order in Early Greek Epic, in: The Journal of Hellenic Studies 126, 2006, 1–35.

Allan, William/Cairns, Douglas, Conflict and Community in the Iliad, in: Nick Fisher/Hans van Wees (Hrsg.), Competition in the Ancient World, Swansea 2011, 113–146.

Andrews, Mary E., Hesiod and Amos, in: The Journal of Religion 23, 1943, 194–205.

Angel, Hans-Ferdinand, Der religiöse Mensch in Katastrophenzeiten. Religionspädagogische Perspektiven kollektiver Elendsphänomene, (Regensburger Studien zur Theologie 48), Frankfurt am Main 1996.

Antypas, Constantinos, Dike in a Pre-Polis Society: The Evidence from Homeric Epic, in: Menelaos Christopoulos/Machi Païzi-Apostolopoulou (Hrsg.), Crime and Punishment in Homeric and Archaic Epic, Ithaka 2014, 39–45.

Auffarth, Christoph, Der drohende Untergang. „Schöpfung" in Mythos und Ritual im Alten Orient und in Griechenland am Beispiel der *Odyssee* und des *Ezechielbuches*, (Religionsgeschichtliche Versuche und Vorarbeiten 39), Berlin/New York 1991.

Baldry, Harold C., Who Invented the Golden Age, in: The Classical Quarterly 2, 1952, 83–92.

Bamberger, Ferdinand, Ueber des Hesiodus Mythus von den ältesten Menschengeschlechtern, in: Rheinisches Museum für Philologie 1, 1842, 524–534.

Bartlett, Robert C., An Introduction to Hesiod's *Works and Days*, in: The Review of Politics 68, 2006, 177–205.

Beall, Edgar F., The Contents of Hesiod's Pandora Jar: *Erga* 94–98, in: Hermes 117, 1989, 227–230.

–, Hesiod's Prometheus and Development in Myth, in: Journal of the History of Ideas 52, 1991, 355–371.

–, Theism and Mysticism in Hesiod's *Works and Days*, in: History of Religions 43, 2004, 177–193.

–, Hesiod's Treatise on Justice: *Works and Days* 109–380, in: The Classical Journal 101, 2005/2006, 161–182.

Becker, Matthias, Bedrohungskommunikation und der Faktor Zeit. Überlegungen zu den christenfeindlichen Äusserungen des Porphyrios, in: Museum Helveticum 72, 2015, 55–75.

–, Bedeutungszuschreibung in konkurrierenden Textgemeinschaften. Überlegungen zu einem Porphyrios-Zitat bei Eusebios (Hist. eccl. 6,19,1–11), in: Christian David

Haß/Eva Maria Noller (Hrsg.), Was bedeutet Ordnung, was ordnet Bedeutung? Zu bedeutungskonstituierenden Ordnungsleistungen in Geschriebenem, (Materiale Textkulturen 10), Berlin/Boston 2015, 25–50.

–, Porphyrios, *Contra Christianos*. Neue Sammlung der Fragmente, Testimonien und Dubia mit Einleitung, Übersetzung und Anmerkungen, (Texte und Kommentare 52), Berlin/Boston 2016.

–, Polemik, Bedrohungskommunikation, Emotion. Porphyrios und sein Umgang mit der christlichen Bedrohung in *Contra Christianos*, in: Irmgard Männlein-Robert (Hrsg.), Die Christen als Bedrohung? Text, Kontext und Wirkung von Porphyrios' *Contra Christianos*, (Roma Aeterna. Beiträge zu Spätantike und Frühmittelalter 5), Stuttgart 2017, 111–135.

–, Communication of Threat and the Construction of Meaning. Framing the Christians as Sophists in Porphyry's *Contra Christianos*, in: Ewald Frie/Mischa Meier/Thomas Kohl (Hrsg.), Dynamics of Social Change and Perceptions of Threat, (Bedrohte Ordnungen), Tübingen [erscheint voraussichtlich 2019/2020].

Becker, Otfrid, Das Bild des Weges und verwandte Vorstellungen im frühgriechischen Denken, (Hermes-Einzelschriften 4), Berlin 1937.

Benford, Robert D./Snow, David A., Framing Processes and Social Movements: An Overview and Assessment, in: Annual Review of Sociology 26, 2000, 611–639.

Bennekom, Riek van, Art. ἐσθλός, in: Lexikon des frühgriechischen Epos 2, 1991, 733–737.

Berres, Thomas, Die Segnungen der Gerechtigkeit. Eine chronologische Studie zu *Odyssee* und Hesiods *Erga*, in: Hermes 103, 1975, 257–275.

Bershadsky, Natasha, A Picnic, a Tomb, and a Crow: Hesiod's Cult in the *Works and Days*, in: Harvard Studies in Classical Philology 106, 2011, 1–45.

Beye, Charles R., The Rhythm of Hesiod's *Works and Days*, in: Harvard Studies in Classical Philology 76, 1972, 23–43.

Bieler, Ludwig, ΘΕΙΟΣ ΑΝΗΡ. Das Bild des „göttlichen Menschen" in Spätantike und Frühchristentum. 2 Bände, Wien 1935/1936.

Blanz, Mathias, Definitorische und deskriptive Aspekte von Kommunikation, in: Mathias Blanz/Arnd Florack/Ursula Piontkowski (Hrsg.), Kommunikation. Eine interdisziplinäre Einführung, Stuttgart 2014, 13–37.

Blößner, Norbert, Hesiod und die ‚Könige'. Zu ‚Theogonie' 79–103, in: Mnemosyne 58, 2005, 23–45.

Blusch, Jürgen, Formen und Inhalt von Hesiods individuellem Denken, (Abhandlungen zur Kunst-, Musik- und Literaturwissenschaft 98), Bonn 1970.

Boghossian, Paul A., Fear of Knowledge. Against Relativism and Constructivism, Oxford 2007.

Bonner, Robert J./Smith, Gertrude, The Administration of Justice from Homer to Aristotle. Vol. I, Chicago 1930.

Brady, Michael S., The Irrationality of Recalcitrant Emotions, in: Philosophical Studies 145, 2009, 413–430.

Brandtstädter, Jochen, Hartnäckige Zielverfolgung und flexible Zielanpassung als Entwicklungsressourcen. Das Modell assimilativer und akkommodativer Prozesse, in: Jochen Brandtstädter/Ulman Lindenberger (Hrsg.), Entwicklungspsychologie der Lebensspanne. Ein Lehrbuch, Stuttgart 2007, 413–445.

Bremer, Dieter, Der Ursprung der Philosophie bei den Griechen, in: Hellmut Flashar/Dieter Bremer/Georg Rechenauer (Hrsg.), Die Philosophie der Antike Bd. 1,1: Frühgriechische Philosophie, (Grundriss der Geschichte der Philosophie begr. von Friedrich Ueberweg), Basel 2013, 61–96.

Brock, Roger, Greek Political Imagery from Homer to Aristotle, London/New York 2013.

Brown, A.S., From the Golden Age to the Isles of the Blest, in: Mnemosyne 51, 1998, 385–410.

Canevaro, Lilah Grace, The Clash of the Sexes in Hesiod's *Works and Days*, in: Greece and Rome 60, 2013, 185–202.

–, Genre and Authority in Hesiod's *Works and Days*, in: Christian Werner/Breno B. Sebastiani/Antonio O. Dourado-Lopes (Hrsg.), Gêneros poéticos na Grécia Antiga: Confluências e fronteiras, Sâo Paulo 2014, 23–48.

–, Hesiod's *Works and Days*: How to Teach Self-Sufficiency, Oxford 2015.

Chong, Dennis/Druckman, James N., Identifying Frames in Political News, in: Erik P. Bucy/R. Lance Holbert (Hrsg.), The Sourcebook for Political Communication Research. Methods, Measures, and Analytical Techniques, (Routledge Communication Series), New York/London 2011, 238–267.

Claus, David B., Defining Moral Terms in *Works and Days*, in: Transactions of the American Philological Association 107, 1977, 73–84.

Clay, Jenny Strauss, The Education of Perses: From „Mega Nepios" to „Dion Genos" and Back, in: Materiali e discussioni per l'analisi dei testi classici 31, 1993, 23–33.

–, Hesiod's Cosmos, Cambridge 2003.

–, Works and Days: Tracing the Path to Arete, in: Franco Montanari/Antonios Rengakos/Christos Tsagalis (Hrsg.), Brill's Companion to Hesiod, Leiden/Boston 2009, 71–90.

Cook, Robert. M., Hesiod's Father, in: The Journal of Hellenic Studies 109, 1989, 170–171.

Coser, Lewis A., The Functions of Social Conflict, New York 1956.

Dalby, Andrew, Food in the Ancient World from A to Z, London/New York 2003.

Daly, Lloyd W., Hesiod's Fable, in: Transactions and Proceedings of the American Philological Association 92, 1961, 45–51.

Deichgräber, Karl, „Etymologisches" zu Ζεύς, Διός, Δία, Δίκη. (Hesiod Erga 248–266), in: Zeitschrift für vergleichende Sprachforschung auf dem Gebiete der Indogermanischen Sprachen 70, 1951, 19–28.

De Libero, Loretana, Die archaische Tyrannis, Stuttgart 1996.

Detienne, Marcel, Crise agraire et attitude religieuse chez Hésiode, (Collection Latomus 68), Brüssel 1963.

–, Les maîtres de vérité dans la Grèce archaïque, (Collection Fondations), Paris 1981.

Dickie, Matthew W., Dike as a Moral Term in Homer and Hesiod, in: Classical Philology 73, 1978, 91–101.

Diehl, Ernestus (Hrsg.), Anthologia lyrica graeca. Fasc. 1: Poetae elegiaci, (Bibliotheca scriptorum Graecorum et Romanorum Teubneriana), 3. Aufl. Leipzig 1949.

Diller, Hans, Hesiod und die Anfänge der griechischen Philosophie, in: Antike und Abendland 2, 1946, 140–151.

–, Die dichterische Form von Hesiods *Erga*, (Akademie der Wissenschaften und der Literatur in Mainz. Abhandlungen der geistes- und sozialwissenschaftlichen Klasse Jahrgang 1962, Nr. 2), Mainz/Wiesbaden 1962.

Dolin, Jr., Edwin F., Parmenides and Hesiod, in: Harvard Studies in Classical Philology 66, 1962, 93–98.

Donlan, Walter, The Tradition of Anti-Aristocratic Thought in Early Greek Poetry, in: Historia 22, 1973, 145–154.

Dornseiff, Franz, Hesiods *Werke und Tage* und das alte Morgenland, Philologus 89, 1934, 397–415.

Dornum, Deirdre Dionysia von, The Straight and the Crooked: Legal Accountability in Ancient Greece, in: Columbia Law Review 97, 1997, 1483–1518.

Doyle, Richard E., ΟΛΒΟΣ, ΚΟΡΟΣ, ΥΒΡΙΣ and ΑΤΗ from Hesiod to Aeschylus, in: Traditio 26, 1970, 293–303.

Drachmann, Anders B. (Hrsg.), Scholia vetera in Pindari carmina. Vol. III, (Bibliotheca scriptorum Graecorum et Romanorum Teubneriana), Leipzig 1927.

Ebener, Dietrich (Hrsg.), Griechische Lyrik. Aus dem Griechischen übertragen von D. Ebener, Sonderausgabe Bayreuth 1985.

Edwards, Anthony T., Hesiod's Ascra, Berkeley u. a. 2004.

Eisenberger, Herbert, War Hesiod ein Rhapsode?, in: Gymnasium 89, 1982, 57–66.

Erbse, Hartmut (Hrsg.), Scholia graeca in Homeri Iliadem. Volumen secundum, Berlin 1971.

–, Die Funktion des Rechtsgedankens in Hesiods ‚Erga', in: Hermes 121, 1993, 12–28.

Ercolani, Andrea, Esiodo, *Opere e giorni.* Introduzione, traduzione e commento, (Classici 7), Rom 2010.

Ercolani, Andrea/Rossi, Luigi Enrico, Hesiod, in: Bernhard Zimmermann (Hrsg.), Die Literatur der archaischen und klassischen Zeit, (Handbuch der Altertumswissenschaft Abt. 7: Handbuch der griechischen Literatur der Antike, Bd. 1), München 2011, 78–100.

Erler, Michael, Das Recht (ΔΙΚΗ) als Segensbringerin für die Polis. Die Wandlung eines Motivs von Hesiod zu Kallimachos, in: Studi Italiani di Filologia Classica 80, 1987, 5–36.

Erren, Manfred, Die Anredestruktur im archaischen Lehrgedicht, in: Wolfgang Kullmann/ Michael Reichel (Hrsg.), Der Übergang von der Mündlichkeit zur Literatur bei den Griechen, (ScriptOralia 30), Tübingen 1990, 185–197.

Esch, Arnold, Überlieferungs-Chance und Überlieferungs-Zufall als methodisches Problem des Historikers, in: Historische Zeitschrift 240, 1985, 529–570.

Ette, Wolfram, Arbeit in Hesiods *Werken und Tagen,* in: Antike und Abendland 60, 2014, 37–50.

Fechner, Fabian/Granzow, Tanja/Klimek, Jacek u. a., „We are gambling with our survival." Bedrohungskommunikation als Indikator für bedrohte Ordnungen, in: Ewald Frie/ Mischa Meier (Hrsg.), Aufruhr – Katastrophe – Konkurrenz – Zerfall. Bedrohte Ordnungen als Thema der Kulturwissenschaften, (Bedrohte Ordnungen 1), Tübingen 2014, 141–173.

Feddern, Stefan, Der antike Fiktionalitätsdiskurs, (Göttinger Forum für Altertumswissenschaft. Beihefte NF 8), Berlin/Boston 2018.

Fontenrose, Joseph, Work, Justice, and Hesiod's Five Ages, in: Classical Philology 69, 1974, 1–16.

Ford, Andrew L., Plato's Two Hesiods, in: George R. Boys-Stones/Johannes H. Haubold, (Hrsg.), Plato and Hesiod, Oxford 2010, 133–154.

Fränkel, Hermann, Dichtung und Philosophie des frühen Griechentums. Eine Geschichte der griechischen Epik, Lyrik und Prosa bis zur Mitte des fünften Jahrhunderts, München 1962.

–, Drei Interpretationen aus Hesiod, in: Franz Tietze (Hrsg.), Hermann Fränkel: Wege und Formen frühgriechischen Denkens. Literarische und philosophiegeschichtliche Studien. Dritte, durchgesehene Aufl., München 1968, 316–334.

Fraser, Lilah Grace, A Woman of Consequence: Pandora in Hesiod's *Works and Days*, in: The Cambridge Classical Journal 57, 2011, 9–28.

Frie, Ewald/Meier, Mischa, Bedrohte Ordnungen. Gesellschaften unter Stress im Vergleich, in: Ewald Frie/Mischa Meier (Hrsg.), Aufruhr – Katastrophe – Konkurrenz – Zerfall. Bedrohte Ordnungen als Thema der Kulturwissenschaften, (Bedrohte Ordnungen 1), Tübingen 2014, 1–27.

Friedländer, Paul, ΥΠΟΘΗΚΑΙ, in: Hermes 48, 1913, 558–616.

Führer, Rudolf, Art. νήπιος, in: Lexikon des frühgriechischen Epos 3, 2004, 368–371.

–, Art. ὄπις, in: Lexikon des frühgriechischen Epos 3, 2004, 732.

–, Art. σχέτλιος, in: Lexikon des frühgriechischen Epos 4, 2010, 279–281.

Gagarin, Michael, Dike in the *Works and Days*, in: Classical Philology 68, 1973 81–94.

–, Hesiod's Dispute with Perses, in: Transactions of the American Philological Association 104, 1974, 103–111.

–, Dike in Archaic Greek Thought, in: Classical Philology 69, 1974, 186–197.

Gagné, Renaud, Invisible Kin: *Works and Days* 280–285, in: Hermes 138, 2010, 1–21.

Gamson, William A., Talking Politics, Cambridge 1992.

Gatz, Bodo, Weltalter, goldene Zeit und sinnverwandte Vorstellungen, (Spudasmata 16), Hildesheim 1967.

Gernet, Louis, Recherches sur le développement de la pensée juridique et morale en Grèce, Paris 1917.

Giebel, Daniela, Integrierte Sicherheitskommunikation. Zur Herausbildung von Unsicherheitsbewältigungskompetenzen durch und in Sicherheitskommunikation, (Zivile Sicherheit. Schriften zum Fachdialog Sicherheitsforschung 5), Berlin/Münster 2012.

Gigon, Olof, Der Ursprung der griechischen Philosophie von Hesiod bis Parmenides, Basel 1945.

Goertz, Hans-Jürgen, Unsichere Geschichte. Zur Theorie historischer Referentialität, Stuttgart 2001.

–, Abschied von „historischer Wirklichkeit". Das Realismusproblem in der Geschichtswissenschaft, in: Jens Schröter/Antje Eddelbüttel (Hrsg.), Konstruktion von Wirklichkeit. Beiträge aus geschichtstheoretischer, philosophischer und theologischer Perspektive, (Theologische Bibliothek Töpelmann 127), Berlin/New York 2004, 1–18.

Goetz, Hans-Werner, Wahrnehmungs- und Deutungsmuster als methodisches Problem der Geschichtswissenschaft, in: Das Mittelalter – Perspektiven mediävistischer Forschung 8, 2003, 23–33.

Goffman, Erving, Frame Analysis. An Essay on the Organization of Experience, New York u.a. 1974.

Golla, Korbinian, Die Erfahrung des bäuerlichen Jahreslaufs. Form und Sinn des ‚Bauernkalenders' in Hesiods *Erga*, in: Thiemo Breyer/Daniel Creutz (Hrsg.), Erfahrung und Geschichte. Historische Sinnbildung im Pränarrativen, (Narratologia 23), Berlin/New York 2010, 132–148.

–, Hesiods *Erga*. Aspekte ihrer geistigen Physiognomie, (Beiträge zur Altertumskunde 351), Berlin/Boston 2016.

Griffith, Mark, Personality in Hesiod, in: Classical Antiquity 2, 1983, 37–65.

Groningen, Bernhard A. van, Theognis. Le premier livre. Édité avec un commentaire, Amsterdam 1966.

Hamilton, Richard, The Architecture of Hesiodic Poetry, (AJP Monographs in Classical Philology 3), Baltimore/London 1989.

Hammer, Dean, The Politics of the *Iliad*, in: The Classical Journal 94, 1998, 1–30.

Hansen, Mogens Herman, Poets, in: Mogens Herman Hansen (Hrsg.), The Return of the Polis: The Use and Meanings of the Word *Polis* in Archaic and Classical Sources. Papers from the Copenhagen Polis Centre 8, (Historia-Einzelschriften 198), Stuttgart 2007, 253–259.

Hartmann, Martin, Die Repsychologisierung des Geistes. Neuere Literatur über Emotionen, in: Philosophische Rundschau 49, 2002, 195–223.

Hasler, Friedrich Samuel, Untersuchungen zu Theognis (Zur Gruppenbildung im 1. Theognisbuch), Winterthur 1959.

Haubold, Johannes H., Shepherd, Farmer, Poet, Sophist: Hesiod on his Own Reception, in: George R. Boys-Stones/Johannes H. Haubold, (Hrsg.), Plato and Hesiod, Oxford 2010, 11–30.

Heath, Malcolm, Hesiod's Didactic Poetry, in: The Classical Quarterly 35, 1985, 245–263.

Heldmann, Konrad, Die Niederlage Homers im Dichterwettstreit mit Hesiod, (Hypomnemata 75), Göttingen 1982.

Herrmann, Uwe, Anthropos Deinos. Zur Rolle der Gewalt in der griechischen Archaik im Spiegel der epischen und lyrischen Dichtung, (Antike Kultur und Geschichte 15), Berlin/Münster 2014.

Hershbell, Jackson P., Hesiod and Empedocles, in: The Classical Journal 65, 1970, 145–161.

Hild, J.-A., Le pessimisme moral et religieux chez Homère et Hésiode, in: Revue de l'histoire des religions 14, 1886, 168–188.

Hildebrandt, Berit, Damos und Basileus. Überlegungen zu Sozialstrukturen in den Dunklen Jahrhunderten Griechenlands, (Münchner Studien zur alten Welt 2), München 2007.

Hirzel, Rudolf, Themis, Dike und Verwandtes. Ein Beitrag zur Geschichte der Rechtsidee bei den Griechen, Leipzig 1907.

Hofinger, Marcel, Lexicon Hesiodeum cum indice inverso. Tome I–IV, Leiden 1975–1978.

Hoffmann, Martin, Die ethische Terminologie bei Homer, Hesiod und den alten Elegikern und Jambographen II. Hesiod, Elegiker und Jambographen, Tübingen 1914.

Hölkeskamp, Karl-Joachim, (In-)Schrift und Monument. Zum Begriff des Gesetzes im archaischen und klassischen Griechenland, in: Zeitschrift für Papyrologie und Epigraphik 132, 2000, 73–96.

Hordt, Arne/Kohl, Thomas/von Lüpke, Beatrice u. a., Aufruhr! Zur epochenübergreifenden Beschreibung beschleunigten sozialen Wandels in Krisenzeiten, in: Historische Zeitschrift 301, 2015, 31–62.

Horn, Fabian, ‚Sleeping the Brazen Slumber'. A Cognitive Approach to Hom. Il. 11.241, in: Philologus 159, 2015, 197–206.

Hose, Martin, Kleine griechische Literaturgeschichte. Von Homer bis zum Ende der Antike, (Beck'sche Reihe 1326), München 1999.

Hubbard, Thomas K., Hesiod's Fable of the Hawk and the Nightingale Reconsidered, in: Greek, Roman, and Byzantine Studies 36, 1995, 161–171.

Itgenshorst, Tanja, Denker und Gemeinschaft. Polis und politisches Denken im archaischen Griechenland, Paderborn 2014.

Jäckel, Michael, Soziologie. Eine Orientierung, Wiesbaden 2010.

Jacobson, Roman, Closing Statement: Linguistics and Poetics, in: Thomas A. Sebeok (Hrsg.), Style in Language, Cambridge/MA 1960, 350–377.

Jaeger, Werner, Paideia. Die Formung des griechischen Menschen. Erster Band, 4. Aufl. Berlin 1959.

Jahr, Silke, Emotionen und Emotionsstrukturen in Sachtexten. Ein interdisziplinärer Ansatz zur qualitativen und quantitativen Beschreibung der Emotionalität von Texten, (Studia linguistica Germanica 59), Berlin/New York 2000.

Jakubowski-Tiessen, Manfred/Lehmann, Hartmut, Religion in Katastrophenzeiten: Zur Einführung, in: Manfred Jakubowski-Tiessen/Hartmut Lehmann (Hrsg.), Um Himmels Willen. Religion in Katastrophenzeiten, Göttingen 2003, 7–13.

Jenzer, Annemarie, Wandlungen in der Auffassung der Frau im ionischen Epos und in der attischen Tragödie bis auf Sophokles, Zürich 1933.

Jones, Nicholas F., Perses, Work „in Season," and the Purpose of Hesiod's *Works and Days*, in: The Classical Journal 79, 1984, 307–323.

Kambylis, Athanasios, Die Dichterweihe und ihre Symbolik. Untersuchungen zu Hesiodos, Kallimachos, Properz und Ennius, (Bibliothek der klassischen Altertumswissenschaften N. F. 5), Heidelberg 1965.

Kämper, Heidrun, Krise und Sprache. Theoretische Anmerkungen, in: Thomas Mergel (Hrsg.), Krisen verstehen. Historische und kulturwissenschaftliche Annäherungen, (Eigene und fremde Welten 21), Frankfurt am Main 2012, 241–255.

Kather, Regine, Art. Ordnung, I. Philosophisch, in: Religion in Geschichte und Gegenwart 6, [4]2003, 632–633.

Kaufmann-Bühler, Dieter, Hesiod und die Tisis in der *Odyssee*, in: Hermes 84, 1956, 267–295.

Kavafis, Konstantinos, Endgültigkeiten, in: Konstantinos Kavafis, Das Gesamtwerk. Aus dem Griechischen übersetzt und hrsg. von Robert Elsie. Mit einer Einführung von Marguerite Yourcenar, 3. Aufl. Frankfurt am Main 2002, 77.

Kelly, Adrian, Performance and Rivalry: Homer, Odysseus, and Hesiod, in: Martin Revermann/Peter Wilson (Hrsg.), Performance, Iconography, Reception. Studies in Honour of Oliver Taplin, Oxford 2008, 177–203.

Kerschensteiner, Jula, Zu Aufbau und Gedankenführung von Hesiods *Erga*, in: Hermes 79, 1944, 149–191.

Kirk, Geoffrey S./Raven, John E., The Presocratic Philosophers. A Critical History with a Selection of Texts, Cambridge 1957.

Koning, Hugo H., Hesiod: The Other Poet. Ancient Reception of a Cultural Icon, (Mnemosyne Supplementa 325), Leiden/Boston 2010.

Koster, Severin, Invektive und Polemik in der Antike. Suche nach einer Verhältnisbestimmung, in: Oda Wischmeyer/Lorenzo Scornaienchi (Hrsg.), Polemik in der frühchristlichen Literatur. Texte und Kontexte, (Beihefte zur Zeitschrift für die neutestamentliche Wissenschaft 170), Berlin/New York 2011, 39–53.

Kraus, Björn, Erkennen und Entscheiden. Grundlagen und Konsequenzen eines erkenntnistheoretischen Konstruktivismus für die Soziale Arbeit, Weinheim/Basel 2013.

Kraus, Walther, Die Auffassung des Dichterberufs im frühen Griechentum, in: Wiener Studien 68, 1955, 65–87.

Krause, Detlef, Luhmann-Lexikon. Eine Einführung in das Gesamtwerk von Niklas Luhmann, 3., neu bearbeitete und erweiterte Aufl. Stuttgart 2001.

Kurke, Leslie, ΚΑΠΗΛΕΙΑ and Deceit: Theognis 59–60, in: The American Journal of Philology 110, 1989, 535–544.

Lahr, Stefan von der, Dichter und Tyrannen im archaischen Griechenland. Das *Corpus Theognideum* als zeitgenössische Quelle politischer Wertvorstellungen archaisch-griechischer Aristokraten, (Quellen und Forschungen zur antiken Welt 12), München 1992.

Lampe, Peter, Die Wirklichkeit als Bild. Das Neue Testament als ein Grunddokument abendländischer Kultur im Lichte konstruktivistischer Epistemologie und Wissenssoziologie, Neukirchen-Vluyn 2006.

Langholf, Volker, Art. ὕβρις, in: Lexikon des frühgriechischen Epos 4, 2010, 686–688.

Lardinois, André P. M. H., The Wrath of Hesiod: Angry Homeric Speeches and the Structure of Hesiod's *Works and Days*, in: Arethusa 36, 2003, 1–20.

Latte, Kurt, Der Rechtsgedanke im archaischen Griechentum, in: Antike und Abendland 2, 1946, 63–76.

Laumann, Wolfgang, Die Gerechtigkeit der Götter in der *Odyssee*, bei Hesiod und bei den Lyrikern, (Altertumswissenschaften 7), Rheinfelden 1988.

Lauster, Jörg, Religion als Lebensdeutung. Theologische Hermeneutik heute, Darmstadt 2005.

Leinieks, Valdis, 'ΕΛΠΙΣ in Hesiod, *Works and Days* 96, Philologus 128, 1984, 1–8.

Lendle, Otto, Die „Pandorasage" bei Hesiod. Textkritische und motivgeschichtliche Untersuchungen, Würzburg 1957.

Lenk, Hans, Erfassung der Wirklichkeit. Eine interpretationsrealistische Erkenntnistheorie, Würzburg 2000.

Lesky, Albin, Geschichte der griechischen Literatur, 3., neue bearbeitete und erweiterte Aufl. München 1999.

Liddell, Henry George / Scott, Robert (Hrsg.), A Greek-English Lexicon. Revised and augmented throughout by Sir Henry Stuart Jones with the assistance of Robert McKenzie, 9. Aufl. Oxford 1996.

Liebermann, Wolf-Lüder, Die Hälfte mehr als das Ganze. Zu Hesiods Rechtfertigung der ‚Werte', in: Hermes 109, 1981, 385–409.

Lloyd-Jones, Hugh, The Justice of Zeus, (Sather classical lectures 41), Berkeley u. a. 1971.

Lohmann, Dieter, Die Komposition der Reden in der *Ilias*, (Untersuchungen zur antiken Literatur und Geschichte 6), Berlin 1970.

Lonsdale, Steven H., Hesiod's Hawk and Nightingale (Op. 202–12): Fable or Omen?, in: Hermes 117, 1989, 403–412.

Luce, J. V., The Polis in Homer and Hesiod, in: Proceedings of the Royal Irish Academy 78, 1978, 1–15.

Luhmann, Niklas, Soziale Systeme. Grundriss einer allgemeinen Theorie, Frankfurt am Main 1984.

–, Die Realität der Massenmedien. 2., erweiterte Aufl. Opladen 1996.

Maehler, Herwig, Die Auffassung des Dichterberufs im frühen Griechentum bis zur Zeit Pindars, (Hypomnemata 3), Göttingen 1963.

Männlein-Robert, Irmgard, Ordnungskonkurrenz: Polemik und Feindbild in konkurrierenden Ordnungen. Der platonische Philosoph Porphyrios und sein Kampf gegen die Christen, in: Ewald Frie/Mischa Meier (Hrsg.), Aufruhr – Katastrophe – Konkurrenz – Zerfall. Bedrohte Ordnungen als Thema der Kulturwissenschaften, (Bedrohte Ordnungen 1), Tübingen 2014, 117–138.

Matthes, Jörg, Framing, Baden-Baden 2014.

McKay, K. J., Ambivalent ΑΙΔΩΣ in Hesiod, in: The American Journal of Philology 84, 1963, 17–27.

Mehmel, Friedrich/Herrmann, Peter, Art. ἀγαθός, in: Lexikon des frühgriechischen Epos 1, 1979, 20–29.

Meier, Christian, Die Entstehung des Politischen bei den Griechen, Frankfurt am Main 1980.

Meier, Mischa, Aristokraten und Damoden. Untersuchungen zur inneren Entwicklung Spartas im 7. Jahrhundert v. Chr. und zur politischen Funktion der Dichtung des Tyrtaios, Stuttgart 1998.

Merkelbach, Reinhold/West, Martin L. (Hrsg.), Fragmenta Hesiodea, Oxford 1967.

Meyer, Herbert, Hymnische Stilelemente in der frühgriechischen Dichtung, Würzburg 1933.

Mezzadri, Bernard, Structure du mythe et races d'Hésiode, in: L'Homme 28.106–107, 1988, 51–57.

Millett, Paul, Hesiod and his World, in: Proceedings of the Cambridge Philological Society 30, 1984, 84–115.

Minton, William W., Concordance to the Hesiodic Corpus, Leiden 1976.

Mordine, Michael J., Speaking to Kings: Hesiod's ΑΙΝΟΣ and the Rhetoric of Allusion in the *Works and Days*, in: The Classical Quarterly 56, 2006, 363–373.

Musäus, Immanuel, Der Pandoramythos bei Hesiod und seine Rezeption bis Erasmus von Rotterdam, (Hypomnemata 151), Göttingen 2004.

Nagy, Gregory, Poet and Tyrant: *Theognidea* 39–52, 1081–1082b, in: Classical Antiquity 2, 1983, 82–91.

–, Theognis and Megara: A Poet's Vision of His City, in: Thomas J. Figueira/Gregory Nagy (Hrsg.), Theognis of Megara. Poetry and the Polis, Baltimore/London 1985, 22–81.

–, Hesiod and the Ancient Biographical Traditions, in: Franco Montanari/Antonios Rengakos/Christos Tsagalis (Hrsg.), Brill's Companion to Hesiod, Leiden/Boston 2009, 271–311.

Neitzel, Heinz, Homer-Rezeption bei Hesiod. Interpretation ausgewählter Passagen, (Abhandlungen zur Kunst-, Musik- und Literaturwissenschaft 189), Bonn 1975.

–, Pandora und das Fass. Zur Intepretation von Hesiod, *Erga* 42–105, in: Hermes 104, 1976, 387–419.

Nelson, Stephanie, The Justice of Zeus in Hesiod's Fable of the Hawk and the Nightingale, in: The Classical Journal 92, 1997, 235–247.

Nicolai, Walter, Gefolgschaftsverweigerung als politisches Druckmittel in der *Ilias*, in: Kurt Raaflaub (Hrsg.), Anfänge politischen Denkens in der Antike. Die nahöstlichen Kulturen und die Griechen. Unter Mitarbeit von Elisabeth Müller-Luckner, (Schriften des Historischen Kollegs / Kolloquien 24), München 1993, 317–341.

Nilsson, Martin P., Geschichte der griechischen Religion. Erster Band: Die Religion Griechenlands bis auf die griechische Weltherrschaft, 3., durchgesehene und ergänzte Aufl. München 1967.

Nisbet, Gideon, Hesiod, *Works and Days*: A Didaxis of Deconstruction?, in: Greece and Rome 51, 2004, 147–163.

Noakes, John A./Johnston, Hank, Frames of Protest: A Road Map to a Perspective, in: Hank Johnston/John A. Noakes (Hrsg.), Frames of Protest. Social Movements and the Framing Perspective, Lanham 2005, 1–29.

Nordheider, Hans Wilhelm, Art. κακός, in: Lexikon des frühgriechischen Epos 2, 1991, 1281–1289.

–, Art. νέμεσις, Νέμεσις, in: Lexikon des frühgriechischen Epos 3, 2004, 317–319.

Nünlist, René, Poetologische Bildersprache in der frühgriechischen Dichtung, (Beiträge zur Altertumskunde 101), Stuttgart/Leipzig 1998.

Nussbaum, Gerald, Labour and Status in the *Works and Days*, in: The Classical Quarterly 10, 1960, 213–220.

Nussbaum, Martha C., Upheavals of Thought. The Intelligence of Emotions, Cambridge 2001.

Oevermann, Ulrich, Die Struktur sozialer Deutungsmuster. Versuch einer Aktualisierung, in: Sozialer Sinn. Zeitschrift für hermeneutische Sozialforschung 2, 2001, 35–81.

Olstein, Katherine, Pandora and Dike in Hesiod's *Works and Days*, in: Emerita 48, 1980, 295–312.

Oost, S. I., The Megara of Theagenes and Theognis, in: Classical Philology 68, 1973,186–196.

Østerud, Svein, The Individuality of Hesiod, in: Hermes 104, 1976, 13–29.

O'Sullivan, James Noel, Art. (ἐ)έλπομαι, ἔλπω, in: Lexikon des frühgriechischen Epos 2, 1991, 559–562.

Ottmann, Henning, Geschichte des politischen Denkens. Von den Anfängen bei den Griechen bis auf unsere Zeit. Band 1: Die Griechen. Teilband 1: Von Homer bis Sokrates, Stuttgart/Weimar 2001.

Panagiotou, Konstantinos St., Die ideale Form der Polis bei Homer und Hesiod, Bochum 1983.

Passow, Franz, Handwörterbuch der griechischen Sprache. 2 Bände. Neu bearbeitet und zeitgemäß umgestaltet von Val. Chr. Fr. Rost und Friedrich Palm (Leipzig ^{5}1841–^{5}1857), Neudruck Darmstadt 2004.

Patzold, Steffen, Bedrohte Ordnungen, mediävistische Konfliktforschung, Kommunikation. Überlegungen zu Chancen und Perspektiven eines neuen Forschungskonzepts, in: Ewald Frie/Mischa Meier (Hrsg.), Aufruhr – Katastrophe – Konkurrenz – Zerfall. Bedrohte Ordnungen als Thema der Kulturwissenschaften, (Bedrohte Ordnungen 1), Tübingen 2014, 31–60.

Paulson, Johannes, Index Hesiodeus, Lund 1890.

Pavese, Carlo O./Venti, Paolo, A Complete Formular Analysis of the Hesiodic Poems. Introduction and Formular Edition, Amsterdam 2000.

Perry, Ben E., Aesopica. A Series of Texts Relating to Aesop or Ascribed to Him or Closely Connected With the Literary Tradition that Bears his Name, Collected and Critically Edited, in Part Translated from Oriental Languages. With a Commentary and Historical Essay. Vol. I: Greek and Latin Texts, Baltimore 1952.

Pertusi, Augustinus (Hrsg.), Scholia vetera in Hesiodi Opera et dies, Mailand 1955.

Petersen, Leiva, Zur Geschichte der Personifikation in griechischer Dichtung und bildender Kunst, Würzburg-Aumühle 1939.

Pomeroy, Sarah B., Xenophon *Oeconomicus*. A Social and Historical Commentary. With a New English Translation, Oxford 1994.

Puelma, Mario, Sänger und König. Zum Verständnis von Hesiods Tierfabel, in: Museum Helveticum 29, 1972, 86–109.

Querbach, Carl W., Hesiod's Myth of the Four Races, in: The Classical Journal 81, 1985, 1–12.

Raaflaub, Kurt, Die Anfänge des politischen Denkens bei den Griechen, in: Historische Zeitschrift 248, 1989, 1–32.

Radt, Stefan, Art. ἀλφηστ(ής), in: Lexikon des frühgriechischen Epos 1, 1979, 589.

Rand, Edward K., Horatian Urbanity in Hesiod's *Works and Days*, in: The American Journal of Philology 32, 1911, 131–165.

Ready, Jonathan L., Homer, Hesiod, and the Epic Tradition, in: Harvey Alan Shapiro (Hrsg.), The Cambridge Companion to Archaic Greece, Cambridge 2007, 111–140.

Reisigl, Martin, Art. Feindbild, in: Historisches Wörterbuch der Rhetorik 10, 2012, 291–304.

Robertson, H. G., The Hybristes in Homer, in: The Classical Journal 51, 1955, 81–83.

Robertson, Noel, How to Behave at a Sacrifice: Hesiod *Erga* 755–756, in: Classical Philology 64, 1969, 164–169.

Rodgers, V. A., Some Thoughts on ΔΙΚΗ, in: The Classical Quarterly 21, 1971, 289–301.

Rohde, Erwin, Psyche. Seelencult und Unsterblichkeitsglaube der Griechen. Erster Band, 9. und 10. Aufl. Tübingen 1925.

Rose, Peter Wires, Class in Archaic Greece, Cambridge 2012.

Rosenmeyer, Thomas G., Hesiod and Historiography, in: Hermes 85, 1957, 257–285.

Rösler, Wolfgang, Dichter und Gruppe. Eine Untersuchung zu den Bedingungen und zur historischen Funktion früher griechischer Lyrik am Beispiel Alkaios, (Theorie und Geschichte der Literatur und der schönen Künste 50), München 1980.

Rousseau, David/Garcia-Retamero, Rocio, Identity, Power, and Threat Perception. A Cross-National Experimental Study, in: Journal of Conflict Resolution 51, 2007, 744–771.

Rzach, Alois, Art. Hesiodos, in: Paulys Realencyclopädie der classischen Altertumswissenschaft VIII/1, 1912, 1167–1240.

Schenk, Michael, Medienwirkungsforschung, 3., vollständig überarbeitete Aufl. Tübingen 2007.

Schirmer, Werner, Bedrohungskommunikation. Eine gesellschaftstheoretische Studie zu Sicherheit und Unsicherheit, (VS Research), Wiesbaden 2008.

Schmale, Michaela, Bilderreigen und Erzähllabyrinth. Catulls Carmen 64, (Beiträge zur Altertumskunde 212), München/Leipzig 2004.

Schmidt, Jens-Uwe, Adressat und Paraineseform. Zur Intention von Hesiods ‚Werken und Tagen', (Hypomnemata 86), Göttingen 1986.

Schmidt, Martin, Art. δίκη, in: Lexikon des frühgriechischen Epos 2, 1991, 302–305.

Schmitz, Winfried, Nachbarschaft und Dorfgemeinschaft im archaischen und klassischen Griechenland, in: Historische Zeitschrift 268, 1999, 561–597.

–, Nachbarschaft und Dorfgemeinschaft im archaischen und klassischen Griechenland, (Klio. Beiträge zur Alten Geschichte N. F. 7), Berlin 2004.

–, Griechische und nahöstliche Spruchweisheit. Die *Erga kai hemerai* Hesiods und nahöstliche Weisheitsliteratur, in: Robert Rollinger/Christoph Ulf (Hrsg.), Griechische Archaik. Interne Entwicklungen – Externe Impulse, Berlin 2004, 311–333.

Schreiber, Stefan, Weihnachtspolitik. Lukas 1–2 und das Goldene Zeitalter, (Novum Testamentum et Orbis Antiquus/Studien zur Umwelt des Neuen Testaments 82), Göttingen 2009.

Schuler, Christof, Ländliche Siedlungen und Gemeinden im hellenistischen und römischen Kleinasien, (Vestigia. Beiträge zur Alten Geschichte 50), München 1998.

Schützeichel, Rainer, Laien, Experten, Professionen, in: Rainer Schützeichel (Hrsg.), Handbuch Wissenssoziologie und Wissensforschung, Konstanz 2007, 546–578.

Schwarz-Friesel, Monika, Sprache und Emotion, 2., aktualisierte und erweiterte Aufl., (UTB 2939), Tübingen/Basel 2013.

Schwinge, Ernst-Richard, Die Hoffnung im Fass. Abermals Hesiods Pandorageschichte, in: Hermes 137, 2009, 393–402.

Scodel, Ruth, Works and Days as Performance, in: Elizabeth Minchin (Hrsg.), Orality, Literacy and Performance in the Ancient World. Orality and Literacy in the Ancient World, vol. 9, (Mnemosyne Supplementa 335), Leiden/Boston 2012, 111–126.

Seiffert, Helmut, Einführung in die Wissenschaftstheorie. Zweiter Band. Geisteswissenschaftliche Methoden: Phänomenologie – Hermeneutik und historische Methode – Dialektik, (Beck'sche Reihe 61), 11. Aufl. München 2006.

Selle, Hendrik, Theognis und die Theognidea, (Untersuchungen zur antiken Literatur und Geschichte 95), Berlin/New York 2008.

Seybold, Klaus/Ungern-Sternberg, Jürgen von, Amos und Hesiod. Aspekte eines Vergleichs, in: Kurt Raaflaub (Hrsg.), Anfänge politischen Denkens in der Antike. Die nahöstlichen Kulturen und die Griechen. Unter Mitarbeit von Elisabeth Müller-Luckner, (Schriften des Historischen Kollegs / Kolloquien 24), München 1993, 215–239.

Sheehan, Donald, Hesiod's *Works and Days*: An Introduction, in: Arion 3, 1976, 452–482.

Sinclair, Thomas A., Review of P. Mazon (Hrsg.), Hésiode: Théogonie. Les Travaux et les Jours. Le Bouclier, Paris 1928, in: Gnomon 5, 1929, 619–628.

–, Hesiod: *Works and Days*, London 1932.

Snell, Bruno, Art. αἰδώς, in: Lexikon des frühgriechischen Epos 1, 1979, 279–280.

Solmsen, Friedrich, Hesiod and Aeschylus, Ithaca/NY 1949.

– (Hrsg.), Hesiodi Theogonia, Opera et Dies, Scutum. Fragmenta selecta ed. Reinhold Merkelbach et Martin L. West, 3. Aufl. Oxford 1990.

Sorabji, Richard, Emotion and Peace of Mind. From Stoic Agitation to Christian Temptation, Oxford 2000.

Spahn, Peter, Oikos und Polis. Beobachtungen zum Prozess der Polisbildung bei Hesiod, Solon und Aischylos, in: Historische Zeitschrift 231, 1980, 529–564.

–, Individualisierung und politisches Bewusstsein im archaischen Griechenland, in: Kurt Raaflaub (Hrsg.), Anfänge politischen Denkens in der Antike. Die nahöstlichen Kulturen und die Griechen. Unter Mitarbeit von Elisabeth Müller-Luckner, (Schriften des Historischen Kollegs / Kolloquien 24), München 1993, 343–363.

Spariosu, Mihai I., God of Many Names. Play, Poetry, and Power in Hellenic Thought from Homer to Aristotle, Durham/London 1991.

Steffen, Viktor, Die Kyrnos-Gedichte des Theognis, Breslau 1968.

Stein, Elisabeth, Autorbewußtsein in der frühen griechischen Literatur, (ScriptOralia 17), Tübingen 1990.

Steiner, Philip, Die Landstände in Steiermark, Kärnten und Krain und die josephinischen Reformen. Bedrohungskommunikation angesichts konkurrierender Ordnungsvorstellungen (1789–1792), Münster 2017.

Stein-Hölkeskamp, Elke, Adelskultur und Polisgesellschaft. Studien zum griechischen Adel in archaischer und klassischer Zeit, Stuttgart 1989.

Stenzel, Jürgen, Rhetorischer Manichäismus. Vorschläge zu einer Theorie der Polemik, in: Franz J. Worstbrock/Helmut Koopmann (Hrsg.), Formen und Formgeschichte des Streitens: Der Literaturstreit. Akten des VII. internationalen Germanisten-Kongresses Göttingen 1985, (Kontroversen, alte und neue 2), Tübingen 1986, 3–11.

Stewart, Douglas J., Hesiod and the Birth of Reason, in: The Antioch Review 26, 1966, 213–231.

Stoddard, Kathryn B., The Programmatic Message of the „Kings and Singers" Passage: Hesiod, *Theogony* 80–103, in: Transactions of the American Philological Association 133, 2003, 1–16.

Stroh, Wilfried, Die Macht der Rede. Eine kleine Geschichte der Rhetorik im alten Griechenland und Rom, Berlin 2009.

Sullivan, Shirley D., The Psychic Term Νόος in the Poetry of Hesiod, in: Glotta 68, 1990, 68–85.

Tebben, Joseph R., Hesiod-Konkordanz. A Computer Concordance to Hesiod, Hildesheim/New York 1977.

Teggart, Frederick J., The Argument of Hesiod's *Works and Days*, in: Journal of the History of Ideas 8, 1947, 45–77.

Thalmann, William G., „The Most Divinely Approved and Political Discord": Thinking about Conflict in the Developing Polis, in: Classical Antiquity 23, 2004, 359–399.

Theunissen, Michael, Pindar. Menschenlos und Wende der Zeit, 2., durchgesehene Aufl. München 2002.

Thomas, William I./Thomas, Dorothy S., The Child in America: Behavior Problems and Programs, New York 1928.

Tilg, Stefan, „Großer Narr" und „göttlicher Sproß" (Μέγα νήπιε Πέρση V. 286, 633; Πέρση, δῖον γένος V. 299). Zur Arbeitsparänese in Hesiods „Werken und Tagen", in: Hermes 131, 2003, 129–141.

Trunz, Erich (Hrsg.), Goethes Werke. Hamburger Ausgabe Bd. III: Dramatische Dichtungen I. Textkritisch durchgesehen und kommentiert, München 1998.

Tsagalis, Christos C., Poetry and Poetics in the Hesiodic Corpus, in: Franco Montanari/Antonios Rengakos/Christos Tsagalis (Hrsg.), Brill's Companion to Hesiod, Leiden/Boston 2009, 131–177.

Ulf, Christoph, Zur ‚Vorgeschichte' der Polis. Die Wettbewerbskultur als Indikator für die Art des politischen Bewusstseins, in: Hermes 139, 2011, 291–315.

–, Formen von Konsumption, Lebensstilen und Öffentlichkeiten von Homer bis Theognis, Klio 96, 2014, 416–436.

Vaitl, Dieter, Funktionelle Neuroanatomie, in: Gerhard Stemmler (Hrsg.), Enzyklopädie der Psychologie. Themenbereich C: Theorie und Forschung, Serie IV: Motivation und Emotion, Band. 3: Psychologie der Emotion, Göttingen u. a. 2009, 81–130.

Verdenius, Willem J., A Commentary on Hesiod *Works and Days*, vv. 1–382, Leiden 1985.

Vergados, Athanassios, Defining ΔΙΚΗ in Hesiod's *Works and Days*, in: Menelaos Christopoulos/Machi Païzi-Apostolopoulou (Hrsg.), Crime and Punishment in Homeric and Archaic Epic, Ithaka 2014, 367–378.

Vorländer, Hans, Transzendenz und die Konstitution von Ordnungen. Eine Einführung in systematischer Absicht, in: Hans Vorländer (Hrsg.), Transzendenz und die Konstitution von Ordnungen, Berlin/Boston 2013, 1–42.

Wade-Gery, H. T., Hesiod, in: Phoenix 3, 1949, 81–93.

Walcot, Peter, A Note on the Biography of Hesiod, in: Classical Philology 55, 1960, 33–34.

–, Hesiod and the Near East, Cardiff 1966.

–, Greek Peasants, Ancient and Modern: A Comparison of Social and Moral Values, Manchester 1970.

Walter, Uwe, An der Polis teilhaben. Bürgerstaat und Zugehörigkeit im Archaischen Griechenland, (Historia-Einzelschriften 82), Stuttgart 1993.

Welwei, Karl-Wilhelm, Die griechische Polis. Verfassung und Gesellschaft in archaischer und klassischer Zeit, Stuttgart 1983.

Wendekamm, Michaela, Die Wahrnehmung von Migration als Bedrohung. Zur Verzahnung der Politikfelder Innere Sicherheit und Migrationspolitik, Wiesbaden 2015.

West, Martin L., Hesiod, Theogony. Edited with Prolegomena and Commentary, Oxford 1966.
–, Hesiod, Works and Days. Edited with Prolegomena and Commentary, Oxford 1978.
–, (Hrsg.), Delectus ex Iambis et Elegis Graecis, Oxford 1980.
White, Hayden, Metahistory. The Historical Imagination in Nineteenth-Century Europe, Baltimore 1973.
Wilamowitz-Moellendorff, Ulrich von, Hesiodos Erga, Berlin 1928.
–, Der Glaube der Hellenen. I. Band, Berlin 1931.
Williams, Bernard, Shame and Necessity, Berkeley/Los Angeles/London 1993.
Wolf, Erik, Griechisches Rechtsdenken. Bd. I: Vorsokratiker und frühe Dichter, Frankfurt am Main 1950.
Wolf, Heinrich, Geschichte des antiken Sozialismus und Individualismus, Gütersloh 1909.
Wolkow, Benjamin M., The Mind of a Bitch: Pandora's Motive and Intent in the *Erga*, in: Hermes 135, 2007, 247–262.
Zanker, Andreas T., A Dove and a Nightingale: *Mahabharata* 3.130.18–3.131.32 and Hesiod, *Works and Days* 202–213, in: Philologus 153, 2009, 10–25.
Zhang, Wei, The Poet as Educator in the *Works and Days*, in: The Classical Journal 105, 2009, 1–17.

Stellenregister

Hochgestellte Zahlen verweisen auf Fußnoten auf den genannten Seiten.

Namens- und Ortsregister

Sachregister

Bedrohte Ordnungen

Historische und gegenwärtige Gesellschaften unter Stress sind Gegenstand der Reihe *Bedrohte Ordnungen,* die dem gleichnamigen Sonderforschungsbereich 923 an der Universität Tübingen verbunden ist. Gefragt wird nach dem „Ob“ und dem „Wie“ sozialen Wandels sowie nach regionalen und epochalen Unterschieden von Ordnungen und Bedrohungen.

Extremereignisse wie Aufruhr und Katastrophen, darüber hinaus Phänomene wie Ordnungszersetzung und Ordnungskonkurrenz stehen im Zentrum der Studien. Gesellschaften von der griechischen Antike bis zur Gegenwart werden zum Thema. Der Zusammenhang der Bedrohungskommunikation mit der Materialität, der Emotionalität sowie dem Verdichtungsmoment bedrohter Ordnungen ist von besonderem Interesse.

Angesichts allgegenwärtiger Krisendiagnosen verbindet die Untersuchung *Bedrohter Ordnungen* Gegenwartsinteresse und historische kulturwissenschaftliche Forschung. Durch die Zusammenführung bislang disziplinär getrennter Themen und Zugangsweisen kann der Beitrag der Kulturwissenschaften zum Verständnis von Gegenwart und Zukunft neu bestimmt werden.

Alle Bände dieser Reihe werden durch einen internationalen Beirat begutachtet. Die Reihe steht auch Autoren außerhalb des Sonderforschungsbereichs offen.

ISSN: 2197-5477
Zitiervorschlag: BedrO

Alle lieferbaren Bände finden Sie unter *www.mohrsiebeck.com/bedro*

Mohr Siebeck
www.mohrsiebeck.com